Manual de teoria,
pesquisa e prática em
Gestalt-Terapia

Dados Internacionais de Catalogação na Publicação (CIP)
(Câmara Brasileira do Livro, SP, Brasil)

Brownell, Philip
Manual de teoria, pesquisa e prática em gestalt-terapia / Philip Brownell ; tradução de Maria Oneide Willey. – Petrópolis, RJ : Vozes, 2014.

Título original: Handbook for theory, research, and practice in gestalt therapy
Bibliografia
ISBN 978-85-326-4616-3

1. Gestalt-terapia – Guias, manuais etc.
2. Gestalt-terapia – Métodos I. Título.

13-06097

CDD-616.89143
NLM-WM 420

Índices para catálogo sistemático:
1. Gestalt : Psicoterapia : Medicina   616.89143

Philip Brownell

Manual de teoria, pesquisa e prática em
Gestalt-Terapia

Tradução de Maria Oneide Willey

Petrópolis

© 2008 by Philip Brownell e colaboradores.

Título original inglês: *Handbook for Theory, Research, and Practice in Gestalt Therapy*
Publicado por Cambridge Scholars Publishing.

Direitos de publicação em língua portuguesa:
2014, Editora Vozes Ltda.
Rua Frei Luís, 100
25689-900 Petrópolis, RJ
www.vozes.com.br
Brasil

Todos os direitos reservados. Nenhuma parte desta obra poderá ser reproduzida ou transmitida por qualquer forma e/ou quaisquer meios (eletrônico ou mecânico, incluindo fotocópia e gravação) ou arquivada em qualquer sistema ou banco de dados sem permissão escrita da editora.

Diretor editorial
Frei Antônio Moser

Editores
Aline dos Santos Carneiro
José Maria da Silva
Lídio Peretti
Marilac Loraine Oleniki

Secretário executivo
João Batista Kreuch

Editoração: Andréa Dornellas Moreira de Carvalho
Diagramação: Alex M. da Silva
Capa e ilustração de capa: Aquarella Comunicação e Marketing

ISBN 978-85-326-4616-3 (edição brasileira)
ISBN 978-18-471-8607-2 (edição inglesa)

Editado conforme o novo acordo ortográfico.

Este livro foi composto e impresso pela Editora Vozes Ltda.

Sumário

Prefácio, 7

Agradecimentos, 9

Parte I. Uma base para pesquisa em gestalt-terapia, 13

1 Introdução e objetivo deste manual, 15
Philip Brownell
Alan Meara
Anton Polák

2 A necessidade de pesquisa em gestalt-terapia, 43
Eva Gold
Stephen Zahm

3 Pesquisa qualitativa, 55
Paul Barber
Philip Brownell

4 Pesquisa quantitativa, 85
Leslie S. Greenberg

5 Prática baseada na evidência, 115
Philip Brownell

6 Formação de terapeutas, 131
Talia Levine Bar-Yoseph
Peter Philippson
Brian O'Neil
Philip Brownell

Parte II. Um método que vale investigar, 153

7 Uma teoria unificada, 155
Sylvia Fleming Crocker

8 Método fenomenológico, 187
Todd Burley
Dan Bloom

9 Relação dialógica, 225
Gary Yontef
Talia Levine Bar-Yoseph

10 Liberdade experimental, 242
Jungkyu Kim
Victor Daniels

11 Estratégia de campo teórico, 277
Brian O'Neill
Seán Gaffney

12 Uma prática unificada, 309
Gary Yontef
Peter Philippson

Parte III. Comunidades de pesquisa em gestalt-terapia, 333

13 Comunidades de pesquisa em gestalt-terapia, 335
Philip Brownell
Joseph Melnick

14 Comunidades de pesquisa em ação: três exemplos, 351
Sari Scheinberg
Anna Johansson
Christine Stevens
Siobhán Conway-Hicks

15 Conclusão, 389
Philip Brownell

Os colaboradores, 395

Índice analítico, 405

Índice onomástico, 413

Prefácio

Philip Brownell

O mais correto seria dizer que este livro começou, pelo menos, há uma década, quando se tornou evidente que o campo da gestalt-terapia estava ficando para trás, se comparado com outras abordagens, na obtenção de apoio à pesquisa. Para os gestalt-terapeutas, a satisfação de seus clientes era um indício de que a gestalt-terapia "funcionara", mas faltavam suportes empíricos que fundamentassem essa conclusão. Isso não significa que a gestalt-terapia tenha se mostrado ineficaz, ou até mesmo inapropriada; na verdade, ainda não havia sido estudada de forma abrangente.

Dessa forma, não há uma significativa produção de textos acadêmicos formais com enfoque em gestalt-terapia que mereça destaque. Ansel Woldt, da Universidade de Kent em Ohio, por exemplo, supervisionou numerosas dissertações de seus alunos que analisaram vários aspectos da gestalt-terapia. Entretanto, esses estudos não analisaram a fundo a linha principal da literatura da ciência psicológica. Eleanor O'Leary, pesquisadora com trabalho realizado na Irlanda, escreveu, em 1992, um livro, com o título semelhante ao desta obra prefaciada, sobre a considerável necessidade de pesquisa em gestalt-terapia. Leslie Greenberg, professor da Universidade de York, no Canadá, também conduzia uma pesquisa relacionada à gestalt, porém com outro nome: "processo experiencial".

Em uma conversa entre amigos e colegas do mundo da gestalt, alguns de nós pensamos em escrever um livro que tratasse diretamente sobre a necessidade da pesquisa, oferecesse algumas ferramentas e servisse como um incentivo para gerar estudos. A estrutura deste livro tomou forma rapidamente, e concordei em conduzir o projeto do grupo até sua conclusão.

Este foi um projeto ambicioso. Os autores dos capítulos são, todos, pessoas ocupadas. Muitos de nós estávamos trabalhando simultaneamente em outros projetos de escrita. Foi um desafio para muitas pessoas, espalhadas pelo mundo inteiro, colaborar neste projeto, e foi outro desafio tentar dar a este um sentido unificado.

Escrever o livro provou também, de maneira inesperada, ser um desafio. Todos nós reconhecíamos a necessidade de pesquisas que dessem suporte à gestalt-terapia, e ficamos animados com a possibilidade deste livro, mas surgiu uma implicação: alguém teria que, de fato, "fazer" a pesquisa. Os terapeutas formados logo se deram conta: "Não serei eu, minha vocação é formar pessoas para trabalhar em psicoterapia, e não fazer pesquisa". Da mesma forma, os *trainees* questionaram: "Sobre o que é essa pesquisa? Eu vim para aprender como trabalhar em psicoterapia". Sem que todos nós aceitemos os desafios implícitos neste livro e ampliemos o foco para incluir treinamento e mais facilidade na pesquisa, não podemos esperar que pessoas fora da gestalt-terapia façam isso. Assim, um dos desafios para escrever este livro foi enfrentar nossa própria criação.

Além disso, nós todos somos pessoas de diferentes origens, culturas, estilos de vida, crenças, ênfases teóricas e modos de trabalhar. Escrever um livro envolvendo tantas pessoas diferentes não foi uma tarefa fácil de realizar. Tentei mostrar perspectivas teóricas divergentes por meio de notas de rodapé nos vários capítulos, identificando-me claramente como "Editor", a fim de diferenciar-me dos respectivos autores. Espero que o leitor não ache isso confuso ou importuno.

Referência

O'LEARY, E. (1992). *Gestalt therapy*: theory, practice, and research. Nova York: Chapman & Hall.

Agradecimentos

Quero expressar sincera estima e gratidão a algumas pessoas. Algumas fizeram o possível para este livro ser publicado. Umas estavam envolvidas no processo inicial, outras vieram mais tarde.

Erving Polster, Brad Johnson e Rodger Bufford leram o prospecto e deram sugestões iniciais, que o tornaram mais interessante e aceitável no mercado. Erv é um gestalt-terapeuta renomado, teórico, escritor e formador de gestalt--terapeutas. A conversa com ele foi encorajadora pelo fato de ele ter mostrado interesse no projeto e achar que o mesmo valia a pena. Brad é um professor associado ao Departamento de Liderança, Ética e Leis, na Academia Naval dos Estados Unidos, e um docente na Faculdade de Pós-Graduação em Educação e Negócios, da Universidade Johns Hopkins. Além disso, está ativo na Associação Americana de Psicologia e fez sugestões muito úteis a respeito da escrita para um campo mais geral além da gestalt-terapia. Rodger é um professor de Psicologia e diretor de Integração no Departamento de Pós-graduação da Clínica de Psicologia na Universidade George Fox, um dos meus ex-mentores, um escritor bem respeitado e uma pessoa que pensa de maneira clara. Sou grato por suas contribuições iniciais para o *marketing* do projeto que, eventualmente, nos levou à Editora Cambridge Scholars Publishing.

Também quero agradecer a Vaughn Mosher e Jennifer Smith, da clínica Benedict & Associados Ltda., onde tenho o consultório, em Bermudas. Eles esperaram, pacientemente, para que este livro ficasse pronto. A Benedict & Associados é um lugar bem interessante para trabalhar, porque oferece uma rica combinação de serviços de psicoterapia, psicodiagnóstico, desenvolvimento organizacional, *coaching*, programas de recuperação de abuso de substância química e programa de assistência ao empregado. Nunca há um só momento tedioso!

Gostaria de estender uma nota especial de apreciação ao Vaughn pelo apoio e interesse em começar o Instituto de Formação em Gestalt de Bermudas, que só tomou forma inicial com sua ajuda e parceria, pois precisava me dedicar ao livro.

Gostaria de agradecer aos meus colegas da Associação para o Avanço da Gestalt-terapia – uma comunidade internacional – pela paciência quando me tornei exausto no planejamento de nossa conferência; o livro era uma prioridade.

Aprecio cada um dos autores dos capítulos e sou grato pelo privilégio de trabalhar com eles. Muito obrigado a cada um e a todos pela amizade, paixão e energia pelo que fazemos, e pela sabedoria e competência. Vocês enriquecem minha vida.

Por fim, penso em minha família. Uma pessoa não edita um livro como este de repente e do nada. Cheguei a este projeto depois de anos escrevendo e interagindo com colegas da gestalt, e isso me tirou, por vezes, da minha família. Antes disso, minhas experiências como pastor levaram-me à gestalt-terapia e isso também me tirou da minha família. Portanto, gostaria de dizer "Muito obrigado a vocês!", Matthew, Zachary e Anastasia, meus filhos. Vocês todos são pessoas excelentes, e eu sou abençoado por ser o pai de vocês, por ver vocês progredirem na vida e estar incluído nisso, enquanto nossa família cresce ainda mais com o modo como vocês vivem, as pessoas que vocês amam e as coisas que vocês fazem. Pela mesma razão, também incluo Netta, o relativamente novo e apreciado membro em nossa família.

Preciso também expressar o meu apreço por minha esposa, Linda, por aguentar minha ocupação. Ela encaixotou todas as nossas coisas e providenciou a mudança da casa enquanto eu editava. Uma pessoa maravilhosa! Eu não só compartilho com ela a nossa casa, mas também um estilo de vida e objetivos comuns, que fazem daquilo que temos e realizamos juntos ser muito mais do que possa parecer aos olhos de outras pessoas.

Em relação a isso, gostaria de fazer uma observação pessoal. Neste livro, Brian O'Neill e Seán Gaffney apresentam uma imagem do "campo" e, ao ler aquela descrição e tentar entender o trabalho e a conceituação deles, dei-me conta de duas coisas. Para mim, ter sensibilidade para o campo é como tocar música, porque você precisa abrir mão de si próprio, a fim de ouvir tanto o que você possivelmente poderia tocar e o que você está realmente tocando. Se você tira os "olhos" e "ouvidos" do campo, você afunda no mar. Para mim e Linda, o campo é espiritual. Ele pode ser experienciado sob vários aspectos – físico, emocional, de relacionamento – como Sylvia Crocker descreve maravilhosamente em seu capítulo, mas, acima de todas as coisas, o campo é espiritual.

Para mim e Linda, essa visão do campo é uma perspectiva "em Deus". Este livro "veio" para nós como uma ferramenta desse campo espiritual; mais além, a perspectiva "em Deus" está ligada à nossa fé em Jesus.

Além de todas essas questões, quero expressar gratidão às pessoas que trabalham na Cambridge Scholars Publishing, por todas as contribuições dadas a este livro.

Philip Brownell
Southampton, Bermudas
2008

Parte I
Uma base para pesquisa em gestalt-terapia

1
Introdução e objetivo deste manual

Philip Brownell
Alan Meara
Anton Polák

A crença científica não é o produto só nosso ou só do mundo; ela é o produto de uma interação entre nossas capacidades psicológicas, nossa organização social e a estrutura do mundo. O mundo não "imprime" crenças sobre nós, na ciência ou em qualquer outro lugar. Todavia, a ciência é responsiva à estrutura do mundo, por meio do canal de observação.
Peter Godfrey-Smith

Este é um livro sobre gestalt-terapia. Este é um livro sobre pesquisa. Consequentemente, este é um livro sobre as ideias inerentes a ambas, sobre os métodos empregados e sobre os meios pelos quais as pessoas dão credibilidade a cada uma delas.

Crença avalizada* em gestalt-terapia

Os gestalt-terapeutas acreditam na efetividade da gestalt-terapia. Alguns podem afirmar que conhecem a eficiência da gestalt-terapia e, portanto, não precisam provar. As evidências mais convincentes são as próprias experiências de trabalho com clientes. Vê-los melhorar, crescer, mudar e assumir modos de vida mais saudáveis e satisfatórios é a confirmação de que precisam.

Os cristãos creem que Jesus é o Messias de Israel e que Ele se sacrificou como Cordeiro de Deus para tirar os pecados do mundo. Afirmam que,

---

* Traduzimos os termos *warrant* e *warranted*, respectivamente, como aval ou aval epistêmico e avalizado, seguindo a opinião do Prof. Dr. Roberto Hofmeister Pich, da PUC-RS, para quem essa é uma alternativa plausível ao sentido dado pelo filósofo contemporâneo Alvin Plantinga [N.T.].

por conta de suas relações pessoais com Deus, não precisam provar que isso é realmente verdadeiro. O Espírito de Deus dentro deles testifica essa veracidade, e suas experiências de relação dialógica com Deus os deixam cientes de que, mesmo sem comprovação (TAYLOR, 1992), suas crenças estão avalizadas (PLANTINGA, 2000). Eles sabem o que sabem.

Há pessoas que afirmam que a fé cristã é, na verdade, injustificada, irracional e não avalizada. Seguindo o mesmo raciocínio, pode haver aqueles que defendam a gestalt-terapia como ineficaz, irracional e sem fundamento. Uma expressão popular atribuída ao fundador da gestalt-terapia sugere que o indivíduo deve perder a mente para alcançar os sentidos[1]. Por causa dessa e de outras suposições a respeito da gestalt-terapia, muitas pessoas colocam-na em uma mesma categoria explanatória dos rituais dos índios americanos, dos tratamentos experimentais para transtornos de ansiedade generalizada e do cristianismo fundamentalista (WAMPOLD, 2007).

O conceito de aval depende de um processo cognitivo – a capacidade de pensar – no qual a evidência é produzida, ou seja, é "o suficiente para determinar a diferença entre o conhecimento e uma mera crença verdadeira..." (PLANTINGA, 2000: xi)[2]. O aval é uma declaração de valor epistêmico; atribuí-lo a uma crença significa avaliá-la favoravelmente, pois há graus de aval envolvidos com quaisquer dessas considerações (PLANTINGA, 1993a, 1993b). Alguém, por exemplo, pode ter mais razões para acreditar que quatro mais cinco é igual a nove do que para acreditar que Moisés escreveu o Pentateuco. Aval epistêmico é a avaliação e a retenção de ambas as crenças, por isso é justo considerar os meios para alcançar esse aval.

A crença avalizada é alcançada por argumentos lógicos, de evidência empírica ou de ambos? Os gestalt-terapeutas realmente pensam sobre o que

---

1. Na verdade, o texto é o seguinte: "E o objetivo da terapia, o objetivo do crescimento, é perder mais e mais sua *'mente'* e chegar mais perto de seus *sentidos*". PERLS, F.S. (1976). *Gestalt Therapy Verbatim.* Nova York: Bantam Books, p. 53 [traduzido sob o título: *Gestalt-terapia explicada.* São Paulo: Summus, 1977, p. 77].

2. Para um tratamento completo e rigoroso do conceito de aval epistêmico, recomenda-se a leitura da trilogia de Alvin Plantinga: *Warrant: The Current Debate* (1993a), *Warrant and Proper Function* (1993b) e *Warranted Christian Belief* (2000). Embora escrevendo a partir de uma perspectiva teisticamente favorável sobre epistemologia, o seu desenvolvimento sistemático de temas relacionados à atribuição de aval epistêmico trata diretamente sobre as questões envolvidas nas evidências de que qualquer abordagem à psicoterapia é justificada. Como suplemento a essa trilogia, pode-se considerar também *The Quest for Certainty* (DEWEY, 1929), "Coherentist Theories of Epistemic Justification" (KVANVIG, 2007), "Epistemological Problems of Testimony" (ADLER, 2006), "The Epistemology of Religion" (FORREST, 2006) e "Certainty" (REED, 2008).

eles estão fazendo? E, se pensam, fazem-no de forma razoável e têm provas suficientes para provar suas crenças sobre a eficiência da modalidade que utilizam? Ou é possível que apenas reajam por instinto a um modo de experienciar que é essencialmente ateórico, fazendo algumas previsões baseadas na sorte?

A crença individual requer nada mais do que uma pessoa para ser persuadida e, com isso, pode adotar as variantes necessárias para se tornar viável, sendo completamente idiossincrática. Qualquer gestalt-terapeuta é livre para crer tanto em qualquer aspecto dos métodos adotados como nos resultados que deles provêm. No entanto, quando se trata de acordo público, outros critérios devem ser considerados. Basicamente, a opinião de outra pessoa conta. No campo profissional mais amplo, as agências de financiamento, os órgãos de credenciamentos e as comissões de ética tomam decisões deliberadas e o fazem no esforço de estabelecer se determinada prática é ou não avalizada. Há vários termos relacionados ao aval (autorizada, financiada, ética, válida ou *baseada em evidências*), mas todos são antecedentes ao construto que apresenta uma razão justificável para fazer, acreditar ou pensar algo. O aval supera uma crença individual.

Este livro propõe uma abordagem organizada e sistemática para a avaliação da gestalt-terapia, incluindo teoria e pesquisa como meios para se alcançar o aval. Assim, afirma-se que a gestalt-terapia é avalizada, ao propor um "aval epistêmico" como uma categoria mais útil do que aquilo que muitos consideram ser uma redução dos tratamentos baseados em evidências. Os autores oferecem descrições da metodologia da gestalt-terapia para que sua prática possa ser identificada mais claramente e conduza à pesquisa sobre esse método e à consideração do suporte empírico que resulta. Também tentamos incentivar a comunidade mundial de gestalt-terapeutas a compor um corpo robusto de pesquisa, sem limitar-se a comprovar alguma coisa com a qual os pesquisadores já estavam comprometidos. Mais do que isso, precisam usar esse meio a fim de aperfeiçoar e desenvolver ainda mais a teoria e a prática da gestalt-terapia.

Uma orientação para pesquisa em teorias da ciência

A ciência é descrita como um processo sistemático que gera e testa teorias tanto de acordo com a parcimônia, a facilidade de comunicação e o estímulo para a produção de novos *insights*, como com a receptividade e a flexibilidade no que diz respeito a novas evidências, consistência interna, falseabilidade e validade externa (BREAKWELL; HAMMOND & FIFE-SHAW, 1995). Muitos cientistas negam a existência de qualquer método claro nos processos da ciência; alegam que, na realidade, trabalham como uma *orientação* à ciência; ou seja, adotam uma atitude crítica perante as descobertas de seus trabalhos: identificam falhas, pontos fracos e inconsistências em seus pensamentos; e consideram explicações como apenas "estágios preliminares em um processo interminável de aproximações sucessivas" (PEDHAZUR & SCHMELKIN, 1991: 150). Alan Kazdin (2003) afirmou que a ciência baseia-se na acumulação de dados empíricos por meio de observação sistemática e cuidadosa dos fenômenos de interesse. Declarou, ainda, que os métodos daquele processo estavam de acordo com os princípios fundamentais da parcimônia, consideravam hipóteses plausíveis e concorrentes, replicação, precaução e precisão no pensamento. O *método* nesse processo "engloba diversos princípios, procedimentos e práticas relacionadas à condução de pesquisa" (KAZDIN, 2003: 9), e *metodologia* ajuda a organizar as fontes de problemas analisados na elaboração de inferências, bem como as suas soluções e as práticas que podem ajudar a delinear inferências *válidas*.

Assim, é a filosofia da ciência que leva uma pessoa a descrever os processos usados para realizá-la, e essa filosofia tem mudado ao longo do tempo. Um tratamento completo sobre esse assunto está além do propósito deste livro. No entanto, como a maneira de as pessoas pensarem sobre ciência influencia o que elas pensam a respeito de pesquisa, é necessário fundamentar qualquer consideração de pesquisa científica sobre gestalt-terapia em um conceito de ciência e método científico.

Um método científico, caso exista um em Psicologia, consiste em: (1) observação e experimentação, (2) quantificação ou matematização e (3) análise teórica ou conceitual (MACHADO, 2007). O primeiro se refere às ações que os pesquisadores realizam para gerar teorias e testar hipóteses. Isso inclui questões do desenho de pesquisa, seleção e distribuição dos sujeitos em vários grupos. O segundo consiste em analisar os dados gerados pela aplicação do método no desenho, da formulação de leis e modelos com base em achados empíricos e descobrimento das ligações matemáticas entre as variáveis e outras operações estatísticas. Atualmente, isso representa uma grande ênfase em psicologia experimental. Já o terceiro ponto envolve a ação em que os pesquisadores se engajam quando avaliam a clareza de conceitos científicos, o poder explicativo das hipóteses competitivas e a consistência das leis e dos argumentos. Essa análise tem o objetivo de aumentar a clareza conceitual de uma teoria (LAUDAN, 1977). Assim, a observação que gera os dados empíricos, analisados estatisticamente, é inútil sem um quadro filosófico que permite um bom raciocínio para as relações e implicações dos dados.

A ciência é conduzida a partir da atitude natural. Husserl contrastou a atitude fenomenológica com a natural, a fim de opor a sua filosofia à Psicologia. A atitude natural é a perspectiva que se assume em uma "postura dirigida para o mundo, quando nós intencionamos coisas, situações, fatos e quaisquer outros tipos de objetos" (SOKOLOWSKI, 2000) como uma condição-padrão. Em contraste, a atitude fenomenológica resulta da reflexão da pessoa sobre as experiências obtidas na atitude natural. O naturalismo encontrado no método científico tem sido, também, aplicado à filosofia da ciência, para que as pessoas estudem os processos e as atividades de cientistas da mesma maneira que estudam genética ou química.

Quando Perls, Hefferline e Goodman (1951) escreveram *Gestalt-terapia,* eles estavam à frente daquilo que Thomas Kant (1962) chamou de ciência revolucionária. A gestalt-terapia foi originalmente concebida como uma revisão da teoria de Freud (BOWMAN & NEVIS, 2005) e manteve-se como um contraponto a esta por muitos anos. Entretanto, o quadro maior do qual a gestalt-terapia participou foi o de uma mudança radical do Positivismo no final do século XIX e da ciência no início do século XX (GODFREY-SMITH, 2003; PROCTOR & CAPALDI, 2006) a uma era pós-positivista e construtivista (ROBSON, 2002; CRESWELL, 2009). Nessa era, os elementos do empirismo lógico permanecem, porém, de forma modificada e incorporados em um contexto no qual as considerações metafísicas, já vistas como não ciência, tornaram-se relevantes e, mais uma vez, estimulantes (cf. a seguir). Essa revolução na ciência aconteceu, liderada por Kuhn e outros, e passou. Agora é o momento de a gestalt-terapia superar o passado e assumir plenamente a posição de ciência normal. Ou seja, os gestalt-terapeutas não precisam protestar em voz tão alta contra o Positivismo porque, apesar de ainda existirem vestígios dessa doutrina na Psicologia experimental, isso não é notado na corrente principal da ciência.

De Bacon a Laudan e mais além

Francis Bacon é geralmente considerado a fonte do método de indução na ciência: generalizações fundamentam-se na análise cuidadosa de casos específicos. Essa abordagem dominava e era influente até meados do século XX. A base era essencialmente a abordagem de Aristóteles, na qual observações conduzem a princípios explanatórios, como resultado formam-se as deduções e, em seguida, as observações adicionais. Os princípios estabelecidos por esse processo, entretanto, tornam-se tipicamente tão influentes que assumem a força de suposições *a priori* em relação às questões sucessivas e, assim, fornecem os alicerces sobre os quais o futuro da ciência se desenvolve. Portanto, essa abordagem geral é também a base do fundacionismo na ciência, assim os princípios básicos (ou fundacionais) determinam como a ciência deve ser conduzida. Tanto o positivismo lógico como o falsificacionismo foram as filosofias fundamentais na ciência.

O método indutivo e a abordagem fundacional foram colocados de lado por aqueles que aplicaram o naturalismo ao estudo da própria ciência, utilizando a história desse objeto de pesquisa e formando teorias sobre como ela realmente tem sido conduzida (em vez das formas em que deveria supostamente ser realizada); por conseguinte, Thomas Kuhn enfatizou a mudança de paradigmas científicos em revoluções súbitas que divergiram da ciência normal. Imre Lakatos salientou alguns programas de pesquisa no esforço de resolver os conflitos entre o falsificacionismo de Popper e a teoria das revoluções científicas de Kuhn; já Larry Laudan se concentrou nas tradições das pesquisas (PROCTOR & CAPALDI, 2006).

Em um exemplo fascinante dessa abordagem à filosofia da ciência, Maurice Finocchiaro (1992) estudou vários escritos e correspondências de Galileu para acompanhar a sua mudança para o copernicanismo; sua intenção era estudar os fatores importantes no trabalho do cientista em oposição à hipótese dominante de que teorias científicas eram formuladas logicamente e apresentavam características persuasivas de acordo com seu poder preditivo e sua simplicidade. Assim, concluiu que Galileu passou por três etapas no desenvolvimento de seu pensamento. Na primeira etapa,

> ... julgou, em grande parte, a teoria copernicana com base no seu sucesso na resolução de problemas gerais e externos na física do

movimento e sua coerência explanatória no campo astronômico; durante a segunda etapa, ele julgou a teoria copernicana, em grande parte, com base nesses critérios *mais* a exatidão empírica; finalmente, depois de 1616, ele a julgou, grandemente, com base nesses quatro critérios *mais* o relacionamento da teoria com suas crenças religiosas. Em nenhum momento ele julgou sua aceitabilidade, primariamente, com base na sua novidade de predição ou de simplicidade (FINOCCHIARO, 1992: 65).

Assim, as duas influências levam a uma mudança no campo da filosofia da ciência positivista para uma pós-positivista em geral e no da psicologia em particular. Primeiro, o naturalismo foi aplicado ao pensamento de como as pessoas realmente produzem ciência. Segundo, as figuras de interesse mudaram na própria psicologia. Quando os psicólogos se afastaram do behaviorismo rigoroso (com seu método de medidas comportamentais) e retornaram ao estudo das experiências subjetivas e não observáveis, o Positivismo tornou-se "insustentável como um fundamento filosófico para investigação psicológica e foi substituído pelas ideias pós-positivistas de uma realidade subjacente..." (HOYT & BAHTI, 2007: 203). A experiência subjetiva foi considerada latente se comparada com a experiência diretamente observável ou mensurável. Desse modo, medidas e teorias se tornaram validadas pelo processo de aproximações sucessivas "... com atenção às fontes de erro e bias em medidas quantitativas... e consideração cuidadosa e eliminação gradual de explicações plausíveis e concorrentes para os resultados do estudo"[3] (p. 203).

Uma das principais diferenças entre os filósofos da ciência pós-positivista e seus pensamentos encontra-se no constructo da incomensurabilidade de teorias. Kuhn, levando em consideração o sentido de mudança de paradigma, afirmou que teorias concorrentes eram incompatíveis com o paradigma dominante; quer dizer, a ciência normal era completamente orientada para apoiar e reforçar o paradigma dominante, mesmo trazendo à tona suas várias sutilezas e aplicações. Quando uma crise com o paradigma dominante deu início a uma revolução na ciência, seguiu-se uma rápida mudança com o surgimento de um

---

3. Ironicamente, com os avanços na utilização de tecnologia à neurociência, há um interesse renovado em "observar" correlatos da consciência por alguns procedimentos, como os estudos de Ressonância Magnética Funcional (RMF).

novo paradigma dominante. Lakatos discordou e percebeu que a sequência de teorias dentro do programa de pesquisa parecia ligada pela lógica, assim poderia haver uma série de teorias sob consideração ao mesmo tempo, mas a essência destas não mudaria, pelo contrário, as alternativas iriam se sobressair dessa essência e estariam ligadas a ela de alguma forma. Outros que também divergiram de Kuhn consideraram a solução de Lakatos insatisfatória. As fragilidades no sistema desse pesquisador foram superadas por Laudan, que usou o termo "tradições" em vez de paradigmas ou programas. Para ele, teorias divergentes poderiam ser simultaneamente consideradas, mas não precisavam estar ligadas de nenhuma forma essencial. Às vezes um pesquisador pode aceitar uma determinada teoria porque acredita na sua veracidade; enquanto, em outros momentos, um pesquisador pode dedicar seu tempo e energia na busca de uma teoria rival que ele, até então, não considerava uma verdade (GODFREY-SMITH, 2003). Laudan considerou as teorias de uma forma pragmática e, assim, conseguiu mais ou menos respostas aos problemas por elas tratados. Para ele, a teoria com maior poder para solucionar problemas seria a teoria mais útil; assim, as demais poderiam ser mantidas e consideradas ao lado de outras, por um período de tempo relativamente longo, enquanto o julgamento final estivesse se desenvolvendo. Assim, outra diferença em relação a Kuhn é que Laudan não acreditava na rápida mudança em paradigmas.

Tudo isso mostra não só as diferenças importantes entre as abordagens positivistas e fundacionais da ciência como também aborda a era do pós-positivismo, na qual o teste de ideias não atinge seu objetivo: se eles se referem à "ciência objetiva, distinta, livre de valor e cumulativa" (LAUDAN; LAUDAN & DONOVAN, 1992: 4); e até que ponto possuem utilidade e fornecem o maior número de respostas[4].

Na busca do maior número de respostas, a metodologia científica atual utiliza duas estratégias diferentes de pesquisa que podem levar às afirmações de conhecimento avalizado: as abordagens *consequencialistas* e *geradoras*.

---

[4]. O debate atual em psicologia sobre o aval epistêmico para realismo *versus* aval epistêmico para instrumentalismo (CACIOPPO; SEMIN & BERNTSON, 2004; HAIG, 2005a; RAMEY & CHRYSIKOU, 2005) sofre influência de John Dewey in the *Quest for Certainty* (1929/1988). Dewey teve um efeito decisivo sobre o pragmatismo, e a sua manifestação na pesquisa psicológica *tem* como base o instrumentalismo. Um ponto essencial nesse debate é que não se pode escapar das questões ontológicas, e é algo que Alan Meara aborda neste capítulo.

As *estratégias consequencialistas* justificam as asserções de conhecimento, focando nas suas consequências. Em contraste, as *estratégias generativas* justificam as asserções de conhecimento em termos dos processos que as produzem. Embora as estratégias consequencialistas sejam usadas e divulgadas mais amplamente na ciência contemporânea, esses dois tipos de estratégias são necessários em uma concepção adequada de metodologia de pesquisa (HAIG, 2005b: 383).

Quais são as consequências se o diálogo for realmente um modo superior de conceituar o campo de duas pessoas na aliança de trabalho? De acordo com a abordagem consequencialista em pesquisa, uma pessoa poderia comparar os resultados do diálogo com algum outro método. A abordagem generativa poderia, ao contrário, considerar que os processos qualitativos resultaram da asserção de que um diálogo constituiu uma maneira superior de conceituar a aliança de trabalho; aqui as pessoas podem se referir à evidência anedótica, ao desenvolvimento filosófico e a rigor, contraste e comparação a partir de outras conceitualizações da aliança de trabalho e assim por diante (a fim de contribuir para essa atribuição). As duas abordagens – generativa e consequencialista – são dois tipos de processos, que contribuem para geração e avaliação comparativa de teorias ao longo do tempo; as estratégias consequencialistas normalmente seguem o caminho quantitativo, enquanto as generativas podem ser vistas como mais próximas do método qualitativo.

Portanto, este último pensamento – a consideração de múltiplas teorias – está relacionado ao conceito de abdução, o qual já foi discutido, por inferência à melhor explicação (HAIG, 2005b). Essa é uma abordagem decididamente pragmática para fazer ciência, que substituiu o método indutivo-dedutivo.

Abdução, por sua própria natureza, força as pessoas a uma tentativa de conciliação, a uma aceitação de que uma teoria pode se encaixar bem com outras de campos diferentes (PROCTOR & CAPALDI, 2006). Consiliência (também conhecida como a *unidade do conhecimento*) não é uma ideia nova, porém, se aplicada à relevância da gestalt-terapia, talvez sirva como uma heurística nova e útil.

O poder assimilativo da gestalt-terapia

A consiliência ocorre quando uma teoria explica, no mínimo, duas classes diferentes de dados, isso pode acontecer dentro de um domínio, tal como em Biologia, ou em mais de um domínio como em Biologia e Psicologia. Um exemplo de abdução e consiliência que os gestalt-terapeutas podem tomar como referência é o poder explicativo encontrado na teoria de campo (cf. capítulo 11), originário da física. A teoria da gestalt-terapia, como um todo, é em si um exemplo bastante notável de como a consiliência funciona, porque representa uma coleção de várias teorias, de diversos domínios que "se uniram" e formularam uma identidade teórica própria. Não se trata de uma mera coleção de ideias discrepantes, como a terapia multimodal; pelo contrário, essas ideias se sobrepõem, convergem, harmonizam e agora formam uma unidade (cf. capítulo 7). Do mesmo modo, agora, a gestalt-terapia se harmoniza com outras ideias em domínios diferentes, mesmo que esses domínios não se deem conta disso (cf. capítulo 2). Esse fato traz uma consequência importante, pois o reforço resultante da consiliência entre gestalt-terapia e outras abordagens clínicas demonstra o valor de cada uma; algumas pesquisas conduzidas sob a rubrica de uma certamente se aplicariam à outra.

Outra consequência é que, como a gestalt-terapia já é um atrativo de consiliência, assim torna-se mais fácil aos gestalt-terapeutas a assimilação de práticas de outras perspectivas quando há um ponto de unidade (p. ex., entre teoria de campo e psicoterapia sistêmica ou ecológica; entre conceito de relação dialógica e perspectivas como teoria do apego, relações de objeto, terapia centrada no cliente ou terapias psicanalíticas; entre os aspectos fenomenológicos e existenciais da gestalt-terapia e os aspectos construtivistas da terapia cognitiva; ou, ainda, quando há uma conexão entre a liberdade experimental em gestalt-terapia e os aspectos experienciais de outras abordagens, tais como psicodrama, ludoterapia, arteterapia e terapia comportamental). Gestalt-terapia apresenta grande facilidade para ser utilizada, por sua uma função integrativa e assimilativa.

Embora haja uma unidade na teoria da gestalt-terapia (cf. capítulo 7) e uma unidade concomitante na sua prática (cf. capítulo 12), o arcabouço da gestalt-terapia é amplo; o que facilita aos gestalt-terapeutas um enfoque diversificado no trabalho.

Quando se trata de aspectos filosóficos relacionados à pesquisa científica, alguns consideram os métodos quantitativos parte da abordagem positivista, enquanto outros veem a situação com mais complexidade. Alguns consideram os métodos qualitativos repletos de relativismo pós-moderno e um tanto inúteis para estabelecer evidência, enquanto outros veem mais compatibilidade entre a gestalt-terapia e os métodos qualitativos, mas também rejeitam o pós-modernismo. O capítulo 3 considera o uso dos métodos qualitativos, e o capítulo 4 discute o uso dos métodos quantitativos. Simplificando, a disciplina profissional da gestalt-terapia precisa de ambos os métodos a fim de obter suficiente aval epistêmico. Esses programas de pesquisa de método múltiplo ou método misto (CRESWELL, 2009) são necessários, porque os fenômenos são multifacetados, com um vasto número de componentes (EID & DIENER, 2006). As abordagens quantitativas e qualitativas apresentam pontos fortes e pontos fracos, diferentes e complementares (McGRATH & JOHNSON, 2003); assim, cada uma pode contribuir para uma tradição de pesquisa abrangente.

Uma orientação para pensar sobre gestalt-terapia

Como alguns gestalt-terapeutas costumam afirmar, a gestalt-terapia aborda o "estar sendo" do momento presente. Trata-se do "aqui e agora". Também abordo "o quê e o como". Considerar essas questões significa ser imediatamente atraído para uma contemplação de *o que* realmente é e *como* uma dada pessoa está construindo ou experienciando aquilo. Enquanto essas considerações compõem uma base da gestalt-terapia, elas são igualmente importantes para qualquer pesquisa conduzida sobre gestalt-terapia.

O que realmente é

O naturalismo inerente aos processos da ciência pode ser rejeitado por alguns gestalt-terapeutas que veem os métodos dessa abordagem, em grande parte, como fenomenológicos (e defendem o processo fenomenológico, em geral, como os meios relativos de conhecimento em epistemologia – cf. a seguir).

Um de nós (Alan) propõe que, se considerarmos a questão da ontologia no empreendimento de pesquisa, logo novos métodos de pesquisa podem ser necessários para a exploração de processos e para a eficácia da gestalt-terapia – particularmente métodos baseados no realismo crítico e na teoria da complexidade.

Em qualquer projeto de pesquisa, não só a epistemologia precisa ser tratada com clareza, pois é também necessário considerar a ontologia para definir uma posição sobre o significado dos resultados: como eles generalizam e, assim, em que medida eles poderiam ser externamente válidos. Como Mathews, White e Long (1999) afirmaram, a posição ontológica define a conceituação da realidade social, que por sua vez identifica temas de investigação, ou seja, questões que merecem atenção e métodos de demonstração.

Em geral, tanto as epistemologias como as ontologias podem ser consideradas subjetivistas ou objetivistas; portanto, podem ser construídas combinações que representem diversas posições de pesquisas (JOHNSON & DUBERLEY, 2000). O Positivismo, por exemplo, era representado por epistemologia e ontologia objetivistas; enquanto o pós-modernismo é representado por epistemologia e ontologia subjetivistas. Johnson e Duberley (2000) criticam essa posição citada por relegar a ciência a um exercício autorreferencial, sem base comum para julgamento entre teorias. Quando pesquisa em psicologia se assemelha à abordagem positivista, os experimentos passam a ser feitos em condições relativamente restritas, para melhorar a previsão; no entanto, os resultados encontrados não podem generalizar fora do laboratório o que, por sua vez, ameaça a validade externa. O realismo crítico (BHASKAR, 1989) é uma das poucas perspectivas que aceitam a epistemologia relativista, mas não a ontologia relativista[5].

Bhaskar (1978) apresenta uma ontologia objetivista que é estratificada em três domínios: o real, em que residem os mecanismos causais/interativos ou gerativos (independentemente do nosso conhecimento sobre eles); o atual, em que eventos podem ser observados enquanto ocorrem (independentemente da nossa experiência sobre eles); e o empírico, em que eventos são medidos ou experienciados. Em vez de estabelecer correlações, como leis associadas a conjunções constantes de eventos em uma abordagem nomotética, o realismo crítico descreve a operação de tendências causais ou poderes e examina seus efeitos com evidência empírica. Um dos usos de estudos de caso sob a crítica

---

5. O Realismo-Naturalista Evolucionário (RNE) é outra teoria que vale a pena investigar; o que ambos apresentam são exemplos de Naturalismo funcionando na era pós-positivista. O Naturalismo, porém, enfatiza a continuidade da filosofia e ciência. RNE declara que todo conhecimento é teórico, assimilado pelo modo da teoria; assim, a ciência conduz uma integração de teorias para formar uma visão coerente de mundo e os meios utilizados para realizar essa missão é o foco de seu método (HAIG, 2005a).

realista, por exemplo, esclarece condições específicas sob as quais mecanismos gerativos agem, e esses estudos idiográficos explanatórios são "epistemologicamente válidos porque eles tratam do esclarecimento das estruturas e seus mecanismos geradores associados, que têm sido contingencialmente capaz de produzir fenômenos observados" (TSOUKAS, 1989: 556).

Enquanto outros, como Maturana (1988), Harre (1986) e Shotter (1993) criticam seus elementos, o realismo crítico ganha reconhecimento como um paradigma apropriado e um guia para metodologia, notavelmente também dentro da pesquisa não linear (MANICAS & SECCORD, 1983; TSOUKAS, 1989). Contudo, a aplicação do realismo crítico à pesquisa não é comum (JOHNSON & DUBERLEY, 2000) e não há acordo entre receitas metodológicas consistentes com uma posição relativista sobre epistemologia. A contribuição possível do realismo crítico para a pesquisa em Psicoterapia tornou-se um tema a ser explorado por Baillie e Corrie (1996), desafiando a realidade criada somente pelo discurso.

Teoria da complexidade é um termo abrangente que capta os *insights* teóricos produzidos, originalmente, a partir da descoberta do caos determinístico em modelos matemáticos dinâmicos não lineares, que se estendem a descobertas posteriores por meio da modelagem e análise de sistemas naturais e sociais. O potencial da auto-organização e de outras teorias de sistemas não lineares para pesquisa de sistema social sobre mudança tem sido amplamente reconhecido (GREGERSON & SAILER, 1993; LOVE & EISLER, 1987; NONAKA, 1988; THIETART & FORGUES, 1995, 1997; WEICK, 1977). As vantagens de dinâmicas não lineares na exploração das mudanças em indivíduos, grupos e organizações foram delineadas por Lichtenstein (2000), responsável por sustentar a ideia de que teorias com base em dinâmicas não lineares desempenham um papel mais importante para interpretar transformação, particularmente por meio da teoria de auto-organização. Além disso, ressaltou que os pressupostos de dinâmica não linear são fundamentalmente diferentes dos modelos mecanicistas tradicionais.

A ontologia de teorias de sistemas não lineares afirma que o mundo natural e o mundo social são sistemas abertos, com interdependência entre "elementos" de qualquer sistema determinado. Essa afirmação é consistente com a estratificação apresentada por Bhaskar. Por exemplo, nas células pesquisadas por Bernard, uma força (gravidade) existente no domínio real entra em ação no nível real quando as células se formam, e pode ou não ser observada no domínio empírico. Para essa posição, há um apoio indireto na literatura; como é o caso de Archer (1995) que afirmou que o quadro explicativo do realismo crítico incorpora resultados imprevisíveis, porém explicáveis, decorrentes da interação entre os mecanismos gerativos e as estruturas; e também Thietart e Forgues (1997) colaboram na identificação de atratores como estruturas em uma evolução organizacional. Como foi mencionado, alguns pesquisadores complexos tentam empregar uma epistemologia positivista, uma prática que Bhaskar critica em termos de uma "falácia epistêmica", pois mistura epistemologia e ontologia, e a separação das duas é central na posição de Bhaskar. Ao aceitar o relativismo epistemológico – o conhecimento (não a realidade) é socialmente construído –, os meios para julgar a teoria vêm de um apelo aos mecanismos causais localizados na realidade externa e da eficácia das ações humanas na obtenção de resultados (JOHNSON & DUBERLEY, 2000).

Uma área na qual os métodos de pesquisa têm sido desenvolvidos é a Teoria do Caos, ou seja, é um reconhecimento das ciências da natureza do *mundo* como um sistema aberto (GREGERSON & SAILER, 1993). Os erros, ruídos ou variações que tanto as ciências físicas como as sociais procuraram excluir da experimentação são, de fato, parte do crescimento do sistema aberto, da mudança ou da adaptação na busca de leis causais e preditivas. A Teoria do Caos emergiu de um estudo de modelos matemáticos de equações dinâmicas não lineares, no qual os relacionamentos entre parâmetros não são simplesmente adicionados e os valores em certo tempo são influenciados por valores anteriores (GLEICK, 1987).

Existem muitas técnicas matemáticas que abordam a medição de fractais e as dinâmicas dos atratores, que estão além do propósito deste capítulo. Todavia, há uma técnica auxiliar na busca de atratores: a inclusão de séries temporais. Em vez de começar com um modelo, o pesquisador começa com múltiplos pontos de dados medidos ao longo do tempo. Os dados são plotados em um espaço de estado adequado, e padrões de estabilidade e mudança são potencialmente revelados (STERMAN, 1989; KIEL, 1993).

A partir de uma perspectiva metodológica, Eisenhardt (1989) levantou a questão de começar a partir de um ideal livre de teoria; porém, outros (JANKO-

WSKI & WEBSTER, 1991) reconheceram que alguma estrutura é necessária para a análise de dados que, nos termos de Bhaskar (1989: 18), é "antecedente a materiais cognitivos existentes". A história da pesquisa não linear das dinâmicas mostra que específicos modelos *a priori* de processos de auto-organização não são diretamente úteis na seleção de parâmetros que podem revelar dinâmicas de estabilidade ou alteração. Os parâmetros escolhidos para definir comportamentos do sistema não são aqueles, necessariamente, envolvidos em mecanismos que participam na bifurcação. Desse modo, Whetten (1989) recomendou a substituição das hipóteses dos resultados por propostas de relações. Isso seria um exemplo da abordagem generativa para a ciência, que enfatizava os processos apoiando essas proposições.

Em síntese, a posição ontológica de sistemas não lineares e a posição do realismo crítico são consistentes com a teoria da gestalt-terapia, como mostra a Tabela 1-1.

Tabela 1-1 Ontologias comparativas

Gestalt-terapia	Realismo crítico/transcendental	Teoria do Caos
(Korb, Gorrell & Van de Riet)	Bhaskar Manicas e Seccord	Gregersen e Sailer
A natureza da realidade é um processo contínuo e em constante mudança. Objetos são também processos não observáveis, exceto por equipamentos especiais. Todas as coisas existem relacionadas às outras coisas e estão, portanto, envolvidas no processo. As consequências não são necessariamente explicáveis por causalidade.	Três domínios: • **Real**: mecanismos gerativos que existem independentemente de eventos observados. • **Atual**: eventos observados. • **Empírico**: eventos experienciados. Sistemas estratificados com propriedades emergentes. Tempo e espaço causalmente inertes.	A natureza da realidade é um processo dinâmico e recursivo, que contém características caóticas e não caóticas, e revela *self* similaridade. Processos gerais são determináveis, mas resultados específicos são imprevisíveis.

Embora o uso dessas opções emergentes de pesquisa não seja simples, vale a pena explorá-las como maneiras para desenvolver um programa de pesquisa que realmente aborde o sentido de *estar-sendo* da gestalt-terapia.

Como nós experienciamos

Um de nós (Anton) está interessado em um dos pontos básicos da gestalt-terapia: como a experiência de um indivíduo é conceituada pela fenomenologia e pelo existencialismo filosófico[6]. Isso é importante porque, em ciências, naturalismo que não inclui a pessoa humana é um cientificismo transcendental que, em si, é falho e irreal (CACIOPPO; SEMIN & BERNTSON, 2004; RAMEY & CHRYSIKOU, 2005). Embora o uso do método fenomenológico em gestalt-terapia seja conduzido como uma atitude natural (cf. capítulo 8), muitos gestalt-terapeutas falam sobre isso como se fizessem uma redução fenomenológica – o uso do método fenomenológico na filosofia. Embora o capítulo 8 trate de método no exercício da terapia, é útil abordar, inicialmente, alguns dos conceitos básicos da fenomenologia.

A Psicologia se desenvolveu no final do século XIX, a partir da filosofia e também da fisiologia experimental. Esse fato, juntamente com a ambição dos primeiros psicólogos de serem aceitos como verdadeiros cientistas, levou a psicologia, desde o início, a estudar os fenômenos do ser humano com a mesma metodologia usada pelas ciências mais desenvolvidas, como a Física, a Química e a Biologia, isto é, por meio de análise experimental. O modelo determinístico da ciência natural predominava e ainda predomina na psicologia acadêmica contemporânea. É necessário admitir que não só a Psicologia está fortemente comprometida com esse modelo, como a compreensão da mente humana e os métodos de pesquisa estão envolvidos com o crescimento do campo. Todavia, a evolução subsequente do pensamento psicológico torna evidentes as limitações dessa psicologia científica; desse modo, é notório que está se exaurindo, no que concerne a explicar ou compreender a essência do ser humano, a subjetividade – a experiência íntima.

É verdade que os seres humanos são objetos físicos no mundo físico. Entretanto, não somos somente objetos: também somos sujeitos. Temos a capacidade de estar conscientes dos estímulos e, ao contrário dos outros seres, somos os únicos a ter consciência de sermos conscientes. Isso é *awareness* de *awareness*; *awareness* consciente é a qualidade que caracteriza a experiência humana. A experiência começa com *awareness* e é reconhecida por meio da

---

6. Para uma explicação sobre como o método fenomenológico é aplicado à prática da psicoterapia – especialmente à psicoterapia gestáltica –, leia o capítulo 8, o qual retoma esse assunto e o leva a uma direção específica.

awareness. Essa *awareness* reflexiva significa a capacidade para observação contínua, a interpretação do que acontece no momento, ao deduzir e criar significados únicos, escolher intenções e, nesse sentido, ser a fonte do que é atual para uma pessoa.

> A *awareness* não é ociosa; ela está orientando, apreciando e aproximando, escolhendo uma técnica; ela está, em toda parte, em interação funcional com a manipulação e o excitamento crescente de contato mais íntimo. As percepções não são meras percepções; avivam-se, aguçam e atraem. Ao longo do processo existe descoberta e invenção e não "contemplação'... (PERLS; HEFFERLINE & GOODMAN, 1994: 164).

Uma pessoa incorpora esse processo e, se quisermos entendê-la como um sujeito, temos que considerar sua subjetividade única e não repetida.

O fundador da fenomenologia, o filósofo alemão Edmund Husserl (1859-1938), definiu como seu objetivo o estabelecimento de uma filosofia científica rigorosa, que se tornaria um fundamento para todas as ciências. Apesar de não ser o primeiro filósofo a usar o termo "fenomenologia", ele o fez com um sentido novo. O pensamento de Husserl (1972) oferece um contraste nítido com a filosofia positivista que se desenvolveu das ciências naturais. Cientistas nesses campos viram suas tarefas como descobertas de leis que governam a natureza, mas não se perguntaram se essas leis podem ser humanamente cognoscíveis, uma vez que ainda permanecem distantes do nosso modo de conhecer. Portanto, a tarefa da fenomenologia é o estudo das coisas a partir da forma como aparecem pela nossa consciência e, por essa, a natureza da própria *awareness*. Os métodos específicos que a fenomenologia desenvolveu foram adotados, mais tarde, por filósofos da escola existencial, tais como Martin Heidegger, Jean-Paul Sartre, Gabriel Marcel e Maurice Merleau-Ponty (para uma descrição mais detalhada sobre a filosofia existencial, cf. SPINELLI, 1989; GAFFNEY, 2006; DREYFUS & WRATHALL, 2006). Quando essas duas abordagens (existencialismo e fenomenologia) estão unidas – apesar de algumas diferenças – e são aplicadas aos fenômenos da psicologia humana, é possível levar em consideração um ponto de partida filosófico adequado para a prática em Psicologia que é a psicoterapia. Como terapeutas, lidamos com situações existenciais de nossos clientes e observamos aqueles estilos individuais que as pessoas usam no processo de organizar os seus próprios mundos. Em outras palavras, olhamos para os modos de experienciar seus mundos, para a forma como interagem com o meio ambiente, como formam significados e participam ativamente no que acontece com elas.

O naturalismo científico em psicologia é conhecido por ver a pessoa e seu meio ambiente (coisas, objetos e outras pessoas ao redor dela) como entidades separadas, distintas e independentes, como objetos que podem ser estudados de maneira separada. Já a visão fenomenológica não observa as pessoas como meros objetos. Em vez disso, a fenomenologia descreve a pessoa como "ser-no-mundo" (HEIDEGGER, 1962), uma visão que apresenta a unidade indissolúvel e inseparável entre o indivíduo e seu mundo. Em outras palavras, nenhum indivíduo existe à parte do mundo; e, de modo inverso, o mundo não existe significativamente à parte das pessoas que vivem nele. Um constitui o outro. Essa noção pode ser difícil de ser compreendida por pessoas que cresceram em um mundo caracterizado pela dicotomia entre objeto e sujeito. Valle, King e Halling (1989) explicaram essa interdependência pelo famoso desenho ambíguo do "vaso/perfis" do Rubin. O que vemos como primeiro plano (p. ex. o vaso) não pode existir sem o fundo (perfis). Se removemos qualquer um deles, o outro desaparece também. O mesmo é verdadeiro para as pessoas e seus mundos: se descartamos um, torna-se sem sentido falar do outro. Isso quer dizer que o indivíduo humano está contextualizado. É impossível conceber uma pessoa sem o mundo que a rodeia.

Os pressupostos principais da fenomenologia baseiam-se nos conceitos que Husserl (1972) propôs enquanto estudava a experiência subjetiva. Como se sabe, no início, o filósofo propôs "retornar às mesmas coisas" (SPINELLI, 1989). Percebeu a tarefa de sua filosofia como uma forma para a exploração da experiência subjetiva – consciência – a fim de descobrir como a consciência se impõe sobre a realidade "pura" e consegue obscurecê-la. Husserl esperou ser capaz de colocar de lado a experiência consciente para chegar ao "que é". Suas atividades filosóficas resultaram em dois conceitos que têm importância fundamental para uma boa compreensão da abordagem fenomenológica: *intencionalidade*, por um lado; e os focos *noemático* e *noético* da intencionalidade, por outro lado.

Franz Brentano acreditava que a nossa consciência é sempre dirigida para o mundo real (SPINELLI, 1989) e sempre faz um esforço para interpretá-lo de forma significativa. A isso, chamou de *intencionalidade*. Na concepção de Husserl, intencionalidade identifica a relação fundamental, ou seja, a base para todos os nossos construtos significativos desse mundo. Nossa consciência é *sempre consciência de algo*; sempre focaliza alguma coisa. Consciência *nunca pode existir sem um objeto*; necessita sempre de um estímulo que é parte do mundo real, sempre o alcança e tenta interpretá-lo de uma maneira significativa. Assim, não é possível conhecer a realidade última de qualquer objeto porque, mesmo no nível mais básico da consciência, ocorre esse ato inevitável de interpretação. Sempre interpretamos o nosso mundo como um mundo baseado em objetos. Qualquer realidade que se apresente à nossa consciência deve ser explicada ou deve obter algum significado. Não podemos tolerar a falta de significado. O processo de conseguir um sentido começa com a interpretação dessa realidade como um objeto. Os dados sensórios – nossas percepções visuais, olfativas, auditivas e táteis – e outras reações aos estímulos do mundo físico são interpretadas para que respondamos a esses estímulos como se fossem objetos. Mesmo se fôssemos capazes de colocar de lado todos os significados que damos a um estímulo, o que restaria seria a interpretação desse estímulo como um objeto. Portanto, *intencionalidade* significa "um relacionamento *invariante* básico que existe entre o mundo real e a nossa experiência consciente do mesmo" (SPINELLI, 1989: 12). Todo significado relacionado ao mundo é baseado nessa relação, todo significado é *intencionalmente derivado*. Essa é a razão pela qual não há possibilidade de conhecermos a realidade "pura". Nosso acesso a essa realidade é limitado pela *intencionalidade*.

Mais um dos achados de Husserl foi o de que todo o ato de *intencionalidade* compõe-se de dois enfoques experienciais, sempre evocados simultaneamente: *noema* e *noesis*. O termo *noema* é usado para *o que* experienciamos, por exemplo, um objeto focalizado por nós mesmos; e o termo *noesis* é usado para *como* experienciamos um objeto, e inclui todos os elementos afetivos e cognitivos possíveis que todo ser humano adiciona à experiência de um determinado objeto. Esses dois enfoques se originaram de experiências pessoais e únicas. Estão sempre presentes simultaneamente e não podem ser separados um do outro em nenhuma experiência. Por exemplo, se nos lembramos de qualquer experiência do passado, devemos recordar não somente os eventos dessa experiência, mas também o modo como a experienciamos.

Noesis também se aplica ao fato de que nossas interpretações do mundo, os significados que atribuímos a ele não são idênticos aos de outra pessoa. Logo, as nossas experiências não podem ser idênticas. Mesmo sendo membros da mesma espécie e da mesma cultura, compartilhamos as mesmas limitações psicobiológicas e os mesmos contextos socioculturais que formam uma base comum (compartilhada) para nossos quadros mentais interpretativos, ainda que cada um de nós adicione variáveis derivadas de nossas vidas, de nossas próprias experiências. O significado é criado por meio da combinação de *o que* e *como*.

Essa concepção de *intencionalidade* leva inevitavelmente a uma série de conclusões de importância essencial. Se a nossa consciência é sempre a consciência de alguma coisa, se ela não pode existir sem objetos mostrando-se nela, isso também significa que a existência de uma pessoa, ao estar *aware* de si mesma, emerge através do mundo. A consciência (a experiência subjetiva do *self*) não existe sem os objetos se revelarem para ela, e vice-versa. O mundo, como é vivido, obtém o seu significado através da existência da consciência individual que o torna presente no ato da *intencionalidade*. Sem a pessoa, sem a consciência de que os objetos estão se revelando, o mundo não existiria de forma significativa. O mundo existe somente como "mundo-para-consciência" (VALLE; KING & HALLING, 1989). Os objetos no mundo, incluindo outras pessoas, existem apenas por meio dos significados que criamos para eles, ou seja, existem como *objetos intencionais*. A pesquisa neurocientífica (DAMASIO, 1994) prova que a percepção imediata, a primeira tradução do estímulo em objeto, talvez dure uma fração de segundo. O nosso cérebro, imediatamente, envolve-se ainda mais; esquemas mais complexos são criados e derivados de nossa experiência inteira; assim, começam a construir significado. o significado está implícito em nossa experiência da realidade. De fato, a realidade para uma pessoa é o processo de experienciar. O "eu" subjetivo e seus objetos intencionais formam, assim, uma unidade indissolúvel caracterizada pela *intencionalidade* mútua. Nesse sentido, a existência de um depende do outro. O sentido da existência da pessoa emerge através da consciência, e o mundo recebe o seu significado, sua existência, tornando-o presente.

Essa interdependência tem ainda outro traço característico, é *dialógica* (VALLE; KING & HALLING, 1989). Isto é, ambos participantes são, ao mesmo tempo, ativos e passivos. As pessoas são, parcialmente, ativas porque estão sempre agindo em seus mundos de maneiras propositadas; e são, em parte, passivas porque o mundo está sempre agindo sobre elas pelas situações que as apresentam, não importa se querem isso ou não. Desse modo, essa interdependência é também um relevante campo, e estamos "condenados à escolha" (HEIDEGGER, 1962). O mundo está sempre agindo sobre nós, e temos sempre que fazer uma escolha sobre ele. Uma implicação desse fato é que os dois modelos são insustentáveis – o da pessoa com liberdade absoluta e o da pessoa como totalmente determinada ou objetificada (sua escolha de ação como não sendo livre, mas sim como predeterminada por uma sequência de causas que são independentes da vontade). Temos somente "liberdade situada", ou seja, a liberdade e a obrigação para fazer uma escolha em uma dada situação apresentada pelo mundo.

As noções de inter-relação, *intencionalidade* mútua e a unidade indissolúvel do sujeito e do objeto apresentam, de fato, amplas implicações políticas, sociais, morais e psicológicas. Consciência (sujeito) não pode existir sem o mundo dos objetos (incluindo outros sujeitos). O eu, enquanto sujeito, existe somente através da presença de outros (seres-para-mim, construtos que faço). Devo também admitir que torno-me, igualmente, um objeto para outros, "ser-para-outros" e, como um "ser-no-mundo", tenho importância e *status* iguais aos deles.

Se a nossa percepção é essencialmente intencional, isso significa que *objetivo* e *subjetivo* não podem existir separados um do outro, são indissolúveis. Segundo a perspectiva fenomenológica, todos os fatos apresentam uma perspectiva particular; objetividade significa objetivo para um sujeito (KOESTENBAUM, 1971). Todas as nossas perspectivas são subjetivas no sentido de o que observamos ou exploramos é visto e compreendido em termos dos nossos interesses particulares, decisões, educação, história pessoal, contexto social e cultural etc. Além disso, essa noção de subjetividade não significa distorção. Pelo contrário, torna-se o ponto de partida para acumular mais conhecimento consensual. O consenso – significado compartilhado – baseia-se nas percepções de determinados indivíduos. Consensual significa "conhecido através de variações". Nesse sentido, todos os fatos são intersubjetivos por natureza.

De outro modo, a *objetividade* (FISCHER, 1994) assume primeiramente que reconhecemos a natureza mutável e ambígua pelo que é conhecido. Ser objetivo significa ser respeitoso e fiel à riqueza de qualquer assunto, estar aberto às suas perspectivas alternativas e, ao mesmo tempo, ser capaz de especificar sistematicamente seu próprio acesso e suas percepções em relação aos registros dos outros. Com base nisso, outros investigadores podem conduzir as próprias observações científicas dos fenômenos e fazer comparações diretas.

Objetivo e subjetivo formam assim uma unidade indissolúvel; logo, qualquer abordagem que sugere ser unicamente objetiva ou unicamente subjetiva se torna limitada. Qualquer conhecimento (incluindo terapêutico ou científico) envolve a pesquisa da organização interna das estruturas, porque tudo que podemos saber é o modo como as pessoas organizam os seus mundos a fim de torná-los significativos. A partir dessa perspectiva, as abordagens fenomenológica e existencial não se opõem às ciências naturais. Pelo contrário, a ciência pode ampliar sua base por uma perspectiva fresca e nova, que está inteiramente de acordo com a ideia de Husserl (1972), ou seja, as ciências deveriam considerar a estrutura e o funcionamento dos modos humanos de conhecer, porque não estão separados dos fenômenos humanamente conhecidos.

Uma orientação para este manual

Este livro foi escrito por terapeutas, pensadores e formadores da gestalt que defendem diferentes perspectivas e apresentam ênfases diversas. Logo, é de se esperar que sejam enfatizadas algumas diferenças. Contudo, existe uma concordância clara em todos os capítulos e entre as pessoas que representam diferentes comunidades de gestalt-terapeutas em vários países, os quais formam a comunidade vigorosa e global da gestalt-terapia. O fato de que os conceitos inerentes à gestalt-terapia continuam a emergir nos pensamentos das pessoas fora do seu campo imediato indica que a gestalt-terapia é uma abordagem atualmente relevante para a psicologia clínica. Este manual aclama essa dinâmica, reconhecendo o seu mérito. Quando pesquisadores podem afirmar que "pensamento relacional – pensamento que está restrito pelos papéis relacionais que as coisas desempenham, em vez de somente as características literais daquelas coisas – é uma parte fundamental da percepção e cognição humana" (DOUMAS; HUMMEL & SANDHOFER, 2008: 1), isso é um sinal de que a teoria da gestalt-terapia tem ressonância no campo mais amplo, mesmo não sendo conhecida como tal. Como Doumas, Hummel e Sandhofer observaram, o pensamento relacional (o que gestalt-terapeutas reconheceriam sob nossas rubricas da teoria de campo, diálogo e fenomenologia) destaca a habilidade para compreender cenas visuais, aprender e usar regras, e apreciar analogias entre situações diferentes ou sistemas de conhecimento. Da mesma forma como mudança na estratégia científica que caracterizou Kuhn, quando aplicou os métodos de ciência ao estudo dos processos de cientistas; o relacional, o contextual e os conceitos fenomenológicos inerentes em gestalt-terapia podem ser úteis na busca do conhecimento oriundo de pesquisa sobre gestalt-terapia.

Este livro, portanto, é uma tentativa para provocar um enfoque inteiramente novo em pesquisa (gestalt-terapia) e um esforço para contribuir em discussões sobre ciência e pesquisa que ocupa lugar no campo mais amplo. O livro é formado por três partes. A primeira considera questões de ciência e pesquisa. Já a segunda apresenta uma descrição clara do método da gestalt-terapia – o que os psicoterapeutas da gestalt fazem quando a praticam. E a terceira não só fornece uma visão para o estabelecimento de uma tradição de pesquisa na gestalt-terapia como também oferece exemplos de tipos de pesquisa possíveis de serem elaborados na comunidade de pesquisa da gestalt.

Referências

ADLER, J. (2006). "Epistemological problems of testimony". In: ZALTA, E. (org.). *Stanford Encyclopedia of Philosophy*. Stanford: Stanford University [Disponível em http://plato.stanford.edu/entries/testimony-episprob – Acesso em 25/03/08].

ARCHER, M. (1995). *Realist social theory:* The morphogenic approach. Cambridge: Cambridge University Press.

BAILLIE, A. & CORRIE, S. (1996). "The construction of client's experience of psychotherapy through narrative, practical action and the multiple streams of consciousness". *Human Relations*, vol. 40, n. 3, p. 293-311.

BHASKAR, R. (1989). *Reclaiming Reality*. Londres: Verso.

_____ (1978). *A Realist Theory of Science*. Sussex: Harvester Press.

BOWMAN, C. & NEVIS, E. (2005). "The history and development of gestalt therapy". In: WOLDT, A. & TOMAN, S. (orgs.). *Gestalt Therapy:* History, theory, and practice. Thousand Oaks/Londres/Nova Deli: Sage, p. 3-20.

BREAKWELL, G.; HAMMOND, S. & FIFE-SCHAW. C. (1995). *Research methods in psychology.* Londres, Thousand Oaks/Nova Deli: Sage.

CACIOPPO, J.; SEMIN G. & BERNTSON, G. (2004). "Realism, instrumentalism, and scientific symbiosis: Psychological theory as a search for truth and the discovery of solutions". *American Psychologist*, 59 (4), p. 214-223.

CRESWELL, J. (2009). *Research design*: Qualitative, quantitative, and mixed methods approaches. 3. ed. Los Angeles/Londres/Nova Deli/Singapura: Sage.

DAMASIO, A. (1994). *Descartes'error*: Emotion, reason, and the human brain. Nova York: Avon Books.

DEWEY, J. (1929/1988). *The quest for certainty*. Nova York: Minton, Balch & Company.

DOUMAS, L.; HUMMEL, J. & SANDHOFER, C. (2008). "A theory of the discovery and prediction of relational concepts". *Psychological Review*, vol. 115, n. 1, p. 1-43.

DREYFUS, H. & WRATHALL, M. (orgs.) (2006). *A Companion to Phenomenology and Existentialism*. Oxford: Blackwell.

EID, M. & DIENER, E. (2006). "Introduction: The need for multimethod measurement in psychology". MICHAEL, E. & DIENER, E. (orgs.). *Handbook of multimethod measurement in psychology*. Washington: American Psychological Association.

EISENHARDT, K.M. (1989). "Building theories from case study research". *Academy of Management Review*, 14 (4), p. 532-550.

FINOCCHIARO, M. (1992). "Galileo's Copernicanism and the acceptability of guiding assumptions". In: DONOVAN, A.; LAUDAN, L. & LAUDAN, R. (orgs.). *Scrutinizing science*: Empirical studies of scientific change. Baltimore/Londres: Johns Hopkins University Press.

FISCHER, C.T. (1994). *Individualizing Psychological Assessment*. Hove: Lawrence Erlbaum.

FORREST, P. (2006). "The epistemology of religion". In: ZALTA, E. (org.). *Stanford Encyclopedia of Philosophy* [Disponível em http://plato.stanford.edu/entries/religion-epistemology – Acesso em 26/03/08].

GAFFNEY, S. (2006). "On being absurd: Søren Kierkegaard 1813-1855". *British Gestalt Journal*, 15 (1), p. 7-15.

GLEICK, J. (1987). *Chaos*. Londres: Cardinal.

GODFREY-SMITH, P. (2003). *Theory and reality*: An introduction of the philosophy of science. Chicago/Londres: The University of Chicago Press.

GREGERSEN, H. & SAILER, L. (1993). "Chaos theory and its implications for social research". *Human Relations*, 46 (7), p. 777-802.

HAIG, B. (2005a). "Psychology needs realism, not instrumentalism". *American Psychologist*, 60 (4), p. 344-345.

_____ (2005b). "An abductive theory of scientific method". *Psychological Methods*, 10 (4), p. 371-388.

HARRE, R. (1986). *Varieties of Realism*. Oxford: Blackwell.

HEIDEGGER, M. (1962). *Being and time*. Nova York: Harper and Row.

HOYT, W. & BHATI, K. (2007). "Principles and practices: An empirical examination of qualitative research in the *Journal of Counseling Psychology*". *Journal of Counseling Psychology*, 54 (2), p. 201-210.

HUSSERL, E. (1972). *The crisis of european sciences and transcendental*. Praha: Academia.

JANKOWSKI, N.W. & WESTER, F. (1991). "The qualitative tradition in social science inquiry: Contributions to mass communication research". In: JENSEN, K.B. & JANKOWSKI, N.W. (orgs.). *A handbook of qualitative methodologies for mass communication research*. Londres: Routledge.

JOHNSON, P. & DUBERLEY, J. (2000). *Understanding management research – an introduction to epistemology*. Londres: Sage.

KAZDIN, A. (2003). "Methodology: What it is and why it is so important". In: KAZDIN, A. (org.). *Methodological issues & strategies in clinical research*. 3. ed. Washington: American Psychological Association.

KIEL, L.D. (1993). "Nonlinear dynamical analysis: Assessing systems concepts in a government agency". *Public Administration Review*, 53 (2), p. 143-153.

KOESTENBAUM, P. (1971). *The vitality of death*: Essays in existential psychology and philosophy. Westport: Greenwood.

KORB, M.; GORRELL, J. & VAN DE RIET, V. (1989). *Gestalt therapy practice and theory*. Nova York: Pergamon.

KUHN, T. (1962). *The structure of scientific revolutions*. Chicago: University of Chicago Press.

KVANVIG, J. (2007). "Coherentist views of epistemic justification". In: ZALTA, E. (org.). *Stanford Encyclopedia of Philosophy*. Stanford: Stanford University [Disponível em http://plato.stanford.edu/entries/justep-coherence – Acesso em 25/03/08].

LAUDAN, L. (1977). *Progress and its problems*: Toward a theory of scientific growth. Berkeley: University of California Press.

LAUDAN, R.; LAUDAN, L. & DONOVAN, A. (1992). "Testing theories of scientific change". In: DONOVAN, A.; LAUDAN, L. & LAUDAN, R. (orgs.) *Scrutinizing science*: Empirical studies of scientific change. Baltimore/London: The Johns Hopkins University Press.

LICHTENSTEIN, B. (2000). "Emergence as a process of self organising: New assumptions and insights from the study of non-linear dynamic systems". *Journal of Organizational Change Management,* 13 (6), p. 526-544.

LOYE, D. & EISLER, R. (1987). "Chaos and transformation: Implications of nonequilibrium theory for social science and society". *Behavioural Science*, 32, p. 53-65.

MACHADO, A. (2007). "Toward a richer view of the scientific method". *American Psychologist*, 62 (7), p. 671-681.

MANICAS, P.T. & SECORD, P.F. (1983). "Implications for psychology of the new philosophy of science". *American Psychologist*, 38 (4), p. 399-413.

MATHEWS, M.; WHITE, M. & LONG, R. (1999). "The problem of prediction and control in theoretical diversity and the promise of the complexity sciences". *The Journal of Management Inquiry*, 8 (1), p. 17-31.

MATURANA, H. (1988). "Reality: The search for objectivity or the quest for a compelling argument". *Irish Journal of Psychology*, 9, p. 25-82.

McGRATH, J. & JOHNSON, B. (2003). "Methodology makes meaning: How both qualitative and quantitative paradigms shape evidence and its interpretation". In: CAMIC, P.; RHODES, J. & YARDLEY, L. (orgs.). *Qualitative research in psychology*: Expanding perspectives in methodology and design. Washington: American Psychological Association.

NONAKA, I. (1988). "Creating organizational order out of chaos: Self renewal in Japanese firms". *California Management Review*. Spring, p. 57-73.

PEDHAZUR, E. & SCHMELKIN, L. (1991). *Measurement, design, and analysis, an integrated approach*. Hillsdale/Hove/Londres: Lawrence Erlbaum.

PERLS, F. (1976). *Gestalt Therapy Verbatim*. Nova York: Bantam Books [No Brasil: *Gestalt-terapia explicada*. São Paulo: Summus, 1977].

PERLS, F.; HEFFERLINE, R. & GOODMAN, P. (1994). *Gestalt therapy, excitement and growth in the human personality*. The Gestalt Journal Press.

_____ (1951). *Gestalt-therapy*: Excitement and growth in the human personality. Nova York: Julian [No Brasil, traduzido sob o título: *Gestalt-terapia*. 2. ed. São Paulo: Summus, 1997].

PLANTINGA, A. (2000). *Warranted Christian belief*. Nova York/Oxford: Oxford University Press.

_____. (1993a). *Warrant*: The current debate. Nova York/Oxford: Oxford University Press.

_____. (1993b). *Warrant and proper function*. Nova York/Oxford: Oxford University Press.

PROCTOR, R. & CAPALDI, E.J. (2006). *Why science matters*: Understanding the methods of psychological research. Oxford: Blackwell.

RAMEY, C. & CHRYSIKOU, E. (2005). "The scientific denial of the real and the dialectic of scientism and humanism". *American Psychologist*, 60 (4), p. 346-347.

REED, B. (2008). "Certainty". *Stanford Encyclopedia of Philosophy*. Stanford: Stanford University [Disponível em http://plato.stanford.edu/entries/certainty – Acesso em 25/03/08].

ROBSON, C. (2002). *Real world research*. 2. ed. Oxford, UK: Blackwell.

SHOTTER, J. (1993). *Conversational realities*. Londres: Sage.

SOKOLOWSKI, R. (2000). *Introduction to phenomenology*. Nova York: Cambridge University Press.

SPINELLI, E. (1989). *The interpreted world*: An introduction to phenomenological psychology. Londres: Sage.

STERMAN, J.D. (1988). "Deterministic chaos in models of human behaviour: Methodological issues and experimental results". *Systems Dynamics Review*, 4 (1/2), p. 148-178.

TAYLOR, D. (1992). *The myth of certainty*: The reflective Christian and the risk of commitment. Downers Grove: InterVarsity Press.

THIETART, R.A. & FORGUES, B. (1997). "Action, structure and chaos". *Organization Studies*, 18 (1), p. 119-143.

_____. (1995). "Chaos theory and organization". *Organization Science*, 6 (1), p. 19-31.

TSOUKAS, H. (1989). "The validity of idiographic research explanations". *Academy of Management Review*, 14 (4), p. 551-561.

VALLE, R.S.; KING, M. & HALLING, S. (1989). "An introduction to existential phenomenological thought in psychology". VALLE, R.S. & HALLING, S. (orgs.). In: *Existential phenomenological perspectives in psychology*. Nova York: Plenum Press.

WAMPOLD, B. (2007). "Psychotherapy: 'The' humanistic (and effective) treatment". *American Psychologist*, 62 (8), p. 857-873.

WEICK, K. (1977). "Organization design: Organizations as self-designing systems". *Organizational Dynamics*, 6, p. 31-46.

WHETTEN, D. (1989). "What constitutes a theoretical contribution?" *Academy of Management Review*, 14 (4), p. 490-495.

2
A necessidade de pesquisa em gestalt-terapia

Eva Gold
Stephen Zahm

> *Quando se planeja um trabalho de pesquisa psicológica, é claro que existe um passo particular que precisa ser tomado primeiro: identificar e selecionar um tema para estudo.*
> Martyn Barrett

A abordagem da gestalt para a psicoterapia não é alvo de uma boa pesquisa; a produção escrita a respeito desse tema só teve um incremento muitos anos após o seu desenvolvimento. Uma série de fatores contribuiu para isso. Durante os primeiros anos da gestalt-terapia havia uma tendência anti-intelectual entre muitos gestalt-terapeutas, em parte como uma reação à percepção da exagerada intelectualização da teoria a partir da qual se desenvolveu – a psicanálise. Além disso, os fundadores da gestalt-terapia e muitos de seus primeiros adeptos tendiam a uma inconvencionalidade criativa, a uma não conformidade e até mesmo ao anarquismo em pensamento e em convicção política. Tinham pouco interesse em trazer tradições acadêmicas e psicoterapeutas para dentro de seu "campo". Erving Polster, por exemplo, fundador de um dos primeiros institutos de gestalt-terapia, o Instituto de Gestalt de Cleveland, disse que os primeiros formadores pensaram que, se estivessem atraindo muitos formandos para o programa deles, provavelmente estavam fazendo algo errado (POLSTER, 2006). A gestalt-terapia não era vista como uma abordagem que as massas aceitariam ou que lhes pareceria atraente. Uma possível justificativa seria a maneira como a gestalt-terapia era ensinada: experiencialmente. Desse modo, os formandos experienciam, em primeira mão, a eficiência da abordagem à medida que aprendem por meio de observação, participação em oficinas e demonstrações durante a formação, e não primariamente por leitura ou discussão da teoria em ambientes acadêmicos. Os psicoterapeutas, ao aplicar essa abordagem em seus clientes, também observam o poder da gestalt de evocar perspectivas de mudança da vida e da *awareness*, com possibilidades para o crescimento e um novo senso do *self*, juntamente com o potencial maior de comportamento e os modos de se relacionar com os outros. Daí a minimização da necessidade de explicar a gestalt-terapia ou tentar "validar" o seu valor. Outro fator que influencia a possibilidade de pesquisa em gestalt-terapia é que, como em outras abordagens existenciais/humanísticas e dinâmicas, há a utilização hábil do método apresentado pela teoria; tratando-se mais de uma improvisação do que de um método planejado que pode ser facilmente quantificado e replicado. Assim, é mais difícil realizar certos tipos de pesquisa com essa maneira analisada do que com aqueles métodos facilmente quantificáveis que se prestam aos registros de tratamentos guiados por manuais.

Todavia, nas últimas décadas, tem-se escrito mais sobre a teoria e a prática da gestalt-terapia, como textos avançados, estudos de casos e uma série de novos periódicos. Além disso, há algumas pesquisas; no entanto, a quantidade e o tipo de pesquisa não mantêm a mesma produção como em muitas outras abordagens. A pesquisa apresenta, frequentemente, enfoque reduzido e limitado; em geral, apenas uma técnica ou um método específico é levado em consideração, tal como a técnica da cadeira vazia. Isso acontece porque a técnica delineada é facilmente incluída nos manuais e manipulada para os fins de pesquisa.

Embora esses tipos de estudo provem que os métodos são mais eficazes do que os métodos usados para comparação, não é possível aplicar esses resultados à eficiência da abordagem gestáltica em geral, pois nenhuma técnica simples representa a gestalt-terapia ou capta sua essência. Como essas técnicas foram avaliadas fora do contexto e não refletem a gestalt-terapia em um todo, seu significado é limitado. Existe atualmente uma escassez de literatura que apoie o uso da gestalt-terapia no tratamento clínico a populações ou transtornos específicos, se comparada com algumas outras orientações psicoterápicas (WERNER, 2005). É importante ressaltar que as pesquisas existentes raramente incluem um projeto bem-formulado e usam uma população quase clínica. Os registros de pesquisa, também, nem sempre são suficientemente rigorosos para atender aos padrões atuais; caso fossem, os resultados seriam vistos com mais confiança.

Nos últimos vinte anos, houve uma mudança radical em todo o campo da psicologia, resultando em uma crescente ênfase na validação empírica de abordagens à psicoterapia. Essa mudança registrou um impacto em cada abordagem de psicoterapia, inclusive na gestalt-terapia. Nos Estados Unidos, quando as empresas de planos de saúde começaram a pagar psicoterapia fornecida por psicólogos e por outros profissionais de saúde mental – não apenas psiquiatras –, iniciou-se um gradual afastamento da psicoterapia como uma arte e uma relação, voltando-se para um modelo médico focado nos sintomas e nas suas melhorias da forma mais eficaz e eficiente possível. Ao longo do tempo, essa onda ganhou força e criou uma tensão contínua no campo. Atualmente, por exemplo, o padrão de "necessidade médica" tornou-se prioridade e é usado na determinação de pagamento por serviços psicológicos. A definição de necessidade médica inclui tratamento de sintomas e transtornos específicos, e requer padrões da prática médica geralmente aceitos, baseando-se na evidência científica crível e publicada em literatura médica *peer-reviewed* (revisada por colegas da mesma profissão) que é, em geral, reconhecida pela comunidade pertinente. A necessidade de tratamento médico normalmente acontece enquanto os sintomas estão presentes, e os objetivos da terapia envolvem, sobretudo, o retorno do paciente ao nível anterior de funcionamento. Como resultado, em 1993, em parte devido à pressão dos planos de saúde, a Associação Americana de Psicologia criou uma força-tarefa para desenvolver uma lista de tratamentos "fundamentados empiricamente". Isso levou pesquisadores de ambientes acadêmicos a realizar centenas de estudos sobre os resultados da psicoterapia em determinados tratamentos, com o objetivo de adicioná-los à lista. É claro que a escolha dos métodos pesquisados é influenciada por financiamento, pela popularidade das abordagens no meio acadêmico e, também, pela facilidade em quantificar e montar um manual, a partir dos estudos de eficácia. Consequentemente, as abordagens comportamental e cognitivo-comportamental tornaram-se as mais estudadas, uma vez que a pesquisa de eficiência, por sua própria natureza, não pode testar modalidades mais complexas e a longo prazo.

Depois de tantas pesquisas, em geral foi demonstrado, com raras exceções, que diferentes tratamentos psicoterápicos produzem quase o mesmo nível de resultados limitados. Os tratamentos estudados demonstraram poucas diferenças significativas entre as abordagens (WAMPOLD, 2001). Na verdade, a equivalência de métodos é o resultado mais consistentemente refutado na literatura, de acordo com os meta-analistas (HUBBLE; DUNCAN & MILLER, 1999). Isso é válido para uma variedade de desenhos de pesquisa, diagnósticos e situações. Com base nessa meta-análise, concluiu-se que a lista de abordagens de tratamentos empiricamente fundamentados afirma simplesmente que esses métodos foram pesquisados e outros não. Não obstante, para que uma abordagem faça parte da lista, uma pesquisa deve ser conduzida. Curiosamente, a pesquisa limitada produzida em gestalt-terapia também mostra que é tão eficiente quanto (ou mais eficiente que) as outras abordagens com as quais tem sido comparada, mesmo com critérios limitados para a redução de sintoma – que não é o foco principal da gestalt-terapia.

Na década passada, houve uma convergência simbiótica do plano de assistência gerenciada e dos tratamentos comportamentais, prometendo o alívio do sintoma com tratamentos de tempo limitado, o que é desejável pelos planos de saúde conscientes do custo. Novamente, essas terapias nos manuais prestam-se mais facilmente à pesquisa quantitativa do que a abordagens holísticas. Então, enquanto não há evidência de que aquelas terapias são *mais* eficientes do que as outras, os adeptos das abordagens sustentam prontamente que o *status* de serem empiricamente validadas, implicando assim que outras abordagens são menos válidas. A viabilidade de reembolso da parte dos planos de saúde, juntamente com a ênfase às abordagens empiricamente validadas, até mesmo influenciam as instituições acadêmicas. Muitos programas de pós-graduação em Psicologia deixaram de oferecer uma educação ampla, abrangendo várias abordagens, para permitir aos estudantes a escolha daquela que mais servia a eles. Em vez disso, esses programas enfatizam as abordagens cognitivo-comportamentais e os chamados tratamentos empiricamente validados, que são fáceis de ensinar e aprender, e apresentam técnicas prontamente quantificáveis. Esse movimento foi tão longe a ponto de questionar a ética do uso dos métodos de psicoterapia, não "validados empiricamente", para tratar os sintomas. Isso ignora tanto o achado sobre a equivalência de métodos de estudo, geralmente compreendido e aceito, como o fato de que métodos específicos se prestam mais prontamente a certos tipos de pesquisa. Além disso, deixa de lado também a questão contínua a respeito da aplicabilidade de pesquisas controladas em laboratório às situações mais complexas do mundo real, nas quais as abordagens psicoterápicas são praticadas.

Como o campo da psicologia clínica mudou para um modelo médico, centrado na redução de sintoma e exigindo uma validação empírica, há uma falta de crítica e questionamento sério sobre o que isso significa para a prática da psicoterapia. A discussão foi imposta e limitada somente à relação entre sintomas, ao tempo de tratamento e ao custo-eficiência, deixando de fora os valores das abordagens holísticas, como relacionamento terapêutico, o bem-estar total da pessoa e a habilidade para funcionar no mundo de modo satisfatório. Embora a gestalt-terapia tenha sobrevivido e mesmo prosperado em algumas áreas da Europa e da América do Sul por quase sessenta anos, essa mudança ameaça a abordagem da gestalt juntamente com outros modelos existenciais/ humanistas e dinâmicos nos Estados Unidos e em partes do mundo, onde a prática clínica baseada em evidência está ligada ao financiamento de pesquisa e/ou à credibilidade.

Essa ameaça à gestalt-terapia é exacerbada por um processo paralelo. Outras abordagens contemporâneas têm adotado ou incorporado aspectos da gestalt-terapia dentro de suas teorias e práticas, mas sem reconhecer ou dar crédito a essas ideias originais assimiladas. Por exemplo, a psicologia do *self/* abordagem intersubjetiva, ao se afastar da psicanálise tradicional, inclui um ponto de vista teórico e filosófico que foi previamente desenvolvido em gestalt- -terapia (BRESHGOLD & ZAHM, 1992). A teoria psicodinâmica intersubjetiva tem conceituado e articulado aspectos importantes do tratamento psicoterapêutico e do funcionamento humano de modo muito semelhante àqueles descritos previamente por teóricos da gestalt, incluindo a visão do inconsciente, resistência e transferência (BRESHGOLD & ZAHM, 1992). A postura terapêutica – fenomenológica e relacional – também faz parte da teoria e método da gestalt-terapia. Outro exemplo é a importância que muitas abordagens atualmente dão à aceitação do que é *awareness* e ao momento presente – como se esses conceitos fossem originais da psicoterapia; quando, na verdade, são fundamentos da teoria e do método da gestalt-terapia. Essas abordagens também reconheceram, recentemente, o que a gestalt-terapia sempre compreendeu: tentar se livrar de pensamentos ou sentimentos muitas vezes só faz piorarem os sintomas, ao adicionar outra camada de "deverias" e autocrítica, e deixar de lado a energia autêntica desses sentimentos e experiências negados e, portanto, pouco compreendidos. Steven Hayes, que desenvolveu a Terapia de Aceitação e Compromisso ou ACT (HAYES, 2007), escreve que nos últimos dez anos uma série de abordagens psicoterápicas tornou-se popular por se basear na ideia central de que quanto mais lutamos para mudar ou fugir daquilo que a nossa experiência é, mais presos podemos nos tornar. Relaciona as terapias cognitivo-comportamental baseada em *mindfulness* (*MBCT*), a terapia comportamental dialética (TCD/*DBT*) e a ACT, com a ideia de que o primeiro passo para uma mudança fundamental é aceitar o momento presente, mesmo que a experiência seja difícil ou dolorosa. Embora esses conceitos possam ser inovadores para os profissionais imersos nas tradições comportamentais, soam como descrições tiradas dos livros da gestalt-terapia! Do mesmo modo, a terapia focada nas emoções (EFT) toma emprestados muitos métodos e princípios da gestalt-terapia. Uma descrição de terapia de casal centrada na emoção (JOHNSON, 2004) afirma que um terapeuta deve ter uma teoria sobre o funcionamento saudável, uma compreensão de como esse funcionamento se torna interrompido, bem como uma teoria de mudança terapêutica. A EFT é descrita como uma orientação para o processo, ao integrar as abordagens sistêmica, experiencial e humanística. O terapeuta é visto como um consultante e colaborador no processo, e os clientes são abordados como não patológicos, respondem rigidamente a uma sobrevivência psicológica. A terapia procura ensinar flexibilidade e identifica emoções e aspectos renegados do *self*. Pode-se não apenas ler – às vezes palavra por palavra – como se fosse uma descrição da gestalt-terapia, mas, quando a pessoa presta atenção nas transcrições e assiste aos terapeutas de EFT, pode reconhecer a orientação para o aqui e agora, a metodologia fenomenológica e experimental da gestalt-terapia.

A gestalt-terapia se baseia mais na observação empírica do funcionamento e na autorregulação do que na teoria abstrata. Logo, não é surpresa que outras abordagens, cientes ou não, acabem "redescobrindo a roda". Enquanto essas abordagens tiram muito da teoria e prática da gestalt-terapia ou "descobrem" esses aspectos do funcionamento por meio de seus próprios estudos empíricos, não há reconhecimento de que outros sistemas psicoterápicos adotem essas ideias e empreguem os mesmos métodos. Eles são apresentados como se fossem novidades recentes. Algumas dessas outras abordagens estão entre aquelas que têm sido extensivamente pesquisadas e, como resultado, validadas e apoiadas, enquanto usam os princípios e métodos originalmente desenvolvidos pela gestalt-terapia.

Embora a gestalt-terapia tenha sobrevivido até agora como mais uma terapia "alternativa", existem três processos que, combinados, ameaçam a sua sobrevivência: (1) o foco na validação empírica no campo como um todo, mais o fato de que gestalt-terapia não tem sido extensiva ou rigorosamente pesquisada; (2) o fato de que outras abordagens ou estão tomando emprestado ou descobrindo por conta própria os conceitos e métodos da gestalt-terapia; (3) o fato de que essas outras abordagens não reconhecem ou dão crédito à importância da gestalt-terapia como o sistema inovador de psicoterapia em respeito à implementação dessas ideias e métodos durante os últimos sessenta anos.

Enquanto seria justo para a gestalt-terapia receber crédito por aquilo que merece, o problema maior e mais importante é a possibilidade de essa abordagem ser extinta, resultando em uma grande perda para o campo. É irônico que a ameaça de perder essa teoria e método holístico, integrado e original possa acontecer no momento exato em que essas ideias estão sendo reconhecidas, tornando-se populares e amplamente aceitas por outras escolas de terapia. Caso aconteça, será uma perda significativa, porque a gestalt-terapia oferece o que outras abordagens não conseguem alcançar. É responsável por oferecer uma teoria e um método abrangentes, baseados na compreensão e na observação do funcionamento saudável do ser humano – autorregulação organísmica. Quando essa teoria foi desenvolvida, a psicoterapia entrou em um novo paradigma, no qual o funcionamento saudável e suas interrupções, inclusive a maneira como se dá o processo de mudança, eram observados em vez de teorizados. A gestalt-terapia apresenta uma base que envolve todos os aspectos do funcionamento humano: cognitivo, emocional, comportamental, físico e espiritual – o resultado da genialidade de Laura e Frederick Perls, Paul Goodman e outros, há mais de meio século. Desse modo, oferece uma metodologia baseada na teoria que não é uma coletânea predefinida de técnicas, mas sim uma abordagem experiencial e experimental que engloba, amplamente, muitos tipos de intervenções e uma compreensão teórica de quando e por que essas intervenções são usadas. Por exemplo, a nossa compreensão da teoria paradoxal de mudança e o nosso conhecimento do que é necessário para o fechamento de uma unidade de experiência dão profundidade àquilo que algumas abordagens contemporâneas descrevem com o lema "mudança segue aceitação". Essa compreensão aprofundada permite que o psicólogo clínico entenda *por que* determinado método é eficiente, acabando com a ideia de que apenas *é* eficiente. Essas compreensões teóricas previnem clínicos de usar técnicas ou métodos de forma aleatória ou indiscriminada e auxilia em uma abordagem voltada para o indivíduo. Outro exemplo é o nosso entendimento do conceito então chamado resistência e também do sim-não do funcionamento do ego, que esclarecem por que mudar ou eliminar sentimentos à força, sem uma exploração fenomenológica completa, leva ao fracasso, e, além disso, por que seremos ineficazes se formarmos uma aliança com a parte da pessoa que está tentando coagir mudança. Logo, a questão essencial aqui não é simplesmente dar crédito à gestalt-terapia, mas assegurar que o campo e seus praticantes continuam a tirar proveito da profundidade, criatividade, dos pontos fortes e benefícios da abordagem da gestalt.

A gestalt-terapia ultimamente contribui muito para o campo da psicoterapia. Com o intuito de continuar dessa forma, deve ingressar na corrente principal e se tornar mais amplamente aceita, praticada e ensinada. Essa abordagem deve se "ajustar criativamente" ao *zeitgeist* do tempo, a fim de sobreviver. Isso significa que é necessário fazer pesquisas que permitam à gestalt-terapia ocupar o seu lugar na lista das abordagens "empiricamente validadas". Enquanto isso pode ser visto simplesmente como uma prova do que já sabemos ser verdade, para muitos isso pode significar a validação da gestalt-terapia como um modo científico, bem-delineado, dando a eles um novo respeito a essa abordagem. Essa "evidência" irá impedir a gestalt-terapia de ser absorvida por outras teorias, relegando-a a um tipo de cidadania de segunda classe. Se a gestalt-terapia não for suportada empiricamente, outras abordagens podem superá-la; assim, o valor e a contribuição de uma abordagem poderosa, que sobreviveu por quase sessenta anos, podem ser perdidos, enquanto seus métodos seriam praticados sem o sólido quadro teórico que a gestalt-terapia oferece.

Além de entrar no jogo do "empiricamente validado", os pesquisadores da gestalt-terapia podem contribuir para o campo com pesquisas realmente significativas e clinicamente relevantes. Contanto que o método da eficácia da pesquisa possua o selo de aprovação empiricamente validado, e as ameaças à validade externa a essa abordagem não sejam consideradas, as terapias mais complexas e a longo prazo nunca serão validadas empiricamente (SELIGMAN, 1998). A partir da nossa perspectiva, a arte da psicoterapia deve ser pesquisada sem reduzi-la a um conjunto específico de procedimentos que podem ser ensinados mecanicamente, aprendidos e aplicados como o paradigma atual de pesquisa. Por exemplo, Orlinsky e Ronnestad (2005) descrevem o paradigma dominante de pesquisa como santificador e perpetuador para uma concepção restrita e concreta de clientes, transtornos, terapeutas e processo de mudança. Concluem que, como resultado dos tipos de sintomas e métodos que acadêmicos estudam, há pouca relevância para o mundo desse profissional. Com o aumento de estudos de pesquisa em gestalt-terapia, não é apenas o reconhecimento entre as modalidades de tratamento consideradas eficazes, mas os tipos de pesquisas conduzidas por gestalt-terapeutas e pesquisadores nesse campo podem ser mais relevantes às questões do mundo real com as quais profissionais e clientes estão lutando. Os pesquisadores deram atenção demasiada aos testes de eficácia (nos quais os tratamentos são estudados sob condições controladas e é possível ter grupos de controle aleatórios), e não analisaram de forma suficiente os estudos de eficácia nos quais os tratamentos são observados em condições do "mundo real". A maioria dos problemas enfrentados em psicoterapia é complexa, e a pesquisa deve ser delineada para incluí-la. Devemos combinar o rigor da tecnologia científica e o estudo empírico com a riqueza de métodos e as práticas que a gestalt-terapia tem desenvolvido. Se, por exemplo, pudéssemos medir as correlações comportamentais e neurofisiológicas de conceitos específicos da gestalt-terapia, poderíamos incentivar a expansão em vez de contribuir para a redução do campo. Como simplesmente medir os sintomas e suas reduções não é suficiente, de que maneira poderíamos avaliar essas características pessoais com autenticidade, e como isso se relaciona à satisfação em relacionamentos? Podemos investigar a autoconsciência aumentada, sua relação com o autocriticismo e autocompaixão/autoajuda. A qualidade do relacionamento terapêutico poderia ser estudada, ao compararmos a gestalt-terapia com outras modalidades que não colocam a relação como a frente e o centro. As qualidades inatas dos terapeutas, que determinam alguns aspectos das relações, podem também ser influenciadas por habilidades como aquelas que a gestalt-terapia ensina – exploração de um mundo fenomenológico do cliente e adesão aos princípios da relação dialógica. Muitas das terapias mais recentes retornam a um ponto central que é o indivíduo e deixam de fora elementos interpessoais. A gestalt-terapia mantém um foco sobre a centralidade da relação, conforme os achados de pesquisas sobre a importância da experiência do cliente, do terapeuta e da relação (LAMBERT & BARLEY, 2001). Além dos necessários protocolos padronizados de eficácia na pesquisa, o próximo aperfeiçoamento da gestalt-terapia poderia ser uma compreensão mais detalhada de elementos do processo envolvido na autorregulação organísmica; por exemplo, o processo da formação/destruição de figura, *awareness*, assimilação e fechamento. Além disso, a nova pesquisa em neurociência, que aumenta o nosso entendimento sobre a função do cérebro e a neuroplasticidade, abre áreas novas para pesquisa tanto em termos de conceitos, como a conscientização, como em tipos específicos de experiência que levam à mudança.

A pesquisa em psicoterapia mostra que muito do impacto terapêutico está relacionado não a um método ou técnica particular, mas aos chamados fatores comuns. Ou seja, em cada abordagem há a pessoa do cliente, a pessoa do terapeuta, a relação que se desenvolve e o nível de empatia e *rapport* experienciado pelo cliente. Os estudos sobre a eficácia de práticas baseadas em evidência tentam superar o desafio de separar os fatores comuns de tratamento a partir do método específico a ser empregado. Alguns desses fatores são o efeito de o cliente estar em um meio tido como curativo, uma relação com um clínico a partir de uma empatia, esperança ou otimismo, e expectativa ou antecipação de um resultado positivo. Enquanto algumas teorias podem não ter um enfoque sobre como cultivar uma relação de cura, a gestalt-terapia oferece o modelo da relação dialógica, bem como as capacidades para uma investigação fenomenológica do cliente e da sua experiência momento a momento com o terapeuta nessa relação; tem muito a oferecer com pesquisas baseadas nas dinâmicas da relação psicoterapêutica.

Ao fazer pesquisa e testar hipóteses, seguimos a determinação de Frederick Perls, apresentada em 1945 no prefácio do livro *Ego, Hunger and Aggression* (PERLS, 1992). Segundo ele, existem muitas linhas de Psicologia e cada uma delas está certa – pelo menos em parte –, mas não deixam de ser igualmente "arrogantes", e ligadas demais a uma perspectiva preferida. Perls defende a integração e a necessidade de fazer ligações ao atravessar as lacunas entre as várias escolas. Além disso, descreve o objetivo final e ambicioso de uma teoria unificada e integrada para compreender o funcionamento humano, ao defender que essa meta pode ser alcançada por meio da síntese e da cooperação entre as várias abordagens e teorias existentes, situação essa que requer "um expurgo impiedoso de todas as ideias meramente hipotéticas; sobretudo, aquelas hipóteses que se tornaram convicções rígidas e estáticas e que, na mente de alguns, transformaram-se em realidade em vez de teorias elásticas que precisam ser continuamente reexaminadas" (PERLS, 1992: xiv). À medida que reexaminamos nossos métodos e testamos nossas hipóteses para o aperfeiçoamento da abordagem da gestalt-terapia, ajudamos a preservação de uma teoria e método de grande valor. Da mesma forma como a gestalt-terapia certa vez revolucionou o campo da psicoterapia, isso pode também ter um impacto importante e muito necessário sobre o estado atual do campo de pesquisa em psicoterapia.

Referências

BRESHGOLD, E. & ZAHM, S. (1992). "A case for the integration of self psychology developmental theory into the practice of gestalt therapy". *Gestalt Journal*, 15 (1).

HAYES, S. (2007). "Hello, Darkness". *Psychotherapy Networker*, set./out.

HUBBLE, M.; DUNCAN, B. & MILLER, S. (1999). *The heart and soul of change*: What works in therapy. Washington, DC: American Psychological Association.

JOHNSON, S. (2004). *The practice of emotionally focused couples therapy*. Nova York, NY: Brunner-Routledge.

LAMBERT, M. & BARLEY, D. (2001). "Research summary on the therapeutic relationship and psychotherapy outcome". *Psychotherapy*, 38 (4).

ORLINSKY, D. & RONNESTAD, M. (2005). *How psychotherapist develop*: A study of therapeutic work and professional growth. Washington: American Psychological Association.

PERLS, F. (1992). *Ego, Hunger and Aggression*. Highland: The Gestalt Journal Press [No Brasil, traduzido sob o título: *Ego, fome e agressão*. São Paulo: Summus].

POLSTER, E. (2006). *Interviews with Gestalt Elders*. Vancouver [Apresentação na Conferência Bienal da Associação para o Avanço da Gestalt-terapia].

SELIGMAN, M. (1998). "Managed care policies rely on inadequate science". *Professional Psychology Research and Practice*, vol. 29, n. 3.

WAMPOLD, B. (2001). *The great psychotherapy debate*: Models, methods and findings. Mahwah, NJ: Lawrence Erlbaum Associates.

WERNER, N. (2005). [Tese de doutorado não publicada].

3
Pesquisa qualitativa

Paul Barber
Philip Brownell

A pesquisa em psicologia, como é a pesquisa em outros campos, é moldada por ideias e ideais sobre questões de método. Por ideias e ideais me refiro às crenças sobre o que é legítimo para um estudo e como deveria ser feito. Psicólogos, semelhantes a outros, adotam "religiões" que acreditam definir a maneira correta de fazer as coisas.
O poder – e os conflitos – entre essas religiões é, em lugar nenhum, mais aparente do que em debates sobre a legitimação de pesquisa qualitativa em psicologia...
Elliot Eisner

Este capítulo analisa os desafios que estão à espera de um pesquisador qualitativo. Ilustra um trajeto de pesquisa qualitativa por meio de um estudo de caso imaginativo de um grupo de formadores em gestalt e, além disso, oferece uma amostra dos métodos qualitativos. No conteúdo, há uma metodologia relacionada à natureza dialógica e fenomenológica da gestalt para auxiliar os empenhos de pesquisa. No final deste capítulo, esperamos que o leitor tenha uma compreensão do que envolve a pesquisa social qualitativa e da maneira como deve iniciar esse estudo.

Gestalt-terapeutas são profissionais que trabalham com a percepção direta, a fim de descobrir como a pessoa está sentindo, pensando, percebendo e, imaginativamente, projetando informações para constelar o mundo. Assim, seguem o caminho para a realização de pesquisas qualitativas (BARBER, 1990, 2006).

Enquanto a *quantitativa* – a tradição de pesquisa da "ciência pura" – se esforça para isolar um sujeito das variáveis desnecessárias a fim de guardar validade interna[1], a pesquisa *qualitativa* aborda o assunto sob investigação no seu "campo inserido", para proteger a sua validade externa[2]. Essas distinções também se relacionam aos estudos de *eficácia*, ou seja, os resultados de pesquisa sob condições de alta validade interna; e também os estudos de *efetividade*, isto é, os resultados de pesquisa sob condições de alta validade externa (NATHAN; STUART & DOLAN, 2003)[3].

Outra questão que nos ajuda a compreender o que pode ser a pesquisa qualitativa é considerar as diferenças entre a abordagem idiográfica e nomotética.

> A pesquisa idiográfica ou avaliação destaca a compreensão do indivíduo como uma entidade complexa e única. A escrita que é idiográfica é muito descritiva e detalhada na apresentação (p. ex., uma biografia ou um estudo de caso). Em contraste marcante, a pesquisa nomotética ou avaliação centra-se em uma descoberta de padrões gerais de comportamento que têm uma base normativa. Além disso, possui como objetivo básico a predição e explicação dos fenômenos, em vez de uma compreensão individual detalhada. A escrita nomotética é mais frequentemente objetiva e impessoal com um foco em conclusões possíveis de generalizações (p. ex., um experimento randomizado) (PONTEROTTO, 2005: 128).

Uma tabela, ao apresentar essas duas abordagens e suas relativas características, pode distingui-las umas das outras (montada por HOYT & BAHTI, 2007; PONTEROTTO, 2005).

---

1. Validade interna é ameaçada por eventos específicos que acontecem sem uma previsão, tal como a maturação ou o desenvolvimento dos sujeitos com o passar do tempo, exposição repetida ao teste utilizado, mudanças nos procedimentos de marcação entre os examinadores, regressão estatística, seleção que resulta em características diferenciais de sujeitos entre grupos e perda de sujeitos para o projeto de pesquisa por determinada razão (KAZDIN, 2003: 656).

2. Essa é uma questão referente a como os resultados de um estudo generalizam bem para o "mundo real". Se a amostra, o contexto e a manipulação são tão artificiais a ponto de a correlação para a vida real mostrar-se insignificante, então o experimento não possui uma validade externa (MOOK, 2003).

3. Cf. nos capítulos 2 e 5, para mais discussões de pesquisa da eficácia e eficiência.

Tabela 3.1 Comparação entre as abordagens qualitativa e quantitativa

Critério	Pesquisa qualitativa	Pesquisa quantitativa
Cultura	Cosmovisões construtivistas; visões relativista e interpretativa (hermenêutica) sobre a ontologia; a realidade é construída socialmente e conhecida pela experiência vivida, na qual pesquisador e sujeito se influenciam.	Cosmovisões positivista e pós-positivista; visões realistas, críticas e ingênuas sobre a ontologia; a realidade é objetiva e pode ser descoberta pela observação cuidadosa, na qual pesquisador e sujeito são independentes.
Foco de investigação	Exploração rica e complexa da experiência de um número pequeno de indivíduos; *essa é uma abordagem idiográfica.*	Grau em que um conjunto pequeno de traços presentes nos participantes representa condições comuns que podem ser generalizadas; *essa é uma abordagem nomotética.*
Ambiente da pesquisa	Mundo natural e vidas cotidianas dos participantes, situações no campo, contextos sociais e ambientais de suas vidas reais.	O laboratório, onde variáveis contextuais estão sob controle; se a pesquisa é conduzida em ambientes de campo, os pesquisadores tentam controlar ainda as variáveis contextuais pela padronização das condições de testagem, utilizando manuais, entrevistas e treinamento cuidadoso dos experimentadores ou equipe de tratamento.
Papel do pesquisador	O pesquisador aborda o papel de *pesquisador como instrumento*, ao incorporar a experiência dele como participante no processo e admitir que toda observação está condicionada, em algum grau, aos processos de percepção e de julgamento do observador.	O pesquisador está consciente de possíveis preconceitos e expectativas dos outros profissionais nos resultados de estudo; por isso tenta minimizar essa possível confusão ao fazer o desenho do projeto de pesquisa. Isso pode requerer o seu distanciamento dos demais participantes desse trabalho. O contato primário dos participantes seria, então, com os assistentes de pesquisa, os quais, preferencialmente, não devem conhecer as hipóteses do pesquisador.

Distinção entre Etic e Emic	Emic: comportamentos e construtos únicos a um indivíduo; contexto sociocultural que não é generalizável.	Etic: leis e princípios universais, transcendendo nações e culturas, que são aplicadas a todas as pessoas.
Metodologia	Os procedimentos empíricos desenhados para descrever e interpretar a experiência no contexto – ambientes específicos envolvendo eventos psicológicos, experiências e fenômenos.	Quantificação das observações e controle das variáveis; trata da causalidade ou das relações correlacionais entre as variáveis.

Ao visualizar essas diferenças, é útil reconhecer que ambas as abordagens (na tradição pós-positivista) aceitam a natureza intersubjetiva do processo, ao compreender que, pelo menos até certo ponto, os resultados não representam fatos objetivos e isolados, mas refletem a influência do pesquisador.

Enquanto a abordagem quantitativa/pós-positivista tenta isolar ou eliminar as influências subjetivas, a perspectiva qualitativa/construtivista em pesquisa tenta abordá-las diretamente, por meio do uso da experiência subjetiva do pesquisador no projeto. Em resumo, os pesquisadores quantitativos se posicionam fora de uma relação, a fim de mapear as forças relativas e as frequências das influências definitórias, enquanto os pesquisadores qualitativos conduzem a pesquisa experiencial de dentro da relação.

A jornada de um pesquisador qualitativo – Um estudo de caso

Para ilustrar o processo de investigação e sua natureza de desenvolvimento, o estudo de caso imaginativo está dividido em seis fases: *Pré-contato, Orientação, Identificação, Exploração, Resolução* e *Pós-contato*. Desse modo, essas etapas se desenrolam com um grupo imaginário de formadores à medida que os pesquisadores agem através de uma abordagem (entre muitas) para a pesquisa qualitativa – mas uma se baseia, diretamente, no modelo da gestalt--terapia.

A fase do pré-contato: interesse e motivação emergindo

Nesta fase, pesquisadores (um grupo de formadores da gestalt-terapia) são afetados por um conjunto de influências, que os levam a considerar uma pesquisa e imaginar um futuro no qual realizariam a pesquisa do psicólogo clínico. Esse processo interno de *previsão* e *preparação criativa* gradualmente permeia a ação tal como ruminação transforma-se em realização.

A fase de orientação: construindo confiança e surgimento da questão como fonte de pesquisa

Quando a especulação criativa é verbalizada, nossos formadores se unem para *considerar um tema e a questão de pesquisa*. Durante esse estágio de discussão de ideias, especulam a respeito do que, particularmente na sua formação, os afeta ou provoca curiosidade. Assim, deveriam ser lembrados de que um tema de pesquisa precisa ser algo com o qual se sintam ligados em seus trabalhos e que esteja relacionado ao domínio que possam facilmente acessar. À medida que refletem sobre os benefícios potenciais de pesquisa tanto para eles mesmos como para a organização, podem agendar reuniões de interesse de pesquisa, nas quais o foco e o interesse em comum podem possivelmente se desenvolver.

Apesar de considerarem meramente o ato de fazer pesquisa, seria aconselhável aos nossos pesquisadores potenciais *começar um diário de pesquisa*, a fim de registrarem ideias e reflexões à medida que emergirem espontaneamente. Nunca se sabe se essas anotações informais podem se tornar úteis.

Como há suficiente apoio à iniciativa, nas reuniões de interesse de pesquisa, nossos novos pesquisadores profissionais vão compartilhar ideias sobre o que pesquisar e redefinir uma possível questão de pesquisa e a maneira como a investigação acontecerá. À medida que discutem suas preferências pessoais, os participantes vão começar a debater questões filosóficas, como aquilo em que eles acreditam sobre a natureza da realidade, como realmente sabem o que sabem, como devem estudar o mundo, o que vale a pena saber, que perguntas devem ser feitas e como devem pessoalmente se engajar na pesquisa (PATTON, 1995).

Com o incremento das reuniões de interesse em pesquisa, participantes podem trazer estudos que admiram, para *compartilhar ideias e realizando leituras mais abrangentes*; geralmente, assim, contribuem para o aumento da "mentalidade de pesquisa" na equipe. Nos intervalos das reuniões, os participantes irão possivelmente falar com colegas, ler artigos de pesquisa e, em geral, orientar-se pelo que está disponível, para que possam construir uma base de conhecimento e de argumentação. Precisarão decidir se querem ser parte de uma equipe de pesquisa ou criar, em conjunto, uma série de estudos individuais, os quais podem ser seus verdadeiros motivos para fazer pesquisa. O progresso no *delineamento da questão da pesquisa* iniciará um diálogo em torno de algumas questões: o que eles querem especificamente entender ao fazer esse estudo, o que eles não sabem ou querem aprender sobre os fenômenos a serem estudados, quais questões a pesquisa tentará resolver e como cada uma delas se relaciona com as outras (MAXWELL, 1996).

Transformar uma afirmação de interesse geral em uma questão de pesquisa é algo que vale a pena fazer, porque isso esclarece e acentua o enfoque. Caso decidam por um trabalho em equipe, podem surgir questões como: "Quais são as experiências de formação que os alunos mais valorizam em um programa de psicoterapia em gestalt?" ou "Como podem os formadores já sobrecarregados receber mais apoio dentro de um programa de formação intenso?" Nessa etapa, nem todas as questões de pesquisa vão ser definidas.

Mais tarde, os pesquisadores podem começar a *contemplar um local de pesquisa e uma amostra de participantes* e, no processo, aperfeiçoar ainda mais as questões que serão utilizadas. Se um estudo de caso da experiência de formação é visto como desejável para responder à questão da pesquisa – "O que os estudantes experienciam como as melhores e mais produtivas experiências na formação?" –, é interessante observar um novo grupo de alunos durante suas experiências de aprendizagem ou fazer um levantamento de alunos já formados ou fazer as duas opções. Ao começar a definir um tema geral, os pesquisadores podem pensar no cenário da prática e/ou o grupo participante com quem eles podem fazer a pesquisa. Se a pesquisa procura tomar parte de um estudo maior com recursos financeiros, isso já pode ser decidido por seus clientes ou patrocinadores. Se não, devem pensar onde podem ser aceitos e ter um acesso fácil.

Com o fim da fase de orientação e com o surgimento de um apoio mais amplo, a equipe pode decidir designar um pesquisador experiente para orientá-los, possivelmente um colega com formação em pesquisa qualitativa. Além disso, podem também pensar em convidar um "advogado do diabo" – alguém que desafie os seus pontos cegos – ou um amigo crítico para aumentar as apreciações de pesquisa. Nesse momento, os pesquisadores podem considerar mais profundamente as questões relacionadas à *finalidade* de seus estudos (p. ex., quais são os objetivos, quais as questões que se pretende esclarecer, que práticas serão elucidadas, por que queremos conduzi-la, por que devemos nos preocupar com o resultado e/ou por que vale a pena fazer?), ao *contexto* (p. ex., o que pensamos que esteja acontecendo com os fenômenos futuramente estudados, que teorias, achados e enquadramentos conceituais relacionados a esses fenômenos vão orientar/informar o nosso estudo, qual literatura, pesquisa preliminar e experiência pessoal podemos usar?) e aos *métodos* (p. ex., o que vamos realmente fazer ao conduzir o estudo, que abordagens usaremos para coletar e analisar nossos dados, como nossos enfoques constituem uma estratégia integrada, esclarecemos nossa relação com aqueles que estudamos?, as razões lógicas de nossa escolha da amostra e do campo de pesquisa estão claramente descritas?, está clara a nossa lógica sobre por que escolhemos certa coleta de dados e técnicas de análise?) (MAXWELL, 1996).

No final da fase de orientação, nossa equipe de formadores deve ter uma boa ideia de como podem trabalhar juntos e uma *awareness* crescente do que está por vir.

A fase de identificação: refinamento de um enfoque e uma metodologia

Com o novo tema e a pesquisa tornando-se mais claros e com o andamento das reuniões de pesquisa, nossos pesquisadores iniciantes serão atraídos para a *escolha de um método apropriado de pesquisa* (p. ex., estudo de caso ou pesquisa de ação) e *seleção dos instrumentos de pesquisa* (p. ex., entrevistas ou investigação de grupo) mais adequados aos seus objetivos. Essa distinção entre os métodos e os instrumentos de pesquisa é muito útil e pode ajudá-los não só a identificar a tradição de pesquisa que irá apoiá-los como também a delinear as ferramentas mais detalhadas de inquérito usadas para coletar os dados.

Nossos pesquisadores devem também escolher a melhor abordagem para os seus interesses: qualitativa ou quantitativa ou uma combinação de métodos (triangulação). Precisam considerar a natureza e o grau de seu envolvimento com os sujeitos e decidir se o método de investigação que têm em mente é adequado para fornecer as informações necessárias e resolver a questão da pesquisa. Esse processo proporciona o diálogo sobre o tipo de pesquisa que serve melhor à sua questão, sua visão de mundo e a cultura que mais valorizam. Sendo gestalt-terapeutas, é provável que considerem os três tipos de pesquisa qualitativa disponíveis para eles; isto é, *fenomenologia, hermenêutica* e *etnografia* – mesmo que não reconheçam esses termos! Mais adiante, neste livro, vamos rever os métodos de pesquisa aplicáveis à gestalt-terapia com mais detalhes, mas, por enquanto, uma visão geral do que envolve essas três perspectivas deve ser suficiente para nos dar uma ideia geral da metodologia disponível.

A filosofia da fenomenologia está por trás de métodos de pesquisa, como *Teoria de Campo, Investigação Heurística* e *Investigação Fenomenológica*, e descreve a experiência vivida, livre da influência social e teórica, além de tratar dos significados que os indivíduos atribuem à experiência humana, explorada inicialmente pela análise da relação íntima do pesquisador com seu tema. As abordagens fenomenológicas enfocam *o que é*, em vez de destacar as causas e os efeitos, e se concentram no jogo da consciência; por isso, a partir dessa perspectiva, o pesquisador é visto como um cocriador da narrativa, e a entrevista profunda é frequentemente a principal ferramenta de coleta de dados (RUDESTAM & NEWTON, 2001).

A hermenêutica, da qual se originaram a *investigação apreciativa*, a *investigação cooperativa* e a *pesquisa-ação*, procura obter uma compreensão rica do contexto e concentrar-se na formação de sentido. Na busca de conhecimento, abre-se um diálogo recursivo entre sujeitos e o objeto de investigação para se aprofundar na compreensão do que, exatamente, acontece para gerar um sentido mais completo dos eventos. Essa abordagem analisa tanto o pesquisador quanto o assunto e o envolve no processo explanatório (RUDESTAM & NEWTON, 2001).

A etnografia, de onde vêm o *estudo de caso*, a *investigação naturalista* e a *teoria fundamentada*, procura captar, interpretar e explicar o modo como as pessoas vivem e, mais do que isso, tenta observar como as pessoas dão sentido ao seu mundo e as suas vidas. A indução (observação, descrição e interpretação) e a dedução (lógica e teoria) são usadas para explicar o comportamento e, especialmente, examinar o contexto social para enfatizar o significado. O objetivo da etnografia consiste no desapego máximo ainda estando totalmente imerso no campo.

Como uma *revisão da literatura* formal está em andamento, e a conscientização prioriza o que está disponível, nossa equipe de pesquisadores vai analisar outros estudos relacionados com o seu assunto. Enquanto aperfeiçoam suas ideias iniciais e se certificam de que seu estudo não só reproduz o que já foi feito, começam a se situar dentro da literatura existente para avaliar a possível utilidade da investigação para a comunidade terapêutica como um todo.

Nessa fase, a equipe de pesquisa está provavelmente prestes a se deparar com questões como: que valores e crenças permanecem quando iniciam essa investigação, que questões são selecionadas do campo e do sujeito de sua investigação, por que se importam em envolver-se com essa linha de pesquisa, que apoio conseguem para mantê-los, quais os critérios considerados para orientá-los, que ideais buscam e qual o nível de desempenho que vai satisfazê--los, como eles podem transformar seus sujeitos em seus colegas de pesquisa, quais os interesses reais de vida estão em jogo, como pode esse estudo educar e acrescentar valor para todos os envolvidos, que mudanças podem promover o seu estudo e como podem contestar ou criticar o que pretendem fazer?

A leitura sobre pesquisa em vez da prática pode fazer com que os pesquisadores sintam-se impacientes para de verdade começar seus trabalhos de campo e a coleta de dados. No entanto, é importante que continuem esse processo, pois é uma fase valiosa de amadurecimento de ideias que definirá o cenário seguinte. Durante essa leitura e análise mais ampla, os pesquisadores não só se familiarizam com o campo mais amplo, mas também desenvolvem conhecimento nas áreas de estudo. É importante lembrarmos que análise literária não é um processo para ser feito uma única vez, mas ao longo de todo um estudo; é algo útil para se reportar novamente durante a análise, quando necessário, para identificar os autores nos quais se apoiam ou para os quais se opõem os achados da pesquisa de alguém. Em resumo, a pesquisa literária é a investigação em si, e não deve ser evitada ou limitada.

Finalmente, chegando ao término da fase de identificação, uma estratégia viável pode ser cocriada como um guia para a etapa seguinte, na forma de uma *proposta de projeto de pesquisa*, na qual a questão a ser estudada é definida, o método é identificado e um plano mais claro de *quem* fará *o que* e *quando* ganha forma. Além disso, é essencial para buscar financiamento e também bastante útil para concentrar a mente e preparar-se para a próxima jornada. Em suma, mostra o que se planeja fazer e pode ser usado como um modelo para qualquer publicação proveniente de um estudo.

Um projeto de pesquisa normalmente tem *título*, *abstrato*, *introdução*, uma parte sobre a *revisão da literatura* e *métodos*, e termina com uma análise dos *resultados* previstos e uma *discussão* da utilidade da pesquisa para a profissão. A qualidade de uma proposta de pesquisa dependerá não somente do valor do projeto previsto, mas também da qualidade da escrita apresentada. Por exemplo, o *título* deve ser conciso e descrito, o *abstrato* apresenta um resumo breve de aproximadamente 300 palavras, incluindo a questão da pesquisa, a justificativa para o estudo, a hipótese (se houver), o método proposto e as principais conclusões que se pode desenvolver. A descrição do método deve incluir o desenho, os procedimentos, a amostra e quaisquer instrumentos que podem ser usados (WONG, 2002). Mesmo que os pesquisadores não tenham a intenção de solicitar financiamento, acharão a proposta de pesquisa muito útil para a formação de uma visão colaborativa e o aperfeiçoamento de um plano de ação – tudo que será incluído em qualquer publicação provavelmente desenvolvida no futuro.

A *introdução* do esboço da proposta de pesquisa deve informar sobre a história e o contexto do problema de pesquisa e colocar a questão no contexto de um assunto atual ou histórico que permanece viável. Como oferece uma referência histórica breve, e apropriada, é possível descrever o contexto contemporâneo da questão da pesquisa, identificar as publicações mais relevantes e representativas a respeito do assunto estudado, definir o problema de pesquisa e o alvo de estudo, e enfatizar a importância da questão da pesquisa, a partir de uma justificativa para o estudo e para o porquê é válido fazê-lo. Nesta parte, espera-se encontrar uma breve descrição das questões principais e dos subtemas que serão abordados, o fenômeno-chave para estudar, a hipótese ou teoria (se houver) e os limites da pesquisa para criar um foco claro e dar definições de conceitos-chave (WONG, 2002).

A fim de demonstrar a capacidade de alguém como pesquisador, a *revisão literária* deve referir-se a estudos já realizados que prepararam a base para a pesquisa proposta; deve demonstrar conhecimento do problema e das questões relacionadas à pesquisa. O ideal seria mostrar a capacidade para avaliar criticamente a informação literária relevante, mostrar habilidade para integrar e sintetizar a literatura existente, oferecer novos *insights* teóricos e convencer o leitor de que a pesquisa proposta contribuirá significantemente para resolver uma questão teórica importante ou para preencher uma lacuna maior na literatura existente. A revisão poderá apresentar falhas se faltar organização, estrutura, foco, unidade e coerência; ou se for repetitiva e prolixa; se deixar de citar os artigos influentes para ficar atualizada com os desenvolvimentos recentes ou para avaliar criticamente os artigos citados.

Já a parte *metodológica* da proposta da pesquisa deve informar aos leitores *como* se estrutura um planejamento para a pesquisa, descreve as atividades necessárias para alcançar o objetivo, demonstra conhecimento de métodos alternativos e tenta convencer de que a abordagem escolhida é a maneira mais apropriada para avançar a questão da pesquisa. Deveria também descrever os sujeitos ou os participantes envolvidos no estudo, o tipo de procedimento utilizado para coletar amostra, como se planeja desenvolver o projeto de pesquisa, as atividades envolvidas, o tempo necessário para concluí-las e como se analisa os dados produzidos.

Na parte chamada *resultados*, mesmo que nessa fase de proposta não tenha nada para registrar, deve-se, no entanto, apresentar alguma ideia sobre o tipo de dado que se espera colecionar e os procedimentos a serem possivelmente usados.

Finalmente, a *discussão* da proposta deve convencer o leitor do potencial impacto da pesquisa, comunicar com entusiasmo e confiança, e especular sobre as limitações e deficiências identificadas, mas que logo serão retificadas ou resolvidas em fases posteriores da investigação.

Com uma proposta de pesquisa em mãos, a equipe que seguimos neste estudo de caso contará com um plano de ação, descrito a seguir.

A fase de exploração: no campo de pesquisa e a formação do conhecimento experiencial

Durante essa fase, a equipe de profissionais-pesquisadores imaginada neste estudo fictício *entra em campo*[4], a fim de juntar informação. Com os jornais de pesquisa/diários em mãos é possível anotar observações gerais, entrevistar os sujeitos e gravar o resultado em fitas de áudio. Se forem espertos, os diários de pesquisa também documentarão:

---

4. Essa é uma maneira de falar, porque gestalt-terapeutas, familiarizados com a teoria de campo, compreendem que um deles sempre se dedica ao campo (cf. capítulo 11). No entanto, alguns preferem a ideia de que esse uso de "campo" reflete mais o idioma etnográfico e outras tradições de pesquisa idiográfica, e significa que a equipe se envolve com os sujeitos de sua pesquisa.

• a cronologia de seus pensamentos, tão logo comecem a contemplar a pesquisa;

• os eventos-chave, com suas percepções e contemplações emergentes;

• o relato integral que torna vivo o campo de pesquisa (uma fita de áudio é muito valiosa nessa etapa).

Em um diário de pesquisa, é recomendável registrar tudo inicialmente, e depois desconsiderar qualquer informação que não leve a questão da pesquisa adiante, mas vai passar algum tempo antes que isso fique claro. Após aperfeiçoar a visão na proposta de pesquisa, nossa equipe de treinadores começará a se sentir como "pesquisadores de verdade", à medida que eles iniciem experimentalmente os métodos de investigação e abram um diálogo com os seus sujeitos/copesquisadores. A experiência irá ajudá-los ao se encontrarem com os outros, especularem sobre os dados e explorarem-nos em primeira mão. Viver de incertezas e fazer amigos são habilidades essenciais nessa fase.

Enquanto juntam informações, nossos pesquisadores vão se achar simultaneamente *coletando e analisando dados por um período* e irão compartilhar as impressões iniciais com seus colegas, em uma série de reuniões centradas em pesquisa. Esses encontros podem ser gravados para monitorar a ordem de significados emergentes e as hipóteses. A fim de assimilar a sabedoria do campo, os pesquisadores podem achar útil gravar sistematicamente as seguintes categorias:

• *Espaço*: disposição física e local – como os efeitos do espaço, a luz, as limitações que o espaço impõe.

• *Atores*: as pessoas envolvidas – quem são, os papéis atribuídos formalmente e informalmente a elas, suas idades e nacionalidade, país de origem, herança cultural.

• *Atividades*: o que realmente acontece – as ações feitas e os efeitos produzidos, as reações daqueles presentes.

• *Objetos*: os móveis – a arrumação e a decoração dentro do ambiente físico, como estão colocados e como afetam a dinâmica que se desenrola.

• *Atos*: comportamentos individuais específicos – reações e respostas pessoais, quem fez o quê e quando fizeram.

• *Eventos*: ocasiões particulares e reuniões – acontecimentos e reuniões durante um período específico, como se relacionam e contribuem com a pesquisa como um todo.

• *Tempo*: a sequência de eventos – o que e quando aconteceu, para que contribuiu e o que evoluiu depois no período de tempo.

• *Objetivos*: o que atores buscam realizar – os alvos, objetivos e desejos de todos aqueles presentes, como influenciaram o campo de pesquisa e os relacionamentos em vista.

• *Sentimentos*: emoções e seu contexto – o campo energético comum e os condutores emocionais exibidos por indivíduo, o *rapport* emocional estabelecido entre o pesquisador e o pesquisado (SPRADLEY, 1980).

Em investigação qualitativa, devido à tendência de analisar os dados passo a passo do processo, uma pessoa pode se sentir rapidamente sobrecarregada com o que surge. Sentir-se perdida e distraída é uma parte natural desse processo. É possível também perceber a necessidade de ser mais seletivo quanto ao enfoque ou à questão da pesquisa. Novas direções podem surgir à medida que se pensa em incluir e tentar aperfeiçoar tudo que está emergindo rapidamente. É aconselhável ter em mente a questão da pesquisa e somente observar como o campo influencia o pesquisador, por isso é importante registrar tudo o que acontece. É muito cedo para esperar clareza nessa fase do percurso. A análise e a escrita podem também continuar paralelamente se for possível contar com o suporte de um pesquisador qualitativo experiente, a fim de obter uma orientação para escrever, analisar e estruturar os dados emergentes o quanto antes. Nesse registro de informações para uma verdadeira pesquisa qualitativa, espera-se que um fato relacione percepções e contemplações aos eventos empíricos que os estimulam a ligar eventos-chave ao contexto mais amplo. Desse modo, os psicoterapeutas-pesquisadores geram temas e formam categorias na medida em que avançam. Como não existe uma maneira correta de analisar dados qualitativos, é preciso criatividade na abordagem, comparando e contrastando, avaliando e desafiando achados conforme forem surgindo.

Espera-se que os pesquisadores armazenem os dados por um tempo e estejam preparados para trabalhar criativamente com eles, e construir hipóteses temporárias a partir dos agrupamentos e padrões emergentes, até que os próprios dados comecem a revelar relações causais e modelos explanatórios. Com certeza, tudo se tornará claro com a participação, observação e reflexão prolongadas. As noções gestálticas de deixar-se ser guiado pela incerteza e escuta ao campo tornam-se realmente muito importantes nessa fase.

As linhas iniciais da pesquisa, previamente consideradas úteis, podem agora ser vistas como becos sem saída, e novas direções podem ser sugeridas em seu lugar, estimulando, assim, *uma reestruturação do estudo*. Com os novos dados, chega a tarefa de reavaliar as intenções originais sob a luz do que começa a se destacar. Algumas vezes, um pesquisador será desafiado, pelo que está emergindo, a modificar a questão e o desenho da pesquisa. Estar informado e conduzir bem o campo é parte do drama de ser um pesquisador qualitativo. Pesquisadores não devem temer mudanças, contanto que compartilhem o raciocínio por trás de cada uma delas para mostrar como a questão da pesquisa e os interesses são aperfeiçoados por uma mudança de direção. "O plano" não deve conduzir o estudo tanto quanto a questão da pesquisa e a nova conscientização experiencial. A investigação produz a sua própria lógica interna que deve ser honrada se o pesquisador deseja manter a integridade do estudo. Se pesquisadores continuam escrevendo em jornais, assimilam e criam um registro cronológico; assim, eventualmente os dados vão se render à sua própria lógica interna e claridade.

Agora a vida real começa a delinear a pesquisa. Com a continuidade das reuniões, copesquisadores podem *se tornar inundados com informações* quando mais e mais dados de entrevistas transcritas, de diários e reuniões de pesquisa se acumulam. Essa é uma etapa comum, na qual os pesquisadores se beneficiam por interromper a tarefa por um tempo e voltarem refrescados a ela; assim, adquire-se uma percepção mais clara do trabalho. Nessas horas, é melhor esperar que continuar com um senso falso de clareza. Nessa fase, a equipe tutorial pode se sentir como se fossem, eles mesmos, dados em uma jornada de descobertas, porque o estudo pode parecer bem mais pessoal. Podem decidir rever partes da informação coletada e se empenhar enquanto se mantêm autocríticos, e podem se perguntar: "Qual é realmente a questão?"; "Que outras evidências pode haver?"; "De que outra forma eu poderia interpretar os dados?"; "Que evidência suporta meu argumento?"; "Qual é a minha compreensão dessa situação em mudança?"; "Que teorias ou modelos desafiam minha interpretação?"; "Que hipótese prática implícita estou considerando?"; "Quanto devo deixar a informação falar por si mesma?"; "Quais os níveis de significados se misturam ou se agrupam aqui?"; "Quantos dos meus dados confirmam ou desafiam outros estudos ou a literatura?"; "Quais fluxogramas ou modelos podem ainda esclarecer os meus resultados?"; "Quem mais pode verificar ou confirmar a minha observação?"; "Como as minhas conclusões são aplicáveis em outras áreas?"; "Que padrões estão emergindo para mim, se houver algum?"; "São os meus resultados reproduzíveis ou únicos?"

Durante algum tempo de imersão, os pesquisadores saturam-se com os dados e compartilham sua *awareness* crescente. Depois, geram novas visões através da *análise* e do *desenvolvimento de novos insights*. No momento em que os impasses da pesquisa são resolvidos, e os pesquisadores retomam o trabalho, são analisadas as conexões e as relações espontâneas. A inspiração agora aumenta com novas análises e sínteses interessantes. Essa alternância periódica de ritmo – desencorajamento e confusão profunda por um lado, e euforia e clareza por outro –, embora desconcertante, é comum para o processo de investigação em pesquisa.

Já na fase da análise, há trinta anos sugeriu-se o seguinte processo de análise qualitativa por elucidar o significado profundo dos dados adquiridos:

1) Gerar declarações breves e densas de descrição que apreendem a essência do fenômeno sob exame – mas de maneira que não importe valores ou projeções capazes de distorcer a evidência.

2) Moldar e aguçar os dados pela leitura de cada transcrição/registro para adquirir um sentido geral apreendido em cada entrevista ou reunião – em seguida, permitir que se desenvolva um tipo de reflexão meditativa e intuitiva.

3) Extrair do todo as declarações significantes relativas ao tópico e foco de investigação.

4) Eliminar repetições e agrupar declarações mais significativas em um resumo geral ou em uma formulação e descritiva do que está em emergência.

5) Iluminar os significados e as hipóteses por trás de cada declaração significativa; é preciso tomar cuidado para não interpretar ou importar valores não implícitos nos manuscritos originais.

6) Depois da revisão das impressões citadas anteriormente, agrupar o que resta em enunciados descritivos individuais, com vista a analisar e valorizar a mensagem mais profunda da amostra.

7) Ler novamente as transcrições originais, com uma visão ainda mais crítica, para se assegurar de que nada foi perdido e de que todos os temas estão representados.

8) Integrar o que resulta em uma declaração descritiva geral que apreende todo o campo (adaptado de COLAIZZI, 1978).

Os pesquisadores podem agora revisitar a ordem cronológica e o significado relativo de eventos pesquisados anteriormente, à medida que começam a se achar na posição de *revisar* e *criticar o todo*. Além disso, podem reescrever rascunhos para ter em conta um novo *insight*, escrever o estudo de trás para a frente, de modo a integrar tudo o que está se tornando temas e conclusões importantes.

Depois de muitas reuniões nas quais são discutidas as informações decorrentes das análises, a equipe de pesquisadores, nesse caso de estudo fictício, começa a avaliar – em retrospectiva – a utilidade de suas abordagens e, nessa fase, são aconselhados a examinar seus estudos à luz das seguintes questões: "A abordagem geral foi adequada, e as categorias e os grupos avaliados de tal forma que não pudessem ser pré-selecionados ou especificados antecipadamente?"; "Está clara a relação com um conjunto de conhecimento ou com uma teoria existente?"; "Estão explicados os critérios para a seleção de sujeitos para o estudo, a coleta de dados, a análise e a lógica da pesquisa de apoio, e as decisões estão suficientemente claras?"; "A seleção de casos ou de participantes está justificada teoricamente dentro do caráter da amostra analisada, e é relevante para o que se acredita que representam?"; "A sensibilidade dos métodos corresponde às necessidades da questão de pesquisa e às sensibilidades daqueles envolvidos?" Finalmente, nossa equipe de formadores deve ponderar a questão "As limitações são consideradas, e as definições e suas motivações estão criticamente examinadas?" (adaptado de SEALE, 2000).

Por meio desse processo de questionamentos, os pesquisadores vão ter mais clareza a respeito de possíveis falhas e poderão acomodar quaisquer omissões referentes à relação entre os pesquisadores de campo e os sujeitos; à maneira como a evidência é apresentada ou explicada aos sujeitos; à possibilidade de comparação entre as fontes de dados; à forma como os participantes viram a pesquisa e como os processos do grupo foram conduzidos. Como a coleta e a gravação de dados foram sistemáticas, dispostas à análise independente e transcritas o suficiente, os pesquisadores podem prosseguir, considerando o rigor das análises. Por exemplo, será que estão de acordo com que se faça referência aos procedimentos aceitos para a análise, que o processo analítico está claramente explicado e que sua confiabilidade foi testada por fontes independentes como os próprios sujeitos, outros pesquisadores ou outros revisores críticos? Podem perguntar também: "O quanto a análise é sistemática?", "Quais medidas foram tomadas para evitar seletividade e influência?" e "Todas as categorias de opinião foram levadas em conta?" A partir dessa reavaliação, devem considerar também se há uma discussão adequada sobre a maneira como os temas, os conceitos e as categorias derivam-se dos dados, se os descritores foram avaliados por seus significados reais ou ambiguidades possíveis, se houve uma discussão adequada sobre evidência em favor e contra os argumentos dos pesquisadores e se medidas foram tomadas para testar a validade dos resultados através de *feedback* aos respondentes. Finalmente, os pesquisadores precisarão decidir se suficientes medidas foram tomadas para atestar se a análise parece abrangente aos participantes e se foi suficientemente discutida para resolver qualquer desvio ou contradição (SEALE, 2000).

A fase da resolução: avaliação e comunicação dos resultados

Nessa fase, os membros da equipe de pesquisa designados a *escrever* e *integrar o todo* se dedicarão às considerações editoriais, como: "A pesquisa está contextualizada de forma clara e as informações relevantes estão suficientemente integradas ao seu contexto social?"; "Os dados estão apresentados sistematicamente com citações e notas de informações de campo, e apresentadas de forma tal que o leitor possa julgar a gama de evidências utilizadas?"; "A distinção feita entre os dados e as interpretações está clara, e quais conclusões resultam dos dados?"; "Há suficiente evidência original para satisfazer o leitor da relação entre a evidência e suas conclusões?"

À medida que desenvolvem e expandem o projeto original com vistas à *publicação do relatório de pesquisa ou estudo*, os pesquisadores devem dispor de uma introdução para descrever seus temas e questão de pesquisa, uma revisão da literatura, uma seção sobre a metodologia e o desenho da pesquisa, um relato de sua experiência no campo e como a jornada da pesquisa os afetou, uma análise e revisão dos achados; como também uma descrição sobre as implicações do estudo em relação à literatura existente e aos estudos prévios, e sobre a utilidade de seu estudo para a prática e profissão; uma revisão de aprendizagem dos conhecimentos pessoais adquiridos como pesquisadores e um reconhecimento com sugestões para investigação mais aprofundada.

Na fase final, recomenda-se fazer *uma revisão das considerações éticas*. Para isso, é útil considerar o seguinte:

• Eficiência: eficiência profissional, familiaridade com o campo que começa a se desenrolar e as hipóteses atuais.

• Autenticidade: conhecimento de seu *self* verdadeiro, *awareness* dos motivos e preconceitos mais profundos, o pesquisador está aberto à sua própria experiência.

• Alienação: confiança entre pessoas – negligenciando ou descartando dados relevantes.

• Políticas: o uso do poder em situações sociais e de relações, pressões que afetam pessoas – pressupostos políticos que as pessoas tentam apoiar.

• Patriarcado: conclusões e análises feitas com sexismo ou outras suposições existentes que limitam – padrões de dominação desempenhados em ambiente de trabalho.

• Dialética: conflito abertamente incentivado e resolvido – diálogo facilitado.

• Legitimidade: o que é considerado adequado e certo – a influência que as pessoas têm no que diz respeito ao trabalho.

• Relevância: a utilidade e o valor que se trazem para o trabalho – o quanto isso é útil para os envolvidos e como as coisas podem mudar como consequência (adaptado de ROWEN, 1981).

A fase de pós-contato: escrever e avaliar os resultados

À medida que os pesquisadores começam a *escrever sobre o estudo*, há a tentativa de um ajuste do trabalho inteiro em um estilo publicável, de acordo com o jornal ou a audiência profissional para quem decidiram escrever.

Antes de submeter o relatório de pesquisa ou estudo na íntegra, é aconselhável que os sujeitos e pesquisadores façam uma *última revisão crítica* para esclarecer em suas próprias mentes se suas posturas, papéis e influências sobre a pesquisa estão claramente apresentados, se os resultados são confiáveis e adequados, se as questões da pesquisa estão minuciosamente discutidas, se os resultados do estudo são coerentes e práticos, se as questões éticas foram adequadamente consideradas e se a confidencialidade e as consequências da pesquisa foram mantidas (SEALE, 2000). Finalmente, com a bênção do seu supervisor/amigo crítico, nossos pesquisadores podem submeter o relatório de pesquisa para publicação.

Métodos de pesquisa qualitativa adequados para investigação

Depois de esclarecer a jornada do pesquisador e considerar suas aplicações práticas, o momento é oportuno para expor qual o método de pesquisa pode servir melhor à investigação. A seguir, listamos algumas abordagens que têm muito em comum com a gestalt-terapia, ou seja, são métodos que fornecem um ajuste suficiente para uma avaliação do trabalho dos gestalt-terapeutas. Tenha em mente que mais de uma abordagem pode ser usada. Por exemplo, alguém pode utilizar o estudo de caso como um delineamento, mas, dentro desse quadro, pode conduzir uma investigação colaborativa para coletar dados e analisar os resultados por meio de uma aplicação da teoria de campo. Múltiplos métodos em pesquisa são considerados uma abordagem aprovada, especialmente quando mais de um método (triangulação) ajuda a identificar padrões recorrentes e conclusões corroborativas.

Investigação naturalística

A investigação naturalística se atém a um ambiente natural. Essa pesquisa cresceu a partir do reconhecimento da dificuldade de utilizar uma abordagem positivista para o estudo dos seres humanos (SUSMAN & EVERED, 1978) e também da opinião de que os resultados alcançados com objetos foram severamente limitados quando aplicados a pessoas e situações sociais. Dos estudos naturais se desenvolveu uma nova abordagem de pesquisa, na qual o investigador e os sujeitos se tornaram instrumentos principais da pesquisa, logo intuição e sentimentos forneceram dados legítimos e a amostragem intencional, em vez da aleatória, predominou. Significados e interpretações nessa abordagem são negociados com os entrevistados. O dado é interpretado com atenção à singularidade do campo; assim, os limites do estudo podem emergir a partir do foco da investigação. Desse modo, critérios referentes àquilo que é confiável e válido são concebidos de dentro do campo (LINCOLN & GUBA, 1985), porque nem a forma exata dos dados a serem coletados nem o resultado de pesquisa são conhecidos, na investigação naturalística, a adaptabilidade e flexibilidade do instrumento humano, sobretudo, vem em si próprio (ROBSON, 1995). A investigação, assim, desafia e remove os filtros que cientistas e pesquisadores clássicos tradicionalmente usam para esconder inadvertidamente o drama da vida real de seus trabalhos, com investimentos emocionais e *insights*, dinâmicas de interromper e continuar, becos sem saída e fracassos.

A investigação naturalística apoia a busca da gestalt por sabedoria experiencial a partir do envolvimento com os eventos do mundo real.

Etnografia e estudo de caso

Etnografia e estudo de caso se desenvolveram a partir da pesquisa naturalística para destacar a maneira como a cultura, a tradição e o significado idiossincrático delineiam o comportamento individual e coletivo. Ao juntar-se com sujeitos no campo, os pesquisadores buscam apresentar uma descrição escrita das regras implícitas e das tradições do grupo a ser estudado, na tentativa de gerar uma hipótese a respeito dos motivos implícitos que influenciam o comportamento. Em geral, os pesquisadores decidem produzir uma descrição "*rica*" ou "*grossa*", "que interpreta a experiência das pessoas no grupo de suas próprias perspectivas" (PATTON, 1995: 148). No desenho, a pesquisa etnográfica é vaga e emergente, e começa a vincular questões da pesquisa aos dados e às conclusões. A tradição etnográfica em sua forma clássica de estudo de caso requer uma pessoa, antes da contratação, para produzir um quadro conceitual, criar um conjunto de questões de pesquisa e uma estratégia de amostragem, e, além disso, escolher métodos e instrumentos para a coleta de dados (PATTON, 1995). O planejamento não para aí, porque a estratégia inicial continua a ser aperfeiçoada de acordo com o que surge. Em relação ao tipo de estudo de casos que realmente precisa ser estudado, são necessárias análises profundas de ambientes (o prédio e o local de estudo), atores (quem está envolvido, suas origens e comportamentos), eventos (o que acontece e quando isto acontece) e processos (os papéis e os relacionamentos que definem uma situação) (MILES & HUBERMAN, 1984). Todos esses dados vêm à tona por meio de um conjunto de observações participantes, entrevistas, documentos e registro de opiniões.

A etnografia honra a abordagem holística da gestalt-terapia e o próprio empenho para iluminar os pontos de vista individuais e únicos.

Teoria Fundamentada nos Dados

A Teoria Fundamentada nos Dados, um crescimento da investigação naturalística e da etnografia, centra-se no aumento da experiência com o objetivo de criar uma teoria integrada para explicar as relações e os significados que os eventos manifestam para os sujeitos dentro da pesquisa de campo (GLASER & STRAUSS, 1967). Assim como acontece com a pesquisa naturalística, procedimentos para a coleta de dados, metodologia, teoria e verificação surgem da informação disponível no campo (STRAUSS, 1987). A contribuição da Teoria Fundamentada nos Dados para a investigação social chama a atenção de pesquisadores, assim como Addison (1989), que põem em evidência o questionamento contínuo de lacunas nos dados, as inconsistências e o conhecimento incompleto dessa teoria. Observam os processos abertos de investigação e ênfase no contexto e estrutura social, a construção de teoria e dados de entrevistas, em vez de considerar observações; e o modo de coleta de dados, a codificação e a análise ocorrem simultaneamente, relacionados uns com os outros. Nessa abordagem, a teoria é construída e fundamentada a partir dos dados.

Teoria Fundamentada nos Dados, semelhante ao modo da gestalt-terapia, chama atenção para o que está presente "agora" e cria uma sensação notada pela descrição profunda de eventos.

Pesquisa-ação

Pesquisa-ação foi um termo criado por Kurt Lewin (1946) para descrever uma abordagem de pesquisa, que envolve o aperfeiçoamento de dados e o conhecimento por meio de vários ciclos de planejamento, ação, observação e reflexão. Inicia-se com uma ideia geral, para definir o enfoque e o objetivo e, então, elaborar um plano de ação. Se essa etapa for bem-sucedida, delineia-se um plano geral de como alcançar o objetivo em mente e uma noção do primeiro passo necessário. Em seguida, o pesquisador usa esse plano geral e executa um ciclo de planejamento, ação e averiguação de fatos – para avaliar mais uma vez os efeitos dessa segunda etapa. Assim, o pesquisador se prepara para a terceira etapa, ou seja, modificar o plano geral e empregar o ciclo de pesquisa novamente.

A pesquisa-ação trata de ambas: da *ação* – solução de problemas concretos em situações reais de vida – e da promoção de *mudança* (RAPOPORT, 1970). A ênfase é, geralmente, nas situações reais e investigações de pequena escala, o que permite uma avaliação mais íntima dos efeitos (COHEN & MANION, 1994). Ao observar com atenção a situação e evento específico, o pesquisador intervém no sistema do cliente ou no campo de pesquisa com o objetivo de diagnosticar e resolver os problemas observados naquele local. Como a reeducação e a pesquisa para a mudança são, muitas vezes, centrais para essa abordagem, espera-se uma colaboração com os sujeitos. Considerada quase científica, porque apresenta um resultado esperado e há um controle das variáveis para testar a veracidade de uma intervenção, a abordagem não visa estudar um grande número de casos com a intenção de generalizar o fato para uma população. O que Mead fez para a etnografia, Lewin fez para a psicologia humanística. O pesquisador selecionou um movimento e o desenvolveu em um método. Trabalhando logo depois da Segunda Guerra Mundial, quando os sistemas sociais rígidos eram questionados, Lewin usou a pesquisa-ação para facilitar a democracia. Expoentes subsequentes a essa abordagem pediram pela promoção de princípios democráticos pelo envolvimento direto de sujeitos no delineamento, direção, desenvolvimento, análise e uso de pesquisa (CARR & KEMMIS, 1986). A Pesquisa-Ação Participativa é um exemplo, porque visa "reunir pessoas afetadas por um problema conjunto, entender o que está acontecendo como um grupo e, então, fazer algo sobre isso" (KIDD & KRAL, 2005: 187). O inquérito cooperativo (HERON, 1988) originou-se também da pesquisa-ação.

A pesquisa-ação honra a atenção da gestalt-terapia à cocriação e também o processo democrático.

Observações do campo teórico

Teoria de Campo, segundo o seu fundador Kurt Lewin (1952), não é bem uma teoria, mas é um modo de pensar e olhar a situação inteira. A maneira de a Teoria de Campo *olhar* é voltada para o todo de um padrão que é percebido, organizado, interconectado, interdependente, uma natureza interativa do fenômeno humano (PARLETT, 1995)[5]. Um pesquisador típico da teoria de campo não procura interpretar ou rotular tanto quanto aumentar a *awareness* para o todo relacional. Aqui, semelhante ao que acontece na pesquisa naturalística, o signi-

---

5. Para uma boa explicação da Teoria de Campo de Lewin, leia o capítulo 11 neste livro.

ficado é basicamente determinado pelo foco de estudo ou campo. A partir desta perspectiva, o que o campo produz é visto com um significado intrínseco e válido em si mesmo. Parlett (1993) fez referência a Lewin que se beneficiou da Teoria de Campo de Maxwell, na física, a qual afirma que unidade não se deve à massa, mas sim a um campo de força (WHEELAN; PEPITONE & ABT, 1990) ou a uma relação dinâmica que cimenta tudo junto. O pesquisador está atento a elucidar o próprio campo: o grau dos fenômenos são figurais, destacam-se ou não; o grau em que os fenômenos estão autocontidos ou se misturam; o grau em que o fenômeno mostra resiliência para incorporação e é capaz de reconfigurar-se; e a inter-relação de diferentes camadas e níveis de experiência (PARLETT, 1993).

A Teoria de Campo fornece base à noção da gestalt-terapia sobre a natureza energética dos conjuntos relacionais.

Fenomenologia e investigação heurística

A fenomenologia e a investigação heurística exploram como o comportamento é determinado pela experiência pessoal e não por meio de uma realidade externa e objetiva (COHEN & MANION, 1994); dessa forma, consequentemente, enfatiza a percepção direta, a observação, a intuição e o envolvimento experiencial. O que aparece na consciência é um fenômeno-algo *como isto é percebido* em vez de *como isso realmente é*; a fenomenologia se baseia na tradição cartesiana (KNOCKELMANNS, 1967) de olhar dentro de nós mesmos para descobrir a natureza essencial e o significado das coisas. Embora existam muitas escolas e abordagens para a pesquisa fenomenológica, em apenas três aspectos a maioria dos pesquisadores nessa tradição concordariam: a importância e a primazia da experiência subjetiva; a consciência ativa e capaz de gerar significado; e a autorreflexão que permite às pessoas adquirir conhecimento de certas estruturas essenciais da consciência (BLACK & HOLFORD, 1999).

Na Investigação Heurística, a análise se dá por um processo reflexivo de seis fases:

1) *Engajamento inicial*: pesquisadores se preocupam em um profundo questionamento pessoal do que, precisamente, desejam pesquisar com fins de descobrir e despertar um interesse intenso, uma relação e uma paixão pelo tema da pesquisa.

2) *Imersão*: os pesquisadores começam a se envolver com a questão da pesquisa para que possam considerar seus efeitos íntimos.

3) *Incubação*: os pesquisadores permitem o funcionamento interno de intuição para entender e ampliar os conhecimentos da questão.

4) *Iluminação*: os pesquisadores revisam todos os dados coletados a partir das próprias experiências e dos copesquisadores para identificar significados implícitos e um quadro integrado que pode ser testado ainda mais e aperfeiçoado até que se encaixe, de forma abrangente, com a experiência.

5) *Explicação*: os pesquisadores tentam fazer um exame completo do que foi despertado na consciência, na tentativa de se familiarizarem com as camadas de significados que cercam o fenômeno estudado, inclusive com as qualidades universais e os significados mais profundos de modo a criar uma apreciação de seu todo fenomenológico.

6) *Síntese criativa*: os pesquisadores formam uma síntese criativa do tema de pesquisa, inclusive de ideias opostas e argumentos a favor e contra uma proposição particular, para uma apreciação da significância real do que as pessoas experienciam de verdade, inclusive do conhecimento, paixão e presença (MOUSTAKAS, 1990).

Em Investigação Heurística, reflexões autobiográficas e meditativas vêm à tona (DOUGLAS & MOUSTAKAS, 1984), assim como as perguntas do pesquisador: "Qual é a minha experiência desse fenômeno?" e "Qual é a experiência essencial de outras pessoas que partilham uma experiência semelhante à minha?"

Fenomenologia e Investigação Heurística apresentam o sentido de investigação consciente da gestalt-terapia.

Análise intencional

Intencionalidade é o esteio central na estrutura da fenomenologia; consciência é a consciência de *algo* (WERTZ, 2005). Essa é a figura de interesse em primeiro plano que é compreensível contra o fundo que fornece o seu contexto.

Em 1970 Amadeo Giorgi fundou o *Journal of Phenomenological Psychology*, e liderou o caminho para o desenvolvimento da pesquisa fenomenológica. O pesquisador se formou em uma psicologia experimental rigorosa, porém foi influenciado pelo pensamento de Husserl, Merleau-Ponty e outros. Com base na abordagem fenomenológica, seu programa de pesquisa na Universidade Duquesne desenvolveu rapidamente um influente movimento de pesquisa nos Estados Unidos. O corpo de pesquisa atribuído diretamente ao método fenomenológico desenvolvido por Giorgi e seus colegas foi muito mais importante do que outro realizado sob esses termos como teoria fundamentada nos dados, pesquisa qualitativa ou análise do discurso (WERTZ, 2005).

Em geral, o processo de acompanhamento que os gestalt-terapeutas chamam "a figura" inclui etapas para observar a intencionalidade subjetiva presente na vida dos sujeitos e seguir a intencionalidade[6] de suas experiências para chegar ao significado em relação ao fenômeno. Foram identificadas as seguintes etapas:

1) Interromper os pressupostos científicos ou teóricos.

2) Ganhar acesso descritivo, por meio de entrevistas, ao mundo de vida do sujeito.

3) Avaliar narrativas para chegar aos significados das situações.

Uma explicação mais detalhada do método fenomenológico, como foi desenvolvido por Giorgi, está no Método Descritivo Fenomenológico Psicológico descrito a seguir.

Método fenomenológico descritivo

Essa adaptação particular do método fenomenológico reflete a observação que a filosofia continental, ligada a Husserl, Merleau-Ponty e outros, não foi essencialmente adaptada para servir às necessidades do campo da Psicologia. Portanto, quando essa abordagem é aplicada em pesquisa são necessárias algumas mudanças ou, então, os psicólogos se tornam meros filósofos e os resultados não podem ser necessariamente aplicados ao campo da Psicologia (GIORGI & GIORGI, 2003)[7]. Segundo a descrição de Giorgi e Giorgi sobre as diferenças entre os métodos fenomenológicos filosófico e científico, as adaptações necessárias se tornam mais claras:

---

6. Cf. discussões de intencionalidade no capítulo 8.

7. Leia a discussão no capítulo 8 sobre o método fenomenológico aplicado ao campo da Psicologia.

... o método fenomenológico filosófico requer o pressuposto da redução fenomenológica transcendental, a busca da essência do fenômeno por meio do método da variação imaginativa livre e, finalmente, uma descrição minuciosa da essência descoberta. O método fenomenológico científico também tem algo de descrição, determinação essencial e o uso da redução fenomenológica, mas com algumas diferenças no que diz respeito a cada critério. O método científico é descritivo porque seu ponto de partida consiste em descrições concretas de eventos experienciados do ponto de vista da vida cotidiana dos participantes e, então, o resultado final é uma descrição de segunda ordem da essência psicológica ou estrutura do fenômeno feita pelo pesquisador científico ... a redução fenomenológica científica é realizada, mas não é idêntica à redução transcendental porque somente os objetos intencionais da consciência são reduzidos e não os atos. Os atos conscientes são considerados atos de um sujeito humano envolvido e relacionado com o mundo (GIORGI & GIORGI, 2003: 251).

A pesquisa começa com uma descrição de uma experiência a ser compreendida psicologicamente. Muitas vezes, essa descrição origina-se de uma entrevista, e a transcrição da entrevista constitui os dados brutos da pesquisa em questão. Após fazer essa coleta de informações, as seguintes etapas são usadas no tratamento dos dados brutos:

• *Ler para obter um sentido do todo* – A descrição completa deve ser lida porque a perspectiva fenomenológica é holística, isto é, o todo determina o sentido das partes, e não o inverso. Sem uma compreensão da "grande figura" não se pode realizar as etapas restantes.

• *Estabelecer unidades significativas* – Um dos objetivos desse processo é entender os significados da experiência. A fim de acompanhar o desenvolvimento do significado na experiência geral, o pesquisador precisa ler de novo o relato (sob a perspectiva da redução fenomenológica na atitude científica ou natural), e prestar atenção no fenômeno a ser pesquisado, mas, dessa vez, quando uma mudança de significado é experienciada, uma marca é colocada no texto. Obviamente, é considerada subjetiva e depende do fundamento do pesquisador.

• *Transformar unidades em expressões psicologicamente sensíveis* – Nessa etapa, o significado não é o que está presente no contexto de psicoterapia, no qual a vida pessoal do sujeito tende a estar em primeiro plano. Em pesquisa, há um fenômeno psicológico em questão; assim, a leitura do texto acontece de acordo com a maneira como as expressões idiomáticas e pessoais do sujeito se relacionam com o fenômeno psicológico investigado. Além disso, quando se descreve ou se anota essas unidades relevantes, evita-se o jargão para se permanecer próximo à experiência e descrevê-lo de acordo com um vernáculo comum.

• *Determinar a estrutura* – Ao trabalhar com as unidades de significado transformadas, o pesquisador olha de todos os lados para perceber se conexões e padrões se destacam no fenômeno estudado. Então, descreve minuciosamente os "significados mais evidentes, invariantes e conectados" (GIORGI & GIORGI, 2003: 253).

Conclusão

Esse foi um exemplo de uma abordagem de pesquisa qualitativa – uma entre muitas. Todavia, isso representou uma exploração de métodos adaptados particularmente ao processo da própria gestalt-terapia. Assim, a maioria dos gestalt-terapeutas pode reconhecer os construtos e os meios aqui descritos e pode sentir-se mais inclinados a utilizar essas estratégias.

Referências

ADDISON, R.B. (1989). "Grounded interpersonal research: an investigation of physician socialisation". In: PARKER, M.J. & ADDISON, R.B. (orgs.). *Entering the circle*: hermeneutic investigation in psychology. Nova York: Suny Press.

BARBER, P. (2006). *Becoming a practitioner-researcher*: A gestalt approach to holistic inquiry. Londres: Middlesex University Press.

_____. (1990). *The facilitation of personal and professional growth through Experiential Groupwork and Therapeutic Community Practice*. [s.l.]: Department of Educational Studies [Tese de doutorado].

BLACK, T. & HOLFORD, J. (orgs.). (1999). *Introducing qualitative research*: A distance learning study guide – School of Educational Studies. Guilford: University of Surrey.

CARR, W. & KEMMIS, S. (1986). *Becoming critical*. Londres: Falmer.

COHEN, L. & MANION, L. (1994). *Research methods in education*. 4. ed. Londres: Routledge.

COLAIZZI, P.F. (1978). "Psychological research as the phenomenologist views it". In: VALLE, R.S. & KING, M. (orgs.). *Existential-phenomenological alternatives for psychology*. Nova York: Oxford University Press.

DOUGLAS, B. & MOUSTAKAS, C. (1984). *Investigative social research*: Individual and team field research. Beverly Hills: Sage.

EISNER, E. (2003). "On the art and science of qualitative research in psychology". In: CAMIC, P.; RHODES, J. & YARDLEY, L. (orgs.). *Qualitative research in psychology*: Expanding perspectives in methodology and design. Washington: American Psychological Association.

GLASER, B. & STRAUSS, A.L. (1967). *The discovery of Grounded Theory*: Strategies for qualitative research. Nova York: Adline.

GIORGI, A. & GIORGI, B. (2003). "The descriptive phenomenological psychological method". In: CAMIC, P.; RHODES, J. & YARDLEY, L. (orgs.). *Qualitative research in psychology*: Expanding perspectives in methodology and design. Washington: American Psychological Association.

HERON, J. (1988). "Impressions of the other reality: A collaborative inquiry into altered states of consciousness". In: REASON, P. (org.). *Human inquiry in action*: Developments in new paradigm research. Londres: Sage.

HOYT, W. & BHATI, K. (2007). "Principles and practices: an empirical examination of qualitative research in the *Journal of Counseling Psychology*". *Journal of Counseling Psychology*, vol. 54, n. 2, p. 201-210.

KAZDIN, A. (2003). "Drawing valid inferences from case studies". In: KAZDIN, A. (org.). *Methodological issues and strategies in clinical research*. 3. ed. Washington: American Psychological Association, p. 655-670.

KIDD, S. & KRAL, M. (2005). "Practicing participatory action research". *Journal of Counseling Psychology*, vol. 52, n. 2, p. 187-195.

KNOCKELMANNS, J.J. (org.). (1967). *Phenomenology*. Garden City: Doubleday.

LEWIN, K. (1952). *Field theory in social science*. Londres: Tavistock.

_____. (1946). "Action research and minority problems". *Journal of Social Issues*, vol. 2, p. 32-34.

LINCOLN, Y.S. & GUBA, E.G. (1985). *Naturalistic inquiry.* Newbury Park/Londres: Sage.

MILES, M.B. & HUBERMAN, A.M. (1984). *Qualitative data analysis*: a sourcebook of new methods. Newbury Park/Londres: Sage.

MOOK, D. (2003). "In defence of external validity". In: KAZDIN, A. (org.). *Methodological issues and strategies in clinical research*. 3. ed. Washington: American Psychological Association, p. 109-125.

MOUSTAKAS, C. (1990). *Heuristic research*: Design, methodology and application. Newbury Park/Londres: Sage.

NATHAN, P.; STUART, S. & DOLAN, S. (2003). "Research on psychotherapy efficacy and effectiveness: Between Scylla and Charybdis?" In: KAZDIN, A. (org.). *Methodological issues and strategies in clinical research*. 3. ed. Washington: American Psychological Association, p. 505-546.

PARLETT, M. (1993). "Towards a more Lewinian gestalt therapy". *British Gestalt Journal*, vol. 2, n. 2, p. 111-114.

_____. (1991). "Reflections on field theory". *British Gestalt Journal*, vol. 1, n. 2, p. 69-81.

PATTON, M.Q. (1995). *Qualitative evaluation and research methods*. 2. ed. Londres: Sage.

PONTEROTTO, J. (2005). "Qualitative research in counseling psychology: a primer on research". *Journal of Counseling Psychology*, vol. 52, n. 2, p. 126-136.

RAPOPORT, R. (1970). "Three dilemmas in action research". *Human Relations*, vol. 23, p. 499-513.

ROBSON, C. (1995). *Real world research*: a resource for social scientists and practitioner-researchers. [s.l.]: Oxford/Cambridge Press.

ROWEN, J. (1981). "A dialectical paradigm for research". In: REASON, P. & ROWEN, J. (orgs.). *Human inquiry*: A sourcebook of new paradigm research. Chichester: John Wiley & Sons.

RUDESTAM, K.E. & NEWTON, R.R. (2001). *Surviving your dissertation*. Londres: Sage.

SEALE, C. (2000). *The quality of qualitative research*. Londres: Sage.

SPRADLEY, J.P. (1980). *Participant observation*. Nova York: Holt, Rinehart & Winston.

STRAUSS, A.L. (1987). *Qualitative analysis for social sciences*. Cambridge: Cambridge University Press.

SUSMAN, C.I. & EVERED, R.D. (1978). "An assessment of scientific merits of action research". *Administrative Science Quarterly*, vol. 23, p. 582-603.

WHEELAN, S.A.; PEPITONE, E.A. & ABT, V. (1990). *Advances in field theory*. Londres: Sage.

WONG, P. (2002). *How to write a research proposal* [Disponível em http://www.meaning.ca/articles/print/writing_research_proposal_may02.htm – Acesso em 06/03/08].

4
Pesquisa quantitativa

Leslie S. Greenberg

A ciência pode ser descrita como a arte da
supersimplificação sistemática.
Karl Popper

É necessário e cada vez mais urgente um trabalho colaborativo para desenvolver estudos sistemáticos sobre os efeitos das psicoterapias de orientação gestáltica; somente assim seria possível avaliar a eficácia das asserções da gestalt. Consequentemente, poderíamos contrabalançar a predominância atual de estudos cognitivo-comportamentais, que buscam demonstrar a superioridade de sua forma de tratamento, com todas as outras teorias. Além disso, para a pesquisa em psicoterapia ser realmente científica, é necessário não apenas fornecer evidência da eficácia geral ou da efetividade de um tratamento, mas também especificar os processos de mudança que produzem os efeitos. Neste capítulo, depois de observar os tipos de estudos quantitativos usados em pesquisa de psicoterapia, esboçar algumas questões básicas na pesquisa quantitativa e revisar alguns resultados de descobertas das abordagens com métodos da gestalt, apresentarei um método para pesquisar os processos atuais de mudança.

Em geral, a pesquisa quantitativa de psicoterapia utiliza seis linhas complementares de pesquisa:

1) Estudos clínicos, randomizados e comparativos, e estudos comparativos de resultados.

2) Estudos controlados em comparação a controles não tratados.

3) Desenhos quase experimentais e avaliação de tratamentos naturalísticos em situações clínicas.

4) Estudos de casos informados por pesquisa.

5) Estudos sobre a preferência e satisfação de pacientes.

6) Pesquisa preditiva de resultados de processos.

Cada um desses seis tipos de abordagens de pesquisa apresenta seus próprios pontos metodológicos fortes e, também, suas limitações; porém, juntos, fornecem evidências mais fortes do que qualquer outra linha de pesquisa por si só. Por exemplo, é um fato científico há muito estabelecido que estudos randomizados de ensaios clínicos comparativos podem ser influenciados por efeitos fortes de fidelidade de pesquisadores que comprometem as próprias conclusões. Isso acontece geralmente em literatura de pesquisa no tratamento de saúde mental (ROBINSON; BERMAN & NEIMEYER, 1990; LUBORSKY et al., 1999) e, especificamente, na literatura sobre psicoterapia (ELLIOTT; GREENBERG & LIETAER, 2004; GREENBERG & WATSON, 2005). Portanto, esses estudos, por si sós, como não constituem uma base segura e única para decidir uma política de saúde, devem ser suportados a partir do uso de triangulação de evidência.

Tratamento baseado em evidência

As contradições existentes no tratamento baseado em evidência ou empiricamente suportado (EBT, EST) aumentam a urgência para a discussão sobre o papel que a pesquisa quantitativa empírica deve desempenhar no desenvolvimento da gestalt-terapia e na avaliação de sua eficácia. Uma resposta possível de muitos terapeutas é a rejeição à pesquisa em psicoterapia; acreditam não haver sentido porque não trata da complexidade do processo terapêutico. Outra resposta possível é a de que a gestalt-terapia não deve ter aspirações de nenhum tipo de *status* científico; deve, portanto, simplesmente ignorar a controvérsia da EST e continuar terapia como de praxe. No meu ponto de vista, o movimento de tratamento baseado empiricamente precisa ser levado a sério, com certeza, no âmbito da ciência, mas, principalmente, na política. Não deveria ser descartado, facilmente, por falta de interesse em pesquisa.

O método mais respeitado de pesquisa EST é o desenho de ensaio clínico randomizado (RCT). Esse desenho, ou seja, o resultado de pesquisa sobre droga, aborda um grande grupo de pacientes escolhidos aleatoriamente para condições de tratamento comparativo; dessa forma é possível permitir inferências causais, descartar hipóteses alternativas e concluir a generalização de resultados. Contudo, o desenho de tratamento clínico randomizado é problemático porque assume os tratamentos psicoterapêuticos como entidades de objetivo único que podem ser listados em manuais e vê transtornos como entidades diagnosticáveis, independentes umas das outras e mais importantes do que a estrutura de caráter da pessoa como um todo. Além disso, o RCT não reconhece a natureza interacional e complexa do processo terapêutico, nem os efeitos das diferenças individuais do cliente e do terapeuta sobre os resultados. Algumas pesquisas mostram que um tratamento competente requer terapeutas responsivos aos seus clientes. Terapeutas, então, devem variar o que fazem de acordo com o que o cliente faz. *O objetivo do tratamento é envolver o cliente no processo de mudança, e não seguir um manual.* A psicoterapia eficaz é sistematicamente responsiva; o comportamento dos clientes e dos terapeutas é influenciado por contextos emergentes, incluindo percepções deles sobre as características e o comportamento um do outro (STILES; HONOS-WEBB & SURKO, 1998). Os manuais descrevem como os terapeutas utilizam tratamentos específicos, porém não são claros sobre o que constitui um trabalho competente, nem mencionam as contribuições dos clientes para o processo.

A única maneira de apreender o passo a passo do processo e a receptividade dos participantes é a partir da pesquisa de processo que é sensível ao contexto. No ensaio clínico, por exemplo, quando há indicação de clientes para a mesma condição de tratamento, parece que estão sendo oferecidos tratamentos idênticos. As condições de tratamento são, muitas vezes, consideradas de forma inadequada como unitárias, como aparece em relatórios de clientes que receberam terapia do tipo X com os índices de certos resultados significativamente melhores. Em vez disso, a pesquisa é necessária para mostrar que a ação do terapeuta, no indicador de dificuldade do cliente, leva a um processo de mudança complexo e a um resultado significativo (GREENBERG, 1996). Esse tipo de esforço é chamado de *pesquisa do processo de mudança*, no qual a ênfase não é somente no ato de estudar o processo, mas sim sobre os *processos de mudança* ou os *mecanismos de mudança*.

Outros problemas com o registro em manuais consistem nas suposições de que o tratamento dado por diferentes terapeutas é necessariamente semelhante, ou o tratamento dado pelo mesmo terapeuta a clientes diferentes é semelhante. Outro grande problema no ensaio clínico randomizado (RCT) reside na possibilidade de generalizar as asserções. O uso de amostras artificiais e não representativas de pacientes resulta na não generalização de achados para a prática, como o faz a suposição de que os transtornos no eixo I podem ser tratados independentemente da personalidade do cliente, e também a suposição questionável de homogeneidade da amostra de clientes do eixo I em atendimento usada em cada estudo. Finalmente, há uma falha de *randomização* (o método-chave para remover diferenças entre os grupos), devido às pequenas amostras usadas. Com base nos cálculos de poder estatístico, é, atualmente, necessário o mínimo de trinta e seis pessoas por grupo em um estudo para a comparação de dois tratamentos. Muito da pesquisa usada para dar suporte à eficácia empiricamente validada da CBT foi formalmente feita com grupos menores, mas, mesmo hoje, a randomização verdadeira depende de números maiores (uma faixa de duzentos a quinhentos), especialmente os grupos podem diferir em muitas variáveis que afetam o tratamento, como pode-se observar em psicoterapia.

RCTs adquirem validade interna – a capacidade de fazer inferências causais e descartar hipóteses alternativas – à custa de validade externa – a capacidade de generalizar as situações do mundo real. Por exemplo, na vida real (ao contrário dos desenhos de RCT), clientes não se encaixam perfeitamente em uma categoria de diagnóstico, escolhem os próprios terapeutas, e o tratamento continua até que ambos, cliente e terapeuta, sintam que o seu trabalho está completo. Além disso, os terapeutas se sentem livres para modificar os tratamentos em resposta às necessidades dos clientes, e assim por diante.

Estudos recentes de RCT em métodos da gestalt

Nos estudos de Depressão de York (GREENBERG & WATSON, 1998; GOLDMAN; GREENBERG & ANGUS, 2005), os efeitos de um processo experiencial (PE) e de uma terapia centrada no cliente (CC) foram comparados em um tratamento de 72 adultos que sofriam de transtorno depressivo maior. O tratamento de PE é uma integração da abordagem centrada no cliente e da gestalt-terapia que incluiu o uso de quatro intervenções específicas em índices de estados particulares na sessão: o desdobramento sistemático e evocativo nas reações problemáticas, com foco não muito claro nas técnicas gestálticas – por exemplo, da cadeira vazia para situações inacabadas – e nas condições relacionais de empatia da terapia centrada no cliente; a consideração positiva, a congruência e o foco no acesso às emoções básicas (GREENBERG, 2002). Diferenças significativas entre os tratamentos a favor de PE foram encontradas ao término de todos os índices de mudança, e foram mantidas durante 6 e 18 meses de acompanhamento. Essas alterações fornecem evidências de que a adição de intervenções focadas nas emoções e a construção da relação da terapia centrada no cliente melhoraram o resultado de depressão, sintomas gerais, autoestima e problemas interpessoais. Talvez o mais importante foi o acompanhamento durante os 18 meses; assim, foi observar que o grupo de PE funcionava, claramente, melhor. As curvas de sobrevivência mostraram que três quartos dos clientes em PE não tiveram recaída em comparação com uma taxa de menos da metade de clientes que estavam na relação de tratamento apenas (ELLISON, 2003). Alguma coisa importante se manifesta no tratamento de PE que protegeu os clientes do risco de recaída.

Outro ensaio clínico randomizado comparou PE com a terapia cognitivo-comportamental (CBT) no tratamento de clientes que sofrem de transtorno depressivo maior (WATSON; GORDON; STERMAC; KALOGERAKOS & STECKLEY, 2003). Não houve diferenças significativas no resultado de depressão entre os grupos de tratamento. Ambos foram eficazes no alívio do nível de depressão dos clientes, no sintoma geral de angústia, nas atitudes disfuncionais e na autoestima. No entanto, clientes em terapia de PE melhoraram significativamente mais em problemas interpessoais, sendo mais autoassertivos e menos excessivamente acomodados no final do tratamento, do que os clientes em tratamento de CBT.

Além da pesquisa sobre depressão, houve uma avaliação de uma terapia focada nas emoções para trauma (EFTT) adultos sobreviventes de abuso na infância, a partir da técnica do diálogo com a cadeira vazia, da gestalt, com outros aspectos significativos e abusivos para resolver questões interpessoais do passado (PAIVIO & GREENBERG, 1995; GREENBERG & FOESTER, 1996; PAIVIO; HALL; HOLOWATY; JELLIS & TRAN, 2001; PAIVIO & NIEUWENHUIS, 2001). Um estudo examinou a eficácia da EFTT com adultos sobreviventes de abuso na infância (emocional, físico e sexual). Os clientes que receberam 20 semanas de EFTT alcançaram melhorias significativas em vários domínios de desordem mental. No entanto, aqueles em uma condição de tratamento tardio apresentaram melhorias mínimas ao longo do intervalo de espera, mas depois da EFTT mostraram melhorias significativas comparáveis com o grupo de terapia imediata. Em média, esses resultados foram mantidos no acompanhamento dos clientes durante nove meses (PAIVIO & NIEUWE-NHUIS, 2001; PAIVIO et al., 2001). Além disso, um tratamento centrado na emoção foi considerado superior à psicoeducação para ajudar pessoas a resolver danos emocionais e promover o perdão (GREENBERG; WARWAR & MALCOLM, 2008).

O estudo de caso e desenhos quase experimentais

Uma alternativa para a comparação entre grupos grandes é o estudo de caso de pesquisa-informada[1]. Nessa abordagem, casos individuais são monitorados de uma forma cuidadosa e sistemática ao longo do tempo; e, além disso, a observação qualitativa e naturalística é integrada à avaliação de várias dimensões do processo terapêutico a partir de medidas quantitativas. Os avanços na metodologia de pesquisa quantitativa em estudo de caso (KAZDIN, 2003, 1998) resultou do aumento de seu uso. A diferença fundamental entre a metodologia controlada de estudo de caso e a tradicional não controlada consiste no fato de a primeira usar um desenho rigoroso, com hipóteses claras, uma boa descrição da metodologia usada (p. ex., participantes, procedimentos, procedimento para a coleta de dados, métodos de análise) e uma separação clara entre os resultados e suas interpretações. Embora a metodologia controlada de estudo de caso ofereça uma grande oportunidade para a pesquisa em gestalt-terapia, especialmente para aqueles que acreditam que outros métodos não fazem jus à gestalt-terapia, é notável que tem sido raramente usada.

Essa abordagem, embora possa aprofundar a compreensão desse caso, não pode ser generalizada para outras situações. Uma solução possível é o uso de múltiplos métodos que incluem o desenho de RCT, o tipo de relatório do consumidor no estudo de eficácia realizado por Seligman (1995), o processo de psicoterapia intensivo avaliando os mecanismos de mudança, os estudos de caso individual e as etapas da capacidade de resposta de diferentes tipos de clientes a diferentes tratamentos. O pluralismo metodológico reconhece tanto os estudos naturalísticos que não satisfazem os critérios de pesquisa experimen-

---

1. Esses também são conhecidos como "baseados em caso, série de tempo" (BORCKARDT; NASH; MURPHY; MORE; SHAW & O'NEIL, 2008), distinguidos em vários estudos de interesses de pesquisa divergentes por um "caso único, desenho de medidas repetitivas" (HUNTER; RAM & RYBACK, 2008; PARKER & HAGAN-BURKE, 2007) [N.E.].

tal rigorosa como os desenhos de RCT e os seus manuais de tratamento com evidências para a eficácia do tratamento.

Os desenhos quase experimentais se aproximam das condições experimentais ("quase" significa "semelhante a"), mas está aquém de um (ou em ambos) dos dois modos. Tampouco, os indivíduos não podem ser randomizados para diferentes tratamentos ou, teoricamente, para variáveis importantes assim como o contato não pode ser manipulado. Como esses desenhos não permitem grupos de controle ou a manipulação de variáveis, são considerados limitados para produzir conclusões causais; podem apenas sugerir possíveis efeitos nesse âmbito (CAMPBELL & STANLEY, 1963). Por exemplo, há diferenças de grupos em desenhos quase experimentais por conta de uma variável teórica presumida, ou, no entanto, devido a um efeito de uma terceira variável desconhecida. Além disso, os assim chamados estudos de $N = 1$, isto é, estudos de casos individuais, são considerados científicos na medida em que usam um desenho quase experimental, ou seja, há uma manipulação sistemática de intervenções terapêuticas (KAZDIN, 2003); no entanto, mesmo assim, são considerados limitados em sua capacidade para justificar o conhecimento por causa dos problemas associados à generalização de um caso único.

Uma importante distinção foi, recentemente, estabelecida entre os estudos de eficácia e os estudos de efetividade. Estes envolvem a avaliação de efetividade na prática real em ambientes naturais, ao contrário dos ensaios clínicos randomizados. Além disso, utilizam os desenhos quase experimentais para avaliar tratamentos que acontecem de forma naturalística em contextos clínicos, fornecem uma representação mais exata da efetividade dos tratamentos reais com populações em clínicas e em consultórios particulares. Um exemplo desse tipo de esforço, atualmente em andamento no Reino Unido, consta no capítulo 14 deste livro. Nesse estudo, a prática de um grande grupo de gestalt-terapeutas é avaliada com o Core, um instrumento desenhado para medir mudanças em quatro dimensões de funcionamento: cliente, bem-estar, sintomas/problemas, funcionamento de vida e risco para si mesmo e para os outros.

Relação do processo ao resultado

Compreender os processos de mudança além dos efeitos dos resultados é um elemento importantíssimo para o verdadeiro entendimento do que funciona em psicoterapia. Se pesquisa em psicoterapia é para ser uma ciência verdadeira, não precisa apenas fornecer evidência da eficácia em geral ou da efetividade do tratamento, mas também especificar os processos de mudança que produzem os efeitos. Sem conhecer os processos específicos e os caminhos necessários para alcançar os resultados, não temos uma compreensão científica do tratamento. Os ensaios clínicos produzem apenas o índice mais grosseiro dos efeitos do tratamento, porque as pessoas que o absorvem são agrupadas com aquelas que não o fazem.

Os ensaios clínicos, ao comparar com os tratamentos especificados em manuais, são análogos aos estudos, pois também testam os efeitos de comprimidos com múltiplos constituintes que atuam em conjunto. O fato de o comprimido aliviar dores de cabeça melhor do que a alternativa, embora útil, ainda não nos mostra sua eficácia. No século XIX, as pessoas sabiam que a casca da árvore de cinchona aliviava a febre, mas a ciência levou até o século XX para extrair o constituinte ativo chamado quinina, um alcaloide encontrado na casca, para saber o que funcionava. A pesquisa do processo é necessária para compreender o que funciona em cada tratamento específico no ensaio.

Os relatos sobre os efeitos do tratamento geral que ignoram o papel importante do processo de mudança do cliente também falharam em reconhecer os dois grupos distintos em qualquer tratamento: aqueles que se envolvem completamente nos processos de mudança e os que não se envolvem. Esse fator apresenta uma grande influência sobre o resultado. Por exemplo, os achados de estudos sobre a resolução de questões inacabadas e trauma (GREENBERG & MALCOLM, 2002; PAIVIO & NIEUWENHUIS, 2001) mostraram que o tratamento não empenhou, totalmente, todos os clientes em todos os constituintes ativos necessários estabelecidos pela pesquisa do processo de mudança para a resolução. Apenas alguns dos clientes engajaram-se por completo nos mecanismos específicos de mudança; outros engajaram-se parcialmente; e, ainda outros, apenas com pouca relevância. Esses estudos provaram que àqueles inseridos totalmente nos processos de mudança se beneficiaram mais do que aqueles que não o fizeram e mais também do que aqueles que experienciaram os efeitos mais gerais de uma boa aliança terapêutica.

Dessa forma, se os constituintes ativos não são conhecidos quando há a indicação de um tratamento, não somos capazes de avaliar se o cliente está totalmente engajado no processo. O mesmo acontece em um tratamento medicamentoso; não sabemos se a pessoa absorve a medicação. Em um ensaio clínico, temos apenas o índice grosseiro dos efeitos do tratamento, porque agrupamos as pessoas que absorvem o tratamento com aquelas que não o fazem. Em geral, a pesquisa sobre resultados de psicoterapia apresenta implicações limitadas para a prática clínica; ou seja, isso nada mais é do que o resultado de sua falha em apreender adequadamente a complexidade do processo terapêutico.

Estudos de pesquisa em processo/resultado

Embora os conceitos teóricos que compõem tratamentos diferentes ainda sofram variações, algum acordo parece que será estabelecido nas abordagens a respeito de processos gerais relevantes ao sucesso da psicoterapia. A empatia (GREENBERG; BOHART; ELLIOTT & WATSON, 2001), uma boa aliança terapêutica existente (HORVATH & GREENBERG, 1994, 1989), a profundidade de experienciar (HENDRICKS, 2002; ORLINSKY & HOWARD, 1986) e as diferenças na capacidade dos clientes para engajar-se no tratamento (BEUTLER; HARWOOD; ALIMOHAMED & MALIK, 2002) são fatores apresentados como elementos comuns e importantes que contribuem para o resultado. As evidências sobre relações de psicoterapia que funcionam, atualmente, são abundantes (NORCROSS, 2002). Assim, há mais pesquisas sobre a relação em psicoterapia e sobre a sua efetividade do que em qualquer outro processo em qualquer tipo de terapia. Empatia, aliança e acordo de objetivo, todos são elementos específicos e eficazes de uma relação terapêutica; no entanto, algumas questões importantes ainda permanecem. Quais são os constituintes ativos em todos os tratamentos: A relação ou outros fatores comuns? Os processos específicos são únicos para cada tratamento e efetivos em certos momentos ou com determinados clientes?

Em nossa pesquisa processo/resultado sobre o tratamento com foco na emoção da depressão, tanto o processamento emocional mais profundo alcançado no final da terapia (GOLDMAN; GREENBERG & POS, 2005; POS; GREENBERG; GOLDMAN & KORMAN, 2002), como a excitação emocional mais elevada na metade do tratamento e a reflexão sobre a emoção estimulada previram os resultados do tratamento (WARWAR & GREENBERG, 1999; WATSON & GREENBERG, 1996). Assim, nota-se a importância do trabalho com foco na emoção como a chave do processo de mudança nesses tratamentos. Esse tipo de terapia parece, então, trabalhar através do aumento do processamento emocional, e isso inclui ajudar pessoas nas duas situações: aceitar suas emoções e dar sentido a elas.

A capacidade individual de um cliente para o processamento emocional no início da terapia também foi considerada para prever o resultado; porém, o aumento do grau de processamento emocional do início para a metade, de forma precoce ou tardia, das fases de tratamento mostrou ser um melhor indicador de resultado do que apenas no nível inicial de processamento ou no início da aliança (POS et al., 2003). Em resumo, tanto a capacidade inicial para processamento emocional não garante um bom resultado, como o fato de entrar em terapia sem essa capacidade não garante em um mau resultado. Embora seja provavelmente uma vantagem, a habilidade inicial de processamento emocional não parece ser tão crítica quanto a habilidade para adquirir e/ou aumentar a profundidade desse processo ao longo da terapia.

Em um estudo sobre o processo de mudança da terapia focada nas emoções para trauma (EFTT), a competência do terapeuta para facilitar confrontos imaginários, por meio do diálogo com a cadeira vazia, previu um melhor processamento por parte do cliente. Além disso, adultos sobreviventes de abuso na infância, quando se envolveram em um diálogo com a cadeira vazia, alcançaram um resultado mais satisfatório para a redução de problemas interpessoais. Essa contribuição foi independente da aliança terapêutica (PAIVIO; HOLOWATY & HALL, 2004). Assim, esses importantes achados vão ao encontro dos resultados da pesquisa sobre EFT para depressão, que alegou em experiências de níveis emocionais mais profundos um efeito curativo superior ao da aliança terapêutica (POS et al., 2003). Os processos emocionais passaram por uma avaliação em dois estudos controlados sobre a resolução de dificuldades emocionais interpessoais não resolvidas e relacionadas a abuso e trauma. A excitação emocional, relacionada ao resultado, durante o contato imaginado com um outro significante foi um fator do processo que distinguiu a EFT de um tratamento psicoeducacional (PAIVIO & GREENBERG, 1995; GREENBERG & MALCOLM, 2002; GREENBERG; WARWAR & MALCOLM, 2008).

Questões sobre as abordagens quantitativas

Muitos terapeutas estão convencidos de que a pesquisa experimental ou quase experimental da terapia é não somente difícil, mas também impossível. Nesse ponto de vista, quantificar a experiência humana parece correr o risco de perder o que é essencial e, além disso, acredita-se que essa pesquisa não seja capaz de apreender as complexidades dos conceitos "reais" da gestalt. Consequentemente, é visto como um trabalho irrelevante. Todavia, descartar toda iniciativa de teste experimental de hipóteses é tão simplório e ingênuo quanto descartar as metodologias qualitativas e do estudo de caso único. O grau de simplificação dos conceitos de gestalt, necessários para conduzir a pesquisa quantitativa, pode não ser tão problemático quanto parece à primeira vista. A ciência sempre propõe uma aproximação com base nos modelos probabilísticos; na verdade, poderíamos até suspeitar de qualquer ciência, especialmente uma tão jovem como é a pesquisa em psicoterapia (com 60 anos de idade), que finge ter uma resposta para todas as perguntas. Em qualquer ciência, inicia-se com conceitos imperfeitos que são, em seguida, refinados pelo processo de testagem empírica.

A arte e a ciência da pesquisa convida os pesquisadores a identificar, com segurança, e explicar certos *fenômenos* que acontecem com certa regularidade; desse modo, algumas afirmações podem generalizar mais de um único caso ou um único exemplo. As pesquisas desse tipo oferecem o controle de qualidade sobre ideias por meio de uma comparação sistemática entre teorias e observações. As ideias são modificadas de acordo com essas observações, que podem confirmar ou desconfirmar teorias ou, mais modestamente, fortalecê-las ou enfraquecê-las. No entanto, com mais frequência, os dados observados conduzem a teorias mais extensas e elaboradas, modificando ou qualificando-as, especialmente, na medida em que se relacionam às teorias concorrentes. Portanto, qualquer teoria pode ser modificada para se tornar mais geral, mais precisa e mais realística. Por meio de uma pesquisa, as observações se acumulam em teorias. Os novos resultados de pesquisa permeiam a teoria, porém o pensamento anterior e os resultados são mantidos. Uma teoria viva deve ser capaz de mudar para acomodar a infusão contínua de novas observações; uma teoria impermeável está cientificamente morta (STILES, 1993, 2003).

A gestalt-terapia baseia-se em fenômenos e revela, na prática, muitas mini-teorias, possíveis de serem testadas, de como promover mudança, por exemplo, re-integrando projeções, completando questões inacabadas, resolvendo interrupções no funcionamento, bem como mais teorias gerais sobre a importância da *awareness*, a presença do terapeuta e o momento presente. A pesquisa em psicoterapia é um empreendimento extremamente novo; infelizmente, no esforço de imitar a ciência natural e na tentativa de correr antes de poder engatinhar, há um privile-giado da previsão acima de qualquer mensuração e descrição rigorosa devido a pressões externas para competir com tratamentos medicamentosos. A observação é necessária – e bastante – para isolar e descrever fenômenos de interesse.

Depender da memória do terapeuta a respeito das sessões terapêuticas com o cliente (p. ex., em evidências anedóticas ou relatos anedóticos), podemos contar somente com o que o profissional lembra; geralmente, assim apreen-de-se muito pouco momento por momento do processo. Com mais cautela, os pesquisadores da gestalt-terapia podem ser capazes de identificar regulari-dades, desde os exemplos repetidos até os modelos gerais. Eventos repetidos desse tipo podem ser identificáveis como acontecimentos clínicos importantes, podem ser medidos e tratados com padrão estatístico para produzir resultados gerais. *Uma das melhores formas de fechar a lacuna entre pesquisa e prática é achar um momento clínico significante, que aconteça mais de uma vez, em algumas ocasiões e desenvolver mensurações de ocorrência e mudança nítida desse caso.*

Como mencionado anteriormente, o que faz um estudo ser científico é o fato de as observações que servem de base para o estudo mostrarem-se confiá-veis através de situações e de observadores. Assim, torna-se interessante, por-que há uma apreensão de regularidades significantes e repetíveis, e de padrões que esclareçem e aperfeiçoam a teoria. Os programas que desenvolvem um número de etapas cumulativas da pesquisa e uma variedade de estudos tentam, gradualmente, descrever, medir, explicar e, por fim, prever os efeitos sobre os resultados de um processo de mudança-chave em terapia. Essa é, provavelmen-te, uma das formas ideais para desenvolver uma base sólida e evidencial para a abordagem gestáltica em psicoterapia. Para isso, utilizaria métodos pluralís-ticos e se engajaria em uma variedade de estudos, inclusive uma observação intensiva, construção de modelos, construção de mensuração e testagem de hipóteses. Também funcionaria em contexto de descoberta e de justificativa, para investigar como as pessoas mudam em psicoterapia. Esse tipo de programa de pesquisa seria uma tentativa verdadeira para alcançar a complexidade da mudança humana. A listagem das diferenças observáveis e dos esquemas para orientar na codificação fidedigna dos fenômenos terapêuticos deveria ser o fundamento dessa pesquisa. O interesse da psicoterapia é o *processo de pesquisa*, em vez de *pesquisa de resultados*. Portanto, precisamos pensar em pesquisa quantitativa em psicoterapia como uma tentativa de observação por meio de medição rigorosa. Alguns pesquisadores de abordagens da pesquisa *qualitativa* mostram-se contrários à mensuração, presumindo, erroneamente, que a diferença entre pesquisa qualitativa e quantitativa fundamenta-se no estudo do significado *versus* quantificação. A observação das diferenças e a formação de categorias, no entanto, representam também a base de medição e de sentido; por isso, a medição é necessária; somente assim é possível, seguramente, ver as diferenças nos fenômenos e, então, combinar as que foram observadas em padrões significativos para explicar os processos de mudança.

Embora estudos sobre a eficácia sejam considerados politicamente importantes no *zeitgeist* atual, há uma necessidade premente de esforços conjuntos para desenvolver estudos sistemáticos do processo e dos efeitos da psicoterapia para melhorar, na verdade, o conhecimento que conduzirá a uma maior efetividade. Assim, a longo prazo, será possível um equilíbrio necessário contra o domínio atual dos estudos cognitivo-comportamentais; as estratégias de enfrentamento de problemas poderão demonstrar a superioridade dessa forma de tratamento acima de todas as outras.

Processos de mudança

Para tratar mais precisamente as questões levantadas anteriormente sobre os RCTs, a pesquisa em psicoterapia precisa estudar a mudança e levar em consideração detalhadamente as sequências ou os padrões de eventos, incorporar o contexto e reconhecer que incidentes críticos ou eventos significantes podem se relacionar à mudança (GREENBERG, 1986; RICE & GREENBERG, 1984). Para investigá-los, é necessário estudar momento por momento do processo e compreender que as interações complexas em determinados comportamentos revelam significados diferentes e causam impactos em diferentes contextos. De acordo com o momento e com o contexto, um particular tipo de processo precisa ser investigado de forma inovadora com observação intensiva e métodos analíticos sequenciais. Isso é pesquisa sobre o processo de mudança.

Os pesquisadores do processo de mudança têm desenvolvido uma variedade de métodos que examinam as interações complexas, as sequências e os contextos. As questões, envolvendo processos complexos e resultados de psicoterapia, podem ser abordadas de acordo com o fundamento das pesquisas que utilizam uma abordagem de eventos (RICE & GREENBERG, 1984), análise das tarefas (GREENBERG, 1984, 1986), análise da assimilação (HONOS-WEBB; STILES; GREENBERG & GOLDMAN, 1998; STILES; MESHOT; ANDERSON & SLOAN, 1992), análise compreensiva do processo (ELLIOTT, 1989) e análise qualitativa (WATSON & RENNIE, 1994).

Assim, é necessário estudar, de forma rigorosa, os fenômenos relacionados a específicas classes de contato entre participantes em sessão e, mais ainda, aos momentos de *awareness* e da experiência emocional que podem iniciar o processo de mudança, em vez de permanecerem conjeturas teóricas tão convincentes quanto possam ser.

Exemplificarei esse tipo de processo de mudança, a partir do meu próprio programa de pesquisa sobre estudos de resolução de situações inacabadas. Iniciamos com o uso de uma abordagem baseada em evento para o estudo de mudança, isolamos e estudamos o evento-chave de alteração do funcionamento das situações inacabadas. A seguir, usamos a análise das tarefas, etapa que consiste em uma descrição detalhada dos eventos gravados em fitas, representando resoluções bem-sucedidas e malsucedidas de um problema de característica comum para identificar o processo de mudança em eventos positivos. Após construir um modelo explanatório de como a mudança acontece, medidas para apreender esse processo foram usadas para validar o modelo e, finalmente, predizer os resultados e o acompanhamento.

A tarefa de análise da resolução de situação inacabada

Uma abordagem de nove etapas sobre a análise de tarefas, mostrada na Tabela 4.1 (GREENBERG, 2006) e desenhada para construir modelos baseados em evidências e testá-los, foi aplicada ao estudo de uma série de problemas em sessão. Anteriormente, Greenberg (1979, 1984) já havia estudado como os clientes resolviam o autocriticismo intrapunitivo em gestalt-terapia e descobrira que os níveis mais profundos da experiência e o abrandamento, em compaixão, de uma voz crítica e rígida foram essenciais à resolução de conflito. Em outro estudo, usando esse método para investigar como as interpretações levam à mudança, Joyce, Duncan e Piper (1995) descobriram que o *convite para interpretar* feito pelo cliente foi um componente importante para o êxito dos episódios de interpretação na terapia psicodinâmica. Os episódios incertos foram, frequentemente, caracterizados por um convite obscuro, indireto, do paciente ou até mesmo a ausência do pedido para interpretar. Essa segunda leitura foi, então, invariavelmente, experienciada como prematura, mesmo sendo considerada exata por juízes externos.

O método

A análise de tarefa envolve a identificação dos incidentes críticos ou dos eventos-chave de mudança que acontecem, repetidamente, com clientes e nas terapias. Um *evento* é definido como uma sequência clinicamente significativa na interação terapeuta-cliente: um ponto de partida, o processo de lidar com o problema e o ponto-final. A princípio, surge a queixa apresentada pelo cliente (indicador), seguida por uma série de respostas do terapeuta e do contínuo desempenho do cliente (a tarefa); se essa for bem-sucedida, o cliente alcança uma resolução afetiva ou alguma mudança terapêutica (resolução). O que mais se destaca aqui é o indicador, tal como um indicador de situação inacabada com outro significante. Vamos abordar como um exemplo neste capítulo um indicador de um problema relacionado à *performance observável que pode ser, confiavelmente, observada.*

Os recursos a seguir diferenciam, de forma confiável, o desempenho das tarefas quando há indicador das situações inacabadas e aquelas sem indicadores:

1) A presença de um sentimento inacabado ou prolongado, como mágoa ou ressentimento.

2) Esse sentimento está ligado a um outro significante que desempenha essa função durante o desenvolvimento da pessoa, como pai/mãe ou esposo/esposa.

3) Os sentimentos estão, a certo grau, sendo experienciados no presente (indicador de prontidão).

4) Os sentimentos não são expressados totalmente, mas há sinais de expressão interrompidos ou limitados.

Nesse estudo de resolução de situações inacabadas, o ambiente terapêutico foi definido como o local onde o terapeuta sugere um diálogo de gestalt-terapia com o outro significante e descreve o tipo de intervenções usadas (GREENBERG et al., 1993).

Após identificar um fenômeno de interesse e especificar o ambiente onde será estudado (técnica da cadeira vazia), a análise da tarefa, como apresentada na tabela, procede-se em duas fases gerais – uma orientada à descoberta e outra orientada à validação. A primeira etapa enfatiza o trabalho dentro do contexto de descoberta para a construção de modelos (REICHENBACH, 1949; RICE & GREENBERG, 1984) e utiliza uma teoria conceitual, os métodos observacionais e qualitativos, e a construção de mensuração. A segunda, fase de validação puramente empírica, funciona dentro do contexto da etapa de justificativas e enfatiza a validação, o teste das hipóteses, o desenho de grupo e a avaliação estatística para validar o modelo e relacionar o processo ao resultado. É importante notar que a seleção de um problema em sessão a ser estudado é o primeiro passo, decisivo, porque determina a natureza do programa de pesquisa.

O aspecto central desse processo envolve engajamento em uma análise de tarefa racional e empírica. A *análise de tarefa racional* envolve a construção de um modelo teórico a partir da compreensão conceitual do clínico ou do pesquisador a respeito das etapas de desempenho do cliente; acredita-se que, assim, ele conseguirá lidar com a situação e conduzir à resolução. Essa perspectiva baseia-se na experiência clínica e na familiaridade com a literatura teórica; e o modelo está de acordo com a compreensão explícita do pesquisador de como esse tipo de problema é trabalhado com a explicação do mapa cognitivo implícito do clínico, que guia o trabalho do terapeuta com os clientes. O modelo racional é construído com base nessas conjecturas e representa uma *performance* hipotetizada da tarefa *possível*. Assim, esse modelo – a melhor suposição do investigador sobre o que acontece – é frequentemente representado por gráficos a partir de um conjunto de etapas. Para a pesquisa demonstrar algo novo é importante especificar primeiro o que se supõe como base de medida; para, posteriormente, avaliar os aspectos observados. O modelo racional serve a esse propósito. Além disso, ajuda a especificar as concepções, suposições, intuições e pressentimentos da pessoa para o aspecto observacional do estudo para observar alguma coisa com o mínimo possível de preconcepções na análise empírica, que será detalhada a seguir; assim, um esforço pode ser feito para colocá-los de lado ou, como os fenomenologistas diriam, para colocar entre parênteses.

A análise racional é seguida pela *análise de tarefa empírica*, que envolve a observação rigorosa de amostras de *performance real* de clientes inseridos em tarefa terapêutica de interesse. Os investigadores olham, meticulosamente, as *performances* na sessão, a fim de descobrir as etapas essenciais de mudança do cliente. Como já citado, tentam, da melhor forma possível, colocar entre parênteses suas preconcepções e guardar temporariamente as antecipações, intuições e expectativas explicitadas no modelo racional, para compreender de uma maneira tão independente quanto possível o que há no desempenho real. A construção do modelo empírico, inicialmente, é uma forma de análise do conteúdo qualitativo que descreve uma sequência de eventos que se revela ao longo do tempo. Como a identificação dos eventos-chave de mudança, o desenvolvimento do modelo racional e a observação direta do processo de mudança possuem uma importância particular em uma análise de tarefa, a compreensão teórica e a experiência clínica na abordagem terapêutica a ser estudada são essenciais. Dessa forma, nota-se que a análise de tarefa apresenta um melhor resultado quando realizada por psicólogos clínicos-cientistas que compreendem o processo terapêutico estudado, em vez de ser realizada por observadores ingênuos ou pesquisadores sem a formação desejada.

O próximo grande passo no método envolve a comparação das etapas há pouco observadas do modelo empírico com as etapas do modelo racional original. Os componentes deste modelo são, alternativamente, apoiados, aperfeiçoados ou modificados pelas observações. Todo esse processo de comparação integra o que era realmente observado com o que era esperado, e um modelo racional/empírico é construído para representar o estado de conhecimento atual de uma pessoa. Assim, há agora uma melhor suposição, e repete-se o processo de observar novas *performances* e compará-las com o modelo existente. Os modelos mais desenvolvidos podem ser sujeitados, mais tarde, a testes de validade.

O segundo aspecto da análise empírica envolve a elaboração de maneiras para medir as etapas essenciais da *performance* do cliente e validar o modelo. Enquanto a questão de mensuração é pensada e considerada desde o início da análise empírica; nesse ponto, os planos começam a se consolidar e é possível saber como medir os componentes da *performance* resolvida. O investigador, à medida que busca descobrir os componentes de resolução, considera como podem ser medidos. O processo envolvido é o de mensuração construtiva, no qual a descrição dos fenômenos e a maneira de medi-los são, simultaneamente, construídas, uma influenciando a outra (GREENBERG, 1986). Essa etapa de mensuração em conjunto com a definição dos fenômenos promove clareza durante as fases de descoberta e, também, prepara as bases para a validação empírica mais tarde.

A figura 4.1 representa o último modelo empírico/racional da *performance* do cliente na resolução da situação inacabada. O seu aspecto final foi construído depois da análise progressiva de cinco conjuntos de três transcrições, nas quais os clientes resolveram com sucesso a situação inacabada, comparando-as com um número equivalente de episódios não resolvidos. Nesse modelo, observamos dois tipos de *performance* do cliente: autoexpressão e representação através da interpretação do outro. O diagrama explicativo com mais detalhes, presente em outro trabalho (GREENBERG & WATSON, 2006), apresenta um caminho para a resolução e inclui certas dinâmicas de como lidar com processos interruptivos que precisam ser enfrentados. No início, enquanto o cliente se engaja no processo, os primeiros comentários direcionados ao outro imaginário tendem a culpar o outro por seus próprios problemas, seja reclamando sobre o comportamento alheio, seja expressando um sentimento de mágoa sobre a ofensa causada. Em uma resolução de *performance*, a queixa inicial diferencia-se em mágoa e raiva, que é seguida por uma expressão intensa de emoção em relação ao outro imaginário. Agora, o cliente muda de uma postura reativa e defensiva com foco no exterior para uma postura exploratória mais interna, centrada no contato e na expressão da experiência interna. As memórias emocionais, que formaram o contexto para o desenvolvimento de situações inacabadas e as crenças disfuncionais, são frequentemente evocadas. No mínimo, uma das emoções primárias é experienciada no nível de excitação moderado a elevado. Nesse ponto, o psicoterapeuta focaliza os aspectos desejados do relacionamento, a fim de ajudar o cliente a identificar suas necessidades não satisfeitas e, depois, expressá-las ao outro imaginado. A noção de merecimento àquelas necessidades emerge à medida que o cliente as declara.

Em sessões de resolução para promover a manutenção do caso ou a própria disfunção que o levou a ser abusivo, as dificuldades internas do outro expressam o aumento de empatia e compreensão do cliente para com o outro. Nessa parte do processo terapêutico, o cliente começa a ver o outro de uma forma mais multifacetada, complexa: o outro pode ser, agora, compreendido como separado, e compreendido ambas as qualidades – boas e más. Além disso, o cliente pode também começar a observar o outro do ponto de vista do outro e, assim, notá-lo com suas próprias dificuldades. Esse avanço é indicado por um dos dois resultados: ou a atitude do cliente em relação ao outro se suaviza, e ambos, o *self* e o outro, são vistos mais positivamente (ou, no mínimo, de forma menos negativa); ou, como ocorre frequentemente em casos de abuso, o outro é mantido responsável pelas ações dele e merece os sentimentos negativos do cliente. Nesse último caso, o *self* é visto como hábil e valioso em relação ao outro, e merece os sentimentos negativos guardados em relação ao outro. Nesse ponto de mudança, o *self* apresenta maior compreensão do outro, e, por conta das emoções, é conduzido ao sentimento mais amoroso e/ou indulgente ao outro. Ao alcançar essa etapa, o cliente é capaz de ver o outro com compaixão e empatia, e pode perdoá-lo. Isso acontece, porque, ao mantê-lo como responsável pelos erros, o cliente tira a culpa de si. Independentemente de como o cliente resolve, seja mantendo o outro como responsável pelos erros, seja compreendendo e/ou perdoando; o resultado é um sentido experiencial da resolução e o fechamento da situação inacabada com o outro. Esse momento é acompanhado de um sentimento de capacidade e otimismo sobre o futuro.

A comparação desse modelo citado com o racional simples de situações inacabadas que abordamos no início revelou a descoberta de um número de componentes muito diferenciados. Um detalhe interessante foi a necessidade da excitação elevada de emoção e a expressão de entendimento do outro. Nenhuma dessas era uma conjetura do primeiro modelo. Assim, o segundo é um modelo específico que representa a forma de resolução no contexto específico de diálogo com a técnica da cadeira vazia. A resolução da tarefa precisaria ser estudada em outros contextos terapêuticos, como interpretação ou empatia, para verificar se ocorre ou não da mesma maneira.

Até aqui, a pesquisa focalizou a *descrição* da *performance* do cliente de uma tarefa. Agora, outra etapa *explicativa* possível procura entender os processos psicológicos que permitem o cliente passar de um estado para o outro a fim de completar a tarefa (GREENBERG, 2006). Essas considerações esclarecem a evolução do processo do cliente de um nível descritivo para um nível causal. Nesse caso, as noções teóricas dos processos mentais são integradas às observações.

É importante notar que a abordagem analítica da tarefa foi expandida além do estudo dos eventos-chaves, para incluir o estudo de desenvolvimento do processo de mudança do cliente numa série de eventos do mesmo tipo ao longo da terapia. Greenberg e Malcolm (2002), por exemplo, estudaram o aparecimento dos componentes de resolução de eventos de situações inacabadas ao longo de todo o tratamento.

A fase orientada à validação

Essa fase envolve os procedimentos usados para testar o quanto o modelo construído, através das etapas anteriores, é capaz de descrever a essência da *performance* de resolução e de prever o resultado terapêutico. As duas etapas apresentadas na segunda parte da Tabela 4.1 servem para validar o modelo e relacionar o processo ao resultado; assim, envolvem os estudos mais tradicionais realizados no contexto de justificativa para ajudar a testagem de hipóteses. Note, porém, que são feitas no final do programa, baseando-se muito mais em pesquisas anteriores que envolvem descrição, descoberta e construção de mensuração.

Duas etapas são envolvidas nessa segunda fase: validação do modelo e relação do processo com o resultado.

Na etapa de validação do modelo, a questão é:

1) Os componentes do modelo fazem distinção entre as *performances* resolvidas e não resolvidas? Isso é avaliado comparando um conjunto de eventos resolvidos com os não resolvidos em um desenho de grupo.

A questão levantada na próxima e última etapa, relacionando o processo com o resultado, consiste em:

2) Os componentes de resolução que discriminam as *performances* resolvidas se relacionam ao resultado? Essa parte envolve a relação do processo com o resultado em um desenho de grupo e um teste de validade de predição do modelo.

Ao exemplificar esse estudo final em uma pesquisa, Greenberg e Malcolm (2002) relacionaram o processo de resolução de situações inacabadas de outro significante ao resultado terapêutico em um grupo de 26 clientes que sofreram de vários tipos de problemas interpessoais não resolvidos e com tratamento na infância. Aqueles clientes, que passaram por outras etapas no modelo, expressaram ao outro significante necessidades interpessoais previamente não satisfeitas e manifestaram uma mudança na sua visão do outro, tiveram resultados significantemente melhores no término. Foi levada em consideração uma variedade de medidas de resultados, que inclui sintomas de angústia, padrões interpessoais e grau de resolução de situações inacabadas, que foi detectado, também, para discriminar os clientes que resolveram e daqueles que não resolveram. O processo específico de resolução nos diálogos dos clientes com a cadeira vazia foi também considerado um melhor preditor de resultado do que a aliança terapêutica.

Além disso, Greenberg e Pedersen (2001) observaram que a resolução em sessão de duas principais tarefas terapêuticas focalizadas na emoção – a resolução de separações e de situações inacabadas avaliadas em graus de escalas diferentes – previu o resultado em um grupo de 32 clientes com transtorno depressivo maior (GOLDMAN; GREENBERG & ANGUS, 2006). Esses dados se referem tanto ao término como nos 18 meses de acompanhamento. O fato mais importante observado foi a probabilidade de não reincidência naquele período de acompanhamento. Os tratamentos de ambas as tarefas centrais basearam-se na facilidade da reestruturação do núcleo das memórias esquemáticas da emoção e nas respostas, conforme os modelos desenvolvidos de programas de pesquisa analítica de tarefas. Esses estudos demonstram que começar de maneira simples, com um estudo de um único evento para compreender e ser capaz de medir um processo particular de mudança, pode levar ao desenvolvimento de uma abordagem de tratamento fundamentado em observação e, assim, predizer não somente o resultado no término, mas também a reincidência em 18 meses.

Além disso, a pesquisa processo-resultado sobre o tratamento de depressão focalizado na emoção mostrou que os processos considerados importantes nesses modelos previram bons resultados do tratamento. Dessa forma, merecem destaque os processos relativos à excitação emocional mais elevada, no meio do tratamento, combinada com a reflexão sobre a emoção despertada (WATSON & GREENBERG, 1996, 1999), e também ao processamento emocional mais profundo quase ao final da terapia (GOLDMAN; GREENBERG & POS,

2005; POS; GREENBERG; GOLDMAN & KORMAN, 2002). O processamento emocional se caracteriza pela profundidade de experienciação dos episódios emocionais (KLEIN; KIESLER; MATHIEU-COUGHLIN & GENDLIN, 1986). Esses episódios emocionais (GREENBERG & KORMAN, 1993) são segmentos de uma sessão na qual os clientes expressam ou falam sobre ter experienciado uma emoção ligada a uma situação real ou imaginária. Assim, a variável EXP foi contextualizada por ser classificada somente naqueles episódios em sessão que tratavam explicitamente de uma experiência carregada de emoção. No estudo de Pos et al. (2003), o processamento emocional tardio, sozinho, acrescentou 21% à variância explicada na redução de sintomas; obteve maior destaque que a aliança precoce e o processamento emocional. Essa abordagem de terapia parece, então, funcionar através da intensificação do tipo de processamento emocional que ajuda as pessoas a experienciar e aceitar suas emoções para, por fim, entendê-las.

Além do mais, Adams e Greenberg (1996) estudaram as interações cliente-terapeuta, momento por momento, e observaram que os comentários do terapeuta – ricos em foco experiencial – aprofundaram a experienciação do cliente no momento seguinte, e a profundidade de um foco experiencial do terapeuta previu o resultado. Mais especificamente, se o cliente estava voltado para o exterior, e o terapeuta fez uma intervenção dirigida à experiência interna, isto gera uma maior probabilidade de o cliente passar a um nível mais profundo de experienciação. *Esse estudo destaca a importância do papel do terapeuta no aprofundamento dos processos emocionais.* Como a experienciação do cliente prevê o resultado, a profundidade do foco experiencial do terapeuta influencia a experienciação do cliente e o próprio resultado previsto. Assim, um caminho para se alcançar o efeito do processo foi estabelecido, sugerindo que a profundidade do foco experiencial do terapeuta influencie a profundidade de experienciação do cliente.

Conclusões

Neste capítulo, afirmei que o foco atual em ensaios clínicos randomizados, como o único juiz de tratamento baseado em evidência, tem sido demasiado simplista. O que nos sugeriu que a maioria dos clientes acha a psicoterapia útil, mas não nos esclareceu os ingredientes ativos nem identificou o melhor tratamento para cada cliente. Precisamos de informações de várias fontes para entender a relação complexa entre as técnicas específicas, as ações do terapeuta e os processos do cliente que influenciam as mudanças em psicoterapia. Em particular, a pesquisa do processo de mudança deve ser uma daquelas fontes variadas; somente assim será possível revelar os mecanismos reais de mudança, que é o ingrediente ativo na psicoterapia.

Embora o ensaio clínico randomizado seja o método-padrão para abordar se um tratamento funciona em condições experimentais controladas, não pode resolver se isso funciona na prática clínica, se funciona para este cliente em particular ou como isso funciona. Para avaliar como a terapia funciona na prática ou se funciona para um dado cliente, precisa de métodos quase experimentais, abordagens de pesquisa de caso-específico, desenhos de caso único controlados, bem como amplos estudos de grande-N relacionando o processo com o resultado, para assim generalizar casos além daqueles já estudados. Essa visão é endossada pela força-tarefa da APA sobre a Prática Baseada em Evidência (2005), que está principalmente interessada na aplicação e integração das várias correntes baseadas na evidência de pesquisa e experiência clínica uma abordagem relacionada à prática psicológica.

A força-tarefa da APA sugere, explicitamente, que o psicólogo clínico inicie com o cliente, perguntando qual a evidência de pesquisa ajudaria a alcançar o melhor resultado no contexto *das características únicas da pessoa.* Em contraste com a abordagem essencialmente prescritiva, na qual os tratamentos são aplicados aos transtornos (da mesma forma como as drogas são dadas para uma doença física), a força-tarefa propõe a integração de *múltiplas fontes de evidência de pesquisa* em um *processo de tomada de decisão* para guiar a intervenção. Ao contrário das abordagens prescritivas em tratamentos manualizados em ensaios clínicos randomizados, essa abordagem exige que o clínico elabore uma formulação clara e teoricamente coerente do caso para intervir junto com o cliente, fundamentado *na compreensão profunda da situação*, e baseando-se no seu conhecimento de pesquisa empírica e experiência clínica. Os gestalt-terapeutas não precisam ser vinculados à ciência, mas precisam esforçar-se para demonstrar como a gestalt-terapia pode ser apoiada e guiada pela evidência empírica.

Além disso, procurei mostrar como as abordagens baseadas na observação intensiva podem ser clinicamente significativas, para que seja possível também testar e aperfeiçoar a teoria. Mais especificamente, apresentei um método – a análise de tarefa – como uma estratégia útil de pesquisa para entender como a mudança realmente acontece. Espero que ajude no estudo dos eventos-chaves e na compreensão da mudança em *performance* ao longo de uma terapia completa. Esse tipo de estudo poderia fornecer uma evidência empírica em apoio aos diferentes mecanismos específicos de mudança para gestalt-terapia, como o processo e os efeitos de mudança nas interações em torno das atuações, das interpretações de transferência ou das mais gerais; dos momentos-chaves ou das fases do tratamento, nas quais acontece o *insight* nas origens psicodinâmicas de angústia ou experiências emocionais corretivas. Essa forma de integração da pesquisa empírica e conceitual poderia contribuir, significativamente, para o desenvolvimento da gestalt-terapia.

Referências

ADAMS, K.E. & GREENBERG, L.S. (1996). *Therapists 'influence on depressed clients' therapeutic experiencing and outcome* [43ª Convenção Anual da Society for Psychotherapy Research. St. Amelia Island, FL, junho].

APA *Task Force on Evidence-Based Practice* (2005).

BEUTLER, L.E. et al. (2002). "Functional impairment and coping style". In: NORCROSS, J.C. (org.). *Psychotherapy relationships that work*: Therapist contributions and responsiveness to patients. Nova York: Oxford University Press, p. 145-174.

BORCKARDT, J. et al. (2008). "Clinical practice as natural laboratory for psychotherapy research: A guide to case-based time-series analysis". *American Psychologist*, vol. 63, n. 2, p. 77-95.

CAMPBELL, D.T. & STANLEY, J.C. (1963). *Experimental and quasi-experimental designs for research and teaching*. Chicago: Rand McNally.

ELLIOTT, R. (1989). "Comprehensive process analysis: understanding the change process in significant therapy events". In: PACKER, M.J. & ADDI-

SON, R.B. (orgs.). *Entering the circle*: Hermeneutic investigations in psychology. Albânia: State University of Nova York Press.

ELLIOTT, R.; GREENBERG, L.S. & LIETAER, G. (2004). "Research on experiential psychotherapies". In: LAMBERT, M.J. (org.). *Bergin and Garfield's handbook of psychotherapy and behavior change*. 5. ed. Nova York: Wiley, p. 493-539.

ELLIOTT, R. et al. (1994). "Comprehensive process analysis of insight events in cognitive-behavioral and psychodynamic interpersonal psychotherapies". *Journal of Counseling Psychology*, vol. 41, p. 449-463.

ELLISON, J. (2003). *Recovery and relapse in the treatment of depression*. Toronto: York University [Dissertação de mestrado não publicada].

GOLDMAN, R.; GREENBERG, L. & ANGUS, L. (2006). "The effects of adding emotion-focused interventions to the therapeutic relationship in the treatment of depression". *Psychotherapy Research*, vol. 16, p. 537-549.

GOLDMAN, R.; GREENBERG, L.S. & POS, L.A. (2005). "Depth of emotional experience and outcome". *Psychotherapy Research*, vol. 15, p. 248-260.

GOLDSTEIN, K. (2000). *The organism*. Brooklin: Zone Books.

GREENBERG, L. (2002). *Emotion-focused therapy*: Coaching clients to work through feelings. Washington: American Psychological Association Press.

_____. (1991). "Research on the process of change". *Psychotherapy Research*, 1, p. 14-24.

_____. (1986). "Change process research". *Journal of Consulting and Clinical Psychology*. Special Issue: Psychotherapy Research, vol. 54, p. 4-9.

_____. (1984a). "Task analysis of intrapersonal conflict". In: RICE, L. & GREENBERG, L. (orgs.). *Patterns of change*: Intensive analysis of psychotherapy process. Nova York: Guilford Press.

_____. (1984b). "Task analysis: The general approach". In: RICE, L. & GREENBERG, L. (orgs.). *Patterns of change:* Intensive analysis of psychotherapeutic process. Nova York: Guilford Press.

_____. (1979). "Resolving splits: use of the two chair technique". *Psychotherapy, Theory and Practice*, vol. 16, p. 310-318 [APA Journal Division, 29].

GREENBERG, L. & FOERSTER, F. (1996). "Resolving unfinished business: The process of change". *Journal of Consulting and Clinical Psychology*, 64 (3), p. 439-446.

GREENBERG, L. & KORMAN, L. (1993). "Integrating emotion in psychotherapy integration". *Journal of Psychotherapy Integration*, 3, p. 249-266 [Traduzido em espanhol].

GREENBERG, L. & MALCOLM, W. (2002). "Resolving unfinished business: Relating process to outcome". *Journal of Consulting and Clinical Psychology*, 70 (2), p. 406-416.

GREENBERG, L.S. & PEDERSEN, R. (2001). *Relating the degree of resolution of in-session self-criticism and dependence to outcome and follow-up in the treatment of depression* [Trabalho apresentado na conferência da North American Chapter of the Society for Psychotherapy Research. Puerto Vallarta, México].

GREENBERG, L.; WARWAR, N. & MALCOLM, W. (no prelo). "Differential effects of emotion-focused therapy and psycho-education in facilitating forgiveness and letting go of emotional injuries". *Journal of Counseling Psychology*.

GREENBERG, L.S. & WATSON, J.C. (2005a). *Emotion-focused therapy for depression*. Washington: American Psychological Association.

_____. (2005b). "Change process research". In: NORCROSS, J.; BEUTLER, L. & LEVANT, R. (orgs.). *Evidence-based practice in mental health*: Debate and dialogue on the fundamental questions. Washington: American Psychological Association.

_____. (1998). "Experiential therapy of depression: differential effects of client-centered relationship conditions and process experiential interventions". *Psychotherapy Research*, 8 (2), p. 210-224.

GREENBERG, L. et al. (2001). *Empathy. Psychotherapy*, 38 (4), p. 380-385.

HARDY, G. et al. (1998). "Therapist responsiveness to client interpersonal style in time-limited treatments for depression". *Journal of Consulting and Clinical Psychology*, 66, p. 304-312.

HENDRICKS, M.N. (2002). "Focusing-oriented/experiential psychotherapy". In: CAIN, D. & SEEMAN, J. (orgs.). *Humanistic psychotherapies*: Handbook of research and practice. Washington: American Psychological Association, p. 221-252.

HONOS-WEBB, L. et al. (1998). "Assimilation analysis of process-experiential psychotherapy: A comparison of two cases". *Psychotherapy Research*, 8, p. 264-286.

HORVATH, A. & GREENBERG, L. (orgs.) (1994). *The working alliance:* Theory, research and practice. Nova York: John Wiley.

HORVATH, A.O. & GREENBERG, L.S. (1989). "Development and validation of the working alliance inventory". *Journal of Counseling Psychology*, 36 (2), p. 223-233.

HUNTER, J.; RAM, N. & RYBACK, R. (2008). "Use of satiation therapy in the treatment of adolescent-manifest sexual interest in male children: A single-case, repeated measures design". *Clinical Case Studies*, 7 (1), p. 54-74.

JOYCE, A.S.; DUNCAN, S.C. & PIPER, W.E. (1995). "Responses to dynamic interpretation in short-term individual psychotherapy". *Psychotherapy Research*, 5, p. 49-62.

KAZDIN, A. (2003). "Clinical significance: Measuring whether interventions make a difference". In: KAZDIN, A. (org.). *Methodological issues and strategies in clinical research*. Washington: American Psychological Association, p. 691-710.

_____. (1998). *Research design in clinical psychology*. Boston: Allyn and Bacon.

KLEIN, M.H.; MATHIEU-COUGHLAN, P. & KIESLER, D.J. (1986). "The experiencing scales". In: GREENBERG, L. & PINSOF, W. (orgs.). *The Psychotherapeutic Process*. Nova York: Guilford, p. 21-71.

LUBORSKY, L. et al. (1999). "The researcher's own therapy allegiances: A 'wild card' in comparisons of treatment efficacy". *Clinical Psychology*: Science and Practice, 6, p. 95-106.

NORCROSS, J.C. (2002). "Empirically supported therapy relationships". In: NORCROSS, J.C. (org.). *Psychotherapy relationships that work*: Therapist contributions and responsiveness to patients. Londres: Oxford University Press, p. 3-16.

ORLINSKY, D.E. & HOWARD, K.I. (1986). "Process and outcome in psychotherapy". In: GARFIELD, S. & BERGIN, A. (orgs.). *Handbook of psychotherapy and behavior change*. Nova York: Wiley and Sons.

PAIVIO, S. & GREENBERG, L. (1995). "Resolving unfinished business: experiential therapy using empty chair dialogue". *Journal of Consulting and Clinical Psychology*, 63 (3), p. 419 425.

PAIVIO, S.C.; HOLOWATY, K.A.M. & HALL, I.E. (2004). "The influence of therapist adherence and competence of client reprocessing of child abuse memories". *Psychotherapy*: Theory, Research, Practice, Training, 41, p. 56-68.

PAIVIO, S. & LAURENT, C. (2001). "Empathy and emotion regulation: Reprocessing memories of childhood abuse". *Journal of Clinical Psychology*, 57, p. 213-226.

PAIVIO, S.C. & NIEUWENHUIS, J.A. (2001). "Efficacy of emotionally focused therapy for adult survivors of child abuse: A preliminary study". *Journal of Traumatic Stress*, 14, p. 115-134.

PAIVIO, S.C. et al. (2001). "Imaginal confrontation for resolving child abuse issues". *Psychotherapy Research*, 11, p. 56-68.

PARKER, R. & HAGAN-BURKE, S. (2007). "Single case research results as clinical outcomes". *Journal of School Psychology*, 45 (6), p. 637-653.

POS, A.E. et al. (2003). "Emotional processing during experiential treatment of depression". *Journal of Consulting and Clinical Psychology*, 71 (6), p. 1.007-1.016.

REICHENBACH, H. (1949). *The rise of scientific philosophy*. Berkeley: University of California Press.

RICE, L. & GREENBERG, L. (orgs.) (1984). *Patterns of change*: An intensive analysis of psychotherapeutic process. Nova York: Guilford Press.

ROBINSON, L.; BERMAN, J. & NEIMEYER, R. (1990). "Psychotherapy for the treatment of depression: a comprehensive review of controlled outcome research". *Psychological Bulletin*, vol. 108, n. 1, p. 30-49.

SELIGMAN, M.E.P. (1995). "The effectiveness of psychotherapy: the consumer reports study". *American Psychologist*, vol. 50, p. 965-974.

STILES, W.B. (2003). "Qualitative research: Evaluating the process and the product". In: LLEWELYN, S.P. & KENNEDY, P. (orgs.). *Handbook of clinical health psychology*. Londres: Wiley, p. 477-499.

_____. (1993). "Quality control in qualitative research". *Clinical Psychology Review*, vol. 13, p. 593-618.

STILES, W.B.; HONOS-WEBB, L. & SURKO, M. (1998). "Responsiveness in psychotherapy". *Clinical Psychology*: Science and Practice, vol. 5, p. 439-458.

STILES, W.B. et al. (1992). "Assimilation of problematic experiences: the case of John Jones". *Psychotherapy Research*, vol. 2, p. 81-101.

WARWAR, N. & GREENBERG, L. (1999). *Emotional Processing and Therapeutic Change* [Apresentação em Braga, Portugal, na Reunião Anual da Sociedade Internacional para Pesquisa em Psicoterapia, junho].

WARWAR, S. (2003). *Relating Emotional Processes to Outcome in Experiential Psychotherapy of Depression*. Toronto: York University [Tese de doutorado não publicada].

WATSON, J. & GREENBERG, L. (1996). "Pathways to change in the psychotherapy of depression: relating process-to-session change and outcome". *Psychotherapy*, vol. 33, n. 2, p. 262-274 [Edição especial de pesquisa de resultado].

WATSON, J.C. & RENNIE, D.L. (1994). "Qualitative analysis of clients' subjective experience of significant moments during the exploration of problematic reactions". *Journal of Counseling Psychology*, vol. 41, p. 500-509.

WATSON, J.C. et al. (2003). "Comparing the effectiveness of process-experiential with cognitive-behavioral psychotherapy in the treatment of depression. *Journal of Consulting and Clinical Psychology*, vol. 71, p. 773-781.

Tabela 4.1 Etapas da análise de tarefas

Fase	Descrição
1) Descoberta	1) Especificar a tarefa.
	2) Explicar o mapa cognitivo do psicólogo clínico.
	3) Especificar o ambiente da tarefa.
	4) Construir o modelo racional.
	5) Realizar a análise empírica: i) diferenciar as etapas essenciais; ii) desenvolver critérios para a mensuração objetiva.
	6) Sintetizar um modelo racional/empírico: iii) construir o primeiro modelo; iv) reiteração da análise empírica e aperfeiçoamento do modelo.
	7) Explicando o modelo: análise teórica.
2) Validação	8) Validação dos componentes do modelo.

Figura 4.1 Resolução de situações inacabadas

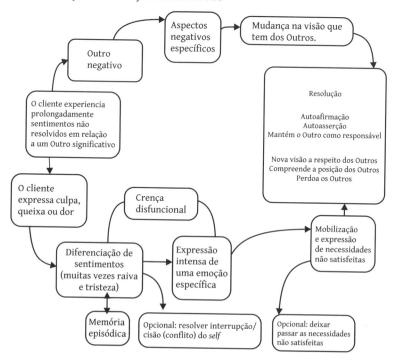

5
Prática baseada na evidência

Philip Brownell

*A pesquisa é o processo de fazer declarações
e, então, aperfeiçoar ou abandonar algumas
delas por outras mais fortemente avalizadas.*
John Creswell

*Como achar a verdade, essa é a questão, e
como saber se alguém a encontrou. Nada
tem ocupado tanto a reflexão de homens e de
mulheres durante o tempo que temos registro; nada provocou mais angústia e luta.*
Daniel Taylor

No começo deste livro, levantamos a questão do aval epistêmico[1]: o que constitui justificação suficiente para a prática da gestalt-terapia? Poderia ser a chamada evidência apresentada em ensaios clínicos aleatoriamente designados? (GOODHEART; KAZDIN & STERNBERG, 2006; NEZU & NEZU, 2008). Poderia, razoavelmente, incluir outros tipos de "intervenções", tratamentos e técnicas como aquelas listadas pela Associação Americana de Psicologia? (APA, 2006). Na verdade, o que constitui "evidência" na construção da "prática baseada em evidências"? São os estudos de processos-resultados, como aqueles defendidos por Leslie Greenberg no capítulo 4? É a pesquisa qualitativa apresentada como gestalt, por Paul Barber, no capítulo 3? É a pesquisa de fatores comuns ou a prática baseada ou os resultados centrados no cliente, como os sugeridos nos escritos de Barry Duncan e Scott Miller (2000) ou Hubble, Duncan e Miller? (1999).

Evidência relativa

A certeza "ou é a mais elevada forma de conhecimento ou é somente propriedade epistêmica superior ao conhecimento" (REED, 2008, s.p.). Em um

---

1. Cf. comentários sobre "aval" ou "aval epistêmico" no capítulo 1.

mundo no qual a certeza nos escapa, nenhum meio de prova pode estar acima da necessidade de confiança e de medidas de erro ou variância aleatória. Em um mundo assim, podemos somente contar com formas relativas de apoio e mais ou menos aval.

Desse modo, enquanto acreditamos ter um sentido da verdade de uma realidade que é objetiva e independente, temos somente uma compreensão relativa e mesmo vem de uma experiência subjetiva em si. Esse é o realismo crítico sugerido por Alan Meara no capítulo 1. Considerando essa perspectiva como fundamento, quais são as formas aceitáveis de justificar-se uma interpretação da experiência e, assim, apoiar nossas crenças?

Experiência pessoal e asserção

Uma maneira de conseguir alcançar essa etapa é quando as pessoas podem contemplar as afirmações dos outros sobre o que já experienciaram. Isso é o que está por trás do uso de testes de autorrelato e dos depoimentos das testemunhas de fato em psicologia forense.

> O principal problema epistemológico da testemunha é que um grande número de nossas crenças se origina nas asserções ou no testemunho dos locutores, porém o fato de aceitarmos ou acreditarmos naquelas asserções provenientes apenas das palavras do locutor não parece suficiente para que sejam justificadas como aval epistêmico ou conhecimento. O problema diminui, mas não é eliminado caso seja aceito, como norma, que o locutor é justificado ou avalizado nas crenças expressas em suas declarações e mesmo se as conhece. Assumindo a resposta para esse problema como positiva, não cética, como podemos explicá-la? O testemunho depende de outras fontes fundamentais de aval epistêmico, como percepção ou memória, mas não de modo inverso. Uma sequência de testemunho do conhecimento deve terminar um locutor que conhece diretamente, digamos, por percepção. Pode a confiabilidade do depoimento ser justificada somente por essas fontes em conjunto com as formas familiares de inferência, especialmente indução? A visão de que isso pode ser é chamada de reducionismo e é oposta aos antirreducionistas, que acreditam que o testemunho é uma fonte de aval epistêmico em si mesmo, não redutível para aval epistêmico derivado daquelas outras fontes,

mesmo se depende delas empiricamente. Os antirreducionistas normalmente oferecem vários tipos de justificações *a priori* para a aceitação de testemunho e também veem os reducionistas como aqueles que sustentam uma epistemologia individualista, a qual concede o conhecimento somente se o suposto conhecedor avalia autonomamente e aprova o testemunho. Apesar disso, estão a favor de uma epistemologia social, que sustenta que a possibilidade do conhecimento vasto, que adquirimos a partir do depoimento, depende essencialmente da nossa participação em uma comunidade epistêmica (ADLER, 2006).

Dessa forma, o testemunho é relativo, não somente em termos de verdade absoluta, mas também em termos de seu contexto e etiologia em uma "comunidade epistêmica".

As pessoas naquele tipo de comunidade perguntam se há validade social associada a qualquer investigação (GRESHAM & LOPEZ, 1996). Como isso tem cabimento? Existe uma significação social e importância associada à pesquisa, e são as intervenções e os procedimentos aceitáveis socialmente? Alguns dizem uma coisa e outros dizem algo diferente.

Há aqueles que enfatizam a necessidade da validade interna (o contexto de laboratório) e outros que enfatizam a necessidade da validade externa (o contexto da clínica).

O que as pessoas falam surge da matriz relacional em qualquer pesquisa ou comunidade epistêmica. Os gestalt-terapeutas reconhecem isso como referência às esferas de influência que compreendem o *campo*. Desse modo, a evidência do testemunho é relativa a um contexto.

O relatório da experiência pessoal, em si mesmo e de si mesmo, é muitas vezes considerado por alguns como algo que constitui aval suficiente; para outros, porém, isso é insuficiente. Quando os gestalt-terapeutas defendem a eficácia da gestalt-terapia e se referem à sua experiência clínica, isso poderia ser aceitável para alguns, mas, quando a visão de campo é ampliada, seria insuficiente para os outros. O testemunho é um meio para estabelecer aval, porém o seu grau de relatividade é tão elevado que, sozinho, não pode fornecer essa aprovação.

Rejeição do aval baseada no fundacionalismo

Algumas vezes, as pessoas tentam justificar uma crença ou asserção com base em outra (asserção mais fundacional), mas, se aquela asserção de apoio não é avalizada, simplesmente cria-se um regresso epistêmico. O cético afirmaria que esse regresso é inevitável, e como constitui uma regressão infinita; logo, o aval epistêmico é impossível. Essa perspectiva tornaria todas as pesquisas inúteis e nesse ponto reside a falha na postura cética. É praticamente inaceitável porque, dentro dos limites, podemos justificar vários tipos de crenças e asserções e, simplesmente, devemos ser responsáveis. Dessa maneira, Kvanvig (2007, s.p.), ao falar da justificação epistêmica coerentista, afirmou:

> Esta versão de coerentismo nega que a justificação seja linear na forma pressuposta pelo argumento de regressão. Em vez disso, essas versões de coerentismo sustentam que a justificação é holística por natureza, e as metáforas-padrão de coerentismo pretendem transmitir esse aspecto da visão. A metáfora do barco de Neurath – segundo a qual nosso navio de crenças está no mar, requerendo a contínua substituição de quaisquer peças que estejam com defeito, a fim de permanecer em boas condições de navegar – e a rede de Quine da metáfora de crença – de acordo com a qual nossas crenças formam uma rede interligada em que a estrutura pendura ou cai como um todo – transmitem a ideia de que a justificação é um aspecto de um sistema de crenças.

Essa é uma forma atrativa para os gestalt-terapeutas considerarem o constructo do aval, porque o holismo já é um componente central no sistema de crença inerente à gestalt-terapia. Assim, a pesquisa em defesa a essa abordagem seria mais útil se fornecesse muitos fios e cruzasse com outras linhas em pontos tal como uma rede de significado.

A rejeição do evidencialismo conclusivo

Não há como escapar do fato de que toda "evidência" no apoio da prática é relativa. Nesse ponto, poderia ser útil estabelecer algumas das implicações dessa afirmação. O evidencialismo em psicoterapia afirma que, a menos que haja evidência conclusiva da eficácia de uma determinada prática, não se tem aval epistêmico e, portanto, não se deve engajar nesse tipo de prática. Em relação ao evidencialismo aplicado à religião, Forrest (2006) observou:

O evidencialismo sugere que não se justifica ter uma crença religiosa plena, a menos que haja evidência conclusiva sobre isso. Disso resulta que se as razões conhecidas da existência de um Deus, incluindo quaisquer razões de experiência religiosa, são na melhor das hipóteses prováveis, ninguém seria justificado por ter a crença plena de que um Deus existe. O mesmo se aplica para outras crenças religiosas, tais como a crença cristã de que Jesus era Deus encarnado. Também, não se justificaria acreditar, ainda que sem confiança total, se não há igualdade de evidência para crença (s.p.).

Esse é o ponto crucial do problema. Alguns podem alegar que a crença na eficácia/efetividade da gestalt-terapia não é justificada, a menos que se tenha evidência conclusiva para apoiar a prática. Dessa forma, o movimento da prática baseada em evidência caracteriza-se como evidencialista, em seu enfoque para um aval epistêmico.

Certa vez conheci uma psicóloga instruída por uma aplicação rigorosa de evidencialismo. Estava com um dilema: precisava fazer avaliações e oferecer terapia a uma população de indivíduos infratores, mas não conseguia encontrar instrumentos específicos e intervenções presentes na literatura de pesquisa para sua população especial (certa cultura de pessoas em uma ilha, de determinado país, onde praticamente nenhuma pesquisa específica tinha sido conduzida). Assim, essa profissional precisou trabalhar com relativo grau de confiança, extrapolando a literatura de pesquisa que pudesse encontrar. Isso, no entanto, não é coerente com a sua formação; uma formação que afirma os limites de aplicação com base no modelo de tratamentos empiricamente suportados, que não apenas descrevem os procedimentos de intervenção, mas também especificam em qual população serão aplicados. Por isso, sentia-se perdida. Não poderia, em sã consciência, fazer o trabalho para o qual foi contratada, de acordo com a formação que recebeu.

Assim, a magnitude de evidência necessária para alcançar o aval é considerada relativa e não pode ser averiguada isoladamente. Em cada caso, deve ser avaliada em relação a outros componentes de uma dada situação. O aval é contextual, e já a evidência que está disponível e aplicável é relativa ao contexto da pessoa.

A prática baseada em evidência

A Associação Americana de Psicologia adotou uma definição temporária de *prática baseada em evidência na Psicologia* e que essa é a integração da melhor pesquisa disponível com a habilidade clínica, com base no contexto das características do cliente, da cultura e das preferências (APA, 2006). Estruturaram uma distinção fundamental entre os tratamentos empiricamente suportados e a prática baseada em evidência para criar múltiplas e relativas correntes de apoio como "evidência":

> É importante clarificar a relação entre a prática baseada em evidência (PBE) e os tratamentos empiricamente suportados (TESs). PBE é o conceito mais abrangente. E os TESs iniciam com um tratamento e questionam se funciona ou não para um certo transtorno ou problema sob específicas circunstâncias. PBE começa com o paciente e questiona qual evidência de pesquisa (incluindo os resultados relevantes dos ensaios clínicos randomizados – ECRs) vai ajudar o psicólogo a alcançar o melhor resultado. Além disso, ECRs são tratamentos psicológicos específicos que provaram sua eficácia em ensaios clínicos controlados, enquanto a PBE abrange uma gama mais ampla de atividades clínicas (p. ex., avaliação psicológica, formulação de caso, relações terapêuticas). Assim, a PBE articula um processo de tomada de decisão para integrar múltiplas linhas de evidência de pesquisa – incluindo, mas não limitando, aos ECRs – no processo de intervenção (APA, 2006: 273).

A força-tarefa da APA indicou uma gama de desenhos de pesquisa, e todos contribuíram para formar um corpo de conhecimento relevante à prática baseada em evidência. Esses desenhos incluem observação clínica, pesquisa qualitativa, estudo de caso sistemático, desenhos experimentais de caso único para examinar os fatores causais no resultado de um cliente individual, estudos processos-resultado para investigar os mecanismos de mudança, estudos de efetividade em ambientes naturais, Tratamentos Controlados e Randomizados, e estudos de eficácia para fazer inferências causais em grupos e também de meta-análise para observar os padrões por múltiplos estudos e compreender os tamanhos de efeito. Em qualquer intervenção de um tratamento determinado, a força-tarefa apresentou duas considerações: O tratamento funciona? – uma questão da sua eficácia, mais relacionada à validade interna – e pode ser generalizado ou transportado para o ambiente local onde é para ser usado? – uma questão da sua efetividade, mais relacionada à validade externa.

Apesar da variedade desses métodos, em geral, uma série de problemas tem sido observada com PBEs. Essas práticas limitam-se à generalização dos resultados em seus suportes empíricos e causa nos psicoterapeutas uma falta de confiança. Além disso, os psicoterapeutas estão, muitas vezes, distantes de várias maneiras dos processos envolvidos nessas pesquisas, e os resultados apresentam pouca transportabilidade à prática clínica. Os movimentos baseados em evidência, também, enfatizam demais os tratamentos e as suas diferenças, ao ignorar os resultados dos efeitos sobre psicoterapia e demonstrar a variação entre psicólogos, a influência da relação e outros fatores comuns (WAMPOLD & BHATI, 2004).

Em contraste, a prática baseada em evidências fornece uma ponte para a lacuna entre investigação e prática (EVANS et al., 2003).

Evidência baseada na prática

A evidência baseada na prática consiste em um modelo útil e não apenas um jogo de palavras. Caracteriza-se como um processo *bottom-up* (de baixo para cima) de coleta de dados, que depende da experiência dos psicoterapeutas para informar o tratamento (DUPREE et al., 2007). As redes de pesquisa baseadas na prática (RPBPs) têm sido utilizadas por médicos-pesquisadores através de diversas organizações em medicina preventiva (GREEN, 2007); e procuram aumentar a validade externa e a possibilidade para generalizar os resultados. O sistema de saúde mental em uma localidade, por exemplo, descobriu que poderia melhorar o serviço aos clientes, ao vincular PBE com as estratégias de pesquisa associadas à evidência baseada na prática (EBP). A mensuração dos resultados foi usada para fazer a ponte entre PBE e EBP, baseando-se em fatores objetivos e percepções dos clientes sobre a atenção recebida, muitas vezes com medidas padronizadas no momento do encaminhamento, da avaliação, no começo ou durante a terapia e, outra vez, em algum intervalo seguinte. Nas agências em questão, esse processo tornou-se sistemático e, frequentemente, fornece informação clínica útil, como um progresso do cliente (LUCOCK et al., 2003). Wade e Neuman (2007) concluíram que, ao integrar habilidades de pesquisa aos processos clínicos, seria possível correlacionar práticas clínicas com os resultados de tratamento, para assim fornecer um *feedback* útil sobre a efetividade de seus métodos para os psicoterapeutas. Infelizmente, também observaram que, em geral, o psicoterapeuta não dispõe de tempo, recurso e conhecimento para executar essa integração sem apoio. Vários estudos no Reino Unido solicitaram a utilização de um instrumento de resultados, conhecido como *Clinical Outcomes in Routine Evaluation* (Core) ou Resultados Clínicos em Avaliação de Rotina, para avaliar a efetividade de tratamentos da perspectiva *bottom-up* baseada na prática (BARKHAM; MELLOR-CLARK & CONNELL, 2006; STILES et al., 2003; BARKHAM; MARGISON & LEACH, 2001; MELLOR-CLARK et al., 1999)[2].

Embora muitas pessoas tenham estabelecido uma ligação entre EBP e PBE com estudos de resultados, algumas pesquisas e estudos qualitativos foram estudados para descobrir padrões na prática real, um dos desenhos de pesquisa identificados pela força-tarefa da APA, que serve tanto como uma forma de evidência em suporte às PBEs como uma forma de EBP. Esse é o estudo cronometrado de caso único, mas também conhecido como análise de séries temporais baseada em caso. Borckhardt et al. (2008) destacaram que o

> ...desenho de séries temporais baseado em casos, gerado por psicoterapeutas com *baseline measurement* (medidas de referência), qualifica totalmente um verdadeiro experimento e deve estar ao lado dos desenhos de grupo mais comuns (p. ex. o ensaio controlado randomizado) como uma abordagem viável para expandir nosso conhecimento e saber para quem, como e se a psicoterapia funciona (2008: 77).

Assinalaram também que a força-tarefa da Divisão 12 na APA na Promoção e Difusão de Procedimentos Psicológicos reconheceu esses desenhos de séries temporais como testes importantes e justos para a eficácia e/ou efetividade. Assim, o desenho de pesquisa, de caso único, pode colaborar muito para os gestalt-terapeutas. É um desenho que esses pesquisadores, individualmente, podem utilizar na prática para acompanhar o processo de terapia com clientes individuais e, se coletarem dados de vários clientes, podem fazer observações sobre os padrões emergentes no modo como trabalham. Além disso, os agre-

---

2. Cf. no capítulo 14 o exemplo de uma RPBP modificada entre gestalt-terapeutas utilizando o Core.

gados de vários gestalt-terapeutas utilizando os mesmos desenhos poderiam observar padrões ainda maiores.

Será que esses padrões fornecem evidências conclusivas de que a gestalt--terapia funcionou? Não. No entanto, podem contribuir para um crescente corpo de aval epistêmico relativo.

O papel dos fatores comuns

A pesquisa de apoio aos fatores comuns é um exemplo de justificativas coerentes. Os "fatores comuns" em si mesmos formam uma rede de significados, uma rede de características interligadas e contextualizadas. A pesquisa em fatores comuns fornece o aval para a crença de que a psicoterapia funciona porque acompanha esses mecanismos de mudança que servem como fundamento para todas as suas formas (SPRENKLE & BLOW, 2004). Os fatores comuns são, decididamente, baseados na prática, por natureza. Além disso, alguns dos elementos presentes na rede de fatores comuns são, particularmente, consilientes com a Teoria da Gestalt-terapia (cf. a seguir).

Asay e Lambert (1999: 30) propuseram que os "fatores terapêuticos comuns podem ser divididos em quatro grandes áreas: fatores do cliente e eventos extraterapêuticos, fatores da relação, expectativa e efeitos de placebo, e, por fim, fatores de modelo/técnica". Os pesquisadores atribuíram cerca de 40% do efeito positivo à primeira categoria – os fatores do cliente e eventos extraterapêuticos – e cerca de 30% para a segunda – fatores da relação. No mesmo livro, ao analisar a pesquisa qualitativa, Maione e Chenail (1999) corroboraram essa delineação por identificar fatores do cliente, relação terapêutica e fatores técnicos ou do modelo. Drisko (2004) afirmou que fatores comuns no serviço de clínica social incluíam o cliente e o seu contexto, a relação terapêutica e a expectativa. Bickman (2005) organizou os fatores comuns de forma um pouco diferente e identificou cinco categorias de fatores: características do cliente, qualidades do terapeuta, processos de mudança, estrutura de tratamento e relação terapêutica. Um estudo italiano (GALLO et al., 2005) elencou seis fatores comuns, três dos quais sobrepõem outros estudos: aliança terapêutica, estilo comunicativo, regulação de expectativas, configuração do ambiente, coleta da história pessoal e permanência do cliente em mente. Numa comparação das terapias cognitivo-comportamental, psicodinâmica e interpessoal, Bernard Beitman (2005) concluiu que os fatores comuns foram responsáveis pela maioria dos resultados. A técnica foi importante, mas responsável somente por volta de 15% do resultado, enquanto 55% da mudança foi atribuída às variáveis do cliente.

Em um comentário sobre o clássico artigo de Saul Rosenzweig a respeito dos fatores comuns (1936/2002), Barry Duncan concluiu:

> porque todas as abordagens parecem iguais em efetividade, deve haver fatores panteoréticos em operação que ofuscam quaisquer diferenças percebidas ou presumidas entre as abordagens. Em suma, discutiu os fatores comuns à terapia como uma explicação para os resultados comparáveis e observados de diversas abordagens... influenciado pelo trabalho de Rosenzweig e a sabedoria do dodo, este artigo sugere que a psicoterapia abandone a busca empiricamente falida de intervenções prescritivas para transtornos específicos com base em um modelo médico de psicopatologia. Em vez disso, um convite é feito para uma aplicação sistemática dos fatores comuns baseados em um modelo relacional de competência do cliente (DUNCAN, 2002: 34).

Em 1997, Bruce Wampold et al. publicaram os resultados de um metaestudo sobre os níveis relacionados aos efeitos de vários tratamentos descritos em seis periódicos. Seus resultados indicaram que, na amostragem de tratamentos, todos tiveram aproximadamente os mesmos níveis de efeito, corroborando assim o pensamento inicial de Rosenzweig. Como visto anteriormente, outra pesquisa estendeu esses achados para identificar alguns fatores comuns em questão. Naturalmente, deve-se notar que alguns encontraram falhas na pesquisa de Wampold[3]; situação já esperada quando a discussão ainda permanece totalmente engajada e existem diversas teorias disputando atenção.

Contudo, ao ler o artigo original de Rosenzweig, fica claro que, precedendo Frederick Perls e Paul Goodman, identificou alguns dos elementos mais salientes e importantes que, eventualmente, vieram a realizar proeminência na Teoria da Gestalt-terapia. Representaram uma verdadeira mudança para os seguintes elementos: o presente, a influência da personalidade do terapeuta, a influência organizadora de uma teoria bem desenvolvida, a combinação entre a

---

3. Cf. Crits-Christoph, 1997; Howard et al., 1997.

personalidade do terapeuta e a do cliente – agora conhecido como uma relação intersubjetiva – e a ênfase no holismo:

> na tentativa de modificar a estrutura de uma personalidade, pouco importaria se a abordagem foi feita pela direita ou pela esquerda, por cima ou por baixo, ou no modo de falar, porque uma mudança, na total organização, seguiria indiferente o ponto específico significativo no qual foi anexada (ROSENZWEIG, 1936/2002: 8).

Fatores comuns e a Teoria da Gestalt-terapia

Vários pesquisadores identificaram fatores comuns e, no processo, alguns dos fatores emergiram um pouco mais "comuns" do que outros, como os elementos que o cliente traz para a terapia (fatores do cliente e eventos extraterapêuticos), as qualidades do terapeuta, a relação entre o terapeuta e o cliente, os métodos específicos usados pelo terapeuta e os fatores de expectativas.

Um gestalt-terapeuta experiente reconheceria, imediatamente, estas características como pertencentes à teoria e prática da gestalt-terapia.

• *Fatores do cliente e fatores extraterapêuticos*: referem-se ao campo – todas as coisas influenciam e, especialmente por isso, essa é a visão de campo mais associada ao espaço de vida do cliente. Esses elementos que o indivíduo traz para a terapia se relacionam com o processo e com as questões a serem abordadas durante esse processo de desenvolvimento. Isso inclui as capacidades cognitivo-intelectuais do cliente e todos os elementos da cultura, história, recursos financeiros e implicações legais que afetam o curso da terapia.

• *Qualidades do terapeuta*: dizem respeito à presença desse profissional como uma pessoa autêntica, à sua capacidade para contato e à sua formação e experiência, incluindo também o seu espaço de vida.

• *Relação*: trata das qualidades relacionais da aliança terapêutica e está ligada diretamente aos conceitos da gestalt-terapia inerentes ao diálogo – presença, inclusão, compromisso com o diálogo e a criação de condições permissivas e conducentes para o diálogo.

• *Método específico*: certamente, inclui os aspectos da teoria referidos anteriormente, porém, mais especificamente, esse fator também se refere à dependência da gestalt-terapia em relação a um método fenomenológico e experimento, pois essa abordagem é decididamente fenomenológica e experiencial.

• *Expectativa*: esse fator se relaciona à crença na teoria paradoxal da mudança, isto é, uma postura de crença de modo mais geral, bem como no que os gestalt-terapeutas acreditam – o que é necessário será fornecido pelo campo (BROWNELL, 2008).

Conclusão

O aval epistêmico diz respeito à justificativa para crenças e ações. A prática da gestalt-terapia é avalizada por causa dos testemunhos tanto dos clientes satisfeitos como dos psicoterapeutas gratificados e da natureza coerente de sua rede holística de significados. Atualmente, o campo da gestalt-terapia está centralizado na produção de evidência para dar suporte à teoria e à prática dessa abordagem; todavia, esssa evidência só pode ser relativa e jamais conclusiva. Além disso, a fonte de evidência que emerge precisa ser uma combinação de procedimentos de pesquisa e métodos, de modo que a prática baseada em evidências da gestalt-terapia seja bem-fundamentada em evidências baseadas na prática. Algumas considerações foram propostas para fazer uma ponte entre essas duas perspectivas frequentemente polarizadas. Uma dessas consiste na observação de que os fatores terapêuticos comuns estão por trás da efetividade da psicoterapia em uma variedade de abordagens teóricas. Essa teoria é promissora para o suporte significativo da gestalt-terapia porque, entre outras coisas, a concordância que existe entre alguns dos fatores mais comuns e os princípios básicos dessa abordagem é um bom sinal para a validade da Teoria da Gestalt-terapia.

Referências

ADLER, J. (2006). "Epistemological problems of testimony". In: ZALTA, E. (org.). *Stanford Encyclopedia of Philosophy* [Disponível em http://plato.stanford. edu/entries/testimony-episprob – Acesso em 25/03/2008].

APA/Presidential Task Force on Evidence-Based Practice (2006). "Evidence-based practice in psychology". *American Psychologist*, 61 (4), p. 271-285.

ASAY, T. & LAMBERT, M. (1999). "The empirical case for the common factors in therapy: Quantitative findings". In: HUBBLE, M.; DUNCAN, B. &

MILLER, S. (orgs.). *The heart and soul of change:* What works in therapy. Washington: American Psychological Association, p. 33-56.

BARKHAM, M. et al. (2006). "A core approach to practice-based evidence: A brief history of the origins and applications of the Core-Om and Core System". *Counseling & Psychotherapy Research*, 6 (1), p. 3-15.

_____. (2001). "Service profiling and outcomes benchmarking using the Core--Om: Toward practice based evidence in the psychological therapies". *Journal of Consulting and Clinical Psychology*, 69 (2), p. 184-196.

BEITMAN, B. (2005). "To The Editor: Defining the Core Processes of Psycho-therapy". *American Journal of Psychiatry*, 162 (8), p. 1549-1550.

BICKMAN, L. (2005). "A Common Factors Approach to Improving Mental Health Services". *Mental Health Services Research*, 7 (1), p. 1-4.

BORCKARDT, J. et al. (2008). "Clinical practice as natural laboratory for psy-chotherapy research: A guide to case-based time-series analysis". *American Psychologist*, 63 (2), p. 77-95.

BROWNELL, P. (2008). "Faith: An existential, phenomenological and biblical integration". In: ELLENS, H. (org.). *Miracles*: God, science, and psychology in the paranormal – Vol. 2: Medical and Therapeutic events. Westport, CT: Prae-ger-Greenwood, p. 213-234.

CRITS-CHRISTOPH, P. (1997). "Limitations of the dodo bird verdict and the role of clinical trials in psychotherapy research: Comment on Wampold et al. (1997)". *Psychological Bulletin*, 122 (3), p. 216-220.

DRISKO, J. (2004). "Common factors in psychotherapy outcome: Meta-analytic findings and their implications for practice and research". *Families in Society*, vol. 85 (1), jan.-mar., p. 81-90.

DUNCAN, B. (2002). "The legacy of Saul Rosenzweig: The profundity of the dodo bird". *Journal of Psychotherapy Integration*, 12 (1), p. 32-57.

DUNCAN, B. & MILLER, S. (2000). *The Heroic Client*: A revolutionary way to improve effectiveness through client-directed, outcome-informed therapy. São Francisco: Jossey-Bass.

DUPREE, J. et al. (2007). "Infidelity treatment patterns: A practice-based evidence approach". *American Journal of Family Therapy*, 35 (4), p. 327-341.

EVANS, C. et al. (2003). "Practice-based evidence: Benchmarking NHS primary care counseling services at national and local levels". *Clinical Psychology & Psychotherapy*, 10 (6), p. 374-388.

FORREST, P. (2006). "The epistemology of religion". In: ZALTA, E. (org.). *Stanford Encyclopedia of Philosophy* [Disponível em http://plato.stanford.edu/entries/religion-epistemology – Acesso em 26/03/2008].

GALLO, E. et al. (2005). "Specific common therapeutic factors in psychotherapies and in other treatments". *Rivista di Psichiatria*, 40 (2), p. 63-81.

GOODHEART, C.D.; KAZDIN, A.E. & STERNBERG, R.J. (2006). *Evidence-based psychotherapy:* Where practice and research meet. Washington: American Psychological Association.

GREEN, L. (2007). "The prevention research centers as models of practice-based evidence: Two decades on". *American Journal of Preventive Medicine*, vol. 33 (1, suppl.), jul., p. S6-S8.

GRESHAM, F. & LOPEZ, M. (1996). "Social validation: A unifying concept for school-based consultation research and practice". *School Psychology Quarterly*, 11 (3), p. 204-227.

HOWARD, K. et al. (1997). "Trials and tribulations in the meta-analysis of treatment differences: Comment on Wampold et al. (1997)". *Psychological Bulletin*, 122 (3), p. 221-225.

HUBBLE, M.; DUNCAN, B. & MILLER, S. (1999). *The Heart and Soul of Change:* What works in therapy. Washington: American Psychological Association.

KVANVIG, J. (2007). "Coherentist views of epistemic justification". In: ZALTA, E. (org.). *Stanford Encyclopedia of Philosophy.* Stanford: Stanford University [Disponível em http://plato.stanford.edu/entries/justep-coherence – Acesso em 25/03/2008].

LUCOCK, M. et al. (2003). "A systematic approach to practice based evidence in a psychological therapies service". *Clinical Psychology & Psychotherapy*, 10 (6), p. 389-399.

MANDERSCHEID, R. (2006). "Some thoughts on the relationships between evidence based practices, practice based evidence, outcomes, and performance measures". *Administration and Policy in Mental Health and Mental Health Services Research*, 33 (6), p. 646-647.

MEIONE, P. & CHENAIL, R. (1999). "Qualitative inquiry in psychotherapy: Research on the common factors". In: HUBBLE, M.; DUNCAN, B. & MILLER, S. 1999. *The Heart and Soul of Change:* What works in therapy. Washington: American Psychological Association, p. 57-88.

MELLOR-CLARK, J. et al. (1999). "Practice-based evidence and standardized evaluation". *Informing the Design of the Core system*", 2 (3), p. 357-374.

NEZU, A. & NEZU, C.M. (orgs.) (2008). *Evidence-Based Outcome Research:* A practical guide to conducting randomized controlled trials for psychosocial interventions. Nova York: Oxford University Press.

REED, B. (2008). "Certainty". In: ZALTA, E. (org.). *Stanford Encyclopedia of Philosophy*. Stanford: Stanford University [Disponível em http://plato. stanford.edu/entries/certainty – Acesso em 25/03/2008].

ROSENZWEIG, S. (2002). "Some implicit common factors in diverse methods of psychotherapy". *Journal of Psychotherapy Integration*, 12 (1), p. 5-9 [Publicado inicialmente em *American Journal of Orthopsychiatry*, 6, 1936, p. 412-415].

SPRENKLE, D. & BLOW, A. (2004). "Common factors and our sacred models". *Journal of Marital & Family Therapy*, 30 (2), p. 113-129.

STILES, W. et al. (2003). "Early sudden gains in psychotherapy under routine clinic conditions: Practice-based evidence". *Journal of Consulting and Clinical Psychology*, 71 (1), p. 14-21.

WADE, K. & NEUMANN, K. (2007). "Practice-based research: Changing the professional culture and language of social work". *Social Work in Health Care*, 44 (4), p. 49-64.

WAMPOLD, B. & BHATI, K. (2004). "Attending to the omissions: A historical examination of evidence-based practice movements". *Professional Psychology*: Research and Practice, 35 (6), p. 563-570.

WAMPOLD, B. et al. (1997). "A meta-analysis of outcome studies comparing bona fide psychotherapies: Empirically, 'all must have prizes'". *Psychological Bulletin*, 122 (3), p. 203-215.

6
Formação de terapeutas

Talia Levine Bar-Yoseph
Peter Philippson
Brian O'Neil
Philip Brownell

Nunca pergunte a direção a alguém que conhece o caminho, pois você pode não se perder.
Popularmente atribuída ao Rabi Nachman Braslav, origem desconhecida.

O assunto de formação é amplo. Pode-se escrever um volume inteiro sobre isso; entretanto, aqui o foco será a formação, característica apropriada para a preparação dos gestalt-terapeutas. Este capítulo apresenta discussões sobre a natureza da formação e o significado de ser um formador; modelos, metodologia e conteúdo do currículo de formação; supervisão e avaliação de competências. Como este capítulo está incluído em um livro sobre pesquisa, apresentamos também uma discussão a respeito da formação adequada de pessoas para atuar como "terapeutas" em projetos de pesquisa com enfoque na gestalt-terapia.

Formadores e formação

Existe uma grande diferença entre praticar a profissão de gestalt-terapeuta e formar outros para atuarem como esse profissional.

A função de formador requer:

- conhecimento profundo da linha de pensamento em si mesmo;
- extensão de conhecimento das teorias adjacentes;
- facilidade e experiência na prática da profissão;
- interesse em formar outras pessoas, em vê-las crescer e desenvolver;
- habilidade para fazê-lo;

- compreensão excelente de trabalho em grupo e prática em facilitação;
- liderança;
- capacidade para avaliar sucesso.

"Formador" é uma profissão em si mesma. Não significa ser "professor", nem muito menos "mentor". Contudo, para ser um formador é necessário ter elementos em comum com o ensino e com a orientação. A gestalt-terapia é um processo vivencial; portanto, formar outros para praticá-la requer uma pedagogia vivencial. O formador é um guia. Deve saber o que está fazendo, para onde está indo e ainda ser capaz de ser o modelo – uma referência para os formandos que, a princípio, tendem a introjetar o estilo do formador para, mais tarde, procurar uma diferenciação. Consequentemente, o formador precisa estar seguro e fundamentado em sua própria autenticidade.

Em 1997, Yaro Starak esboçou algumas etapas necessárias para a instrução de um formador.

> 1) Primeiro vem o trabalho individual com um gestalt-terapeuta. O indivíduo é envolvido na exploração de questões internas e no fechamento das situações inacabadas em sua vida. Esse primeiro passo determinará se a pessoa está aberta para a exploração do seu eu autêntico.

> 2) O indivíduo torna-se um aluno de gestalt-terapia ao inscrever-se em um centro ou instituto. Aqui, o aluno pode se concentrar primeiramente nas várias "técnicas" e "instrumentos" disponíveis. Durante essa etapa, toma-se o cuidado de ajudar o aluno a desenvolver suficiente *awareness* para dar-se conta de que as técnicas, na realidade, impedem o trabalho espontâneo e naturalmente orgânico com os outros. Essa *awareness* é desenvolvida em ambiente de grupo, certamente, no primeiro ano da formação.

> 3) Gestalt-terapeuta formado. Assim, provavelmente já completou todos os requisitos e passou por todos os desafios no processo da formação. Contudo, o "verdadeiro" gestalt-terapeuta formado é aquele capaz de ter uma visão mais ampla e enxergar horizontes mais vastos de gestalt como um modo de vida e não somente uma maneira de "fazer" terapia. A pessoa mostra um considerável senso de compaixão, respeito e humildade no trabalho terapêutico.

4) Monitor no Centro de Formação em Gestalt. Alguns candidatos são convidados pelo corpo docente a serem monitores dos formadores e professores que conduzem seminários e oficinas. Esse tipo de "aprendizado" tem duração, no mínimo, de dois anos (um fim de semana por mês). O monitor aprende a ter confiança e a fundamentar seu ponto de vista ao apresentar a Teoria da Gestalt, precisa liderar um grupo marcando presença e lecionar experiencialmente. É recomendável um mínimo de dois anos de trabalho com clientes; além disso, é importante fornecer um *feedback* sobre o trabalho e receber supervisão ou *coaching* do formador mais experiente.

5) Formador/professor em Gestalt. Depois de dois anos como monitor e sob a orientação do formador mais experiente, o candidato pode ser convidado para ser um membro associado do Instituto. Enquanto colabora na formação de outros, é crucial continuar o processo de autoaperfeiçoamento, ser supervisionado por colegas e ficar informado sobre os novos desenvolvimentos na teoria e prática da gestalt.

6) Formador mais experiente/gestaltista. Para alcançar essa posição na trajetória são necessários no mínimo cinco anos como membro do corpo docente de formação de um instituto ou centro de gestalt credenciado. Durante essa etapa, a pessoa é encorajada na produção de trabalhos escritos e a publicação em periódicos, com o propósito de continuar o desenvolvimento da gestalt-terapia como um método terapêutico vigoroso e fundamentado na realidade (STARAK, 1997, s.p.).

De acordo com os padrões da Associação Europeia de Gestalt-terapia (EAGT, 2008), um formador é alguém que trabalha como um gestalt-terapeuta há, no mínimo, cinco anos, sob a supervisão de outro mais experiente. O formador já teve a oportunidade de provar suas qualidades como tal por exame ou por outro critério: palestras, publicações ou por seguir um programa de treinamento de formadores. É recomendável que o formador continue a contribuir para o desenvolvimento da gestalt-terapia através de trabalhos escritos, apresentações em conferências, pesquisas e assim por diante.

Modelos de formação

É importante entender as semelhanças e diferenças encontradas na formação de gestalt-terapia se comparada com o tipo de formação que uma pessoa experiencia em qualquer outro programa fora de um instituto de gestalt, como em um programa de pós-graduação em Psicologia Clínica.

Boswell e Castonguay (2007) sugeriram que um adequado programa de formação para psicólogos seria aquele "conduzido dentro de um programa sistemático, organizado, coesivo e flexível. É bem provável que isso vai envolver uma série de etapas ou fases sequenciais" (2007: 379). A partir disso, passaram a delinear uma série de etapas, inclusive a exploração de várias orientações clínicas e a identificação eventual com uma delas, para possibilitar o aluno a se aprofundar, progressivamente, e começar a assimilar os aspectos da psicoterapia a partir de outras perspectivas na sua prática em desenvolvimento. Além disso, sugeriram que os programas de formação que tentam se ajustar ao modelo cientista-psicoterapeuta enfatizem os princípios de mudança, sem a preocupação de onde os alunos possam encontrá-los.

Compreenda a sugestão: os fatores de mudança são encontrados na literatura de pesquisa como "pepitas", aquelas que um mineiro poderá descobrir no leito de um rio relativamente sem valor. O aluno, então, selecionaria aquelas que cabem a ele.

Enquanto os modelos de formação em gestalt-terapia também enfatizariam uma sequência na formação, essa abordagem seria organizada de forma bastante diferente. Não haveria uma exploração de outros modelos para fazer a escolha de um deles. Provavelmente, seria necessário um levantamento de outras perspectivas clínicas, mas a verdadeira razão para estudar em um instituto de formação em gestalt-terapia seria para aprender gestalt-terapia, e fazê-lo com certa profundidade e competência. Além disso, a prática que os formandos aprendem é transmitida de uma maneira sistemática e fundamentada em uma teoria unificada, ligada à Teoria da Gestalt-terapia, e não em uma coleção eclética e idiográfica dos fatores de mudança. Assim os formandos aprendem os princípios de mudança em um contexto de teoria coesiva e respeito à *experiência* idiográfica[1].

---

1. Nesse ponto, o leitor pode se beneficiar da leitura das discussões sobre fenomenologia no capítulo 1, na introdução deste livro e no capítulo 8 sobre o método fenomenológico.

Vale ressaltar que a Teoria de Mudança da gestalt-terapia, estabelecida na literatura dessa abordagem, ainda não foi colocada à prova. Essa é uma questão periférica e interessante, que gostaríamos de saber o que aconteceria se o método da gestalt-terapia fosse examinado e comparado com uma série de fatores de mudança estabelecida pelos pesquisadores de psicoterapia em geral. Uma das hipóteses seria que, de acordo com a categoria ampla de uma Teoria de Mudança Paradoxal, psicoterapeutas em gestalt classificariam numerosos fatores de mudança como compreendidos fora do campo da gestalt-terapia e, a partir disso, os formadores poderiam começar a incorporá-los mais livremente nos seus programas de formação[2].

Fauth, Gates, Vinca et al. (2007: 384) declararam que as práticas de formação tradicionais em psicoterapia que enfatizam "os métodos didáticos de ensino, a adesão às técnicas indicadas pelo manual e/ou a aplicação da teoria ao trabalho clínico através de casos supervisionados na formação não melhoram a efetividade dos psicoterapeutas de forma duradoura". Também afirmaram que essas formações, embora "tendam a melhorar, comprovadamente, a adesão ao modelo de psicoterapia que está sendo utilizado, não aumentam a competência ou a efetividade do psicoterapeuta já adquiridas no período de formação" (FAUTH; GATES; VINCA et al., 2007). De acordo com os princípios da formação explicados por estudiosos notáveis como Hans Strupp e Jeffrey Binder (2004) ou Jeremy Safran (1991) e Chris Muran (2000), "a formação em psicoterapia deveria focar: (a) um número limitado de 'grandes ideias' e (b) o desenvolvimento de habilidades metacognitivas do psicoterapeuta mediante a prática experiencial" (p. 385). Fauth, Gates, Vinca et al. (2007) afirmaram ainda que os altos níveis de estrutura no programa de formação foram úteis para aqueles que estavam em treinamento. O estudo realizado por Safran, Muran, Samstag e Winston (2005) mostrou que treinandos em "formação experiencial, com ênfase na autoconscientização experiencial, e práticas de *mindfulness* desempenharam melhor as suas funções, se comparados com aqueles em formação tradicional, no atendimento a pacientes com transtorno de personalidade que oferecem resistência ao tratamento" (p. 385). Eles definiram *mindfulness* como uma conscientização e aceitação da própria experiência da pessoa, momento a momento[3].

---

2. Cf. o capítulo 5 sobre "a evidência guiada pela prática".

3. Lembramos ao leitor a visão de Eva Gold e Steve Zahm, no capítulo 2, sobre o que outros conhecem como "*mindfulness*". Isso é o que um gestalt-terapeuta logo compreenderia tratar-se de uma habilidade básica em gestalt-terapia.

Em relação à formação em gestalt-terapia, as grandes ideias referidas anteriormente são os princípios primários da teoria, com muitas ideias menores agrupadas à deles. O modelo de formação é experiencial por inteiro, para que os treinandos possam trabalhar como clientes e terapeutas, muitas vezes desde o primeiro ano, e aprender por ensino didático, leituras, a própria psicoterapia com um gestalt-terapeuta formado e supervisão de estágio inicial e elementar.

A maioria das formações em gestalt-terapia pelo mundo inteiro baseia--se nos princípios da gestalt-terapia. Um programa vantajoso de formação em gestalt-terapia é administrado no espírito da filosofia da gestalt, em congruência com o ensino óbvio dos aspectos teóricos e práticos da gestalt-terapia. Ao fazer isso, segue-se um elemento básico – *ser conforme o que é ensinado de uma maneira mais holística possível.*

Tradicionalmente, a formação envolve demonstrações do trabalho da gestalt (FEDER, 1980) em grupos e baseia-se no modelo de *mentorship* (orientação) em que o aluno aprende do formador, da mesma maneira como em guildas e estudos de aprendizados (BROWNELL; LEVIN & O'NEILL, 1997). E isso permanece, porém com um maior profissionalismo requerido a todos os psicoterapeutas. Os programas de formação em gestalt se tornaram, em muitos lugares, mais carregados de conteúdo e fundamentados em competência do que antes.

Em outras abordagens, os fundadores estabeleceram um currículo central; assim, a definição do que era tradicionalmente aceitável para o nivelamento de uma formação e do que realmente acrescentava competência em um gestalt-terapeuta foi considerada amplamente *ad hoc* e deixou para cada um dos formadores ou institutos decidir. Essa perspectiva resultou na formação em gestalt uma desvantagem, ou seja, uma falta relativa de padrão de coerência, e uma vantagem, por ser uma teoria em crescimento e desenvolvimento, muitas vezes, em direções sutilmente diferentes, dependendo das ideias e experiências culturais dos formadores e autores. Dessa forma, hoje a formação varia de país para país e com credencial em alguns continentes, como partes da Europa e da Austrália. Surgiu um modelo de formação acadêmica extensivo e a longo prazo, de acordo com competências e currículos definidos como parte desse processo.

Nenhum desses modelos predominantes de formação, de orientação ou acadêmico tem sido pesquisado pelos institutos de formação em gestalt e, além dessa discussão limitada, os métodos de formação em gestalt não foram comparados com a literatura de pesquisa existente sobre o assunto. A área de formação pode beneficiar enormemente a comunidade gestáltica por meio de pesquisas futuras.

Dito isso, no modelo de *mentor*, no modelo acadêmico e no modelo holístico em gestalt-terapia, o desenvolvimento de teoria, a habilidade e o *self* são vistos como partes integrantes e essenciais para trabalhar como um gestalt-terapeuta. Consequentemente, teoria, desenvolvimento pessoal e habilidade são combinados e reforçados por uma supervisão contínua. Esse sistema cabe na teoria em si, que sugere a importância terapêutica na intervenção centrada na relação cocriada e não na administração de uma técnica-padrão. Assim, o gestalt-terapeuta, bem como o formador, deve simultaneamente avaliar qualquer intervenção do ponto de vista teórico e de um possível significado presente em qualquer relação. Por exemplo, uma sugestão de um experimento pode levar a uma encenação vazia por um cliente demasiado condescendente, uma rejeição por um cliente agressivo ou uma participação de outro que não está fixado em nenhuma dessas polaridades. Por essa razão, o terapeuta deve ser capaz de avaliar o sentido de cada intervenção na continuidade da relação terapêutica.

Por fim, para especificamente preparar gestalt-terapeutas competentes a ponto de se envolverem em campos mais amplos de psicoterapia e trabalho clínico, uma proposta do autor Phil é a modificação dos modelos de formação em gestalt-terapia para incluir o ensino de pesquisa e a modelagem de uma atitude positiva para pesquisa. Charles Gelso (2006) constatou que os programas que seguiram o modelo psicoterapeuta-cientista não preparam suficientemente os estudantes para desenvolver novas pesquisas ou, até mesmo, para usar a literatura de pesquisa em grande escala. A menos que o programa inteiro de formação enfatize uma atitude positiva para pesquisa e para ciência em geral, os gestalt-terapeutas não se envolverão com a literatura de pesquisa, não aprenderão sobre ela e, com certeza, não começarão a desenvolver evidências baseadas na prática em apoio à gestalt-terapia se forem deixados de lado, sem a experiência de qualquer razão, qualquer "evidência" na modelagem de seus formadores e colegas no programa de formação, e não receberem incentivos para fazer sua própria pesquisa. O trabalho de Gelso mostra a necessidade de que a pesquisa torne-se um componente padrão, acolhido e interessante nos programas de formação em gestalt-terapia. *Precisamos aperfeiçoar nosso modelo.*

Metodologias de formação

Como um delineamento básico para os processos de formação e supervisão, inicialmente, os formadores ensinam teoria, realizam sessões demonstrativas e facilitam exercícios; depois, à medida que há avanço, os estudantes assumem um grau maior da articulação desses três componentes e começam a trabalhar em cada domínio, com a oportunidade de ensinar, demonstrar o trabalho terapêutico e facilitar a aprendizagem do grupo. Todavia, muitos institutos envolvem os formandos, desde o primeiro dia, em experimentação de trabalho real de terapia um com outro enquanto são observados. Essas funções rotativas incitam o observador para aprender a avaliar e comentar sobre a terapia. Uma formação substancial em avaliação se torna então mais do que um instrumento: torna-se um hábito internalizado.

Os programas de formação utilizam uma série de abordagens de aprendizagem para ajudar a integração da teoria, habilidade e prática. Para isso, são necessários o uso do ensino didático, a modelagem e a demonstração de habilidades, os experimentos de aprendizagem experiencial, o trabalho pessoal, o trabalho como terapeuta, uma combinação de *feedback* do formador e de colegas, supervisão e processamento, a fim de cocriar um ambiente de aprendizagem. O grau em que os programas de formação utilizam algumas ou muitas dessas modalidades de treinamento é, também, determinado pela combinação do estilo do formador e da escola de formação, como a sua localização (ou seja, um país onde a gestalt-terapia possui alguma forma de credenciamento ou não).

Alguns institutos tendem a uma abordagem de formação mais informal, criativa e até mesmo artística, atraindo, com frequência, formandos das artes cênicas e visuais; enquanto outros tendem a uma abordagem mais formal, com ênfase no profissionalismo, atraindo com frequência pessoas que buscam especializações de pós-graduação em gestalt-terapia, a fim de aumentar seu grau de educação, e/ou especializações profissionais. As metodologias selecionadas para cada tipo de ênfase frequentemente correlacionam-se. Por exemplo, Dineen e Niu (2008) descobriram que o uso de um processo criativo para ensinar artes gráficas aos estudantes chineses facilitou o desenvolvimento de maior competência em desenho artístico e criativo; o mesmo acontece quando formadores de gestalt utilizam uma abordagem experiencial e criativa para ensinar gestalt-terapia, os estudantes desenvolvem liberdade e expressão criativa em seus trabalhos clínicos. Por outro lado, quando os programas de formação em gestalt apontam para padrões de ética e prática, é apresentada a mesma preocupação com o profissionalismo inerente aos programas de formação no campo mais vasto da psicoterapia (JONES, 2008).

Apesar de o *mentoring* (monitorização) ter sido discutido quando visto como um modelo, caracteriza-se, de fato, como uma metodologia de formação. *Mentoring* implica o uso estratégico da relação, algo discutido por Nevis, Backman e Nevis (2003), e relacionado ao trabalho com díades. Isto é, a relação de *mentoring* é criada e desenvolvida para ajudar os formandos a se tornarem competentes e confiantes, principalmente na transição para uma prática independente.

> As relações de *mentor* (orientador) são dinâmicas, ligadas emocionalmente, são relações recíprocas, nas quais o membro docente ou supervisor mostra interesse deliberado e generativo pelo estudante ou formando além da mera aquisição de habilidades clínicas (JOHNSON, 2007: 259).

Mentoring contribui hoje significativamente para a competência e o avanço da carreira em diversos contextos, como na psicologia dos esportes (TOD; MARCHANT & ANDERSON, 2007), na enfermagem (MELNYK, 2007) e na psicologia experimental (EVANS & COKELY, 2008). Já Caferry (2007) anunciou que o diálogo dentro desse programa de orientação provou ter sido extremamente útil. Portanto, seja por premeditação ou por acidente, as relações que se desenvolvem em programas de formação em gestalt-terapia adotam características de programas de *mentoring* formais, e os benefícios de *mentoring* observados em outros contextos são obtidos também pelos formandos em gestalt-terapia.

Mentoring pode ser visto como apenas um entre uma constelação de várias metodologias que são úteis nos institutos de formação em gestalt. A reflexão crítica necessária para assimilar a dinâmica complexa e experiencial que acontece em grupos de formação em gestalt pode ser facilitada mediante o *coaching* e a aprendizagem pela prática (além do *mentoring*). Enquanto escrevia sobre os processos de formação no desenvolvimento de habilidades administrativas, Gray (2007), por exemplo, identificou a narrativa de histórias, o diálogo e o diário reflexivo como alguns dos meios pelos quais formadores buscam instruir a reflexão crítica e coordenar experiência, conhecimento e prática. É esse tipo de habilidade que a formação em gestalt-terapia facilita aos seus formandos. Todavia, a "aprendizagem pela prática" da gestalt está diretamente ligada às especificidades fenomenológicas, dialógicas e relevantes no campo de cada formando, enquanto aprendem a trabalhar as situações complexas que a eles se apresentam em seus grupos de formação, com seus clientes e sob supervisão.

O programa de formação

O programa de formação em um instituto de gestalt-terapia geralmente consiste em elementos de conteúdo e de competência.

O conteúdo depende de vários assuntos e pode variar de instituto para instituto. Quando institutos de formação em gestalt estão preocupados em cumprir as normas regulamentares das grandes organizações de saúde e agências do governo, o programa é direcionado para abordar os elementos requeridos para o credenciamento (e "credenciamento" pode ser entendido como a concessão oficial, um modo de privilégio, para trabalhar). O currículo é, também, influenciado pela escrita baseada em interesses (ou na falta de interesses) do corpo docente. Contudo, o que importa – ainda que tudo isso possa afetar a seleção do conteúdo curricular em um instituto de formação em gestalt-terapia – é a Teoria da Gestalt-terapia e a história de seu desenvolvimento, considerados mais importantes. Assim, os gestalt-terapeutas olham para trás, para os seus antecessores, para os fundadores, para seus próprios formadores e supervisores e, geralmente, prestam suas homenagens, incluindo os pensamentos dessas pessoas. Os formadores da gestalt-terapia normalmente ensinam bastante o método fenomenológico, o diálogo, a Teoria de Campo, e o uso de experimento ligado ao holismo, à autorregulação e a uma teoria paradoxal da mudança. É possível diferenciarem a ênfase e o modo de aplicar essa variedade de princípios teóricos centrais, mas o currículo seria deficiente sem um emprego considerável de tempo na compreensão da base teórica da gestalt-terapia.

Isso pode ser visto na tabela a seguir, que mostra os requisitos curriculares da Eagt.

Tabela 6.1 Requisitos de currículo da Eagt

Tema 1	*História e raízes da gestalt-terapia*: filosofia; antropologia; psicanálise; existencialismo; fenomenologia; Teoria da Gestalt; filosofias orientais.
Tema 2	*Teoria da Gestalt-terapia*: campo organismo-meio; relação figura-fundo; ajustamento criativo; modelo de mudança; autenticidade; experiência de contato-retirada; Teoria do *Self*; *awareness*/consciência; polaridades; resistências; processos terapêuticos etc.
Tema 3	*Organismo humano e meio ambiente*: Teoria da Personalidade; saúde e doença; desenvolvimento infantil; pessoa em sociedade.
Tema 4	*Técnicas da gestalt-terapia*: experimento; amplificação; trabalho com sonhos etc.
Tema 5	*Diagnóstico*: diagnóstico diferencial; DSM IV; diagnóstico psicodinâmico; diagnóstico gestáltico.
Tema 6	*Diferentes abordagens clínicas*: neurose; psicose; *borderline*; psicossomática; adicções.
Tema 7	*Campos e estratégias de aplicação*: individual; casal; famílias; grupos; adicções; comunidades terapêuticas; organizações etc.
Tema 8	*O gestalt-terapeuta na relação terapêutica*: transferência; contratransferência; diálogo; fazendo contato.
Tema 9	*Princípios e aplicações de ética.*

(EAGT, 2008)

Competência

O currículo de formação, em geral, também baseia-se, com certa facilidade, em um grupo de competências essenciais. Por exemplo, Jenny e Brian O'Neil desenvolveram um conjunto de competências essenciais para o seu Instituto Wollongong (na Austrália); dessa forma, os seus formandos precisam demonstrá-las de acordo com a divisão em três dimensões: competências pessoais, competências teóricas e competências da prática (cf. a seguir).

A construção de uma lista de competências explícitas é o meio encontrado para esclarecer as expectativas nessas áreas. Além disso, apresentam um conjunto de critérios usados para avaliar se o formando está ou não atuando em um nível que um instituto ou órgão de credenciamento aceitaria como condizente a um gestalt-terapeuta.

Antes de examinar as três dimensões de competência mencionadas, é útil considerar algumas das sutilezas desse constructo.

Competência refere-se à aptidão geral do profissional para a profissão sob a forma de comunicação, conhecimento, habilidades técnicas, raciocínio clínico, emoções, valores e reflexão da prática psicológica... *Competência profissional* se inicia com a formação e se torna um processo por toda a vida. Além disso, competência profissional depende do contexto, da mesma forma que a proeminência de cada competência, os seus componentes e a maneira como são executadas variam de acordo com o ambiente. Competências são componentes que demonstram e refletem um desempenho eficaz, e podem ser avaliadas contra os padrões bem--aceitos... *Capacidade* refere-se ao aprimoramento da competência total por meio das competências individuais ou da melhoria do desempenho ao se adaptar às diferentes situações ou gerar novos paradigmas de conhecimento (LEIGH et al., 2007: 464).

Ao avaliar um formando, baseando-se em suas competências pessoais, teóricas ou práticas, é necessário levar em consideração o seu conhecimento, suas habilidades para tomar decisões, seu desempenho, seus atributos pessoais, e suas habilidades e tarefas baseadas na prática (LEIGH et al., 2007).

Vários institutos de formação organizam o programa de curso de diversas maneiras e abordam de forma distinta a questão de competência. O método do Instituto Wollongong é, em parte, sugerido aqui para fins heurísticos.

Construíram uma progressão de competências com base na influência gerada por vários fatores sucessivos. No nível superficial, o terapeuta pode realizar certo *exercício*, como uma pergunta: "De que você está consciente agora?", conforme um número de *princípios* subjacentes como "encorajar o fluir da *awareness* de momento a momento". Isso pode fundamentar-se em uma *Teoria da Personalidade* que considere os seres humanos capazes de se conscientizarem e de fazerem escolhas uma vez que estejam conscientes. Essa perspectiva pode vir de uma *filosofia* que propõe que conscientização e escolha dão sentido e padrão para a vida de uma pessoa.

Seria uma falta de profissionalismo entender ou descrever uma terapia a partir de uma técnica particular (tal como a técnica da cadeira vazia), para que tenha outro ponto de vista, precisa estar combinada com os princípios subjacentes, a Teoria da Personalidade e uma filosofia. Qualquer trabalho de aconselhamento ou abordagem de terapia é inanimada quando não está ligada aos princípios, à teoria e à filosofia.

Competências pessoais

O desenvolvimento de qualidades pessoais é um componente essencial na formação em gestalt. Essas qualidades são subjetivas por natureza e, dessa forma, um pouco problemáticas em termos de mensuração e avaliação. Não obstante, dada sua importância, muita atenção é dirigida ao desenvolvimento dos estudantes. A maior parte dos institutos de formação estabelece a terapia pessoal como um requisito durante todo o período da formação.

Teoria das Competências

A Teoria das Competências consiste no conhecimento dos aspectos da gestalt-terapia e na habilidade para usá-los como lentes a fim de melhor compreender as situações da prática. Assim, como acontece com a variedade de métodos de formação, a teoria comum necessária para um gestalt-terapeuta não possui, até agora, uma uniformidade mundial; porém, ao consultar a literatura contemporânea, existem certos atributos em comum. O desenvolvimento histórico da Teoria da Gestalt-terapia pode ser encontrado em uma leitura dos textos sucessivos dos fundadores e de seus formandos.

Poucas são as definições iniciais de gestalt-terapia que tentaram resumi-la em uma fórmula simples. Uma das primeiras definições, básica, mas profunda, de gestalt-terapia foi dada pelo próprio Frederick Perls. Declarou (1970) os dois pilares filosóficos nos quais a gestalt-terapia se sustenta: fenomenologia e behaviorismo. No mesmo livro, Elaine Kepner (1970) escreveu sobre gestalt-terapia como um behaviorismo fenomenológico. Perls também fez referências aos poderes de ambos, da *awareness* e do momento presente (aqui e agora), e trouxe uma grande variedade de outras influências, como o Zen e o existencialismo em seu pensamento sobre gestalt-terapia.

Essas primeiras definições não levam ao desenvolvimento da gestalt-terapia disponível atualmente; por essa razão, os programas de formação que não utilizam as produções teóricas mais contemporâneas devem ser considerados deficientes. Os formandos contemporâneos são beneficiados com décadas de produções dos teóricos da gestalt e podem até mesmo participar no curso da evolução da teoria e prática por via da inscrição nos grupos de discussão do *list-serv*, como a Gestalt-L, começou em 1996. Como é sugerido por este livro, os quatro pilares principais da Teoria da Gestalt-terapia são: o método fenomenológico tal como aplicado em psicoterapia, a relação dialógica, a Teoria de Campo, com suas várias estratégias e aplicações, e o experimento. Em um programa típico de formação em gestalt-terapia, os formandos encontrarão assuntos adicionais, como psicologia do *self*, autorregulação, Teoria da Personalidade, criatividade e ajustamento criativo, relação figura-fundo, contato e dinâmicas nas fronteiras de contato, Teoria de Mudança e fatores de mudança, o momento presente, e uma série de questões contemporâneas baseadas na contínua assimilação que os gestalt-terapeutas fazem de suas culturas e interesses profissionais. Nessa etapa, a utilização maior da literatura de pesquisa enriqueceria mais o fundamento da gestalt-terapia.

Competências da prática

As competências da prática devem ser adquiridas por meio de uma compreensão teórica, demonstração e experimentação, sempre auxiliadas por uma supervisão contínua. Existe uma necessidade de um constante aperfeiçoamento das habilidades do aluno, por intermédio de *feedback* e referência à teoria. Essas habilidades são ensinadas em cada unidade e particularmente abordadas nas reuniões de supervisão.

Assim, no que diz respeito a uma faceta do currículo de formação, eis aqui como essas questões podem se unir:

Tabela 6.2 Competências de filosofia, princípios, e práticas: diálogo

Filosofia/Teoria	Fundamentada na filosofia dialógica de Martin Buber. Na terapia, isso envolve o engajamento do psicoterapeuta e cliente com base na experiência de outra pessoa como ela realmente é, apresentando o eu autêntico e compartilhando *awareness* fenomenológica. O diálogo gestalt/buberiano incorpora a autenticidade e a capacidade para conduzir contato de alta qualidade.
Princípios	A noção de contato é um princípio organizador ao abordar a relação dialógica. O diálogo acontece na fronteira de contato entre um e o outro – o ambiente. Essa é a capacidade de manter qualidades distintas de contato, a postura do Eu-Tu é possibilitada por um engajamento rico em contato.
Práticas	Método dialógico: presença, inclusão, compromisso com o diálogo, postura não exploradora; assim, o diálogo é vívido.
Competências pessoais	Estar *aware* da própria fronteira de contato; *aware* das próprias funções de contato; *aware* das próprias interrupções de contato; experiência de manter as polaridades no *self* e no próprio episódio de contato; capacidade para se autorrevelar em resposta às necessidades de outra pessoa; encontrar a outra pessoa claramente; capacidade para ser imediato; capacidade para estar *aware* da experiência do Entre; permitir o processo do *self* ser como é; o processo de autoaceitação e aceitação dos outros; vivendo a partir de uma perspectiva dialógica.
Teoria das Competências	Contato e funções do contato; ajustamento criativo e interrupções de contato; modelos do processo de contato; aplicação dos modelos de contato; princípios da psicoterapia dialógica – presença; inclusão; comprometimento com o diálogo; o diálogo é vivido; integração dos princípios da psicoterapia dialógica na prática; ética e psicoterapia dialógica; aliança psicoterapêutica e diálogo.
Competências da prática	Identificar as funções da fronteira de contato e as interrupções de contato; uso do ciclo de *awareness* para mapear e trabalhar na sessão; uso de episódio de contato para mapear e trabalhar na sessão; relação Eu-Tu; autorrevelação e o compartilhamento da fenomenologia do psicoterapeuta; imediaticidade; entrando no mundo do Outro; inclusão e "visão clara"; capacidade de se comprometer com o processo dialógico confiando em "o que é"; capacidade para "permitir"; capacidade para expressar diálogo por meio de vários modos de vida; capacidade para desenvolver e iniciar experimentos dialógicos.

Supervisão

Supervisão é uma relação profissional entre duas pessoas, ou entre uma pessoa e um grupo de pessoas, com a finalidade de fornecer uma visão superior ou uma revisão do trabalho clínico dos supervisionados e a assegurar a qualidade (MacLEAN, 2002).

Supervisão é o processo em que o formando discute e reflete sobre seu trabalho com os clientes/pacientes, e isso o ajuda em seu desenvolvimento profissional como um gestalt-terapeuta. É considerada uma etapa central na formação de gestalt-terapeutas.

Brad Johnson definiu o que é supervisão e identificou vários elementos relevantes nesse processo do seguinte modo:

> A supervisão pode ser descrita como uma forma de relação que abrange papéis variados tais como especialista em didática, *coach* técnico, terapeuta, modelo e avaliador; além disso, sempre exige atenção à seleção do controle de qualidade, de maneira que sejam dados atendimentos aceitáveis aos clientes, os supervisionandos são impedidos de causar danos aos clientes e aqueles, sem suficiente habilidade ou aptidão psicológica adequada, podem ser indicados para remediação...

> ... as funções de supervisão incluem (a) fornecimento de *feedback* sobre o desempenho, (b) *coaching* e orientação na condução da psicoterapia, (c) comunicação de pontos de vista alternativos e perspectivas sobre dinâmicas e intervenções, (d) contribuição ao desenvolvimento da identidade profissional do supervisionando e (e) fornecimento de uma base segura para explorar teorias, intervenções e estilos... Entretanto, além dessas funções discretas, a supervisão é necessariamente uma relação múltipla, que inclui aspectos de ensino, terapia pessoal, resolução de problemas acadêmicos, aprendizagem e avaliação formal de desempenho (2007: 259-260).

Avaliação

A questão de avaliação é complexa e, muitas vezes, não é abordada em absoluto, ou não é abordada o bastante. Ao mesmo tempo, a supervisão é considerada uma medida de avaliação profunda da compreensão sobre formação e teoria, apesar de não ser abordada como tal.

Se você deseja experimentar como isso se parece e faz sentir, por favor, participe do seguinte experimento: sente-se, respire calmamente; tente descobrir qual é a aparência de um bom terapeuta, como age?, como trabalha?, como um bom psicoterapeuta sabe que o trabalho desempenhado é bem-sucedido?, o que compreende uma jornada terapêutica bem-sucedida?

Dedique o tempo necessário para você e fique com os pensamentos, sentimentos, cores, cheiros – aprenda mais sobre o que significa "bem-sucedido" para você.

Existem três "lugares" a serem considerados quando se aborda essa questão – um é a avaliação da psicoterapia adequada pelo próprio profissional; e outro é a avaliação da eficácia da formação feita pelo formador com os formandos; o terceiro é a efetividade da supervisão. Claro que, no contexto deste capítulo, a avaliação em questão se refere aos padrões de formação necessários para justificar o credenciamento.

Um aparte: qualifica-se essa linha de "investigação" como pesquisa? Um debate válido, sem dúvida. Para nós, sim[4]. Sugerimos que as pessoas observem o sentido mais amplo da pesquisa como um instrumento de avaliação sobre a validade de uma ação.

Isto é o que devemos à profissão: formar pesquisadores-acadêmicos tradicionais como parte da formação geral? Discordamos um pouco disso. O que "tradicional" significaria nesse contexto? Acreditamos que a pesquisa seja essencial para o desenvolvimento, a integridade e a ética na teoria e na prática da gestalt? Acreditamos.

Formação de "psicoterapeutas" para projetos de pesquisa

De acordo com o objetivo deste livro, precisamos também perguntar se existe alguma parte do currículo que deve ser lecionada àqueles que vão se envolver no campo da gestalt como pesquisadores-psicoterapeutas. Pode isso ser realizado apenas por pessoas que são treinadas para fins de projeto de pesquisa, ou somente pelos gestalt-terapeutas totalmente (ou parcialmente) formados?

---

4. Na verdade, esse exercício e a descrição se aproximam de um processo qualitativo de pesquisa. O leitor poderia se beneficiar da consulta do capítulo 3 deste livro.

Essa não é uma curiosidade acadêmica, porque o padrão de nível mais alto para a prática baseada em evidência é o estudo/tratamento designado aleatoriamente e controlado. Esses são projetos de pesquisa nos quais os terapeutas são formados fazem referência a um manual que descreve, de forma concisa, o que é para ser feito, como, quanto e quando. A questão se volta, então, primeiro para o que constitui uma formação suficiente para preparar alguém que possa desempenhar a gestalt-terapia e corresponda suficientemente à descrição dada nesse manual? Ou, segundo, que os pesquisadores possam afirmar que aquilo observado e avaliado no real projeto de pesquisa foi, de fato, *gestalt-terapia*? Se alguém usasse, por exemplo, a parte deste livro que aborda os métodos, para formar pessoas, e os formandos de pesquisa fossem convidados para, simplesmente, ler aquela parte do livro, seria isso suficiente? E se eles fossem convidados para ler o livro e, depois, assistir a duas sessões de prática? E se eles lessem a parte sobre os métodos e, em seguida, participassem de seis semanas de treinamento intensivo em gestalt-terapia com um formador experiente nessa abordagem? E se as suas sessões de "psicoterapia" fossem gravadas, e avaliadores especialistas fossem usados para eliminar quaisquer assuntos que se desviaram do que é considerado aceitável no processo terapêutico de gestalt? Seria isso o suficiente? Se sim, o que poderíamos dizer sobre o padrão da formação em gestalt-terapia que leva três ou quatro anos?

O problema para um pesquisador parcialmente formado consiste no fato de um gestalt-terapeuta sempre trabalhar em diversos níveis ao mesmo tempo: o que o terapeuta observa o cliente fazendo (a respiração, a postura, o tom de voz etc.); quais são os comportamentos sem contato, não percebidos e fixos apresentados pelo cliente; o que podem significar em termos de relação com o psicoterapeuta (portanto, não assumindo o cliente irá agir dessa forma em cada situação); o que o cliente pode absorver do terapeuta; o que isso pode significar em termos relacional e terapêutico, para aderir-se ou divergir-se desses desejos; a própria experiência do terapeuta como informação sobre o campo; propor um experimento ou deixar que o diálogo se desdobre; e assim por diante. Leva-se um tempo considerável de formação e prática para alcançar esses vários níveis de habilidade. Uma hipótese sobre isso sugere que, para se obter uma abordagem menos sofisticada, uma versão simplificada da gestalt-terapia, que somente um indivíduo formado parcialmente apresentaria, poderia reduzir a sua eficácia. Se isso fosse verdade, seria estranho um pesquisador relativamente inexperiente se encontrar em situação de teste de uma teoria não utilizada totalmente! Claro, se isso representa algo que não foi realmente testado; de fato, esse é um dos aspectos da gestalt-terapia que poderia se tornar uma questão de pesquisa em si: "qual é a formação mínima necessária para alcançar um nível aceitável de competência como um gestalt-terapeuta?" Como se pode medir isso? Seria a compreensão da teoria, a qualidade da aliança de trabalho na relação dialógica ou os resultados efetivos para o processo terapêutico?

Essas e muitas outras questões aguardam a observação organizada e a avaliação dos pesquisadores da gestalt, que estão concentrados em investigar a formação de gestalt-terapeutas.

Conclusão

A filosofia da gestalt confia na ideia de que o caminho para desenvolver e criar mudança está na combinação holística de experiência e *awareness*. Esse é um fundamento para qualquer compreensão e exploração sob a disciplina da gestalt. Ao formar gestalt-terapeutas, devemos ensinar teoria e seguir um programa, a fim de alcançar as competências básicas e ser capaz de avaliar os níveis de sucesso do trabalho terapêutico. A formação inclui aprender e experimentar a arte do processo terapêutico. Formação, supervisão e terapia pessoal são os três blocos de construção na criação de um profissional ético, íntegro, criativo e atencioso.

Referências

ASSOCIAÇÃO EUROPEIA DE GESTALT-TERAPIA (EAGT) (2005). *The accreditation of gestalt institutes, NOG's and organizations* [Disponível em http://www.eagt.org – Acesso em 14/03/2008].

BINDER, J. (2004). *Key competencies in brief dynamic psychotherapy:* Clinical practice beyond the manual. Nova York: Guilford.

BOSWELL, J. & CASTONGUAY, L. (2007). "Psychotherapy training: Suggestions for core ingredients and future research". *Psychotherapy*: Theory, Research, Practice, Training, 44 (4), p. 378-383.

BROWNELL, P.; LEVIN, J. & O'NEILL, B. (1997). "Ethics and training practices: A call for discussion". *Gestalt!* 1 (2) [Disponível em http://www.g-gej.org/1-2/issues-n-ethics.html – Acesso em 14/03/2008].

CAFFERY, S. (2007). "Mentoring: Vygotskian experiences in a doctoral program". *Mentoring & Tutoring*: Partnership in Learning, 15 (4), p. 379-384.

DINEEN, R. & NIU, W. (2008). "The effectiveness of western creative teaching methods in China: An action research project". *Psychology of Aesthetics, Creativity, and the Arts*, 2 (1), p. 42-52.

EVANS, G. & COKELY, K. (2008). "African American women and the academy: Using career mentoring to increase research productivity". *Training and Education in Professional Psychology*, 2 (1), p. 50-57.

FAUTH, J. et al. (2007). "Big ideas for psychotherapy training". *Psychotherapy*: Theory, Research, Practice, Training, 44 (4), p. 384-391.

GELSO, C. (2006). "On the making of a scientist-practitioner: A theory of research training in professional psychology". *Training and Education in Professional Psychology,* S (1), p. 3-16.

GRAY, D. (2007). "Facilitating management learning: Developing critical reflection through reflective tools". *Management Learning*, 38 (5), p. 495-517.

JOHNSON, W.B. (2007). "Transformational supervision: When supervisors mentor". *Professional Psychology*: Research and Practice, 38 (3), p. 259-267.

JONES, C. (2008). "From novice to expert: Issues of concern in the training of psychologists". *Australian Psychologist*, 43 (1), p. 38-54.

LEIGH, I. et al. (2007). "Competency assessment models". *Professional Psychology*: Research and Practice, 38 (5), p. 463-473.

MacLEAN, A. (2002). *The Heart of Supervision*. Wilmington, NC: Topdog-g Publishing.

MELNYK, B. (2007). "The latest evidence on the outcomes of mentoring". *Worldviews on Evidence-Based Nursing*, 4 (3), p. 170-173.

NEVIS, S.; BACKMAN, S. & NEVIS, E. (2003). "Connecting strategic and intimate interactions: The need for balance". *Gestalt Review*, 7 (2), p. 134-146.

SAFRAN, J. & GREENBERG, L. (1991). *Emotion, Psychotherapy, and Change*. Nova York: Guilford.

SAFRAN, J. & MURAN, C. (2000). *Negotiating the Therapeutic Alliance:* A relational treatment guide. Nova York: Guilford.

STARAK, Y. (1997). "Um position paper for training gestalt therapy trainers". *Gestalt!* 1 (3) [Disponível em http://www.ggej.org/13/training.html – Acesso em 14/03/2008].

STRUPP, H.; HOROWITZ, L. & LAMBERT, M. (orgs.) (1997). *Measuring Patient Changes:* In mood, anxiety, and personality disorders. Washington: American Psychological Association.

TOD, D.; MARCHANT, D. & ANDERSON, M. (2007). "Learning experiences contributing to service-delivery competence". *The Sport Psychologist.* 21 (3), p. 317-334.

Parte II
Um método que vale investigar

7
Uma teoria unificada

Sylvia Fleming Crocker

> *...propomos uma teoria para descrever e explicar o mundo ou partes e processos incluídos nele. Fazemos em parte, para fornecer uma base para ações práticas, de modo que sua ordem tem o mínimo de conflito com a ordem causal do mundo.*
> Husain Sarkar

A natureza da teoria: pressupostos filosóficos

A verdade desta expressão popular – "toda pessoa é um filósofo" – reside no fato de que a vida cotidiana requer, no mínimo, uma série de crenças implícitas sobre o tipo de lugar que o mundo é: o que é possível ou impossível, como a mudança acontece, como são as outras pessoas e como tendem a se comportar, o que é bom ou desejável e ruim ou indesejável, e assim por diante. Da mesma forma, cada abordagem terapêutica está, necessariamente, apoiada por certo conjunto de suposições: a natureza do ser humano, o que constitui saúde ou funcionalidade, e doença e disfunção, como acontece a mudança terapêutica, a natureza e o papel das relações, e assim por diante.

Todos os sistemas de crenças – sejam abrangentes ou limitados, consistentes ou contraditórios, na vida cotidiana, em ciência ou em psicoterapia – são *construtos cognitivos* com maior destaque do que aparecem na experiência sensorial. Cada sistema teórico começa, necessariamente, com um conjunto de suposições que não pode ser estabelecido para evitar o surgimento de qualquer dúvida. Essas suposições são consideradas, de algum modo, "óbvias", e precisam ser confirmadas por alguma forma de "experiência". Como essa "avaliação" imediata não revela as conexões entre eventos, os sistemas cognitivos oferecem explicações de como as coisas se relacionam e como os eventos acontecem; ou seja, tratam das coisas práticas que mais desejamos entender. Nosso desejo de conhecimento se estende muito além de simplesmente saber como os eventos acontecem no mundo físico; também queremos compreender tanto a vasta gama das relações pessoais, interpessoais e sociais, como o verdadeiro significado da vida.

É claro que existe uma ampla gama de opiniões sobre o que é e o que não é *óbvio*, e que tipo de *experiência* é definitivo; não existem meios incontestáveis para resolver o problema. Todavia, todo comportamento prático – inclusive o desenvolvimento de teorias – deve começar em algum lugar; de outra forma, ninguém saberia o que considerar como significativo ou qual é mesmo a melhor maneira para lidar com qualquer problema. A maioria das pessoas chega a algum tipo de conclusão sobre as questões existenciais, frequentemente sob a influência de sistemas de crenças religiosas e filosóficas, as quais são, notoriamente, incapazes de prova rigorosa.

As teorias *explicam* ou *predizem* os dados da experiência (PROCTOR & CAPALDI, 2006), e *guiam* a prática. Como diz a famosa observação feita por Lewin, "nada é tão prático como uma boa teoria" (1951: 169). Boas teorias nos guiam para os meios pelos quais podemos alcançar os fins que desejamos, e também nos ajudam a refinar nossa compreensão de cada um deles. Assim, poderíamos acrescentar na avaliação de teorias feita por Lewin a máxima socrática. A menos que saibamos qual é o objetivo, não saberemos se estamos nos aproximando ou nos distanciando dele. Sem saber a direção pela qual desejamos ir, não saberemos como selecionar os meios que mais efetivamente nos levarão até lá. A função das teorias, então, consiste em nos assistir nos empreendimentos práticos da vida, enquanto nos esforçamos não somente para sobreviver, mas também para realizar nossas esperanças e sonhos.

Como um prelúdio para apresentar a Teoria da Gestalt-terapia de uma maneira o mais consistente possível, começarei, na minha opinião, a tornar mais claras aquelas suposições em que subjazem o conceito e a prática da gestalt-terapia. Como a Teoria da Gestalt-terapia ainda está em desenvolvimento, defenderei, em diversos pontos, certos princípios coerentes com a abordagem da gestalt, com a esperança de que isso ajudará a empurrar os limites da nossa teoria enquanto continua a evoluir.

Defendi em outro livro (CROCKER, 1999) que existem dois grandes paradigmas filosóficos no pensamento ocidental: o platônico (PLATÃO, 1961, 1975) e o aristotélico (ARISTÓTELES, 1960, 1984); e, além disso,

156

atestei que a gestalt-terapia é essencialmente baseada no paradigma aristotélico. O paradigma platônico trata do mundo de mudança *somente* como um caminho para a descoberta racional das formas essenciais e puras. De acordo com essa visão, as investigações empíricas do mundo não podem produzir conhecimento puro, porque o mundo é um domínio de representações imperfeitas das essências universais. *Nem as coisas individuais podem ser conhecidas, ao menos que incorporem uma coleção de essências.* Para o platônico, a essência universal é ontologicamente anterior e superior em valor à sua instância individual. Essa abordagem é essencialmente estática, a *favor do repouso* em vez da mudança como a condição fundamental da realidade. Os paradoxos do Zeno, como Platão, o discípulo intelectual de Parmênides, são intencionados para provar que movimento e mudança são racionalmente ininteligíveis e, por isso, impossíveis.

O paradigma aristotélico, por outro lado, é dinâmico, com prioridade ao *movimento e mudança*, e destaque principalmente para a realidade e as potencialidades possíveis de mudar as coisas em um sistema abrangente. Essa é uma abordagem campo-teórica de conhecimento, sempre considera o contexto em que um evento acontece. Assim, dá prioridade ontológica ao indivíduo e vê a mente como capaz de compreender as verdades universais, os padrões de interação, e a mudança por meio da abstração e da generalização sintética. *Para Aristóteles, o indivíduo pode ser conhecido experiencialmente por contato real, informado por uma compreensão adquirida através da reflexão sobre a experiência empírica.* Espero que isso torne cada vez mais claro o fato de que a gestalt-terapia usa o paradigma aristotélico na abordagem à vida humana e à tarefa terapêutica.

Enquanto os gestalt-terapeutas trabalham dentro de limitações inerentes ao conhecimento humano, a maioria assume a posição semelhante à do *realismo crítico* de Kant (1958) sobre a relação entre o mundo que *parece* em experiência e o mundo como a *fonte* dessas aparências. Contudo, ao contrário de Kant que se recusou a afirmar qualquer tipo de semelhança entre essas aparências e suas fontes além da experiência, uma posição mais pragmática – e uma que é mais compatível com a abordagem da gestalt – afirma que *deve haver alguma semelhança análoga* entre o que percebemos imediatamente e os objetos que representam. Se não houvesse relação análoga, então teríamos o problema (provavelmente insolúvel) de entender como seria possível obter sucesso em uma aplicação prática do conhecimento no mundo de nossa experiência.

Idealismo – a visão de que tudo é nada mais do que pensamentos em uma mente, particularmente, na mente do indivíduo – é também incompatível, pragmaticamente, com a abordagem da gestalt. Se o *que é* representa nada mais do que nossos próprios perceptos e ideias, então estaríamos presos ao problema para explicar como encontramos resistência quando tentamos agir com praticidade e explicar o que previne a realização de todos os nossos sonhos e esforços.

Ademais, o reducionismo materialístico é incompatível com a Teoria da Gestalt-terapia, em parte, porque nossa experiência não é redutível qualitativamente à *matéria em movimento*. Assim, sabemos, a partir da experiência vivida, que esperanças, desejos e planos que uma pessoa toma em consideração, as escolhas reais que ele ou ela faz e o comportamento que ele ou ela mostra determinam como o cérebro realmente funciona em um tempo determinado. Mais especificamente, o materialismo em si e por si mesmo parece incapaz por completo de explicar por que o cérebro (ou os movimentos do corpo inteiro) funciona, precisamente como o faz em *um tempo específico* em vez de funcionar em qualquer dos milhões de outras possibilidades de que é capaz. Alguns poucos objetivos almejados pelas pessoas e os fatores envolvidos na descoberta e avaliação dos meios para alcançá-los são essencialmente de natureza corpórea. A esperança da pessoa, seus sonhos e suas buscas à realização dos valores explicam mais sobre o comportamento real do corpo; o corpo em si e suas capacidades para funcionar não explicam por que uma pessoa busca seus objetivos não físicos. *Aqui os processos do cérebro servem aos propósitos da pessoa.* O realismo crítico que tacitamente prepara o pensamento da maioria dos gestalt--terapeutas é mais compatível com o foco central, que corresponde aos eventos multidimensionais no campo existencial do cliente.

O que o idealismo e o materialismo têm em comum é a suposição de que existe algum tipo de *coisa* última que compõe a realidade. Essa é uma suposição necessária *somente* se o sistema ontológico de um indivíduo concentra-se principalmente em *substantivos*, e tenta entender que as coisas reais são *feitas*, e que existem *composição* ou *forma* em vez de *processos* e *interações*. O paradigma platônico é orientado para os substantivos e adjetivos (1961, 1975), já o paradigma aristotélico (1960, 1984) se refere principalmente aos verbos, aos advérbios e às relações dinâmicas. Aristóteles considerou a "matéria", a "forma", a "substância", a "realidade" e a "potencialidade" estritamente como *instrumentos analíticos* que assumem significados apenas em contextos específicos. Enquanto uma de suas suposições era a eternidade do mundo existente que muda as coisas, Aristóteles estava, acima de tudo, interessado nos processos de crescimento ou mudança e na interação entre coisas existentes em um sistema dinâmico, em vez de suas composições qualitativas ou quantitativas (RANDALL, 1960). Da mesma forma, a gestalt-terapia, ao tratar principalmente dos processos de interação e mudança, emprega implicitamente uma ontologia orientada aos verbos e advérbios. Assim, essa suposição implícita precisa de alguma elaboração.

Um verbo ou ontologia da ação se concentra mais no tempo do que no espaço, com ambos – *espaço* e *tempo* – sendo considerados não como entidades existentes em si e por si mesmas, mas sim em sentido relativo de *onde e quando os eventos de qualquer tipo acontecem.* Quando o espaço não é mais reificado e pensamos em *o que se apresenta como um nexo de muitas dimensões interpenetrantes de eventos possíveis*, o sentido de "espaço" assume muitos significados relativos: espaço cognitivo, espaço espiritual, espaço íntimo, espaço físico, espaço no mercado e assim por diante. De forma análoga, o tempo caracteriza-se pelo momento e pela frequência com que acontecem nesses espaços. As teorias modernas de espaço (GREEN, 2004) não precisam, realmente, retificar espaço (como o fazem), já que essencialmente tentam explicar as possíveis direções em que os eventos dinâmicos podem acontecer em campos de influência com certos tipos de estruturas dinâmicas. A partir desse ponto de vista, a realidade pode ser, assim, considerada um todo – dinâmico e ordenado – de muitas dimensões interpenetrantes; dessa forma, os eventos que acontecem em qualquer dimensão são capazes – em princípio e sob certas condições – de influenciar, reciprocamente, outros eventos de qualquer uma das outras dimensões.

Essa não é realmente uma noção absurda, uma vez que, mesmo na física, a *matéria* é considerada nada mais do que um sistema complexo de *eventos* elétricos – e eletricidade tem mais em comum com *coisa nenhuma*, com "nem uma" coisa, do que com coisas sólidas, ou uma *coisa* material indestrutível. Não há incongruência necessária em manter que o sistema físico de ações e interações dá origem a outros tipos de realidade, que não são essencialmente físicos. Por exemplo, o cérebro humano evolui como um fato físico e é utilizado de modos que tem a ver com (e conduz para) as coisas reais que não são físicas, como o esforço sacrificial para realizar a esperança e o os sonhos, as experiências de beleza e amor, as teorias filosóficas e científicas, e assim por diante. Tendo em conta que as coisas físicas são, enfim, padrões de eventos elétricos, *as coisas físicas em si mesmas são basicamente e fundamentalmente não físicas!* Essa posição torna o conceito de holismo (no qual a experiência acontece em muitas dimensões) mais explicativo do que é possível de se encontrar com uma posição ontológica do materialismo, idealismo ou qualquer forma de dualismo.

Como, então, podemos entender o que chamamos de "existência" ou "ser"? Em um sistema de ação, *existir* significa *ter efeitos reais (e potenciais)*, fazer diferença no que é e no que acontece ou pode acontecer no tempo e em quais circunstâncias. Como todos os eventos acontecem em campos definitivos e há uma variedade de campos, a influência é exercida reciprocamente de maneiras diversas. *Gestalt-terapia leva em conta todos e quaisquer tipos de fatores que influenciam significativamente o que acontece nos eventos da vida de uma pessoa.* Sua primeira premissa consiste no fato de os organismos serem compreendidos *apenas* concentrando-se neles, enquanto interagem com outros nos contextos em que, na verdade, vivem (PERLS; HEFFERLINE & GOODMAN, 1951).

Gestalt-terapia, portanto, pode ser compreendida *começando* com a suposição holística, e baseando-se no cotidiano, na experiência vivida, ou seja, representa um todo individual de muitas dimensões, nas quais as emoções conduzem o comportamento, os estados corporais influenciam pensamentos e humores, nos quais o pensamento influencia comportamento corporal, a intencionalidade guia o pensamento e a ação, e assim por diante. Em outras palavras, a vida cotidiana fornece a evidência de que cada evento é, em princípio, capaz de influenciar e ser influenciado por quase todos os outros eventos, independentemente da dimensão em que acontece logo no início. Nesse sistema, os problemas cognitivamente gerados sobre como as coisas de tipos diferentes – mente e corpo – podem interagir não aparecem mesmo, já que *as interações são supostas no início.* Do ponto de vista da gestalt, a distinção entre corpo e mente é estritamente uma *distinção da razão, não uma distinção real.*

Suposições contextuais

Todo ser vivo precisa de um contexto ambiental, por isso o contato – as interações entre o organismo e os outros, em suas reais situações de ambiente – é absolutamente central na vida de cada organismo. A gestalt-terapia é, assim, uma abordagem *campo-teórica*, baseia-se no fato de que qualquer compreensão de uma pessoa sobre a vida deve levar em conta suas interações com aqueles fatores no ambiente que a influencia de maneira significativa. Ademais, visto que os seres humanos são animais gregários, e ninguém pode sobreviver sozinho, muito menos tornar-se plenamente humano sem a influência de outros seres humanos, o contexto ambiental de cada ser humano é, necessariamente, tanto social como interpessoal.

Enquanto a Teoria de Campo se tornou proeminente por meio da ciência da Física, o conceito de "campo" não está limitado às ciências físicas. Como um termo técnico, "campo" pode ser compreendido principalmente de duas maneiras. Pode ser uma realidade física, ontológica[1], como mencionado antes, porém essa característica não é um elemento limitador. Lewin (1951) assinalou que um dado *interesse* organiza o campo; portanto, "campo" aqui significa *domínio de interesse*. Esse campo é sempre limitado por aqueles fatores que influenciam, reciprocamente, qualquer figura que venha a ser de interesse da pessoa.

A gestalt-terapia é um campo-teórico em ambos os sentidos. É importante lembrar que um grande número de atividades significativas e suas influências não são físicas por natureza, muitas delas acontecem em situações "espaciais" que não são físicas. Por exemplo, muitos problemas que os seres humanos enfrentam surgem e são abordados em um tipo de meio cognitivo-afetivo: o novelista se esforça dentro do espaço da história; o compositor musical elabora para expressar a própria visão dentro ou além de um domínio de normas musicais; um teórico trabalha dentro de um domínio de conhecimento recebido e de acordo com o julgamento de seus colegas; o dilema moral com o qual um indivíduo luta acontece dentro do domínio de valores, no qual dois ou mais valores estão em conflito irredutível ainda que uma decisão deva ser tomada; e um casal procurando trabalhar nos seus problemas se engaja um com outro no domínio da relação interpessoal.

---

1. Cf. no capítulo 11 deste livro a discussão sobre a realidade do campo [N.E.].

Porque estamos interessados no campo existencial multifacetado de uma pessoa, estamos, portanto, atentos ao fato de que a totalidade do ser humano acontece (como indicado antes) em muitas dimensões simultâneas e interpenetrantes: físico, mental, emocional, intencional, estético, espiritual e relacional com outros indivíduos, como um membro da sociedade. Essas não são esferas separáveis de o que é; ao invés disso, o que é deve ser visto como um *nexo* de muitas dimensões da experiência ou ação possível; a vida humana se dá dentro desse nexo de dimensões. Em muitos casos, se não na maioria, o que acontece em uma dimensão da vida de uma pessoa reverbera inteiramente nas outras dimensões. Como uma experiência emocional, por exemplo, envolve processos cognitivos e físicos, pode também envolver outras dimensões de experiência como a estética, a espiritual e a interpessoal.

O terapeuta deve estar sensível aos tipos de ambiente que são relevantes para as dificuldades que o cliente lida, e deve tentar descobrir as formas pelas quais a vida do cliente sofre influência das interações entre o comportamento da pessoa e os eventos naqueles ambientes ou como certos aspectos de muitas dessas interações durante sua vida foram internalizados, e ainda estão "vivos" no presente. Assim, juntos, cliente e psicoterapeuta exploram e experimentam de que maneira o cliente se revela para esse profissional dentro do contexto psicoterapêutico e quais são os padrões de resposta às situações significativas em sua vida presente. Dessa forma, cliente e psicoterapeuta têm "contato cada vez mais íntimo com as atividades do organismo humano enquanto *vividas* pelo organismo humano" (PERLS; HEFFERLINE & GOODMAN, 1951: 21). Como resultado desse contato, a sociedade da qual a vida emerge gradualmente torna-se mais e mais disponível para a mudança.

O organismo

Em suas interações com os outros ambientes, para criar e recriar a si mesmo, como o *todo organísmico dinâmico, que é a sua vida real*, cada organismo estrutura constante e inevitavelmente as influências advindas desse processo. Com respeito ao organismo humano, o aspecto de vida de alguém que envolve a *awareness* é um todo dinâmico de memórias, aprendizados e crenças, hábitos, preferências, associações, respostas emocionais a interações com pessoas importantes e assim por diante. Visto dentro de uma estrutura ontológica, em que não há "coisa" elementar indestrutível, todas as coisas existentes, incluindo os organismos, são *sistemas de ação dinâmicos* que vivem reciprocamente dentro de um sistema dinâmico de mudança. Em cada organismo vivo, a mudança constante (dentro de certos parâmetros) dá origem e limite às possibilidades de ação, interação e mudança. Os organismos, como todos os outros existentes, contam apenas com uma existência transitória, porém é possível discernir um tipo de continuidade que acontece durante a sua existência. A partir de um ponto de vista *objetivo*, quando falamos *da identidade de um organismo através da mudança* nos referimos à continuidade perceptível.

Os organismos, em contraste com as coisas inorgânicas, possuem o poder de *agenciar*. Uma das maneiras principais pelas quais os organismos mostram essa capacidade é o fato de serem *autorreguladores*. Mostram-se capazes não apenas de responder de maneira passiva às mudanças internas e externas e à influência proveniente das ações dos outros; como também de fazer escolhas na forma como irão permitir que essas ações os influenciem. Talvez, o mais importante de tudo seja o fato de que os organismos podem *iniciar* processos de mudança para alcançar os objetivos *de* que precisam e/ou desejam e também para escapar de fatores considerados ameaçadores e prejudiciais. O comportamento dos organismos é claramente uma busca de metas ou *intencional, não aleatória*.

Além disso, a forma como a influência dos outros é mantida por um organismo mostra-se raramente passiva. Um organismo, no entanto, geralmente responde de acordo com algumas preferências razoavelmente definidas, enquanto inclui alguns aspectos daquela possível influência e exclui outros aspectos, para, então, transformar aquilo que inclui e torná-lo útil. O fato de os organismos não serem indiferentes ao que acontece com eles mostra que a maneira como funcionam está informada por sua intrínseca *afetividade* (positiva e negativa). Para a maioria dos organismos, essas preferências são determinadas pelo seu DNA, já as preferências nos animais considerados mais avançados são inatas e adquiridas pela experiência.

Na vida consciente dos seres humanos, uma das principais formas nas quais a afetividade se apresenta é na *individualidade*, já que as pessoas *originam* e *dão valor* a certas coisas e eventos, ativamente se esforçam para realizar seus desejos. A vida humana é *pessoal*. Como as experiências possuem um elevado grau de ligação, os seres humanos são capazes de explorar o passado através da memória e o futuro por meio da imaginação. Desse modo, a vida humana é marcada por um complexo de desejos e ações, com interesse em objetivos que, de várias formas, existem no futuro. Em certo nível, e com diferentes graus de *awareness*, cada pessoa gosta de determinadas coisas, mas não gosta de outras, experiencia a falta de algumas coisas, rejeitando outras, e tem (pelo menos implícitos) limites em relação àquilo que vai ou não vai ganhar, se deve tolerar ou apenas se contentar. *A complexidade dos padrões habituais de comportamento* que cada pessoa desenvolve é o que queremos dizer quando falamos da *personalidade* de alguém. Essa busca, normalmente, consiste na escolha do que se parece bom para ela e daqueles outros padrões que devem ser evitados ou na luta contra o que ela não gosta ou acha ameaçador.

Diferentemente de outros animais, cada ser humano tem um senso de um "eu" que acompanha todas as "minhas" experiências e isso dá origem a um senso de "eu mesmo" como o *sujeito* a quem pertencem essas experiências. Essa é a base *subjetiva* do senso de identidade de cada pessoa proveniente da mudança. No entanto, muitas das pessoas que vêm nos pedir ajuda não se conhecem muito bem. Sentem-se confusas a respeito de seus desejos e de seus próprios limites afetivos, e, frequentemente, não estão conscientes ou estão apenas vagamente conscientes de seus sentimentos durante as diversas interações com os outros. Nesse caso, parte do trabalho de psicoterapia envolve a ajuda para torná-las, de forma clara e ativa, mais conscientes de como realmente se sentem na essência para que saibam o que na verdade querem. Em seguida, é necessário apoio para que desenvolvam a coragem necessária para agir, em nome e de acordo com esses sentimentos e desejos.

Tudo o que é característico da natureza humana e da vida humana manifesta-se nos tipos de *contato – internos e ambientais –* que os seres humanos têm com os outros. Compreender a natureza do contato é, portanto, fundamental para o trabalho do gestalt-terapeuta.

A centralidade do contato

O *contato* é uma situação central para toda vida e também para os processos de gestalt-terapia. O sentido fundamental de *contato* consiste no fato de ser o *encontro com o outro*. O crescimento, de todos os tipos, envolve tomar o que é do "outro" e assimilá-lo para que se obtenha algum tipo de manutenção e/ou crescimento, seja, por exemplo, uma ingestão de comida ou de aprendizado, *formalmente* ou através de *experiência*. Como os interesses da gestalt-terapia são psicológicos, o entendimento técnico de contato caracteriza-se como o *encontro consciente com o outro*. Tal contato só é possível onde há uma consciência da diferença, do que não é para a minha pessoa. Muitas vezes falamos da *fronteira de contato* como o "lugar" de encontro. É importante não para retificar essa fronteira e considerá-la separadamente como uma entidade existente, mas para compreendê-la estritamente como uma função do próprio encontro. Enquanto um termo técnico – "fronteira de contato" – tem apenas um significado relacional, sua principal função é a de chamar atenção para o fato de que, em contato, dois ou mais "outros" se encontram e se afetam mutuamente, *mas não se fundem uns com os outros, tornando-se uma única entidade*. Como psicoterapeutas, estamos interessados na *qualidade* desses processos de consciência nos quais a pessoa interage com outros no seu campo existencial, enquanto lida com as questões complexas relativas à sobrevivência e ao crescimento.

Os pragmáticos têm razão em entender que a maior parte da vida de todos os organismos é dedicada para resolver uma grande variedade de problemas práticos e para administrar esses processos durante toda a vida do organismo. Existem, é claro, as formas de contato que não são essencialmente práticas, tal como a brincadeira, o relacionamento íntimo, o êxtase religioso e sexual, as experiências estéticas, e as várias formas de contemplação e meditação. Embora todas essas experiências sejam importantes para a vida inteira, desempenham um papel muito menor na vida humana, se comparadas com os esforços práticos. Na maioria das vezes estamos resolvendo problemas, grandes e pequenos. A solução de um problema é sempre seguida por novos problemas práticos que precisam ser cuidados. A maioria das pessoas que procura a ajuda de terapeutas experiencia tentativas menos do que satisfatórias para resolver os seus problemas, e, por isso, é importante para um gestalt-terapeuta compreender a natureza da resolução de problema *funcional*, bem como a maneira como isso pode tornar-se *disfuncional*.

Um episódio de contato acontece de acordo com o seguinte esquema. O contato começa quando uma pessoa sente algum estímulo e interesse em uma situação, percebe que "algo precisa ser feito". A figura do que esse "algo" é se torna cada vez mais clara à medida que busca uma solução imediata ao redor. Não encontrando nada, a pessoa deve, então, definir quais são as soluções possíveis dentro do campo presente. Em seguida, é necessário avaliar essas possibilidades, selecionar uma e deixar o resto de lado. Quando identifica e depois age sobre suas decisões em favor de uma determinada solução possível, o problema é normalmente resolvido de forma satisfatória, e a figura é, então, destruída.

Duas análises principais do processo de contato foram propostas em gestalt-terapia. No livro de Perls, Hefferline e Goodman (1951), o texto de Goodman apresenta uma análise em quatro momentos ou fases. *Pré-contato* é a primeira fase no processo, o momento em que a pessoa sente algum estímulo e começa a formar uma figura de interesse. A segunda etapa é a de *entrar em contato*, o processo de tomada de decisão, no qual a pessoa encontra soluções possíveis para o problema em questão, avalia e decide por uma delas, "alienando" o resto, enquanto progressivamente "se identifica com" a que escolheu. A terceira fase é a do *contato final*, quando a pessoa se identifica completamente com a solução, à medida que se engaja em "uma ação espontânea unitária da percepção, do movimento e do sentimento" (1951: 403; na edição em português, 1997: 208) em nome da figura em foco, que originalmente incitou o processo. Finalmente, a fase do *pós-contato* é o processo pelo qual a pessoa assimila a experiência de contato na sua vida em curso; essa etapa acontece em grande parte fora da consciência.

Joseph Zinker (1978) e outros associados ao Instituto de Gestalt de Cleveland desenvolveram uma análise alternativa, conhecida como o *ciclo da experiência.* O contexto dessa análise está inserido no ciclo organísmico de contato e retirada, a princípio com o indivíduo em um estado "neutro" de espontaneidade ou indiferença criativa. Depois disso, a primeira etapa no ciclo de experiência é referida como *sensação*. A pessoa nesse momento não está interessada em nada particularmente, mas tem consciência tanto do que aconte em torno dela quanto das sensações internas ou percepções proprioceptivas. O próximo estágio do processo é a *awareness*, quando a pessoa centra a sua atenção no surgimento de alguma necessidade que atrai seu interesse prático. A fase da *mobilização* envolve um aumento de energia física e emocional, à medida que a figura se define, e a mente começa a encontrar e ponderar os meios possíveis para lidar efetivamente com a figura de interesse. Essa fase leva à *ação*, agora a pessoa escolhe e age de acordo com o que parece ser a "melhor" solução para o problema. Depois, pela experiência de *contato*, a pessoa experimenta realmente a efetividade de sua ação no problema trabalhado; para então, na fase *satisfação*, a pessoa gozar da sensação de realização e conclusão do processo, já que a figura se recolhe ou é destruída. Nesse ponto, a pessoa se move para um estado de *retirada*. Em indivíduos saudáveis, a pessoa torna-se disponível novamente para contato enquanto o ciclo recomeça. Ao contrário do modelo de Perls, Hefferline e Goodman, essa análise não lida com o processo de assimilação, um processo que se passa essencialmente fora da *awareness*[2].

Em psicoterapia, uma boa teoria ajuda não somente o psicoterapeuta a compreender seus objetivos terapêuticos e experiências, como também oferece direções práticas de intervenção à pessoa que está disfuncional para torná-la mais funcional à medida que vive através do tempo e das circunstâncias. Em particular, de acordo com a importância do contato para a vida humana, uma boa teoria deve fornecer uma espécie de "mapa" para alertar ao psicoterapeuta os pontos onde bloqueios podem acontecer e realmente acontecem no processo. Cada um desses modelos tem a intenção de servir a esse propósito.

Não importa a análise utilizada pelo terapeuta, esse profissional sempre estará interessado em entender como os processos de interação com os outros se tornam bloqueados ou distorcidos, a ponto de impedir a pessoa de atingir soluções satisfatórias para seus problemas de vida. Esta é a questão central em psicoterapia e a que dá origem às seguintes questões teóricas: "O que inibe ou distorce esses processos?" e "Como esses processos de contato são possíveis?" A primeira pergunta dá origem a formas de compreender a distorção de contato; enquanto a segunda levanta questões sobre a natureza do *self* e os tipos de capacidade que os seres humanos possuem e os permitem continuar em processos de contato.

Historicamente, os gestalt-terapeutas têm prestado bastante atenção teórica e prática para o que é descrito como "interrupções", "distúrbios" ou "dis-

---

2. Outros teóricos da gestalt afirmariam que o ciclo, ou a experiência contínua inclui, de fato, uma fase de assimilação que é, às vezes, conhecida por outros termos, tais como "reflexão" ou "resolução". Cf. Woldt e Toman, 2005; Melnick e Nevis, 2005, 2000; Nevis, 1987; Scheinberg, Johannson, Stevens e Conway-Hicks no capítulo 14 deste livro [N.E.].

torções" de contato. Prefiro usar o termo "distorções" em vez de "interrupções", porque o contato disfuncional é ainda um contato, embora seu impacto permaneça em desacordo com o que a pessoa planeja ou deseja.

No livro de Perls, Hefferline e Goodman (1951) são apresentadas cinco distorções de contato: projeção, retroflexão, introjeção, confluência e egotismo. Desde então, duas outras foram propostas: deflexão e proflexão. Existem, no entanto, muitas outras formas de distorção de contato, sem mencionar o grande número de combinações, tais como projeção confluente ou retroflexão egotística, e assim por diante. Um contato totalmente funcional exige uma avaliação realista de força, limitação e desejo de uma pessoa, e um posicionamento profissional também a respeito da natureza da situação problemática, ou seja, uma compreensão prática das possibilidades de ação efetiva e algum grau de clareza sobre a influência provável do possível comportamento da pessoa. Cada uma dessas distorções de contato envolve certa perda de clareza sobre o *self* ou sobre os outros; consequentemente, isso leva ao comportamento que, em geral, não consegue atingir o efeito desejado e/ou tem imprevisíveis efeitos negativos ou contraproducentes. Por exemplo, uma pessoa que projeta sobre outra o poder de realizar uma mudança em seu relacionamento, muitas vezes, a influencia para fazê-la *mudar*. Geralmente, a pessoa manipulada sente ressentimento, e a pessoa projetiva, ela mesma, permanece frustrada, magoada e com raiva. No entanto, a responsabilidade pessoal no uso da comunicação direta para ajudar que a mudança aconteça tende a ter resultados muito diferentes.

O *self*

Como contato é essencial para a vida e para os processos de gestalt-terapia, a questão teórica que surge é: "Como é possível o contato?" Em outras palavras, quais são as capacidades funcionais que um ser humano deve possuir para continuar em processo de contato? A Teoria do *Self*, a primeira estabelecida no livro de Perls, Hefferline e Goodman (1951), é uma tentativa para responder a essa questão.

Paul Goodman, o principal autor da metade teórica do livro de Perls, Hefferline e Goodman, adotou a terminologia freudiana – *id, ego* e *personalidade* (em vez de superego) – em sua análise da natureza do *self*. No entanto, o significado adotado em seu trabalho passa por uma transformação, pois esses termos são vistos dentro do contexto da abordagem holística e da Teoria de Campo da gestalt-terapia.

Em contraste com o significado reducionista do *id* em Psicanálise, que afirma que toda *motivação* vem, em última instância, das deficiências corporais e pulsões; na análise de Goodman, motivação não é limitada aos impulsos e aos estados corporais. Na tentativa de tornar clara a sua compreensão do significado de "id", Goodman analisa a situação hipotética, ou seja, a pessoa está simplesmente relaxada, despreocupada de qualquer coisa em particular. Fragmentos de sensações e pensamentos entram e saem da consciência desconcentrada da pessoa, e "o corpo se agiganta" (1951: 381; na edição brasileira, 1997: 186). No ciclo de experiência, essa é chamada fase da "sensação". Se nenhuma figura começa a se formar e tornar-se clara, então a pessoa acaba caindo no sono. No entanto, vamos imaginar as seguintes possibilidades: a pessoa pode, de repente, lembrar que iria se encontrar com alguém naquele momento; ou pode sentir-se inspirada por uma passagem de um poema contra o qual vem lutando; ou sente necessidade de urinar. Em qualquer um desses casos, o seu estado de repouso é interrompido pelo surgimento de uma figura que se torna clara e impele a mobilização de suas energias e seus processos de pensamento prático ("*awareness*" e "mobilização" – fases do ciclo).

É um erro aceitar a afirmação de que "o corpo se agiganta", como uma indicação de que Goodman pensou sobre o *id* como uma função do corpo (PHILIPPSON, 2001). Goodman estava interessado no desenvolvimento de uma estrutura teórica holística para a gestalt-terapia. Isso está claro em toda a parte teórica do texto de Perls, Hefferline e Goodman, na qual afirma que *a motivação nesse sistema pode provir de qualquer área de interesse e atividade humana.*

Na compreensão de Goodman, como a de Freud, *ego* é a função prática do *self*, ou seja, a habilidade de descobrir soluções possíveis para os problemas e ponderá-las em termos de critérios de avaliação, a eficiência, a preciosidade, os efeitos colaterais e assim por diante. No final desse processo, o *self* decide em favor de uma alternativa e finalmente vai além da deliberação dentro de um processo de identificação que Goodman descreve como relaxar em "uma ação espontânea e unitária da percepção, movimento e sentimento" (1951: 403), ("ação", "contato" e "satisfação" no ciclo).

A *personalidade* é entendida por Goodman como um conjunto de respostas habituais (com a possibilidade de serem replicadas verbalmente) que influenciam a forma como uma pessoa responde a uma variedade de situações. Essa teoria confronta o conceito de superego, apresentado por Freud, visto como o administrador de um conjunto de princípios inibidores e exortativos.

Acredito que existam vários problemas com o uso da terminologia freudiana nessa análise teórica. Em primeiro lugar, a linguagem freudiana não está próxima da (ou não se refere à) experiência, portanto, não é fenomenológica. Em segundo lugar, a terminologia não está claramente orientada às dinâmicas de ações, portanto, não é indicativa das *funções do* self *ou capacidades para realizar certos tipos de processos*. Terceiro, tende a considerar o *self* dividido em categorias, em vez de vê-lo como um todo em que cada aspecto interage mutuamente com todos os outros. Em quarto lugar, como apresentarei, trata-se de uma análise *incompleta* das capacidades do *self* para funcionar em processos de contato. Finalmente, baseia-se em uma ontologia, ou seja, uma forma de reducionismo materialista. Sugiro uma elaborada análise alternativa, que não apenas emprega uma linguagem de processo fenomenológico, mas mostrará, mais claramente, em quais momentos os bloqueios nos processos de contato acontecem com mais frequência para fornecer ao psicoterapeuta um "mapa" mais detalhado para orientá-lo nas intervenções psicoterapêuticas.

Proponho *seis funções* para entender a capacidade do *self* para fazer contato. Três delas têm uma influência dominante sobre a forma como uma pessoa se engaja em contato; e as outras três tratam especificamente dos momentos ou das fases em um dado episódio de contato (CROCKER, 1999).

O *contato* e a *função de retirada* são a habilidade do *self* de estar disponível para contato ou em um estado de retirada do mesmo. Fazer contato com os outros no campo presente de um indivíduo requer que a pessoa esteja verdadeiramente disponível para isso, e não em um estado de retirada.

Sempre que algo provoca um prazer no decurso do dia, a pessoa responde com *excitação interessada*, que começa a mobilizar suas energias corporais, e a engajar seus processos cognitivos e avaliativos.

A pessoa se engaja na *tomada de decisão*, à medida que a figura de interesse fica mais clara, e ela consegue dispensar mais atenção para aquele fato. O processo de contato continua a se mover para a frente devido à capacidade do *self* de procurar soluções prontamente disponíveis e, não o encontrando, imaginar possíveis soluções. Em seguida, o *self* pesa e avalia, para, enfim, decidir em favor de uma determinada solução. Esses comportamentos complexos são possíveis por causa da *função de tomada de decisão* do *self*.

A *função de escolha* permite que a pessoa dê preferência para uma decisão; por isso caracteriza-se, em grande parte, como um processo cognitivo para a ação, que envolve uma harmonia entre mente, corpo e emoções. Goodman se refere a isso quando fala do processo de se "identificar" com uma determinada solução e deixar de lado todo o interesse por outras possibilidades. Não nos restam dúvidas de que o conhecimento aristotélico de Goodman (STOEHR, 1994) o influenciou em fazer a diferença entre decidir (pensar e avaliar) e escolher (abertamente atuando como um todo). Contudo, Goodman desenvolveu inadequadamente a ideia do processo de "identificação" que termina em ação; fez isso parecer o resultado da função de ego, quando, na verdade, é uma *ação holística* que envolve a cognição, a afirmação da motivação e o comportamento real. Logo, seu tratamento de *contato pleno* não forneceu nenhuma sugestão de um dos principais problemas com os quais as pessoas precisam lidar na terapia: o problema de transformar o pensamento em ação e o objeto intencional definhando em inação.

O *fazer todo* ou a *função de sintetização*, juntamente com a *função de contato* e a *função de aprendizagem* ou também chamada de *formação de hábito*, influenciam cada fase de um episódio de contato. Os seres humanos *sintetizam* totalidades constantemente, seja digerindo nutrientes, fazendo planos e jogos, contando histórias, criando respostas comportamentais adaptáveis, esclarecendo as explicações teóricas, desenvolvendo um "mapa" funcional do mundo e um senso de identidade pessoal, ou incessantemente ordenando e reordenando suas experiências em um todo vivo, enquanto a vida continua. Todas essas realizações da capacidade do *self* servem para sintetizar muitos tipos de totalidade que claramente afetam o modo como os problemas são reconhecidos, como as soluções alternativas são selecionadas e pesadas, e a capacidade da pessoa de traduzir pensamento em ação.

A *formação de hábito* ou *função de aprendizagem* é a capacidade do *self* de praticar habilidades e comportamentos, de modo que se tornem habituais e exijam apenas um mínimo de consciência. Muitas dessas habilidades são simplesmente partes do desenvolvimento humano normal, e outras envolvem ponderação e prática no processo de aquisição de uma determinada habilidade e na sua modificação ou rejeição. Sem essa capacidade, a vida comum seria impossível, visto que cada pessoa precisaria aprender tudo de novo a cada dia. Essa função se torna disfuncional quando alguém usa respostas habituais (frequentemente estereotipadas) às situações que, na verdade, requerem uma avaliação cuidadosa e comportamentos apropriados. Por conseguinte, esse contato disfuncional, muitas vezes, parece gasto e por demais previsível, e geralmente produz resultados insatisfatórios. Esse grupo de respostas aprendidas, normalmente, em geral, se refere à *personalidade* da pessoa. Aqui, no entanto, a personalidade é vista como o *produto de uma função* e não como a função em si.

Em uma abordagem terapêutica, um modelo do *self* deve ser julgado de acordo com dois critérios: a forma como reflete o que as pessoas realmente experimentam no seu contato com os outros e o seu valor em orientar a prática. Um bom modelo orienta o psicoterapeuta a descobrir e avaliar a localização dos bloqueios para se obter a função saudável no modo de vida de um cliente e sugerir pontos e tipos de intervenção que poderiam ser efetivamente empregados. Acredito que o modelo descrito fornece uma visão mais completa das habilidades funcionais do *self* para se engajar em processos de contato, do que aquela visão defendida por Perls, Hefferline e Goodman.

Além do mais, como esse modelo indica claramente onde os bloqueios podem acontecer nos processos, em alguns poucos exemplos, há muitas maneiras em que a disponibilidade de uma pessoa para fazer contato se torna disfuncional. Há indivíduos com fobia de estar perto e exposto, enquanto outros apresentam fobia de estar separados e não ser reconhecidos pelos outros. Muitas das distorções de contato são usadas para lidar com esses medos. Com relação ao interesse estimulado, é comum que pessoas vítimas de negligência ou abuso não notem qualquer um desses sentimentos; ou se os percebem de fato, não conseguem chegar à convicção de que algo tem que ser (ou pode ser) feito para mudar a situação. Aqui, a tarefa do psicoterapeuta é de ajudar o cliente a elevar o nível de *awareness* e dar apoio à medida que torna-se determinado a fazer uma mudança. Com relação à tomada de decisão, alguns clientes com uma visão de mundo mais limitada podem não perceber soluções importantes e viáveis para os problemas, enquanto outros veem prontamente uma grande variedade de alternativas, porém ficam presos no processo de avaliação e/ou não podem se disponibilizar a tomar uma decisão. O velho ditado – "o caminho do inferno está pavimentado de boas intenções" – se refere ao problema muito comum associado à mudança do pensamento até resultar na ação. O medo das consequências, a falta de coragem e de habilidade, ou a confiança na realização de determinados comportamentos são fatores que contribuem para esse tipo de situação. Cada um deles sugere ao psicoterapeuta uma série de intervenções possíveis de serem usadas.

Ultimamente, os teóricos da gestalt-terapia refletiram sobre a natureza do *self* e se dividiram basicamente em dois campos: o primeiro engloba aqueles que veem o *self* como algo que persiste durante toda a vida da pessoa e que funciona como o agente de contato e de crescimento. Já o segundo são os que veem o *self* como tendo uma existência episódica, que emerge apenas quando a pessoa se engaja em situações que envolvam contato; caso contrário, recuam em não existência. A oposição entre essas duas posições origina-se do fato de que o próprio Goodman estava claramente incerto sobre o assunto quando escreveu a parte teórica no livro de Perls, Hefferline e Goodman, como mostra uma leitura cuidadosa do texto (CROCKER, 1999).

É importante notar que a pessoa é a responsável por continuar a ser ao longo do tempo e da mudança. A pessoa que está consciente de si mesma como um sujeito a quem pertence todas as suas experiências é capaz de agir com consciência e persistir no processo de mudança. O *self* humano, nesse contexto, deve ser compreendido em termos de processos e ações humanas. Cada pessoa possui um *conjunto complexo de habilidades para agir com consciência* ao interagir com outros e suprir objetivos, necessidades e desejos. Em minha opinião, *o self é este conjunto complexo de habilidades.*

O *self* nunca deveria ser compreendido como um tipo de "fantasma na máquina", uma espécie independente e indestrutível. Cada tentativa de construir o *self* nesses termos significa sempre responder à questão "Como você sabe?", quando nos referimos a certas ações que fazem a diferença sobre o que realmente é. E, no entanto, só se pode apontar para as ações de um indivíduo, nunca para o verdadeiro *self*. O *self* é revelado pela forma como uma pessoa age[3], e os pro-

---

3. O leitor pode também achar interessante os pontos de vista de Karol Wojtyla (1979) sobre este tema [N.E.].

cessos em que ela se envolve levam-na a agir de determinadas maneiras. Na verdade, a pessoa é, ela mesma, um sistema de ação, interagindo com tantos outros sistemas em campos de mudança. Os seres humanos, como a maioria dos outros organismos, possuem uma série de capacidades para agir; por isso continuam a existir como *poderes potenciais*, mesmo quando não estão sendo usados ativamente. O poder de ver ou ouvir continua a ser uma *potencialidade real, um poder verdadeiro*, mesmo quando essas ações não estão realmente acontecendo. O *self* não tem uma existência independente; pelo contrário, existe somente enquanto há um conjunto de habilidades em um ser humano. E *quando não está sendo ativamente usado, o self tem apenas o potencial de existência; o self existe abertamente somente quando está sendo realmente usado,* porém a pessoa a quem o *self* pertence persiste por toda a vida.

A Teoria da Prática

A maioria dos problemas que incentiva as pessoas a fazerem Psicoterapia envolve situações relacionadas à forma como elas costumam usar suas habilidades para fazer contato com o mundo. A característica central de todos os métodos da gestalt-terapia baseia-e no fato de eles *se concentrarem no contato*, o objetivo final é de ajudar o cliente a *aprender como* ter um contato funcional e satisfatório com os outros. Portanto, os processos da gestalt visam, usando a imaginação, ajudar o cliente a ter contato expressivo e esclarecedor com algo significativo em sua vida; por exemplo, entre o que acontece consigo mesmo (em seu nível não verbal, em seu corpo, seus sentimentos, suas necessidades e seus desejos) e com o seu ambiente; entre a sua própria posição e a sua personalidade, cada lado de uma polaridade; bem como entre ele (o cliente) e o próprio psicoterapeuta.

No início da minha carreira como gestalt-terapeuta, uma colega sugeriu uma regra prática que muitos profissionais têm em mente ao trabalhar em Psicoterapia. A conhecida "Regra sem fofoca" estimula o psicoterapeuta a permanecer alerta à oportunidade de fazer o cliente *parar de falar sobre* pessoas significativas ou situações, e, então, pedi-lo para *falar para* elas, ou sugeri-lo alguma maneira de entrar em contato *com elas*. A situação psicoterapêutica é uma espécie de laboratório, no qual o cliente pode *re*-aprender a melhor maneira de interagir com o seu mundo, para que tenha uma sensação de satisfação e bem-estar.

Os gestalt-terapeutas, todavia, *não visam diretamente* fazer qualquer mudança para proporcionar satisfação ou uma sensação de bem-estar. Esse resultado é alcançado por meio de um princípio intrínseco à abordagem da gestalt-terapia: *o princípio paradoxal de mudança* (BEISSER, 1970). A partir disso é possível afirmar que a mudança do ser humano só acontecerá quando a pessoa enfrentar totalmente aquilo que é, até alcançar uma compreensão vívida e detalhada de como ela *realmente vive e se comporta caracteristicamente* em suas atuais circunstâncias. As pessoas que se desviam do que são, enquanto desejam e inutilmente se esforçam em direção a uma vida diferente, na maioria das vezes permanecem emperradas. O objetivo tático dos métodos da gestalt é, desse modo, *deixar que as pessoas sejam o que são na essência.* Portanto, grande parte do trabalho da gestalt-terapia é o *aqui e agora*, a exploração e a experimentação de como a pessoa vive no dia a dia, seus envolvimentos e os padrões habituais de respostas quando lidam com pessoas significativas e em determinadas situações, bem como, e em última análise, ao organizar sua própria vida. Desse modo, o que é aos poucos *se destaca-no-campo-aberto*. Paradoxalmente, é assim que a mudança do ser humano acontece.

Na abordagem da gestalt, o próprio psicoterapeuta, *enquanto pessoa*, se destaca por um papel central. Apresenta-se para a sessão com um cliente com uma base de experiência pessoal e profissional, conhecimento e entendimento. Toda pessoa que deseja se tornar um gestalt-terapeuta é encorajada a se tornar, a princípio, um cliente, para trabalhar qualquer negócio inacabado ou quaisquer questões que funcionem como uma tela distorcida em seu contato com os próprios clientes. Parte do trabalho do psicoterapeuta funciona como uma *espécie de sensoriamento*, que é tanto receptiva como curiosa, de acordo com as revelações verbais e não verbais do *self* do cliente. O gestalt-terapeuta está (idealmente) compromissado em estar *sempre presente* para o cliente, receber e apoiá-lo na capacidade de revelar-se em níveis cada vez mais profundos. E, a partir da habilidade de escutar com atenção a história do cliente e ajudá-lo a contar com detalhes concretos e específicos seu cuidado e sua disposição de não julgar ou humilhá-lo, para, enfim, ser capaz de descobrir muitos pontos úteis de intervenção.

Idealmente, o gestalt-terapeuta já terá internalizado os princípios teóricos elaborados anteriormente, para que se tornem parte de seu funcionamento presente e proporcionem, assim, um conjunto de lentes que informam seu ponto de vista como psicoterapeuta e a sua compreensão da tarefa psicoterapêutica; isso torna sensível a sua curiosidade. No entanto, esses princípios *não fornecem* quaisquer *respostas* sobre o cliente ou o coloca em categorias terapêuticas exatas. Em vez disso, o terreno teórico e a experiência irão ajudar o psicoterapeuta a *perceber*, como significativos, certos aspectos da revelação do *self* de um cliente, por exemplo, sua qualidade de voz, sua linguagem corporal, a presença de certas suposições sobre si mesmo e/ou outras pessoas, e assim por diante. A curiosidade do psicoterapeuta sobre esses aspectos sugere uma série de hipóteses funcionais, que, por sua vez, sugerem uma variedade de experimentos possíveis para ajudar a aprofundar a *awareness* e tornar o processo mais interessante. As experiências que se desenrolam na relação entre psicoterapeuta e cliente ou podem confirmar algumas das hipóteses ou levar o psicoterapeuta a rejeitá-las ou modificá-las.

A real prática psicoterapêutica de um profissional segue a orientação e a informação de três princípios *práticos*: *o princípio paradoxal da mudança* (como foi discutido antes), *o método fenomenológico* e *o diálogo*. O método fenomenológico e a relação dialógica são discutidos, com ênfase no método, em outra parte deste livro; mas serão abordados a seguir, de forma sucinta, com atenção à teoria.

A gestalt-terapia não deve ser considerada uma "cura pela fala" nem uma espécie de "psicologia profunda", mesmo que na prática ela seja capaz de *descobrir* e *trabalhar com o* contexto do comportamento de um cliente, o que vale ressaltar é a sua organização de vida é descoberta progressivamente. Na aplicação dos métodos da gestalt, os terapeutas se concentram nas *manifestações superficiais* do modo de vida da pessoa estudada. Assim, tomamos como *ponto de partida* a maneira como o cliente se revela nos fenômenos aparentes de seu comportamento verbal e não verbal presente. *O método fenomenológico* implica o terapeuta estar aberto às presentes autorrevelações do cliente, sem *impor a* essas revelações um sentido pessoal vindo de si mesmo ou da Teoria da Gestalt ou de uma categoria diagnóstica. Em vez disso, a partir dos processos de tornar-se consciente, explorar e experimentar essas autorrevelações, psicoterapeuta e cliente, *juntos*, acompanham essa *lógica pessoal*, a fim de descobrir seu significado único no modo de vida do cliente.

Em gestalt-terapia, *significado reside na relação da figura com o seu fundo*. Em termos práticos, isso significa que o psicoterapeuta, enquanto explora e experimenta os fenômenos do cliente à medida que se apresentam, está, na realidade, acompanhando a *lógica única* dessa pessoa no intuito de descobrir a relação que ela faz da figura com o contexto ou do fundo com a figura. Por exemplo, se alguém nos fala sobre os sentimentos que o invadem quando lida, no momento atual, com uma figura de autoridade, podemos descobrir, através do processo psicoterapêutico, uma ou mais dificuldades não resolvidas que o cliente teve com figuras de autoridade no passado. Encontrar um modo de resolver essas dificuldades antigas, em psicoterapia, pode abrir ao cliente novos comportamentos possíveis de serem usados na prática em sua situação atual, envolvendo uma figura de autoridade.

Enquanto o trabalho de psicoterapia prossegue e a psicoterapeuta formula uma série de hipóteses funcionais sobre o significado do comportamento do cliente, essa profissional deve permanecer aberta à forma como as revelações do *self* da pessoa se desenvolvem. Qualquer hipótese cogitada será apenas levemente detida, pois pode ser modificada ou eliminada, devido às revelações subsequentes do cliente. *Um princípio fundamental do método fenomenológico consiste em considerar que a própria experiência do cliente e como ele realmente se revela sempre têm precedência a quaisquer teorias que a psicoterapeuta pode ter sobre ele.* O método em si *nunca* produz as respostas; no entanto, permite que a psicoterapeuta e o cliente – juntos – se engajem em processos, para tornar claro o significado das experiências do cliente.

O fundamental para todo processo psicoterapêutico é a *relação dialógica* entre psicoterapeuta e cliente. A gestalt-terapia é *dialógica* em duas maneiras. Em primeiro lugar, os gestalt-terapeutas consideram os processos nessa abordagem tão claramente colaborativos que o psicoterapeuta e o cliente engajam-se em formas que resultam na revelação progressiva dos padrões e da organização da vida do cliente. O psicoterapeuta deve estar aberto, interessado e curioso sempre em saber o que o cliente revela a ele próprio e de que maneira isso acontece. A tarefa do psicoterapeuta é a de facilitar o processo e dar apoio ao cliente, enquanto ele aprende o melhor modo de apoiar-se nos seus novos modos de vida. A segunda maneira em que a gestalt-terapia se mostra dialógica é nas interações entre psicoterapeuta e cliente, consideradas, às vezes, o palco para esse trabalho, pois os velhos padrões de resposta de um cliente são reencenados na relação com o psicoterapeuta. Um dos princípios importantes do trabalho de um gestalt-terapeuta é o compromisso de lidar com o cliente como uma *pessoa real*, não como uma tela em branco ou alguém fazendo "o papel do psicoterapeuta". Portanto, a relação entre cliente e psicoterapeuta é uma relação *real*. Os gestalt-terapeutas são de opinião geral que um psicoterapeuta efetivo está compromissado em *interagir*, para *afetar e ser afetado* pelo cliente de formas *verdadeiras*. A presença do terapeuta funciona contra os processos projetivos e retroflexivos, pois ele é quem, dentro dos limites, se autorrevela e está abertamente interessado no cliente como uma pessoa.

As pessoas que procuram ajuda geralmente desenvolveram *padrões adaptativos de respostas* a situações inóspitas que já vivenciaram. Embora essas circunstâncias tenham apresentado um valor de sobrevivência na época, são consideradas anacrônicas e contraproducentes no presente momento de vida dessas pessoas. No entanto, como esses padrões se tornaram uma espécie de "segunda natureza", ou seja, algo habitual e quase automático – o que necessita apenas de um mínimo de consciência –, a pessoa não entende como ela contribui para o que continua acontecendo de errado em sua vida presente. Ou se entende, sente-se incapaz de mudar. Ao encontrar maneiras de fazer contato com o fundo vivo do comportamento presente de uma pessoa e descobrir os padrões disfuncionais de resposta – trazendo-os à conscientização na qual podem ser explorados e experimentados –, um gestalt-terapeuta pode ajudar a pessoa a debilitar a forma como esses padrões "vivem" em seu fundo existencial. Quando as influências negativas das experiências passadas de uma pessoa deixam de existir em seu momento presente de vida, significa que foram esquecidas ou vivem somente como memória distante.

A Teoria da Gestalt-terapia está unificada por construtos que perduram em seus quatro princípios mais importantes e os moldam em uma estrutura sólida e dinâmica. As teorias do *self*, contato e ação, como também as teorias de saúde e mudança, permanecem se alguém estiver focado principalmente no método fenomenológico, na relação dialógica, nas estratégias do campo teórico ou nos experimentos terapêuticos. Quando há uma investigação fenomenológica no contexto de uma relação entre as pessoas, envolve o contato, porque o encontro entre psicoterapeuta e cliente é vivo, e, portanto, em certa medida, imprevisível e experimental. A situação psicoterapêutica, assim, fornece oportunidades a ambos – psicoterapeuta e cliente – para praticar comportamentos que são improvisados para caber *nesta situação aqui e agora* – uma habilidade essencial para viver de forma autêntica e bem nas situações cotidianas da vida.

Resumindo, em contraste com inúmeras outras abordagens terapêuticas que visam descobrir em qual categoria o comportamento de um cliente deve ser classificado, a gestalt-terapia tem como objetivo a descoberta do *significado unicamente pessoal* daquilo que um cliente revela sobre si mesmo no aqui e agora. *Os processos psicoterapêuticos da gestalt objetivam capacitar o cliente e o psicoterapeuta a ter contato com a organização viva da situação do cliente,* como as influências na vida dele são assimiladas ou acomodadas e como algumas delas continuam a persuadi-lo. Cliente e psicoterapeuta chegam a compreender a verdade única sobre um modo de vida do cliente a partir de processos que começam a abrir a porta para a mudança. E mais, enquanto uma pessoa chega a uma compreensão mais profunda de si mesmo, torna-se mais claro a vida que *quer viver e como ela quer ser.* Os próprios processos psicoterapêuticos, juntamente com a relação com o psicoterapeuta, também produzem nele a coragem para ir para a frente na vida.

Pressupostos existenciais: saúde e satisfação

O *princípio paradoxal da mudança*, na realidade, explica um dos princípios de uma vida humana saudável e em bom funcionamento: os processos de mudança em desenvolvimento começam com a descoberta, e a sabedoria de *o que é* e *como isso é.* Em termos humanos, isso quer dizer: "Quem sou eu?" e "Como eu vivo?" Quando fazemos a pergunta "Qual é a verdade sobre ser um ser humano, e como a verdadeira vida humana continua?", achamos que a resposta tem dois sentidos. *Cada pessoa é um indivíduo, bem como um membro da família humana.* Cada ser é programado pelo próprio DNA, pela família e sociedade a crescer até a maturidade humana, como indivíduo e membro da sociedade. Contudo, o que constitui um modo de vida maduro, saudável e funcional para um indivíduo está, às vezes, em conflito com a maneira de agir como um membro da sociedade. As resoluções para esses conflitos vêm, na maioria das vezes, da própria pessoa responsável, pois consegue improvisar soluções que se encaixam nas peculiaridades da situação em si; às vezes tem de escolher "o menor dos males". Em geral, essas duas identificações *devem ser mantidas sob tensão*, sem favorecer nenhuma delas. Cada domínio de vida deve ser visto como algo que proporciona *um conjunto de condições limitantes* para outro domínio.

O conceito *Eu e Tu*, de Martin Buber (BUBER, 1958), fornece um dos pressupostos do humanismo fundamental da gestalt-terapia e lança luz sobre a forma como os dois domínios, nos quais os seres humanos vivem, servem como condições limitantes de um para o outro. Buber distinguiu *Eu-Isso* e *Eu-Tu*, ou seja, as coisas *Isso* são valiosas principalmente por causa de sua utilidade; ao passo que o *Tu* é algo intrinsecamente valioso, um fim em si mesmo. As coisas *Isso* possuem valor porque são consideradas meios para os fins, enquanto o *Tu* origina e realmente concede valor. A partir dessa perspectiva, cada pessoa deve ser considerada e tratada bem para que, infalivelmente, a respeitem como um fim com valor intrínseco – um Tu, e *nunca* deve ser tratada *apenas* como um meio, ou seja, um *Isso*, cujo valor é o de utilidade. A vida cotidiana envolve a busca de fins relativos que, por sua vez, tornam-se meios para outros fins. Frequentemente nossas interações com outras pessoas acontecem dessa forma, pois tratamo-las como os meios para alcançar os fins. E, ainda assim, o nosso comportamento deve refletir que estamos atentos a elas e que *nunca* são consideradas apenas os meios, mas sim o Tu. Ou como Heidegger (1962) afirmou, dada a natureza do que é ser um ser humano, a forma apropriada para lidar com cada um deles é somente com *atenção*.

Portanto, o indivíduo não deveria "Fazer a coisa dele" *à custa das outras pessoas*, tratando-as unicamente como um meio para alcançar seus objetivos particulares. A forma para "fazer sua coisa" limita-se ao valor intrínseco que outras pessoas demonstram como fins e como outorgadores de valor. Viver como se "Eu, sozinho, sou um fim com valor intrínseco" e "Meus desejos e necessidades são superiores aos de todos os outros" é *viver uma mentira*. Dessa mesma forma, *a realidade do valor intrínseco de cada uma das pessoas que são cidadãos* depende dos tipos de leis e instituições politicamente legítimos: todos devem respeitar o valor intrínseco dos indivíduos da sociedade. Isso significa, entre outras coisas, que as leis e as instituições não devem reduzir um segmento da sociedade para que um grupo de elite garanta privilégio ou riqueza, assim como não devem ser estruturadas para produzir a uniformidade de Procusto.

Incentivar a diversidade decorrente do desenvolvimento de ambos, o exclusivamente pessoal *e* os aspectos sociais da vida humana são as preocupações necessárias.

Entre essas condições limitantes com o que uma vida bem vivida se parece? Uma pessoa saudável é consciente de suas próprias forças e limitações, tem uma visão realista do mundo em que se encontra e interage com as outras pessoas com dinamismo, franqueza e respeito. Compromete-se também ativamente e esforça-se para alcançar os objetivos que, para ela, valem a pena. Os seres humanos precisam e querem estar com os outros; o seu desenvolvimento em si requer, realmente, interações baseadas na cooperação, no apoio e no companheirismo com os seus parentes, professores e amigos que são seus iguais. Na verdade, a humanidade que não tem iguais torna-se totalmente distorcida e, às vezes, até monstruosa. Aprendemos a ser humanos através de nossas interações com outras pessoas com quem compartilhamos nosso mundo, aquelas que apoiam e limitam o que podemos fazer.

Os seres humanos, inevitavelmente, revelam-se de forma verbal e não verbal na vida cotidiana, mas, ainda as verdades realmente íntimas (em latim: *intimatus*) permanecem escondidas até que sejam bem-vindas e apoiadas para serem expostas (em latim: *existere*). Os seres humanos mostram-se para a intimidade, para relacionamentos nos quais cada um é livre para revelar sua pessoa e ser conhecido como realmente é. Na maioria das vezes, isso acontece entre amigos mais próximos, amantes e psicoterapeutas. Esse tipo de relacionamento fornece as condições necessárias de boas-vindas, sinceridade e carinho para encorajar uma pessoa a revelar o que é mais íntimo. Um gestalt-terapeuta está conscientemente comprometido em proporcionar essas condições; assim, cliente e psicoterapeuta podem, juntos, descobrir as verdades mais profundas do cliente.

Como todos os seres humanos *buscam alcançar metas* ou apresentam essa intenção, um indivíduo saudável é sensível às oportunidades para alcançar determinados objetivos e realista em avaliar os meios possíveis para que isso aconteça. Demonstra coragem para assumir riscos e não tem "problemas de controle", pois está convencido de que para qualquer obstáculo existente ele vai "descobrir alguma maneira" para lidar com o problema. Um indivíduo autêntico *vive improvisando*, não de forma estereotipada, mas adaptando suas respostas para se ajustar às particularidades de cada situação. No entanto, mesmo que ele não viva com padrões de resposta rígidos e previsíveis, consegue inspirar confiança, é conhecido como uma pessoa responsável, aquele de que se tem certeza de fazer "a coisa certa". Um indivíduo que vive bem e por inteiro leva bastante a sério as tarefas de dar um significado à sua vida que não se concentra nele mesmo, mas inclui suas interações e participações com os outros, como um amigo e um cidadão.

Uma das características únicas do ser humano é a capacidade para descobrir e escolher um *caminho único* nas situações concretas em que se encontra. Isso não se limita ao chamado "herói da história", mas é uma característica comum a toda vida bem vivida. O meu compromisso para fazer "a coisa certa" e para fazer o que é apropriado *para mim em uma situação particular* exige de mim não apenas um senso de responsabilidade, mas também uma capacidade para perceber o que é *unicamente necessário nesta* situação aqui e agora. Isso requer uma combinação de autoconhecimento e caráter aberto para a forma como a situação se revela e unicamente o chama para a ação. Por vezes, encontramos uma pessoa de maneira indistinta, defendendo uma causa com pouco ou nenhum apoio dos outros.

Frequentemente a qualidade de vida é descrita como "autêntica". A raiz grega dessa palavra é *autos,* ou seja, *o mesmo* ou *self* (no sentido de autorreferência). O termo "autêntico" significa "coisa real", é o que ela pretende ser. Um "autor" é a fonte de algo, como uma história ou uma teoria; e uma "autoridade" é alguém que detém o poder de decidir ou controlar em algum domínio. Em geral, *autos* refere-se àquelas coisas ou pessoas que são, em última análise, designadas a explicar a maneira como algo é. Uma pessoa autêntica, então, é alguém cujo comportamento expressa verdadeiramente que ele se compreende e se afirma como um ser. Para compreender o comportamento de uma pessoa devemos ter um entendimento de como ela pensa e dos valores que ela vive. Não é possível viver conforme a autoridade de outras pessoas ou organizações. Entre as condições limitantes da realidade de si mesmo e de outras pessoas como *Tu* – aqueles que nunca podem ser tratados estritamente como meios para os fins – e como a vida se tornou um *membro da família humana*, a pessoa passa a ser a sua própria autoridade. Já internalizou e arraigou tanto os valores vividos que eles informam, caracterizam e explicam como o indivíduo realmente vive.

O que torna esse tipo de vida possível? Acredito que as tarefas do viver bem, como pessoa em si e nas relações com os outros, e a capacidade de ser um gestalt-terapeuta eficiente demandam o funcionamento da *espiritualidade de uma pessoa*. Na minha opinião, essa é uma suposição implícita que funciona, geralmente sem ser denominada, nas noções de vida e a terapia na gestalt. Além disso, a verdade dessa afirmação depende, é claro, no que se entende por "espiritualidade humana". Assim como o aspecto físico, a sexualidade e a mentalidade se referem à capacidade dos seres humanos para ter certo tipo de experiência. Nesse contexto, tomo espiritualidade como *a capacidade de uma pessoa para interagir com um mistério e torná-lo significativo, de forma a honrá-lo por ser intrinsecamente misterioso*.

Tudo o que for único não deve ser compartilhado e, na maioria dos casos, não pode ser falado inteligivelmente, visto que as palavras têm a ver com o que é compartilhado. Quando percebo a "minha vocação", às vezes sou obrigado a ir além "do que todo mundo vê" e "do que todo mundo faz", para que eu possa entender o que "só eu posso ver e sentir o que sou *chamado* a fazer". Da mesma forma que para conhecer realmente outra pessoa seja necessário dar a ela o espaço para que se revele como ela *é* e não como eu *desejo*, *espero ou exijo* que seja. Embora o gestalt-terapeuta atenda cada cliente com um contexto de experiência e aprendizado, a fim de desenvolver hipóteses funcionais e dar prosseguimento ao trabalho, ele está interessado, *acima de tudo*, em receber as revelações do cliente à medida que ele se revela unicamente nesse momento. Isso significa que todas as suas cognições são testadas na experiência das revelações do cliente, são modificadas ou deixadas de lado se não se encaixam nessas experiências. Ao trabalhar espiritualmente com a paciência e a compreensão de que nunca ninguém vai descobrir totalmente seu próprio íntimo ou de qualquer outra pessoa, cliente e psicoterapeuta podem chegar a uma medida de compreensão de *como o modo de vida do cliente é organizado e o que ele afirma*. Mesmo que esse conhecimento compartilhado não possa ser falado, já que é único, cliente e psicoterapeuta são capazes de trabalhar juntos com o modo de vida do cliente para encorajá-lo e apoiá-lo na mudança da sua maneira de vida, através do tempo e das circunstâncias.

Em uma seção anterior mencionei o fato de que seres humanos compartilham, com todos os outros organismos, diversas características que são fundamentais para a pessoa ter noção de eu: *agência, totalidade orgânica, identidade através do tempo* e *afetividade*. Além disso, todo ser humano tem um senso de um "Eu" que acompanha todas as suas experiências e carrega um sentimento inevitável de que "estas são as *minhas* experiências, elas pertencem *a mim*". Uma vida humana autêntica e realizada revela a *forma madura* dessas características. Nessa vida, a *agência* se tornou um *poder autêntico*, à medida que a pessoa, ao respeitar os direitos dos outros, desenvolve o poder de agir de acordo com os seus princípios, torna-se aberto para o que é novo e único em sua experiência, podendo ser chamado para ação. A *totalidade orgânica* tornou-se *integridade total*, como resultado de ter nutrido e integrado todos os aspectos de sua natureza humana – o indivíduo desenvolveu o tipo de domínio de si mesmo, que lhe permite traduzir suas intenções em ação: age da maneira como diz que vai fazer. Esse tipo de pessoa inspira confiança em outras. *Identidade* ou *continuidade ao longo do tempo* se transformaram em uma *história significativa* pela forma como os acontecimentos de sua vida são encarados. A *afetividade*, na sua forma madura, mostra-se na *plena pessoalidade* de cada indivíduo, a vida encarna e atesta àqueles valores afirmados e aos objetivos alcançados. Essa pessoa está disposta a se expor ao ridículo e ao perigo em nome desses valores quando parece estar em risco. Por fim, na maturidade, o sentido subjetivo de "Eu" que acompanha todas as minhas experiências torna-se o sentido de *propriedade* e *responsabilidade* para a vida que tenho vivido com sentido de *autotranscendência responsiva*.

Os subprodutos de uma vida bem vivida são medidas completas não apenas de autorrespeito, mas de felicidade também. Esses são os objetivos finais da teoria e prática da gestalt.

Referências

ARISTOTLE (1980). *The Complete Works of Aristotle*. Vols. I e II. Nova York: Random House [org. por J. Barnes].

_____. (1960). *Metaphysics*. Ann Arbor: University of Michigan Press [Trad. de R. Hope].

BEISSER, A. (1970). "A teoria paradoxal de mudança". In: FAGAN, J. & SHEPHERD, E. (orgs.). *Gestalt-therapy*. Palo Alto: Science and Behavior

Books [No Brasil, traduzido sob o título *Gestalt-terapia*: teoria, técnicas e aplicações. Rio de Janeiro: Zahar, 1980].

BUBER, M. (1950). *I and Thou*. Nova York: MacMillan [Trad. de R. Gregor Smith]. [No Brasil, traduzido sob o título *Eu e tu*. São Paulo: Centauro, 2001].

CROCKER, S. (1999). *A Well-lived Life*: Essays in gestalt therapy. Cambridge: The GIC Press.

GREEN, B. (2005). *The Fabric of the Cosmos*. Nova York: Vintage Books.

HEIDEGGER, M. (1962). *Being and time*. Londres: SCM Press [Trad. de J. Macquarrie e E. Robinson – No Brasil, traduzido sob o título *Ser e tempo*. Petrópolis/Bragança Paulista: Vozes/Edusf, 2006].

KANT, I. (1958). *The Critique of Pure Reason*. Londres: Macmillan [Trad. de N. Kemp Smith – No Brasil, traduzido sob o título *Crítica da razão pura*. Petrópolis/Bragança Paulista: Vozes/Edusf, 2012].

LEWIN, K. (1951). *Field Theory in Social Science*. Nova York: Harper Torchbook.

MELNICK, J. & NEVIS, S. (2005). "Gestalt therapy theory of change". In: WOLDT, A. & TOMAN, S. (orgs.). *Gestalt therapy: history, theory, and practice*. Thousand Oaks/Londres/Nova Deli: Sage, p. 101-116.

_____ (2000). "Diagnosis: A struggle for a meaningful paradigm". In: NEVIS, E. (org.). *Gestalt therapy*: Perspectives and applications. Cambridge: Gestalt Press, p. 57-78.

NEVIS, E. (1987). *Organizational consulting*: A gestalt approach. Cleveland: Gestalt Institute of Cleveland Press.

PERLS, F.; HEFFERLINE, R. & GOODMAN, P. (1951). *Gestalt-therapy*: Excitement and growth in the human personality. Nova York: Dell Publishing Company [No Brasil, traduzido sob o título *Gestalt-terapia*. 2. ed. São Paulo: Summus, 1997].

PHILIPPSON, P. (2001). *Self in relation*. Highland: The Gestalt Journal Press.

PLATÃO. (1961). *The Collected Works of Plato*. HAMILTON, E. & CAIRNS, H. (orgs.). Nova York: Pantheon Books [org. por E. Hamilton e H. Cairns].

PROCTOR, R. & CAPALDI, E.J. (2006). *Why science matters*: Understanding the methods of psychological research. Oxford: Blackwell.

RANDALL Jr., J. (trad.) (1960). *Aristotle*. Nova York: Columbia University Press.

SARKAR, H. (1983). *A theory of method*. Berkeley/Los Angeles/Londres: University of California Press.

STOEHR, T. (1994). *Here now next*: Paul Goodman and the origins of gestalt therapy. São Francisco: Jossey-Bass.

WOJTYLA, K. (1979). *The acting person*: Analecta Husserliana the yearbook of phenomenological research. Vol. X. Dordrecht/Boston/Londres: D. Reidel.

WOLDT, A. & TOMAN, S. (2005). "Prologue-foreword". In: WOLDT, A. & TOMAN, S. (orgs.). *Gestalt therapy*: history, theory and practice. Thousand Oaks/Londres/Nova Deli: Sage, p. xi-xiv.

ZINKER, J. (1994). *In search of good form*. São Francisco: Jossey-Bass [No Brasil, traduzido sob o título *A busca da elegância em psicoterapia*. São Paulo: Summus, 2001].

8
Método fenomenológico

Todd Burley
Daniel Bloom

Vivemos em um mundo ambíguo. À parte dos exames no ensino médio, testes na faculdade e trivialidades computacional e factual, a maioria das decisões que tomamos em nossa vida cotidiana não tem soluções corretas. As escolhas que fazemos não são inerentes às situações presentes; são, na verdade, uma interação complexa entre as propriedades da situação e nossas próprias propriedades, nossas aspirações, nossas dúvidas e nossas histórias.
Elkhonon Goldberg

Em 1879, Wundt inaugurou o primeiro laboratório de estudos psicológicos. Como os métodos de pesquisa eram pouco desenvolvidos na época, o estudioso acreditou que a melhor maneira para estudar os processos psicológicos era treinar indivíduos a fazer uma introspecção das suas experiências com estímulos específicos. Foram altamente treinados, em uma tentativa de padronizar os relatórios dos processos. Agora já se sabe que esse método fora abandonado. Naquela época um outro psicólogo, Franz Brentano, competia pela liderança na pesquisa psicológica. Também considerava métodos semelhantes, mas, em vez de controlar o processo de observação introspectiva, procurou abordar, na medida do possível, o aspecto da objetividade da observação. Assim, começou a desenvolver o que hoje é conhecido como o método fenomenológico. Dois de seus alunos, influenciados por suas ideias, tomaram essa metodologia e a adaptaram com alguns objetivos que ainda ressoam na prática da psicologia clínica e da pesquisa. Sigmund Freud foi um desses estudantes responsáveis por desenvolver o método da associação livre, ou seja, a base da investigação psicanalítica e prática. Edmund Husserl, o segundo estudante, formalizou e depois desenvolveu mais ainda o método fenomenológico – a base das abordagens da gestalt em psicoterapia. Este capítulo é, em certo sentido, a continuação dessa história. Descrevemos os aspectos do método da gestalt-terapia, como a aplicação do método fenomenológico em psicoterapia. Vamos preparar uma base, delineando os conceitos básicos e o desenvolvimento da fenomenologia como uma filosofia. Assim, será possível nos concentrar no uso do método fenomenológico como um instrumento psicoterapêutico utilizado na observação e intervenção. Finalmente, descreveremos o processo fenomenológico, incluindo o seu método, para que seja observado e pesquisado de forma mais clara pelas explicações da neurociência cognitiva.

O desenvolvimento filosófico da fenomenologia

Gestalt-terapia é uma psicoterapia experiencial, sua teoria foi desenvolvida a partir de uma ampla gama de elementos no domínio das artes, da ciência e das ciências humanas. A fenomenologia determina a base psicoterapêutica da gestalt-terapia como uma psicoterapia experiencial. Assim, qualquer psicoterapia pode ser considerada experiencial se privilegiar o que é testado em uma sessão, mas o uso do método fenomenológico na experiência em si transforma a psicoterapia experiencial na singularidade da própria gestalt-terapia. Enfatizamos os aspectos psicológicos em vez dos filosóficos da fenomenologia. Enquanto essa abordagem era originalmente um método filosófico para revelar o conhecimento universal, eidético, a sua aplicação consistia no caráter psicológico para compreender de forma clara a experiência independente de qualquer circunstância. Desse modo, a psicoterapia e a investigação científica já apresentam uma base. Algumas noções comuns de fenomenologia, incluídas na gestalt-terapia, são a atitude natural, a redução fenomenológica (*epoché* ou *bracketing*, descrição, horizontalização) (MORAN, 2000; SPINELLI, 2005), a intencionalidade e incorporação ou o corpo vivido (MERLEAU-PONTY, 2002). Essas noções têm relevância direta para a prática clínica da gestalt-terapia, pois, de fato, são elementos da filosofia fenomenológica que transformam a psicoterapia experiencial em gestalt-terapia.

Immanuel Kant completou a fundação do modernismo em filosofia, estabelecendo a centralidade do *self*, ou do sujeito humano, como o constituinte da experiência. Para Kant, tudo o que sabemos ou podemos saber é aquilo que está dentro do mundo do fenômeno; as coisas em si mesmas, o númeno, estão fora de todo conhecimento humano possível. A fenomenologia kantiana foi desenvolvida a partir da distinção entre fenômeno e númeno.

Franz Brentano desenvolveu a primeira pesquisa de destaque em fenomenologia, pois considerou as qualidades que caracterizam os atos mentais e os fenômenos. Em referência a um termo usado pelos escolásticos, reintroduziu a noção de "intencionalidade", colocando-a no vocabulário fenomenológico. No discurso da filosofia, a temática dos fenômenos mentais. Pensar é pensar *em* algo. Todo pensamento possui um objeto inexistente (p. ex., um unicórnio) ou real (p. ex., uma casa).

O nome mais associado à fenomenologia é o do estudante de Brentano, Edmund Husserl. Com Husserl, essa abordagem adquiriu o *status* de movimento filosófico. Inicialmente, estudou a natureza da lógica como um processo mental e, depois, tentou encontrar a base não empírica para o conhecimento através do uso de uma técnica específica de investigação: o método fenomenológico (será mais detalhado a seguir). Recebeu influência direta dos *Princípios de psicologia* apresentados por William James (1950) e do método pelo qual o próprio James descreveu, meticulosamente, as próprias experiências como a base para seus *insights* psicológicos. Mais tarde aprofundou os trabalhos de James, viajando por águas mais complexas e explicitamente filosóficas. Husserl tinha dois motivos primários para desenvolver suas ideias sobre fenomenologia. Primeiro, queria salvar a filosofia do declínio de sua importância acadêmica; e, segundo, desejava encontrar uma alternativa ao naturalismo, que permeava a psicologia da época e que, em sua visão, consistia na inevitável distorção do estudo da consciência tratando-a como uma parte do mundo físico. Em outras palavras, o exame direto de consciência precisava preceder a investigação das suas correlações físicas (JENNINGS, 1986). Este último interesse levou-o a desenvolver o método fenomenológico como um método filosófico, o que será discutido com mais detalhes a seguir.

Husserl desenvolveu o conceito de intencionalidade de Brentano, nos aspectos em que descrevem e explicam a relação do sujeito consciente com o mundo externo, incluindo objetos intencionais. Assim, a intencionalidade descreve a relação entre o conhecedor, o processo do saber e aquilo que é conhecido; por isso é composta da qualidade do saber ou *noesis* e o conteúdo do conhecimento ou *noema* (HUSSERL, 1999; SPINELLI, 2005; ZAHAVI, 2002)[1].

Husserl demonstrou que cada ato de consciência é necessariamente intencional, quer dizer, é sempre dirigido para algo ou apontado em direção a algum objeto. Assim, a característica proeminente da consciência humana é a sua essencial direcionalidade. A consciência refere-se sempre a alguma coisa; sempre intenciona alguma coisa, ou é sobre alguma coisa. Por isso, toda imaginação significa imaginar algo; toda percepção consiste em perceber algo; todo pensamento é pensar em algo; todo desejo é desejar algo. Além disso, a consciência pode servir como um objeto para si, da mesma forma que consegue projetar um objeto físico, um axioma matemático, um valor cultural ou uma ideia. Assim, uma pessoa pode ser consciente da sua própria consciência, projetando emoções, desejos e outros estados de experiência (JENNINGS, 1986).

Ao longo de muitos anos de estudo, as ideias de Husserl passaram por variações e certo desenvolvimento. Acrescentou um papel significativo para o corpo vivido (Leib), tempo e mundo da vida (Lebenswelt) para sua filosofia. "Aparências cinestésicas e perceptivas estão relacionadas umas às outras através da consciência... O corpo vivido (Leib) está constantemente lá... funcionando como um órgão de percepção... todo um sistema de compatibilidade harmonizando os órgãos da percepção. O corpo vivido é em si mesmo... a percepção do corpo vivido" (HUSSERL, 1999: 227). A consciência é uma consciência incorporada. Cada experiência do mundo é mediada e possibilitada por incorporação. Jennings (1986) dá crédito a Gendlin (1962, 1964) pelo desenvolvimento do conceito de Husserl – corpo vivido; a experiência corporal constitui a base de origem para todas as nossas obras, ideias e pensamentos explícitos. O corpo vivido, então, é um conceito da última fase dos desenvolvimentos intelectuais de Husserl, que fornece uma ponte conceitual para a aplicação de seu método, a fenomenologia filosófica, na fenomenologia científica de outros estudiosos.

---

1. Quando noemata surgem para nós através dos nossos sentidos, podemos chamá-las de noemata perceptuais; mas quando algo vem a nós através da linguagem ou da reflexão, considerarmos como uma ordem superior de consciência conhecida como noema categórico. Assim, como mencionei antes, a experiência em si provém de alguma coisa atualmente presente, como de alguma coisa concebida, mas fisicamente ausente. Neste segundo aspecto pode ser algo imaginado e antecipado, tal como se pode ver apenas um lado de uma caixa, até que se mova para o lado oposto da caixa ou a vire ao contrário; ou isso pode não estar fisicamente disponível por completo, mas apenas presente para nós categoricamente através de nossa imaginação. Além disso, noemata categóricos podem ser conceitos, construtos e situações da mesma forma como eles podem ser objetos concretos e pessoas (BROWNELL, no prelo) [N.E.].

Martin Heidegger foi aluno de Husserl e tornou-se conhecido por sua fenomenologia transcendental e existencial, na qual fundamenta a experiência direta no mundo vivido. Muito do que se conhece como psicoterapia existencial deriva das premissas filosóficas da obra de Heidegger. A gestalt-terapia, enquanto uma psicoterapia existencial, inspira-se nesse pensador e naqueles que seguiram o caminho dele.

Maurice Merleau-Ponty foi também um dos estudantes de Husserl que deram continuidade ao desenvolvimento da fenomenologia a partir de um importante trabalho. Sua ênfase centrada nas experiências primárias de existência humana incorporada, entendendo-a de forma não dualista e não representacionalmente. O sujeito humano é encarnado, isto é, de carne e sangue (MORAN, 2000).

A atitude natural no método fenomenológico da gestalt-terapia

O mundo ingênuo das aparências é o mundo casual, no qual nos encontramos. Como pode este mundo, com sua "realidade factual existente" (HUSSERL, 1999: 63), ser a base do conhecimento, científico ou filosófico, se a sua aparência é tão dependente do sujeito? Para Husserl, o objetivo das ciências pertencentes ao mundo natural foi o de "conhecer 'o' mundo de maneira mais abrangente, mais confiável, mais perfeito em todos os aspectos do que pode o conhecimento experiencial ingênuo (e assim) resolver os problemas de cognição científica que se oferecem no domínio do mundo" (1999: 63).

Husserl (1999: 60) afirmou: "Iniciamos nossas considerações como seres humanos que vivem naturalmente, com o objetivo de julgar, sentir e se dispor a uma atitude natural'". Esse mundo natural é o nosso mundo circundante, não um mundo só de coisas, mas um mundo prático (práxis): "Encontro, simplesmente, as coisas físicas à minha frente decoradas não apenas com as determinações materiais, mas também com características de valor, como belo e feio, prazível e desprazível, agradável e desagradável" (HUSSERL, 1999: 61). Ou, de acordo com Robert Sokolowski (2000: 42), "A atitude natural é o foco que temos quando estamos envolvidos em nossa postura original, dirigida para o mundo, quando intentamos coisas, situações, fatos e quaisquer outros tipos de objetos. Poderíamos dizer que atitude natural é a perspectiva padrão, aquela que precede qualquer outra". É o mundo tomado como certo (MORAN, 2000).

O primeiro propósito de Husserl foi esclarecer o fundamento das ciências positivas, extraindo, a partir deles, pressupostos metafísicos e epistemológicos (ZAHAVI, 2002). O método fenomenológico pretendia transformar o mundo pré-reflexivo ou natural em um mundo filosófico, fenomenológico (SOKOLO-WSKI, 2000), onde a essência, *eidos*, poderia ser revelada com a chamada redução eidética (HINTIKKA, 1995) ou intuição eidética (MORAN, 2000). Em vez de um método psicológico, a abordagem fenomenológica se destinava a transcender a Psicologia e o psicologismo (a psicologização ou personalização da filosofia), ou seja, ir além e resultar em uma filosofia fenomenológica.

A importância desse argumento consiste no uso desse método filosófico por si mesmo, isto é, a volta à atitude natural e levando em consideração o que foi citado (cf. mais adiante neste capítulo) e não observando a redução na atitude fenomenológica (e filosófica), inventamos um método que tem servido bem à gestalt-terapia. O método fenomenológico em filosofia começa com os "fatos brutos" da experiência (JAMES, 1981), prossegue de forma introspectiva e descritiva como um movimento transcendental para as questões próprias deles, e depois, eideticamente, às "estruturas invariantes essenciais da esfera total dos processos mentais puros" (SMITH & SMITH, 1995: 326). Nesse último torno eidético, nós, gestalt-terapeutas, voltamos para "o que é", com a riqueza do que foi já citado, agora incluído nas perspectivas de desenvolvimento da nossa psicoterapia. Começamos com (e voltamos para) o campo psicológico e fenomenal.

O método fenomenológico, em si, consiste na regra de *epoché*, na regra de descrição e na regra de horizontalização (SPINELLI, 2005).

A partir do método da dúvida, desenvolvido por Descartes para encontrar a indubitável base de ser, seu famoso *cogito ergo sum*, Husserl propôs uma outra, talvez não dualista, solução. Em vez de duvidar,

> [Com] relação a qualquer postulação podemos muito livremente exercer [a *epoché*] uma certa abstenção do julgamento, que é compatível com a convicção inabalável da verdade, mesmo com a convicção inabalável da verdade evidente. A postulação é "colocar fora de ação", entre parênteses, convertida na modificação, "postulando entre parênteses"; o julgamento simplesmente é convertido para o "julgamento entre parênteses..." [Cada] postulação relacionada com essa objetividade deve ser excluída e convertida em sua modificação parentética (HUSSERL, 1999: 64-65).

A atitude fenomenológica de Husserl não nega nem duvida do mundo. Simplesmente deixa de fora qualquer julgamento de "seu ser espaçotemporal factual" (HUSSERL, 1999: 65), assim o conhecimento passa a se basear na intuição pura (ZAHAVI, 2002: 44)[2]. Todas as ciências relacionadas a esse mundo natural são excluídas, para que o conhecimento transcendental possa ser possível. Assim, a *epoché* é também referida como a redução transcendental.

Enquanto o método fenomenológico preocupava-se em descrever um solipsismo filosófico, no qual um indivíduo isolado está sozinho em sua atitude fenomenológica, Husserl se esforçou para contrariar esse entendimento. Muitos de seus artigos abordaram a questão da intersubjetividade. Por exemplo, em seus primeiros escritos, considerou a ideia de empatia e a maneira que apreendemos o corpo do outro como um campo de sensações, um corpo vivido. Referiu-se à camada estesiológica do outro Eu (ou sujeito), afirmando que aquela empatia era mesmo constituída naquele outro Eu. Como é parafraseado,

> ...Husserl disse [em suas palestras entre 1910-1911] que, embora eu permaneça em meu campo fenomenológico da experiência, esse campo se estende, através da empatia, para uma esfera de pluralidade que estão [sic] ligadas à minha "através de estruturas motivacionais" – não através de uma ligação *real*, mas através de um tipo muito peculiar de ligação possível, por uma postulação empática. As consciências que estão separadas, ele continua a dizer, permanecem sob a possibilidade de comunicação, e comunicação depende da percepção do corpo vivido do outro, tão bem como das motivações dele emitidas (MOHANTY, 1995: 71).

Assim, a *epoché* se estende à intersubjetividade.

Após a implantação dessa *epoché*, segundo Husserl, um mundo sem pressupostos torna-se disponível para ser estudado, porque assim há uma suspensão abrupta da atitude natural, ou seja, a redução transcendental que se segue é a "abordagem da correlação entre a subjetividade e o mundo" (ZAHAVI, 2002: 46). A consciência pode, então, ser vista a funcionar composta transcendentalmente do objeto – *aquele* que intenciona (*noema*) – e do objeto enquanto está intencionado (*noesis*) (MORAN, 2000: 156). A consciência tem ambos os aspectos, o funcional e o temático: um está consciente de alguma coisa, e o

---

2. Para nós, gestalt-terapeutas, dizer que a intuição emerge em uma sessão de terapia é possível por causa do resultado da nossa versão do método fenomenológico.

outro é consciente de ser consciente (ZAHAVI, 2002: 51-52). Além disso, "as aparências cinestésicas e perceptivas estão relacionadas umas com as outras através da consciência... O corpo vivido (*Leib*) está, constantemente, ali... funcionando como um órgão de percepção [–]... um sistema inteiro que harmoniza compativelmente os órgãos da percepção. O corpo vivido é em si mesmo... o corpo vivido perceptivo" (HUSSERL, 1999: 227). A consciência é consciência incorporada. Cada experiência do mundo é mediada e possibilitada por incorporação (ZAHAVI, 2002). Tudo isso se torna aparente dentro da atitude fenomenológica assumida depois da *epoché*.

Nesse ponto, entretanto, o método fenomenológico de Husserl toma outra direção. Para mudar desse conteúdo noemático para o mundo eidético, não sensual, do domínio não empírico de significado universal, Husserl propõe a redução eidética. "[Essências] têm que ser distinguidas na análise fenomenológica da massa sensorial que as geram" (MOHANTY, 1995: 101). A redução eidética olha para as formas essenciais. "Esta redução eidética é diferente da transcendental, que nos faz mudar da atitude natural para a atitude fenomenológica" (SOKOLOWSKI, 2000: 184).

Assim, fora da terapia[3], a filosofia começa

> ...quando nós assumimos uma nova postura na nossa atitude natural e em todas as suas melhorias. Quando nos envolvemos em filosofia, afastamo-nos e contemplamos o que é ser verdadeiro e a maneira como podemos conseguir evidências. Contemplamos a atitude natural e, portanto, assumimos um ponto distante. Este movimento de recuar é feito através da redução transcendental. Em vez de estarmos simplesmente interessados nos objetos e nas suas características, pensamos sobre a correlação entre as coisas que estão sendo reveladas e dativo a quem elas estão manifestadas. Dentro da redução transcendental, também realizamos uma redução eidética e expressamos estruturas que mantêm, não apenas nós mesmos, mas cada subjetividade que está envolvida na comprovação e na verdade (p. 186).

---

3. Dentro da gestalt-terapia, no entanto, a utilização do método fenomenológico é diferente. Como será visto, o gestalt-terapeuta mantém a atitude natural, mas inclui elementos da redução mencionados aqui, tudo a serviço do encontro psicoterapêutico. Isto é, o psicoterapeuta permanece próximo da experiência, observando e descrevendo, como Sokolowski descreve anteriormente, a "correlação entre as coisas que estão sendo reveladas e relativo a quem se manifesta" (SOKOLOWSKI, 2000: 186) [N.E.].

Husserl assumiu, claro, que tudo isto era possível: poderiam colocar entre parênteses todos os pressupostos implícitos à atitude natural e continuar com aqueles que foram, cuidadosamente, delimitados por parênteses. Poucos de seus seguidores foram capazes de acompanhá-lo nessa direção (MORAN, 2000). Especificamente Martin Heidegger, ele rejeitou totalmente a redução transcendental de Husserl e Maurice Merleau-Ponty, e afirmou que nenhum colocar entre parênteses jamais poderia ser completo (SPINELLI, 2005). Se o corpo vivido está sempre presente, como poderiam as sensações serem colocadas entre parênteses? Contudo, o estudo contemporâneo de Husserl sugere que suas ideias são mais complexas do que os seus sucessores imediatos pensaram (ZAHAVI, 2002).

Husserl ainda afirmou que a redução fenomenológica era necessária para a ciência ir além dos pressupostos epistemológicos em que foi incorporada. Nem todos os psicólogos concordaram. Stolorow e Jacobs, por exemplo, recentemente contestaram a dependência da gestalt-terapia por conta de uma aceitação ingênua das reduções fenomenológicas de Husserl e insistiram em uma abordagem hermenêutica (STOLOROW & JACOBS, 2006). Assim, compreenderam corretamente a inutilidade da tentativa de Husserl de estabelecer uma percepção transcendental sem pressupostos, uma vez que toda percepção deve "ser um ato de interpretação, respectivamente embutido nas próprias tradições do intérprete". Não pode haver fenomenologia "pura" (STOLOROW & JACOBS, 2006: 57)[4]. Além disso, Giorgi e Giorgi observaram que os textos de Husserl e de Merleau-Ponty

---

4. Sugerimos aqui que, por mais justificados e atraentes sejam esses refinamentos de Jacobs e Stolorow, suas sugestões não dão importância suficiente para a atitude natural de Husserl, a centralidade do corpo vivido em qualquer experiência de perspectiva (ZAHAVI, 2002) e a importância da *epoché, todas essas são necessárias para experienciar a figura-fundo no processo de contato em gestalt-terapia*; e sem elas a gestalt-terapia permaneceria indistinguível de qualquer outra psicoterapia experiencial. Ainda que as regras de descrição e horizontalização nos digam, simplesmente, para manter a mente aberta em psicoterapia, prestar atenção nos desenvolvimentos concretos em uma sessão ou evitar explicações abstratas (SPINELLI, 2005), isso não passa de um relato dos dados conhecidos da psicoterapia experiencial. A preferência de Jacobs e Stolorow por "uma abordagem hermenêutica... [que enfatiza] a nossa imersão no contexto, destaca a compreensão como emergente do encontro contínuo de nossos pré-julgamentos... – aqui compreensão envolve um processo dialógico e circular, no qual nenhum dos parceiros tem acesso privilegiado à mais 'pura' perspectiva" (STOLOROW & JACOBS, 2006: 59) é consistente com o que estamos propondo aqui; no entanto, mais uma vez, permanece indistinguível da psicoterapia experiencial e, insuficientemente, enfatiza a emergência de gestalt dentro da gestalt-terapia.

forneceram articulações filosóficas do método fenomenológico e a única coisa certa era que aquelas articulações não poderiam ser imitadas precisamente, porque isso resultaria em uma análise filosófica e o necessário era, na verdade, aplicar a fenomenologia para ajudar a esclarecer situações do ponto de vista da psicologia científica... Este último ponto é muito importante, porque, muitas vezes, os cientistas sociais usam a descrição das etapas do método de Husserl... sem modificação e sem perceber que está a serviço de um projeto filosófico. Assim, Moustakas (1994) também apresentou uma interpretação independente do método filosófico de Husserl, pois usou as articulações transcendentais apenas como um guia. Entretanto, nosso ponto de vista baseia-se no fato de que a perspectiva transcendental seja totalmente filosófica e não sirva de guia para análises psicológicas (GIORGI & GIORGI, 2003: 245).

Então, modificando para o próprio uso, alguns psicólogos fenomenológicos tomam a sua compreensão do método de Husserl e fazem "refinamentos". Na *Fenomenologia experimental* (1977), Don Ihde propôs três regras hermenêuticas simples: "(a) observar os fenômenos como são e como se mostram; (b) descrever (não explicar) os fenômenos, e (c) horizontalizar todos os fenômenos inicialmente" (IHDE, 1977: 38).

O método fenomenológico em gestalt-terapia

Resumindo, o método fenomenológico de Husserl começa com os fatos diretamente experienciados na atitude natural, delimita ou coloca entre parênteses seus pressupostos metafísicos e epistemológicos na redução transcendental, e, ainda, implanta a redução eidética para o universo das essências. Sua filosofia prossegue de acordo com dois planos: o transcendental e o empírico (ZAHAVI, 2002; HUSSERL, 1999). O transcendental e o empírico são teoricamente equivalentes e até mesmo paralelos. "É apenas o campo da experiência transcendental do *self* (concebido em plena concretude) que em todo caso pode, através da mera alteração de atitude, ser modificado na experiência psicológica do *self*" (HUSSERL, 1999: 331-332). Dessa forma, o transcendental e o psicológico são direções diferentes dentro do método fenomenológico. Além disso, *voltando* à redução eidética, como propomos aqui, o método fenomenológico retorna à experiência sensual e concreta do corpo vivido. Ao realizar isso, sem se mover em direção ao domínio eidético não empírico, a perspectiva da gestalt-terapia consiste no surgimento dessas novas formas de experienciar, formar e desestruturar a gestalt, que são as características desse método. Essa volta ou retorno em direção ao psicológico incorporado, então torna-se uma mudança radical no método fenomenológico, pois revela a sequência de entrar em contato com a gestalt-terapia.

"A consciência é a *awareness* subjetiva da experiência momentânea, de acordo com o contexto da memória pessoal e do estado presente" (JOHN, 2003: 244). Essa definição é facilmente reconhecida como uma boa descrição de figura e fundo que ocorre na atitude natural. Segundo Antônio Damasio (1999), a consciência surge quando o estado de uma pessoa é alterado em contato com um objeto. Uma definição simples e aceitável de contato com a gestalt-terapia é que isso representa a experiência humana de "semelhante" encontrando o "não semelhante", um processo fenomenal contínuo do surgimento de figura-fundo.

Relações de figura e fundo no método fenomenológico

A gestalt-terapia dá atenção à estrutura da figura emergente (objeto intencional) e a contempla na atitude natural dentro de uma sessão de psicoterapia (SPAGNUOLO-LOBB, 2005). Se for considerada o *continuum* da *awareness* (PERLS, 1992), a sequência de contato (PERLS; HEFFERLINE & GOODMAN, 1951) ou o ciclo (o *continuum*) da experiência (WOLDT & TOMAN, 2005; MELNICK; NEVIS & SHUB, 2005), o psicoterapeuta e o cliente juntos se engajam de tal forma que os fatos provenientes de seus campos fenomenais compartilhados se tornam o foco da sessão. Normalmente os gestalt--terapeutas descrevem esse processo como figura-fundo, no qual as figuras e os contextos prosseguem sequencialmente; mais diretamente, em uma linguagem fenomenológica, também pode ser chamado como um processo central/periférico (IHDE, 1977). Os gestalt-psicoterapeutas não controlam apenas a experiência, também estão atentos aos padrões (*gestalten*) da corrente de experiência à medida que surgem em contato. O pressuposto básico é que o processo de formação e fechamento de gestalt que o organismo experiencia no seu campo ambiental deve se mover de uma forma razoavelmente suave e ondulatória. O psicoterapeuta está à procura de indícios de que o processo será interrompido em sua função ou que não se encaixa nas condições do ecossistema do qual o organismo é uma parte. As qualidades estéticas de fazer contato – aquilo que é sentido, percebido, observado, conhecido, ou seja, as qualidades experienciadas – estão no âmago da psicoterapia (BLOOM, 2003). As inibições para esse processo e as restrições à espontaneidade ou a outras formas de fixação, como as interrupções para fazer contato (PERLS; HEFFERLINE & GOODMAN, 1951) são o material para o *insight* psicoterapêutico. Assim, há um processo de consciência na gestalt-terapia, em parte, pela aplicação do método fenomenológico.

A unidade básica de observação para o gestalt-terapeuta é o processo de formação e o fechamento de gestalt. O pressuposto é de que esse processo represente a base para a fenomenologia e um padrão normal de movimento que vai da formação ao fechamento de uma gestalt até o seu eventual desaparecimento da consciência. De acordo com Pinker (2002: 39), os "...behavioristas entenderam isso de forma contrária: é a mente, não o comportamento que é legítimo". Nesse padrão típico, a necessidade ou o interesse evoca figura e torna-se o foco de atenção e consciência. Os alunos, muitas vezes, acham que esse é um conceito difícil, porque as necessidades são consideradas elementos muito básicos em motivação, mas sem elas não há nada para dirigir o "holofote" experiencial/intencional. Um som repentino pode despertar a necessidade de confirmar que nada de anormal está ocorrendo, ou pode tomar a forma de insatisfação com um trabalho e a necessidade de encontrar algo considerado melhor. Todas as necessidades são de base biológica (até mesmo a necessidade por uma experiência "espiritual" baseia-se no desejo pela experiência e sensação que produz)[5]. Não consigo pensar em nenhuma saída dessa afirmação, embora seja existencialmente desconfortável. Essas necessidades concentram e direcionam o sistema de atenção para algo que se torna figural.

---

5. É claro que essa não é a opinião de todos os gestalt-terapeutas. Como, por exemplo, um vai à procura de uma epifania? Conseguem surpreender uma pessoa da mesma forma que um momento dialógico escapa a todos que o fazem atingir um objetivo (porque o leva para uma posição de Eu-isso) perder a experiência inteiramente em busca de sensações físicas obtidas através de um encontro com a divindade/mistério. Enquanto muitos gestalt-terapeutas o fazem, de fato, reduzir a experiência ao físico, outros consideram isso uma redução materialista, não avalizada (CROCKER, 1999). A alternativa ao dualismo não tem que ser esse fisicalismo monista; os gestalt-terapeutas podem achar o monismo emergente/fisicalismo não redutivo útil. (Cf. BARBOUR; ELLIAS; HAPPEL; PAVÃO; PETERS & WATTS, in: RUSSELL; MURPHY; MEYERING & ARBIB, 2002; BROWN; MURPHY & MALONY, 1998) [N.E.].

Em outras palavras, a necessidade ou o interesse direciona atenção e evoca a figura intencional.

A Psicologia atualmente conhece bastante o assunto atenção e, portanto, sabemos muito sobre como a figura começa a se desenvolver e um pouco de suas características dinâmicas. Essa pesquisa mostra que a atenção funciona como um holofote, na medida em que se concentra em aspectos particulares e estreitos do que estão disponíveis no campo fenomenal de uma pessoa. Algumas coisas, como ouvir o nome de alguém falado a certa distância em uma festa de coquetel, automaticamente atraem a atenção, mas há medidas possíveis para controlá-la. O mais importante para o cliente e o psicoterapeuta é que a atenção seja limitada em termos de tamanho ou quantidade e pode ser atendida em qualquer momento. Há algum tempo acreditava-se que as pessoas poderiam, em média, atender a sete unidades de informação de uma vez (LEZAK; HOWIESON & LORING, 2004: 25-26), mas sabe-se agora que há uma limitação, provavelmente mais próxima de quatro unidades de informação. Os neurocientistas cognitivos descrevem isso como uma passagem estreita no sistema. Podemos sentir muita informação, mas a percepção implica uma interpretação cognitiva de ordem superior e o processamento do que sentimos; portanto, um estreitamento do que está disponível para ser atendido. Se a mudança e aprendizagem ocorrem com base na experiência, então o psicoterapeuta deve se concentrar em atender, focalizar e conduzir essa experiência. Em quantos conceitos, por exemplo, o psicoterapeuta pode chamar a atenção do cliente? Visto que a consolidação neural de uma nova informação precisa de algum tempo, então, em que tempo ágil o psicoterapeuta deve retomar o contato enquanto o cliente está assimilando uma nova experiência, um pensamento ou um sentimento?

Assim, o que entendemos por figura e pela forma como é composta ou construída em termos de processo? Primeiro, eu (Todd) deveria notar que há alguma discussão na literatura atual da gestalt a respeito da base dessa figura, se é do campo ou fenomenológica. Vou assumir aqui que é de base fenomenológica e, portanto, uma propriedade do organismo, conforme o resultado da discussão em vigor entre os teóricos originais da gestalt e o grupo de Vygotsky e Luria. Figura é aquela conscientização da experiência eliciada pela necessidade, ou seja, o foco da nossa atenção. É óbvio que a figura pode ser a sensação, como o que vemos, ouvimos, tocamos e assim por diante. A figura é também perceptiva, no sentido de que é o resultado da organização e interpretação de estímulos. A figura também pode ser interoceptiva, ou o que Damasio pode chamar de consciência central, ou, além disso, o que ocorre quando os instrumentos de representação do cérebro produzem uma explicação visual e não verbal de como o estado do próprio organismo é afetado pelo processamento que faz de um objeto. Os gestalt-terapeutas são, frequentemente, vistos tentando acessar essa consciência, quando perguntam a um cliente se ele está consciente em seu corpo. Quando fazem isso, colocam em foco uma parte específica da experiência e a tornam figural; ou seja, fazem disso um objeto intencional para o cliente. Podemos incluir aqui o que é normalmente chamado de "sentimentos": resultado legível de emoções. Por fim, poderíamos incluir imagens, essas coisas que são memoráveis ou imaginadas pela mente (uso, aqui, o conceito de mente como produção do sistema nervoso como um todo)[6]. É claro que as imagens podem incluir aquelas construções que chamamos de memória ou manipulações criativas inteiramente novas de conceitos já disponíveis para nós.

Como a figura é um evento do cérebro e da mente, modificada pela atenção que aponta uma característica única da experiência de uma pessoa, nota-se que há muito mais "espaço" disponível no contexto da vida de qualquer pessoa. Esse "restante" é fundo. A figura está inserida em um contexto altamente organizado e flexível; não é uma situação caótica, desintegrada. Consegue organizar o fundo e, quando a figura se move, esse processo reconfigura o fundo. Uma das mais claras explicações de como essa organização se dá é o modelo conexionista propagando ativações da memória, no trabalho de Collins e Loftus (1975). Essa teoria, bem-fundamentada pelos chamados experimentos de *priming*, afirma que, quando um conceito se torna figural, há uma ativação propagada que une conceitos relacionados a ele. Em outras palavras, a figura organiza o fundo e este fundo que, por sua vez, dá significado à figura.

Revisando todo o processo: necessidade ou interesse estimula a atenção, a qual evoca ou elicita a figura responsável, por sua vez, de organizar o fundo

---

6. Outros gestalt-terapeutas não adotam essa posição; por isso falariam das propriedades emergentes da mente superveniente que não são equivalentes à produção total do cérebro, mas são correlacionadas e dependentes do cérebro. Uma discussão completa sobre emergência e superveniência neste contexto está além do escopo deste capítulo, mas os leitores podem querer consultar Bielfeldt, 2000; Gregersen, 2000; Philippson, 2001; Murphy, 2002; Brownell (no prelo) e Yontef e Philippson no capítulo 12 deste volume [N.E.].

que, então, dá sentido à figura. O fundo organizado e a interpretação consequente da relação entre figura e fundo que resulta em significado são compostos principalmente de memória. Isso pode parecer um pouco surpreendente a princípio, porque tendemos a pensar significado como algo atual e, portanto, um produto do aqui e agora. Faz-se importante destacar que a memória é, no entanto, construída no presente.

A memória é algo muito complexo, mas uma descrição simples e os termos atuais usados para se falar a respeito do assunto pode ser clinicamente útil.

As memórias, ecoica e icônica, são a retenção imediata da sensação auditiva e visual (respectivamente) experienciadas há pouco tempo. Esse tipo de memória é muito curta, uma vez que se decai em cerca de um quarto de segundo. A memória de trabalho dura um pouco mais, refere-se a esse material, por exemplo, que eu preciso ter em mente para que eu possa escrever esta frase e recordar o que quero escrever e o que já escrevi. Enquanto faço uma chamada telefônica, lembro-me do número que leio, mas esqueço depois de eu ligar (e às vezes antes!). Essa é a memória de trabalho. O que é geralmente conhecido como a memória de curto prazo é armazenado de forma diferente do que a anterior, mas não está ensaiado ou processado para permanecer com um indivíduo por um prazo indeterminado. A memória de longo prazo é, naturalmente, o que na maioria das vezes projetamos como memória, tem a ver com as experiências vividas no passado. As memórias ecoica e icônica, a memória de trabalho, a memória de curto prazo e memória de longo prazo (bem como alguma sensação imediata) compõem o fundo. Isso faz com que uma pessoa determine o sentido e a trajetória do que é figural no momento.

Existem vários sistemas para descrever os diferentes tipos de memória de longo prazo; porém, o sistema descrito por Tulving (1985) é mais útil para psicoterapeutas, porque delineia, mais claramente, as várias ocorrências em psicoterapia. De acordo com a teoria desse pesquisador, existem três tipos de memória que usamos para navegar em nossas interações diárias com o mundo. Rotulou-as por razões associadas à literatura de pesquisa relacionada ao tempo, Episódica, Semântica e Processual.

Tabela 8.1 As características da memória segundo Tulving

Memória	Princípio básico	Aprendizagem	Consciência	Expressão
Episódica: declarativa	Observação	Acreção	Autonoética consciente	Flexível
Semântica: declarativa	Observação	Reestruturação	Noética consciente	Flexível
Procedimental: não declarativa, implícita	Responder abertamente, perceber e observar	Sintonização	Não noética Não consciente	Direta, determinada no momento da aprendizagem

Fonte: Esse material é baseado, em parte, no trabalho de Tulving, mas não organizado dessa maneira por ele.

A memória episódica é, literalmente, a memória de episódios que ocorrem a todo momento, à medida que vivemos e consideramos certos eventos inesquecíveis. Como essa memória opera na consciência da pessoa, ajuda-nos a adquirir e reter conhecimento com base em eventos e relembrá-los de uma forma subjetiva.

A memória semântica funciona dentro da consciência e é baseada em um número de eventos ou episódios com suficiente conexão e semelhança, que podem ser abstraídos e sintetizados. Permite que uma pessoa represente, internamente, os estados de experiência que não estão presentes no momento, mas fazem parte do conhecimento. A pessoa pode manipular esse conhecimento sem qualquer comportamento aparente, até mesmo representar conclusões e ideias, e comunicá-las a outras pessoas.

A memória procedimental é exatamente o que a palavra significa – memória de como a pessoa faz as coisas, como as coisas se passam ou como responde a um conjunto de circunstâncias. Uma pessoa mantém uma conexão entre certos estímulos e suas respostas referentes a isso e constrói uma série complexa de sequências de padrão e resposta, permitindo que ela responda de forma adaptativa ao seu ecossistema ou, em termos de gestalt, ao seu campo. Essa memória é diferente das outras, porque opera fora da consciência. As respostas que formam a base da "estrutura de caráter"são *overlearned* (muito aprendidas) e se tornam automáticas, uma maneira de a pessoa "fazer e ser" (BURLEY & FREIER, 2004). O cérebro, por conta de sua eficiência, é projetado para automatizar esses comportamentos, para permanecer livre e enfrentar o que considera como novo ou original. Se a pessoa é confrontada com uma situação semelhante a outras que já enfrentou, o cérebro usará o padrão do procedimento já aprendido. As vantagens adaptativas são tão óbvias, como as patologias que surgem quando se observa a familiaridade dessa situação, não sendo necessária nenhuma *awareness* ou atenção.

A relação entre os três tipos de memória torna-se importante quando se percebe que a memória semântica e episódica são os blocos de construção da memória procedimental. Enquanto a memória episódica está relacionada ao acúmulo de aprendizagem, e a memória semântica ajuda a reestruturar o que aprendemos, acomodando diferenças em episódios, a memória procedimental ajuda a ajustar e automatizar o comportamento afetivo, cognitivo e motor. Com isso, nota-se que a memória procedimental requer uma resposta aberta, enquanto as memórias semântica e episódica podem ser baseadas apenas em observação[7].

Segundo Damasio, o contexto, assim como a memória, contém aspectos atuais da sensação e da consciência central, definidos "como a percepção do *self* de um momento – agora – e de um lugar – aqui. O escopo da consciência é o aqui e agora" (DAMASIO, 1999: 16). Juntos, esses dois elementos contribuíram para o contexto e ajudaram a definir o significado da figura do momento.

Em certo sentido, definimos os conteúdos da fenomenologia (objetos intencionais e significativos a partir da interpretação de um sujeito situado), de acordo com o método fenomenológico, acessível na psicoterapia.

Voltemos à necessidade de base biológica com a qual começamos. Podemos ver agora que a fase inicial da "gestalt" ou configuração se origina da necessidade que polariza o campo fenomenal (não o campo ontológico ou ecossistêmico) na figura e fundo, onde a figura organiza o fundo que, por sua vez, dá sentido à figura. Essa "gestalt" exige um fechamento.

---

7. Outros pesquisadores e teóricos chegaram a conclusões semelhantes, porém com uma linguagem um pouco diferente. Squire (1986), por exemplo, divide os sistemas de memória em: declarativa (Episódica e Semântica) – coisas que podem ser contadas – e memória não declarativa (procedimental) – coisas que não podem ser contadas. Enquanto Schacter (1995) fala de memória explícita para descrever os processos episódicos e semânticos, e a memória implícita relata a memória procedimental de Tulving.

Figura 8.1 Relações de figura-fundo

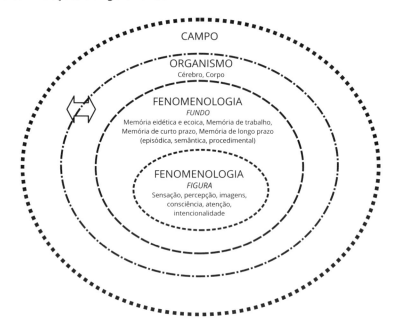

Por exemplo, se estou perdido em Paris e preciso chegar a um restaurante para encontrar um amigo, devo procurar alguém que seja capaz de me dar a direção do restaurante, em vez de alguém que possa me dizer se uma viagem a Fiji realmente vale a pena. Depois de conseguir as informações necessárias, sigo para o restaurante. Em certo sentido, a intenção da "gestalt" é a sua própria resolução ou destruição. Como a necessidade é satisfeita, a figura já não é mais evocada e, assim, aquela "gestalt" específica é concluída e desaparece.

Os fenomenologistas postulam dois focos – "o que esta é" e "como esta é" – que criam a estrutura de experiência; e a segunda nos referimos à maneira de como a experiência acontece. Quando a necessidade de base biológica surge e polariza o campo fenomenal em figura e fundo, o primeiro passo é a formação de uma figura, um estágio que chamaremos de formação de figura. Isso poderia ser a percepção emergente, evidente ou ainda um pouco incerta, de que estou cansado, agitado, com sede ou com vontade de aproveitar o tempo. À medida que a figura se torna mais clara, os processos, as memórias e as associações relacionadas a ela, ou seja, os aspectos relevantes do fundo, vão se organizando. Esse processo pode basear-se na sensação, na imaginação ou no desejo de criar certo tom de sentimento; mas, em qualquer caso, a sua essência é organísmica e, portanto, relacionada principalmente ao cérebro. Como resultado obtém-se, fortemente, uma associação com o funcionamento dos lobos sensoriais e o sistema límbico.

Se a figura ainda não está nítida e definida, é necessária alguma nitidez. Por exemplo, eu poderia notar que eu quero voltar para a escola, gosto de aprender e fico animado com as ideias e a maneira como as coisas funcionam. Mas o que quero? História da arte? Microecologia? Preciso de uma figura mais nítida para satisfazer essa necessidade/desejo/interesse. Portanto, essa é a etapa de aguçar a figura. Se alguém fosse mudar para algum tipo de resolução sem passar por esse processo, não seria capaz de fazer algo que respondesse adequadamente à necessidade original ou estar em consonância com uma figura bem desenvolvida. Como consequência, não se sentiria satisfeito ou pronto para seguir em frente. Neurologicamente, a base seria semelhante à formação de figura; porém, pode envolver um pouco mais de planejamento e função executiva associada ao córtex pré-frontal (BROWNELL, no prelo).

Eu (Todd), certa vez, tive uma cliente que mudava com frequência para alguma atividade imediata para "satisfazer" os seus anseios, sem considerar realmente o que ela desejava. Como resultado, estava constantemente insatisfeita com ela mesma, nunca sentia que algo estava certo para ela. Não esperava que explicando o processo faria qualquer diferença, mas, três sessões depois, ela entrou e exclamou: "Você estava certo!"

"Certo sobre o quê?", perguntei.

Então, me disse que, há três semanas, tinha saído da sessão com um sentimento vago de precisar de alguma coisa, mas não estava claro o que era isso. Decidiu controlar sua atividade frenética até que a necessidade estivesse clara para ela e relatou: "Nunca me senti tão bem na minha vida até esperar que essa ideia estivesse clara para mim e, em seguida, fiz o que precisava".

Mas, se a figura é nítida e claramente relacionada com a necessidade inicial, então o organismo faz um auto/ambiental exame para ter uma noção de qual a melhor maneira para resolver a figura e, assim, satisfazer o organismo, as condições do campo e as necessidades. Nessa etapa, o contexto começa a mostrar sua importância. Se quero algo fresco e líquido, por que não vou até uma bomba de gasolina? Porque, ao consultar minha memória, saber como o meu mundo funciona e identificar o que tem lá, a gasolina não é evocada pela figura. Busco o que está disponível na minha imaginação: as sensações, os sentimentos e assim por diante; uma maneira para resolver a gestalt que se formou. A questão agora é: o que completaria a gestalt? Em outro exemplo, poderia querer dormir, mas como faço um auto/ambiental exame, percebo que estou tenso e minha mente continua me lembrando de uma interação desconfortável com um amigo, causando um constrangimento. Minha observação pode levar-me a lembrar que o nosso relacionamento sobrevive a todo tipo de evento, e começo a soltar meus músculos, só assim relaxo um pouco. Isso não teria funcionado com outro amigo, mas essa amizade em particular é forte o suficiente para o que aconteceu. Agora, quais são os recursos de campo, tanto organísmico como ambiental, que têm efeito nos processos que levam à escolha da resolução figura? Nota-se que o córtex pré-frontal tem um papel importante nesse processo de busca centrada na memória, imaginação, conceitualização e todos os outros processos envolvidos na mente, monitorados em laboratórios modernos. Mesmo sendo extremamente embaraçoso tentar acompanhar o processo em um cliente, sabemos o suficiente agora para compreender o processo que está ocorrendo e quando funciona bem ou mal. No entanto, se a figura não está bem esclarecida, não se pode fazer um auto/ambiental exame adequado; dessa forma, todas as etapas subsequentes serão distorcidas e provavelmente insatisfatórias.

A fase final da gestalt, ou "fazer algo sobre a necessidade", pode ser tão simples como coçar algo que o incomoda ou tão complexo como o treinamento para se tornar um piloto de combate. Porém, em cada caso, é necessário um conjunto de subfases firmemente associadas às áreas frontais e pré-frontais do córtex. O fechamento exige a formação de intenções, planejamento e execução de uma ação, muitas vezes compreendida como algo que a pessoa faz no campo ou para o campo. Nesse caso, estão incluídas as ações externas e internas que podem ser tão sutis quanto perdoar a mim mesmo por alguma ação desagradável em algum momento. Essa fase de resolução é a tentativa de o organismo satisfazer a necessidade que deu origem à figura. Por conseguinte, a satisfação deriva do quanto a necessidade original exigiu para alcançar uma solução.

Finalmente, chegamos ao estágio da assimilação. Essa função do lobo frontal reúne os dados da essência do *self* e dos sistemas sensorial, intersensorial e límbico (afetivo). Assim, é possível responder às perguntas: "Essa ação fez o que eu quero para minha satisfação?" ou, em outras situações, "Posso compreender o sentido disso?", e ao acontecer um evento-surpresa, ser capaz de encontrar sentido nele e, em seguida, guardá-lo. Se os processos realizados em fases anteriores não acontecem de forma adequada, a probabilidade de uma assimilação insatisfatória é muito alta. Às vezes, o que é figural baseia-se em uma necessidade associada a eventos surpreendentes ou inapreensíveis como, por exemplo, um acidente em que a pessoa é incapaz de absorver e assimilar o trauma. A assimilação não é apenas o "resultado", mas consiste também na capacidade de assimilar a experiência no tecido da vida e na memória para que as figuras seguintes possam ser processadas adequadamente. A incapacidade de assimilar determinado evento, por ser muito chocante ou surpreendente, resulta no desenvolvimento do que, atualmente, chamamos de Transtorno do Estresse Pós-Traumático. A relação entre o processo fenomenológico e a psicopatologia será um assunto abordado em outro momento.

Mesmo que a experiência ou o campo fenomenal do cliente não sejam o único foco de tratamento em gestalt-terapia, representam um portal crucial para a base de conhecimento e perspectiva da pessoa. Note que esse é um banco de dados muito diferente daqueles utilizados por qualquer outra abordagem para o tratamento. Enquanto a gestalt-terapia considera os clientes de acordo com o processo ou a ação, a evolução da ação e da experiência ao longo do tempo, a maioria das abordagens analisa-os em termos de traços ou estados psicológicos. Assim, os gestalt-terapeutas estão mais interessados na descrição funcional cuidadosa do que na interpretação. Estamos interessados no que funciona no momento presente (STERN, 2004) e como funciona.

Na verdade, não é possível saber exatamente como é ou deixa de ser a experiência do cliente, nem mesmo é necessário que o psicoterapeuta consiga isso. O método fenomenológico em gestalt-terapia ocorre no trabalho da *awareness* do cliente. Ao observar o cliente em ação e descrevê-lo, os comportamentos divididos e não conscientes emergem com mais clareza para o cliente, que, paradoxalmente, torna-se capaz de reconstruir seu mundo.

> O método fenomenológico em gestalt-terapia envolve um processo que busca descobrir como as crenças do cliente e a sua compreensão dos eventos e das pessoas na vida dele funcionam na organização da sua experiência e, consequentemente, no funcio-

namento do *fundo* com suas respostas cognitivas, emocionais e comportamentais às situações atuais e em curso. Essas situações tornam-se mais claras na *awareness* do cliente durante o processo psicoterapêutico e, enquanto ela experimenta e explora aspectos da vida que pareciam fixos (embora, na verdade, sempre foram intrinsecamente dinâmicos e mutáveis), sua organização interna começa a se "soltar", para tornar-se menos presa e mais fluida, como começa a repensar velhas crenças e tentar novos comportamentos (CROCKER & PHILIPPSON, 2005: 69).

Experiência é um fenômeno particular, porque é a propriedade da pessoa enquanto indivíduo. No entanto, as pessoas passam a maior parte de suas vidas tentando fazer uma ponte entre elas mesmas e o resto do mundo. Uma parte do que o psicoterapeuta tenta fazer é observar o processo de formação e resolução da gestalt no cliente, utilizando todos os esforços e as regras básicas da fenomenologia para ser o mais preciso possível. O gestalt-terapeuta não está satisfeito com a empatia, não se coloca no lugar do outro; em vez disso, o gestalt-terapeuta quer saber como é *ser* o outro. Consequentemente, para conhecer a experiência do cliente enquanto essa pessoa experiencia algo, o gestalt-terapeuta tenta incluí-la, sem perder a própria experiência pessoal e perspectiva de terapeuta. Isto é feito por observação cuidadosa, colocando as pressuposições entre parênteses e por descrição. Isso é realizado através da escuta durante a utilização do método fenomenológico.

Trabalhar fenomenologicamente não é uma habilidade fácil de aprender; nem todos os gestalt-terapeutas dominam essa área. As tarefas do psicoterapeuta, conforme foram explicitadas aqui, provêm de uma série de fontes com ênfase nas descrições dadas por Spinelli (2005), a adaptação do quadro analítico de Patton (1990) proposto por Moustakas e Douglass (DOUGLASS & MOUSTAKAS, 1984), Moustakas (1990), Ihde (1977) e Jennings (1986). A seguir estão os componentes principais do método fenomenológico em terapia.

A epoché *ou* bracketing

Essa regra exige que o psicoterapeuta se torne consciente e coloque de lado temporariamente os preconceitos, as suposições ou conjecturas; só assim será possível estar aberto para a experiência de seu cliente e para a sua própria experiência, não contaminada por significados prévios. O objetivo é limpar o resíduo da experiência passada para se concentrar na imediação da experiência atual. Este é o lugar onde a gestalt-terapia obtém o seu foco: o "aqui e agora".

O sucesso exige um considerável autoconhecimento e uma extraordinária disciplina para abordar uma experiência de uma maneira tão "ingênua" quanto possível. Pode-se questionar se esse sentimento realmente é viável. No entanto, somente a consciência de certos preconceitos, mesmo que não seja temporária, permite ao psicoterapeuta abordar a experiência com algum ceticismo em relação às suas próprias reações e com receptividade ao cliente. O julgamento deve ser suspenso na medida do possível, desde que estejam claros os dados de experiência do cliente e do psicoterapeuta. No processo, o psicoterapeuta também ensina o cliente a adotar a mesma atitude em relação aos dados de sua experiência.

Colocar entre parênteses ou *bracketing* implica aceitar o contexto imediato, no qual a experiência ocorre, e eliminar tanto quanto possível as preconcepções e interpretações, para que os dados fenomenológicos não sejam invadidos por influências externas. O fenômeno é tomado sob seus próprios termos.

Isso envolve uma série de etapas:

• Identificar frases ou declarações-chave dos clientes, observar movimentos, expressões emocionais e quaisquer outros dados que vêm diretamente da experiência do cliente e/ou psicoterapeuta.

• Segurar essas expressões intocadas por outras associações.

• Descobrir as interpretações do cliente para isso.

• Analisar as interpretações, a fim de extrair a essência do fenômeno.

• Criar uma "declaração temporária ou definição do fenômeno, em termos de características essenciais recorrentes" (PATTON, 1990: 408), identificada anteriormente.

Ihde (1977: 39), em sua explicação sobre o método de Husserl, refere-se a esse processo como uma tentativa de "buscar as características estruturais ou invariantes dos fenômenos". Daí o termo "redução fenomenológica". Procuramos, portanto, a estrutura da experiência e do processo.

Descrição

O psicoterapeuta descreve o que é observado pelo contato dele com o cliente no momento – a experiência imediata do cliente. Deve expressar "observações imediatas e concretas, abstendo-se de interpretações ou explicações, especialmente aquelas formadas a partir da aplicação de uma teoria clínica sobreposta às circunstâncias da experiência" (BROWNELL, no prelo, b, s.p.).

> A regra de descrição nos exorta a permanecer inicialmente focados em nossas impressões imediatas e concretas e para manter um nível de análise com respeito a essas experiências, que levam à descrição em vez de explicação teórica ou especulação como ponto de foco. Em vez de recuarmos à nossa experiência imediata, para que possamos "explicar isso", transformar, questionar ou negar, com base em teorias preconcebidas ou hipóteses que ficam separadas da nossa experiência, seguir a regra da descrição nos permite realizar uma análise, de base concretamente descritiva, das variáveis intencionais que constituem a nossa experiência (SPINELLI, 2005: 20-21).

Desse modo, o psicoterapeuta descreve o cliente. Esse é o momento de uma autorrevelação do psicoterapeuta sobre sua experiência com o cliente, é uma descrição concreta, simples e direta sobre o que o psicoterapeuta vê, cheira, escuta – todos os indícios perceptivo-sensoriais disponíveis.

Horizontalização ou equalização

Com o tema horizontalização ou equalização, queremos dizer que todos os dados de experiência são levados em conta e todos os elementos são considerados de igual valor. Nenhuma parte individual da experiência é mais valorizada do que outra. Partes dos dados ou das observações podem ser reunidas em grupos significativos, e, em seguida, alguns dados repetitivos e irrelevantes, descartados. O psicoterapeuta procura aquilo que parece consistente e constante, enquanto elimina aquilo que é ocasional ou não obviamente relacionado.

Da utilização terapêutica do método fenomenológico derivam duas formulações: uma representação da expressão fenomenológica e uma síntese. Na representação da expressão fenomenológica, o psicoterapeuta cria ou, de preferência, incentiva o cliente a criar uma abstração da experiência que, embora ainda não seja a sua essência, fornece uma ilustração, o tema ou o padrão.

Sempre observam os padrões ou temas semelhantes em eventos experienciais. Na síntese, o cliente, sozinho ou com a ajuda do psicoterapeuta, olha a estrutura exposta ou o significado verdadeiro e mais profundo da experiência. A essência da experiência é destilada em uma declaração clara.

Objetivo do método fenomenológico em gestalt-terapia

Os objetivos da gestalt-terapia são enganosamente simples: primeiro, *awareness*; e, segundo, ajustamento – cognitivo, afetivo e comportamental.

O termo *awareness* é usado de várias maneiras na literatura da gestalt, porque abrange uma expressão comum em experiências de um modo geral, com um conhecimento mais amplo e específico do que um tipo de compreensão alcançado por um ego observador. O termo implica plena identificação com um senso de propriedade com os sentimentos, pensamentos, lembranças, ações ou fantasias que podem estar envolvidos. Há um sentido de eu-em mim como oposição ao outro-em si. É simplesmente um reconhecimento de que se está no campo pessoal/ambiental (BURLEY, 1985).

O ajuste representa as adaptações criativas que o cliente faz durante o contato, por causa do aumento da *awareness*. Essa reação é conhecida como autorregulação organísmica (BROWNELL, no prelo, b) e inclui o que pode ser também chamado de resistência (LATNER, 2000). A formação e a resolução das figuras de interesse/necessidade, até mesmo a expressão emocional que provém da incapacidade para atender a essas necessidades ou satisfazer esses interesses (MacKEWN, 1997), são muitas vezes acentuadas através da utilização favorável do método fenomenológico.

Uma tarefa importante do psicoterapeuta é observar o processo de formação e fechamento da gestalt, no momento em que acontece com o cliente. Queremos simplesmente saber como a experiência funciona enquanto o cliente flui de gestalt para gestalt. Nesse processo, psicopatologia e saúde devem ser representadas. Normalmente, deslocamo-nos da necessidade à resolução, mais uma vez da necessidade à resolução, e assim por diante, até fluir de maneira ondulatória, como descrito anteriormente. É claro que nem todas as necessidades são satisfeitas; algumas consideradas inapropriadas são descartadas; outras não são oportunas, dada a nossa situação atual como um todo e, assim, são adiadas; porém, a maior parte flui facilmente na medida em que nos movemos com a nossa própria experiência para lidar com o resto do mundo ou com os aspectos de nós mesmos que chamam a nossa atenção. Quando o processo é interrompido há uma suspensão no fluxo de formação e resolução de gestalt. Na perspectiva gestáltica, esse é o processo que ocorre depois que é denominado psicopatologia. A parte do processo em que acontece a interrupção e a maneira como isso se dá é o que reconhecemos como personalidade ou estrutura de caráter. Como esses processos são introjetados e tornam-se parte da própria memória procedimental, não estão acessíveis à *awareness* da pessoa. Em outras palavras, estão fora da experiência. Então, enquanto cliente, sou incapaz de corrigir a mim mesmo, porque não posso ver ou escutar o que está acontecendo. Nesse momento, o psicoterapeuta deve interferir e fornecer outro par de olhos e ouvidos para criar uma segunda perspectiva, muito parecido com o que acontece quando dois olhos criam uma paralaxe e adicionam dimensionalidade para a visão.

O trabalho do psicoterapeuta consiste em observar como o cliente se move da necessidade à formação e à nitidez da figura, à análise ou exploração do *self* e do ambiente, até a resolução/fechamento e assimilação. Essa sequência é realizada em ciclos do contato. A patologia se encontra no *locus* de interrupção do processo e na forma como esse fato se dá. O lugar e o modo de interrupção são frequentemente associados aos grupos gerais de diagnóstico identificados pelo DSM IV TR e CID 10. Essas interrupções ocasionam profundas dificuldades no contato com os outros e com o mundo em geral. Todavia, essa discussão, de forma detalhada, não está no âmbito deste capítulo e deve ser reservada para a discussão sobre diagnóstico, contato interpessoal e diálogo.

Em relação ao propósito do uso do método fenomenológico o psicoterapeuta usa o método fenomenológico à medida que for possível, principalmente para não sucumbir às preconcepções do cliente (fazemos para amenizar as relações sociais), nem permitir que suas próprias preconcepções de psicoterapeuta distorçam o que é visto e escutado de formas predeterminadas (erros que os gestalt-terapeutas frequentemente atribuem aos analistas e terapeutas cognitivo-comportamentais). Assim, o psicoterapeuta pergunta a si mesmo: "Qual é a necessidade que parece surgir para o cliente?", "O que é a figura que está sendo formada como resultado?", "Quão bem formada é a figura?", "Como essa figura organiza o fundo?" "Que sentido o fundo dá à figura?" "Como o cliente avalia seus próprios recursos e aqueles disponíveis no resto do campo?", "Como a resolução é planejada e executada?", "A resolução realizou a necessidade de acordo com o esperado?"

As necessidades bem realizadas levam à satisfação e a uma sensação maior de bem-estar, enquanto as necessidades malcumpridas criam uma sensação de insatisfação.

A fim de obter essa informação, o terapeuta escuta as palavras e os sons que o cliente faz. Ele ou ela percebe o nível de excitação ou animação envolvido (por vezes referido como "nível de energia"). Está congruente com o resto do que é expresso? O psicoterapeuta está percebendo os movimentos, gestos, expressões faciais, padrões respiratórios e outras indicações que estão associados à experiência do cliente. É claro que o psicoterapeuta sabe pouco sobre o que tudo isso significa; por isso, faz perguntas a respeito do que está sendo experienciado. "O que você percebe?", "O que você está pensando?", "Quais são os seus sentimentos?", "A que isso parece estar relacionado?" E, portanto, sugere: "Preste atenção para a expressão em seu rosto; qual é a sensação que está relacionada a isso?", e assim por diante. O psicoterapeuta, dessa forma, tenta obter um senso mais próximo possível do que o cliente está experienciando. Como é *ser* essa pessoa? O que o cliente experiencia quando há uma interrupção? O que reside na memória procedimental para que o cliente se torne consciente disso, e o processo funcione bem e sob seu controle? Husserl concluiu que a pessoa permanece no próprio campo fenomenológico, mas que pela empatia (e a extensão desse conceito em gestalt-terapia – inclusão), a consciência separada se comunica e percebe as intenções do corpo vivido de uma e de outra (MOHANTY, 1975).

Sutilezas de observação e descrição

Uma palavra deve ser dita de acordo com as intervenções e perguntas. Lembre-se de que o objetivo das intervenções e perguntas é alcançar, tanto quanto possível, o nível íntimo da experiência do cliente. Isso requer que, em determinados momentos, o psicoterapeuta tenha o mínimo de impacto possível sobre a experiência do cliente para criar o mínimo de distorção iatrogênica (causada pelo psicoterapeuta) no fluxo natural do cliente. Dessa forma, usamos perguntas vagas que direcionem o processo de atenção do cliente o mínimo possível. Essas questões podem ser ilustradas por "o que você percebe?", "Diga-me o que está acontecendo" ou por comentários que irão apoiar o fluxo, como "aham", "hum", "sim", "e...?" Note que são expressões vagas e podem ser interpretadas de várias maneiras. Isso é o que queremos – que o cliente interprete a questão. Às vezes queremos informações mais específicas, mas para isso perguntamos deliberadamente.

Infelizmente, novos estagiários e gestalt-terapeutas, sem muito treino, tendem a usar obsessivamente essas questões e, com isso, não alcançam o efeito terapêutico desejado. Alguém, por exemplo, com menos experiência pode perguntar: "O que você está sentindo?", "O que você está pensando?", "O que você percebe em seu corpo?", ou fazer aquela questão demasiadamente usada e, muitas vezes, imponderada: "Onde você sente isso", seguida pela "fique com isso", na esperança desesperada de que alguma resposta irá resgatar o psicoterapeuta inepto[8].

O conceito do corpo vivido reconhece que certos pensamentos, sentimentos e eventos criam uma experiência corporal, como náuseas e o jorrar de lágrimas; sensações corporais que, muitas vezes, são observáveis por um terapeuta perspicaz. Um dos erros graves da psicanálise e da terapia cognitivo-comportamental foi pressupor que todo o pensamento é, de alguma forma, verbal, e que toda experiência é pensamento; no entanto, alguns podem ser pré-reflexivos por natureza. De fato, o pensamento tende muitas vezes a ser conceitual, visual, espacial e sequencial. Daí a importância de perguntas cuidadosas e discriminatórias sobre a experiência e as descrições de experiência do corpo. O princípio mais importante é o de se começar com questões gerais e vagas para deixar o cliente emergir, assim segue-se com questões mais específicas, pois o cliente e/ou o psicoterapeuta precisa de um foco mais nítido no momento. Caso o psicoterapeuta insista em fazer as mesmas perguntas várias vezes, isso é um sinal de que não está escutando ou considerando o que o cliente oferece. Em outras palavras, isso é sinal de que ele não está, realmente, utilizando um método fenomenológico.

Como observamos anteriormente, a *awareness* não acontece sem o "outro" que o "eu" percebe. A *awareness* é relacional. Um "outro" muito poderoso

---

8. Cf. o capítulo 6 deste livro, sobre a formação de gestalt-terapeutas e a competência exigida para ser capaz de reivindicar, por exemplo, que a verdadeira gestalt-terapia foi realizada em qualquer situação [N.E.].

é a pessoa do psicoterapeuta, e os gestalt-terapeutas não se opõem a essa presença, tanto que a nomearam e a deram um lugar de honra na teoria gestáltica do cliente-psicoterapeuta contato e diálogo. Esse termo significa a presença, ou seja, o psicoterapeuta deve ser totalmente ele/ela mesmo(a), em vez de terapeuticamente elaborado e inautêntico. Cada aliança terapêutica entre cliente e terapeuta é única. Como consequência, a relação é um poderoso agente de mudança, fato já observado por Hubble, Duncan e Miller (1999), e pesquisas mostram que corresponde a 30% da variação no resultado da psicoterapia. Os gestalt-terapeutas, enquanto um grupo, provavelmente, distinguem-se na aplicação dessa variável específica de mudança por ser um profissional perito em perceber as deixas no relacionamento e estar terapeuticamente presente no ambiente da sessão. Como Yontef (2002) afirmou em sua explicação, a inclusão do qualificador "relacional" à gestalt-terapia é correta, já que essa abordagem tem sido sempre relacional. Esse não é o lugar para discutir as discriminações que ele tenta, mas, basicamente, a gestalt-terapia relacional procura situar a relação como central e a destacada por ênfase específica, em grande parte, por razões apropriadas, mas não únicas. As mais importantes nesse momento são as mudanças procedimentais que alguns têm introduzido no processo de terapia de acordo com essa ideia. Perguntas vindas dessa mentalidade são frequentemente centradas no psicoterapeuta e podem incluir questões como: "Como eu contribuí para a sua reação (ou sentimento etc.)?" ou "O que de minha parte causou essa reação?" O psicoterapeuta assume que ele/ela é a parte mais importante do campo afetando o cliente. Como a essência da gestalt-terapia consiste em contar com a experiência do cliente para colher o significado para ele mesmo, em vez de impor a experiência do psicoterapeuta, essas questões podem estar fora de contexto. Isso porque são utilizadas, por vezes, de uma forma que resulta no redirecionamento da atenção do cliente às suas próprias figuras para aquelas do psicoterapeuta.

Procurar saber o que é figural para o cliente exige uma escuta muito cuidadosa e observação. Uma vez que o organismo é auto-organização, a primeira curiosidade do psicoterapeuta deve ser "O que quer acontecer aí?" O que direciona o processo mental e emocional no momento? Talvez a figura do cliente seja muito clara ou talvez a experiência relatada por ele esteja simplesmente relacionada com a sua necessidade básica. Ações como repetir o que foi dito, enfatizar uma palavra ou imitar um gesto, podem ser o suficiente para ajudar o cliente a esclarecer o que é central, o que está tentando organizar-se na experiência dele. Será que essa figura parece essencialmente relacionada com a experiência do cliente ou soa mais como uma necessidade introjetada?

Uma vez que a figura organize o fundo, os aspectos associados ao que está disponível começam a aparecer. Então, examinar o fundo significa observar as associações experienciais que foram desencadeadas pela figura, muito similar à maneira descrita por Collins e Loftus (1975). Esses pesquisadores usaram um modelo semântico para representar a experiência; assim, foi possível esclarecer, com muita clareza, que a experiência é multifacetada; as palavras, as sensações e os movimentos do corpo, os conceitos, as emoções e tudo mais fazem parte da mistura. O modo como são organizados e relacionados ao que é figural contribuem para o significado do cliente. A contribuição para obter mais informação do cliente pode ser proveniente de perguntas tão simples como "O que isso significa para você?" ou tão vagas quanto a repetição de uma palavra e um gesto com as mãos. Todo o tempo desse processo, isto é, todas as ações realizadas, não servem para que o psicoterapeuta possa coletar fatos a respeito do cliente, mas, sim, para que a *awareness* do cliente possa se tornar mais intensa.

O psicoterapeuta monitora o próprio fluxo de *awareness* e experiência, ao mesmo tempo em que tudo descrito anteriormente acontece. Em reação às respostas ao cliente nesse momento: "O que percebo a respeito de minhas próprias respostas?", "O que sinto?", "Como estou reagindo?", "O que quero fazer?", "O que quero saber?", "Sobre o que estou curioso?", "Como a minha resposta habitual foi alterada?", "Como estou reagindo às ações do cliente e/ou à sua história?" Todavia, a questão mais importante é: "Há alguma parte dessas informações fundamentais que podem me ajudar a entender o cliente?", "Devo compartilhar essa informação com o cliente?"

O psicoterapeuta tenta utilizar o método fenomenológico com essa miríade de dados para observar com mais clareza os padrões que emergem e em qual momento a memória procedimental de situações passadas cria uma resposta sem contexto em determinado instante. Assim, é possível notar como as ações do cliente estão sincronizadas ou dessincronizadas com o restante do campo maior (embora esse não seja o tema deste capítulo, a gestalt-terapia se destaca por ser a única terapia que não trata apenas de "eu, eu, eu", mas considera o que é devido, desde o organismo ao campo, para melhorar a saúde do campo e a sua capacidade para sustentar o organismo).

O método fenomenológico como um modelo funcional e investigável

Vários estudos demonstraram a gestalt-terapia como igual ou um pouco superior à terapia cognitivo-comportamental para condições comuns, como depressão grave, um número de transtornos de ansiedade, bem como várias desordens caracterológicas (LAMBERT, 2003). Esses resultados são surpreendentes para os psicólogos clínicos já familiarizados com as duas abordagens. Existem algumas situações em que o nível do efeito do tratamento é assustadoramente alto, como na obra de Susan Johnson, que cita pesquisas feitas com casais e com tratamento de fobias severas e crônicas (MARTINEZ, 2002). Nessas áreas, os níveis de efeito são de tal magnitude que um psicólogo clínico precisaria fazer um caso com outras abordagens em qualquer situação clínica. Fatos encorajadores assim existem, mas há achados mais interessantes. Em vários estudos, o seguimento incluiu um *debriefing* de clientes que é qualitativo e detalhado junto com um acompanhamento prolongado para verificar a estabilidade da mudança. Os resultados interessantes são que os clientes da gestalt relatam, espontaneamente, que não apenas os sintomas, o motivo pelo qual procuraram tratamento, melhoram muito, mas também observaram que outras áreas de suas vidas melhoraram de forma notável (p. ex., JOHNSON & SMITH, 1997; WATSON, 2003). Em estudo após um tratamento para a depressão utilizando a terapia cognitivo-comportamental para um grupo e a gestalt para o outro, o acompanhamento revelou que os dois alcançaram benefícios equivalentes, em termos de mudança positiva na depressão. Quando foram observados dez meses depois, os clientes da terapia cognitivo-comportamental tinham mantido seus progressos, enquanto os clientes da gestalt melhoraram ainda mais, destacaram-se com cerca da metade de um desvio-padrão. O que contribui para esses resultados? Não sabemos definitivamente. Mas é provável que a mudança em adicionais áreas de vida e essa melhoria contínua estejam relacionadas à ênfase dada pela gestalt-terapia, ao exame de experiência e processo e, consequentemente, ao ensinamento da metodologia para o cliente dar atenção ao seu próprio processo. Mais pesquisas e distinções são avaliadas.

Essa traz à tona a necessidade de pesquisas sobre o método fenomenológico e os assuntos relacionados a ele como os processos neuropsicológicos associados à atenção e à consciência.

Talvez o ponto fundamental de todos os pressupostos em gestalt-terapia seja a aprendizagem, e, portanto, essa mudança observada aconteça baseada em experiência, em vez de *insight* ou informação cognitiva (BURLEY, 1985). Na verdade, esse foi um argumento de longa duração na literatura de pesquisa (WILSON & VERPLANCK, 1956). A resolução desse debate girou a favor do pressuposto da gestalt, confirmando que a aprendizagem e a mudança não acontecem sem *awareness*; no entanto, isso não acontece em formas limitadas, como a aprendizagem não associativa envolvendo reflexos (SQUIRE, 2004). Assim, a *awareness* e a experiência afirmam alguns dos conceitos mais centrais da Teoria da Gestalt-terapia e sua prática. Os pesquisadores, então, poderiam optar por examinar a utilidade dos vários ciclos do contato e/ou experiência da gestalt especialmente aqueles heurísticos relacionados às teorias de aprendizagem estabelecidas. É possível notar que sejam predominantemente orientadas à figura ou ao contato relacional? Os conceitos são os que a maioria dos gestalt-terapeutas está familiarizada e utiliza em seu trabalho? Qual é a neurociência que está por trás da *awareness* e da atenção?

Parcialmente, as raízes da gestalt-terapia estão, de fato, localizadas na neurociência, tendo como base a obra de Kurt Goldstein (2000). Esse campo é rico em pesquisa para a gestalt-terapia contemporânea, especialmente nas áreas de *awareness*, consciência e formação de figura. Neste particular, um fato interessante é que Goldstein usou o que poderia ser descrito como um método fenomenológico em sua pesquisa sobre as lesões cerebrais dos veteranos da Primeira Guerra Mundial. Embora a utilização do método fenomenológico à pesquisa seja hoje amplamente conhecida (MOUSTAKAS, 1994; BARBER, 2006; GIORGI & GIORGI, 2003), quando Goldstein conduziu seu trabalho, isso foi uma verdadeira novidade.

Nem toda pesquisa que dá suporte à gestalt-terapia precisa ser original; pesquisadores podem coletar a pesquisa dos outros, de áreas diferentes e discutir a unidade entre esses resultados e a Teoria da Gestalt, a prática ou a pesquisa de outros voltados, especificamente, para a gestalt-terapia. A pesquisa original que liga os processos fenomenológicos inerentes à gestalt-terapia com a Teoria da Aprendizagem e a neurociência poderia ser mais útil. O processo de formação e resolução de figura fornece uma teoria de personalidade que pode ser testada e verificada na gestalt-terapia e abordagens psicoterápicas de base fenomenológica (BURLEY, 1981, 2006; BURLEY & FREIER, 2004). Os processos autorregulatórios associados à fenomenologia de funções executivas poderiam fornecer um rico território para a pesquisa associada à gestalt-terapia (BROWNELL, no prelo).

De acordo com tudo isso, a pesquisa sobre a aplicação do método fenomenológico em psicoterapia poderia contribuir de forma significativa para o campo mais amplo. Como Giorgi e Giorgi indicaram, os gestalt-terapeutas estariam particularmente dispostos a realizar uma pesquisa que ainda precisa ser desenvolvida por completo, sobre a diferença entre uma aplicação filosófica e uma psicológica do método fenomenológico aos campos da psicologia experimental e clínica.

Referências

BARBER, P. (2006). *Becoming a practitioner researcher*: A gestalt approach to holistic inquiry. Londres: Middlesex University Press.

BIELFELDT, D. (2000). "The peril and promise of supervenience for the science-theology discussion". In: GREGERSEN, N.; DREES, W. & GORMAN, U. (orgs.). *The human person in science and theology*, p. 117-152.

BLOOM, D. (2003). "Tiger! tiger! burning bright" – Aesthetic values as clinical values in Gestalt therapy". In: SPAGNUOLO, M. & AMENDT-LYON, A. (orgs.). *Creative License*: The art of Gestalt Therapy. Viena: Springer-Verlag, p. 63-78.

BROWN, W.; MURPHY, N. & MALONY, H.N. (1998). *Whatever happened to the soul?* – Scientific and theological portraits of human nature. Mineápolis: Fortress Press.

BROWNELL, P. (no prelo). "Executive functions: A neuropsychological understanding of self-regulation". *Gestalt Review*, [s.n.], [s.p.].

_____ (2008a). "Personal experience, self-reporting, and hyperbole". In: ELLENS, H. (org.). *Miracles*: God, science, and psychology in the paranormal. Westport: Praeger/Greenwoold.

_____ (2008b). "Gestalt therapy". In: STEBNICKI, M. & MARINI, I. (orgs.). *The Professional Counselor's Desk Reference*. Nova York: Springer.

BURLEY, T. (1985). "Reflections on Insight and Awareness". In: RESNICK, R. & YONTEF, G. *Memorial Festschrift*: James Solomon Simkin, Ph.D. 1919-1984. Los Angeles: Gestalt Institute of Los Angeles.

_____ (1981/2006). "A phenomenological theory of personality". *Gatla Reader*. Los Angeles: Gestalt Associates Training.

BURLEY, T. & FREIER, K. (2004). "Character structure: A gestalt-cognitive theory". *Psychotherapy*: Theory, Research, Practice and Training, 41 (3), p. 321-331.

COLLINS, A. & LOFTUS, E. (1975). "A spreading activation theory of semantic processing". *Psychological Review*, 82, p. 407-428.

CROCKER, S. (1999). *A well-lived life*: Essays in gestalt therapy. Cambridge: GIC.

CROCKER, S. & PHILIPPSON, P. (2005). "Phenomenology, existentialism, and eastern thought in gestalt therapy". In: WOLDT, A. & TOMAN, S. (orgs.). *Gestalt therapy, history, theory and practice*. Thousand Oaks/Londres/Nova Deli: Sage.

DAMASIO, A. (1999). *The feeling of what happens*. Nova York: Harcourt Brace and Company.

DIAMOND, L. (1971). Personal Communication of research carried ou while at Walter Read Hospital.

DOUGLASS, B. & MOUSTAKAS, C. (1984). *Heuristic Inquiry*: the Internal Search to Know. Detroit: Center for Humanistic Studies.

GENDLIN, E. (1964). "A theory of personality change". In: WORCHEL, P. & BYRNE, D. (orgs.). *Personality change*. Nova York: Wiley, p. 102-148.

_____ (1962). *Experiencing and the creation of meaning*: A philosophical and psychological approach. Nova York: Macmillan.

GIORGI, A. & GIORGI, B. (2003). "The descriptive phenomenological psychological method". In: CAMIC, P.; RHODES, J. & YARDLEY, L. (orgs.).

Qualitative research in psychology: Expanding perspectives in methodology and design. Washington: American Psychological Association.

GOLDBERG, E. (2001). *The executive brian*: Frontal lobes and the civilized mind. Nova York: Oxford University Press.

GOLDSTEIN, K. (2000). *The organism*. Brooklin: Zone Books.

GREGERSEN, N. (2000). "God's public traffic: Holist versus physicalist supervenience". In: GREGERSEN, N.; DREES W. & GORMAN, U. (orgs.). *The human person in science and theology*, p. 153-188.

HUBBLE, M.B.D. & MILLER, S. (1999). *The heart and soul of change*: What works in psychotherapy. Washington, DC: American Psychological Association.

HUSSERL, E. (1999). *The essential Husserl*: Basic writings in transcendental phenomenology. Bloomington: Indiana University Press, 1999 [org. por Donn Welton].

IHDE, D. (1977). *Experimental phenomenology*: An introduction. Nova York: G.P. Putnams Sons.

ISAACSON, W. (2007). *Einstein*: His life and universe. Nova York: Simon & Schuster.

JAMES, W. (1950). *Principles of psychology*. Oxford: Dover.

JENNINGS, J. (1986). "Husserl revisited: The forgotten distinction between psychology and phenomenology". *American Pychologist*. 41 (11), p. 1.231-1.240.

JOHN, E.R. (2003). "A theory of consciousness". *Current Directions in Psychological Science*, 12 (6), p. 244-250.

JOHNSON, W.B. & SMITH, E. (1997). "Gestalt empty-chair dialogue versus systematic desensitization in the treatment of a phobia". *Gestalt Review*, 1 (2), p. 150-162.

KUENZLI, F. (2006). *Inviting reflexivity into the therapy room*: How therapists think in action. Nova York: University Press of America.

LAMBERT, M. (2003). *Bergen and Garfield's handbook of psychotherapy and behavior change*. 5. ed. Nova York: John Wiley and Sons.

LATNER, J. (2000). "The theory of gestalt therapy". In: NEVIS, E. (org.). *Gestalt therapy perspectives and applications*. Cambridge: Gestalt Press.

LEWIN, K. (1926). "Will and Needs". In: ELLIS, W. (org.) (1997). *Source book of gestalt psychology*. Highland, NY: The Gestalt Journal Press.

LEZAK, M.; HOWIESON, D. & LORING, D. (2004). *Neuropsychological assessment*. Nova York: Oxford University Press.

MACKEWN, J. (1997). *Developing gestalt counseling*. Thousand Oaks/Londres/Nova Deli: Sage.

MAXWELL, J. (1996). *Qualitative Research Design*: An Interactive Approach. Londres: Sage.

MELNICK, J.; NEVIS, S. & SHUB, N. (2005). "Gestalt therapy methodology". In: WOLDT, A. & TOMAN, S. (orgs.). *Gestalt therapy, history, theory and practice*. Thousand Oaks/Londres/Nova Deli: Sage.

MERLEAU-PONTY, M. (2002). *The phenomenology of perception*. Londres: Routledge.

MERTENS, D. (1998). *Research methods in education and psychology*: Integrating diversity with quantitative and qualitative approaches. Londres: Sage.

MOHANTY, J. (1995). "The development of Husserl's thought". In: SMITH, B. & SMITH, D. (orgs.). *The Cambridge companion to Husserl*. Cambridge: Cambridge University Press, p. 45-77.

MORAN, D. (2000). *Introduction to phenomenology*. Londres: Routledge.

MOUSTAKAS, C. (1994). *Phenomenological research methods*. Thousand Oaks/Londres/Nova Deli: Sage.

_____ (1990). *Heuristic research*: Design, methodology, and applications. Londres: Sage.

MURPHY, N. (2002). "Supervenience and the efficacy of the mental". In: RUSSELL, R. et al. (orgs.). *Neuroscience and the person*: Scientific perspectives on divine action. Vatican City State/Berkeley: Vatican Observatory/Foundation and Center for Theology and the Natural Sciences.

PATTON, M. (1990). *Qualitative evaluation and research methods*. 2. ed. Londres: Sage.

PERLS, F.; HEFFERLINE, R. & GOODMAN, P. (1951). *Gestalt-therapy*: Excitement and Growth in the Human Personality. Nova York: The Julian Press [No Brasil, traduzido sob o título: *Gestalt-terapia*. 2. ed. São Paulo: Summus, 1997].

PERLS, L. (1992). *Living at the Boundary*. Highland, NY: The Gestalt Journal.

PHILIPPSON, P. (2001). *Self in relation*. Highlands: Gestalt Journal Press.

PINKER, S. (2002). *The blank slate*: The modern denial of human nature. Nova York: Vinking.

RUSSELL, J.R. et al. (orgs.) (2002). *Neuroscience and the person*: Scientific perspectives on divine action. Vatican City: Vatican Observatory/Center for Theology and the Natural Sciences.

SCHACTER, D. (1995). "Implicit memory: a new frontier for cognitive neuroscience". In: GAZZANIGA, M. (org.). *The Cognitive Neurosciences*. Cambridge, Mass.: MIT, p. 815-824.

SELIGMAN, M. (1974). "Depression and learned helplessness". In: FRIEDMAN, R.J. & KATZ, M.M. (orgs.). *The psychology of depression*: Contemporary theory and research. Nova York: Winston-Wyley.

SOKOLOWSKI, R. (2000). *Introduction to phenomenology*. Nova York: Cambridge University Press.

SPAGNUOLO, M. (2005). "Classical gestalt therapy theory". In: WOLDT, A. & TOMAN, S. (orgs.). *Gestalt therapy, history, theory and practice*. Thousand Oaks/Londres/Nova Deli: Sage, p. 21-40.

SPINELLI, E. (2005). *The interpreted world*: An introduction to phenomenological psychology. 2. ed. Thousand Oaks: Sage.

SQUIRE, L. (2004). "Memory systems of the brain: a brief history and current perspective". *Neurobiology of Learning and Memory*, 82, p. 171-177.

_____ (1986). "Mechanisms of memory". *Science*, 232, p. 1.612-1.619.

STERN, D. (2004). *The present moment in psychotherapy and everyday life*. Nova York: W.N. Norton & Company.

STOLOROW, R. & JACOBS, L. (2006). "Critical reflections on Husserl". *International Gestalt Journal*, 29 (2), p. 43-62.

TULVING, E. (1985). "How many memory systems are there?" *American Psychologist*, 40 (4), p. 385-398.

VANDENBOS, G. (2007). *Dictionary of Psychology*. Washington, DC: American Psychological Association.

WATSON, J. et al. (2003). "Comparing the effectiveness of process-experiential with cognitive-behavioral psychotherapy in the treatment of depression". *Journal of Consulting and Clinical Psychology*, 71, p. 773-781.

WILSON, W. & VERPLANCK, W. (1956). "Some observations on the reinforcement of verbal operants". *American Journal of Psychology*, 69, p. 448-451.

WOLDT, A. & TOMAN, S. (2005). "Prologue-foreword". In: WOLDT, A. & TOMAN, S. (orgs.). *Gestalt therapy, history, theory and practice*. Thousand Oaks/Londres/Nova Deli: Sage.

YONTEF, G. (2002). "The relational attitude in gestalt theory and practice". *International Gestalt Journal*, 25 (1), p. 15-36.

_____ (1979). "Gestalt therapy: clinical phenomenology". *The Gestalt Journal*, 2 (1), p. 27-45.

ZAHAVI, D. (2002). *Husserl's phenomenology*. Stanford: Stanford University Press.

ZEIGARNICK, B. (1927). "On finished and unfinished tasks". In: ELLIS, W. (org.). (1997). *Source book of gestalt psychology*. Highland, NY: The Gestalt Journal Press.

9
Relação dialógica

Gary Yontef
Talia Levine Bar-Yoseph

*Não acreditamos em nós mesmos até que
alguém revele que bem dentro de nós há
algo valioso, que valha a pena ouvir, digno
de nossa confiança, sagrado para o nosso
toque. Quando acreditamos em nós mesmos,
podemos arriscar curiosidade, admiração,
prazer espontâneo ou qualquer experiência
que revele o espírito humano.*
E.E. Cummings[1]

A gestalt-terapia é completamente relacional em sua filosofia, Teoria de Personalidade, metodologia clínica e prática. A perspectiva da gestalt-terapia é a de que todos os fenômenos sejam construídos e organizados por processos relacionais. Os eventos inanimados e as configurações parecem ser definidos por sua natureza, em vez de sua relação com as forças contextuais; por conta disso, são construídos e organizados pela relação de múltiplas influências de todo o campo, do qual fazem parte. A estrutura é vista como um processo vagaroso. Um evento só é compreensível contextualmente – no contexto da sua existência e no contexto da fenomenologia do observador.

Durante uma sessão de formação na República Eslovaca, por exemplo, três formadores e trinta formandos reuniram-se em uma sala, em um dia de inverno. A aula era sobre a fenomenologia. De repente, um dos formadores olhou pela janela e disse: "O que é aquilo caindo do céu?"

Sessenta e quatro olhos olharam em direção à janela, levou um longo momento, até que alguém disse: "É neve".

Todos, com exceção do formador, pareciam desanimados com a questão. Depois de uma pausa, o formador disse: "Neve? Então, isto é neve! Eu nunca tinha visto neve".

---

1. Esta citação de E.E. Cummings me foi fornecida por Bradford Bancroft.

Que momento aquele! Uma profunda lição sobre diferença e contexto – a essência da experiência fenomenológica. No contexto do Leste Europeu, o formador pareceu, na melhor das hipóteses, estranho; na pior, inadequado. Quando falou do seu contexto, país onde nunca neva, houve uma abertura para participarmos e conhecê-lo.

Compreender o mundo como um processo relacional é ainda mais importante no campo básico da gestalt-terapia, porque requer uma compreensão do processo humano. O sentido de *self* que as pessoas têm é organizado desde o ventre até a morte por um campo psicossocial, do qual elas mesmas são uma parte. O *self* psicossocial é fenomenologicamente organizado pelas forças do campo biopsicossocial. Perls, Hefferline e Goodman (1951/1994) afirmaram que as pessoas são do campo. Não estão apenas no campo ou em interação com o campo, mas consistem organicamente como uma parte, e o resto do campo é parte de cada pessoa. O *self*, mais precisamente o sentido do *self*, só é entendido se relacionado com a alteridade. Teoria clínica e prática clínica em gestalt-terapia são organizadas em torno desses princípios.

Perls, Hefferline e Goodman (1951/1994: 3; na edição brasileira, 1997: 41) afirmaram que "...o contato é a realidade mais simples e primeira". Do ponto de vista existencial, essa é uma variação radical que a existência precede a essência. Como assim? A mais antiga visão cartesiana defende que as pessoas têm a sua essência e, então, interagem com os outros. A gestalt-terapia contemporânea oferece uma alternativa radical e mais complexa. A formação da essência depende de uma interação com os outros/campo. As duas posições, a cartesiana e a existencial, sugerem um desenvolvimento linear e um dualismo, porém discordam principalmente sobre a sequência. Uma sugere essência e, depois, a existência; a outra sugere que a existência vem primeiro. Do ponto de vista da gestalt-terapia contemporânea, a essência e a existência de uma pessoa alternam-se, desenvolvem-se e se adaptam em uma progressão infinita de interações, reuniões e desimpedimentos. Tanto a essência quanto a existência são definidas e criadas, simultaneamente, em um processo contínuo e interativo.

Esse ponto de vista filosófico leva a uma metodologia clínica que é muito diferente da reputação da gestalt-terapia como um método de técnicas. A prática da gestalt-terapia é sistematizada em torno do contato interpessoal – processos relacionais –, não destaca uma fundamentação baseada em técnicas, embora apliquem uma ampla variedade de intervenções no sistema da gestalt-terapia. Às vezes, as técnicas são mal-entendidas e interpretadas como a essência da gestalt-terapia. O que é fundamental para o gestalt-terapeuta é a filosofia do ser, o modo como o campo é construído e desconstruído, como a pessoa organiza o campo (cf. capítulo 11) e a possibilidade de a pessoa ter suficiente suporte para passar por uma experiência totalmente nova (a queda de neve) e, ainda, continuar na relação. As técnicas representam ferramentas criativas para serem usadas quando surge a oportunidade a partir da interação com o contexto.

A filosofia de Martin Buber, que fornece grande parte do fundamento conceitual para a prática da gestalt-terapia, afirma que não há "Eu" existindo por conta própria, mas apenas o eu da relação "Eu-Tu" ou o "Eu" da relação "Eu-Isso". A pessoa pode ser mais compreendida por sua existência com os outros do que por sua própria essência. O comportamento de qualquer paciente[2], por exemplo, é visto como uma cocriação do paciente, do psicoterapeuta e do contexto, não é apenas uma manifestação de um conjunto de estrutura ou "essência" de caráter. Apesar de ser o cliente/paciente a procurar o relacionamento para mudar a si mesmo(a), isso é possível por causa de um processo, no qual a interação muda ambas as partes: o cliente e o psicoterapeuta. Enquanto a atenção está focada no processo do cliente, os dois lados fazem parte da jornada e passam por um processo de mudança. A característica central na orientação dialógica da gestalt-terapia é a de que, para conduzir um diálogo, os parceiros em interação devem estar prontos para mudarem e serem mudados. Para fazer com que isso seja possível, os psicoterapeutas precisam ser altamente treinados para fazer parte da interação, para ser capaz de se aproximar do limite de contato e, ao mesmo tempo, estar principalmente a serviço das necessidades de desenvolvimento do cliente – estar lá autenticamente como uma pessoa atenciosa que permite a exploração e a investigação, em vez de ser uma pessoa no papel de "aquele que sabe mais".

As intervenções e os "experimentos", em gestalt-terapia, são formas de relação dialógica com os pacientes (YONTEF, 1993). Enfatizar o encontro pessoa a pessoa é uma aplicação da filosofia Eu-Tu do psicoterapeuta e contrasta com o objetivo de levar o paciente a ser diferente. As técnicas ativas da gestalt-

---

2. Temos usado os termos "paciente" e "cliente" alternadamente. Bar-Yoseph prefere "cliente" e Yontef prefere "paciente". No processo de revisão, o uso dos dois termos foram respeitados de acordo com os autores [N.T.].

-terapia são todas consideradas experimentos, são os meios para a criação de um encontro dialógico com o(a) paciente, ajudando-o(a) a ser mais consciente de si mesmo(a) e de seu processo; essa é uma função da atividade criativa do psicoterapeuta e paciente trabalhando em conjunto. O experimento funciona melhor quando emerge do campo fenomenológico do cliente, em vez de um conjunto de protocolo, manual ou algoritmo.

No *modo* Eu-Tu ou dialógico, nenhuma pessoa é tratada como um meio para um fim, mas como um fim em si mesma. A intenção de tornar o paciente uma pessoa diferente é uma manipulação do modo Eu-Isso. Mesmo que as intenções do psicoterapeuta sejam geralmente honrosas e tentem mover o paciente a um objetivo predefinido, caracteriza-se como um processo Eu-Isso. Já as "exigências" do modo Eu-Tu, do psicoterapeuta, em uma interação contínua honrando a fenomenologia do cliente, como uma postura interior para mudar e ser mudado enquanto está presente, é possível em um dado momento, caso seja clinicamente apropriado.

Na *atitude* dialógica a ênfase está no encontro existencial de uma pessoa com outra, não com a intenção de manipular, mas com a intenção de levar a pessoa a ser diferente. Nessa atitude dialógica as diferenças são reconhecidas e até mesmo bem-vindas, sem tentar mudar o outro (mas aceitar e acolher essa mudança que pode ocorrer [BAR-YOSEPH, 2005]). A crença, confirmada pela experiência clínica, mostra-nos que o crescimento emerge do compromisso dialógico e do trabalho de conscientização fenomenológico sem visar resultados preconcebidos.

A gestalt-terapia mantém a relação terapêutica como a variável principal em psicoterapia, porque está de acordo com o fundamento da sua filosofia relacional e também com a pesquisa sobre a centralidade da relação em particular (NOR-CROSS, 2001, 2002) e sobre os fatores do contexto em geral (ELKINS, 2007).

A relação terapêutica fornece uma base segura para exploração, experimentação e aprendizagem; além disso, capacita os clientes a reconfigurar seus campos fenomenológicos e ontológicos e auxilia o desenvolvimento de suas vidas na maneira que pareça certo para eles. A jornada psicoterapêutica envolve tanto a experiência de uma relação dialógica quanto a aprendizagem dos "segredos" de se relacionar, para aperfeiçoar a capacidade do cliente de continuar reconfigurando seu próprio campo fenomenológico. A terapia frequentemente termina quando a relação diádica funciona melhor, ou seja, o objetivo da terapia foi cumprido – o cliente torna-se capaz de regular a sua vida de uma forma melhor, vive a vida no meio natural. O crescimento por meio do diálogo, do enfoque fenomenológico e da experimentação pode continuar de forma proveitosa, mesmo após o auge do desenvolvimento da relação terapêutica.

Contato é a unidade básica da relação; relação é um contato ao longo do tempo. O contato na metodologia da gestalt-terapia representa um contato dialógico, e a relação psicoterapêutica é uma relação dialógica. As características da relação psicoterapêutica dialógica são discutidas na próxima seção.

Resumo: A relação dialógica é o núcleo da prática da gestalt-terapia e não há "técnica da gestalt" devidamente compreendida ou medida sem considerar a relação psicoterapêutica. Relação, incluindo a relação psicoterapêutica, significa contato ao longo do tempo. Na teoria e na prática da gestalt-terapia essa relação tem parâmetros definidos pelas características do diálogo. Contato é a unidade básica da relação e do processo da cura. As características especiais da relação psicoterapêutica dialógica serão discutidas a seguir.

As características do diálogo

1) *Inclusão*: é o processo de abrir a *awareness* de uma pessoa para incluir, o quanto for possível, a experiência de outra pessoa. Ao trabalhar a inclusão o psicoterapeuta se aproxima da experiência do paciente como se fosse sentida por ele(a) em seu próprio corpo. Isso acontece enquanto o psicoterapeuta mantém seu sentido do *self* separado; é algo semelhante à sintonia empática, mas a inclusão caracteriza-se por uma definição clara e única, situação contrária à empatia que apresenta definições variadas e conflitantes. Com a inclusão, o psicoterapeuta faz um esforço máximo para experienciar o mundo a partir da perspectiva do paciente, como se o psicoterapeuta fosse o paciente, porém, simultaneamente, continuasse a sentir de modo pleno o seu próprio afeto, suas sensações e seus pensamentos. O psicoterapeuta "começa onde o paciente está" e encontra com ele um sentido pleno de si mesmo. Essa abordagem exige treinamento e disciplina para estabelecer e manter um claro senso do *self*, em conjunto com um profundo interesse no mundo e na experiência do cliente/paciente.

229

Interesse é uma palavra de importância fundamental para descrever a postura com que o gestalt-terapeuta precisa trabalhar. Esse profissional mantém um sentido profundo do *self* e, ao mesmo tempo, toma a experiência, o ser do paciente. As duas figuras – a experiência do paciente e a experiência do psicoterapeuta – passam por uma mudança suficientemente rápida para ficarem com os indícios do outro em todas as vezes. A disciplina da gestalt-terapia exige que o psicoterapeuta mude, constantemente, da figura de experiência do seu *self* para a experiência do paciente, mas permaneça consciente de sua experiência "interna", colocando-a disponível e permitindo que receba influências enquanto busca a experiência do paciente.

Nesse processo é ideal que um gestalt-terapeuta esteja atento ao sentimento de humilhação/vergonha, pois isso é fundamental em qualquer percurso psicoterapêutico e pode resultar do simples fato de um cliente sentir a diferença entre a alienação passada e o atual sentido de inclusão. Essa sensação pode surgir da relação psicoterapeuta-cliente ou em uma experiência na composição da maioria dos seres humanos em psicoterapia. Muitos gestalt-terapeutas acreditam que, quando o cliente experiencia o uso de inclusão feito pelo psicoterapeuta, a vergonha é evocada. Assim, deve-se aproveitar o momento como uma oportunidade única de explorar e trabalhar questões da vergonha a fim de completar essas situações inacabadas nas experiências do cliente (YONTEF, 1993).

Imaginar a realidade subjetiva da existência do paciente é uma confirmação existencial do paciente. "Imaginar o real" torna verdadeiro o sentido que o paciente tem do seu *self* no mundo. Confirmação parece com aceitação que, também, confirma o potencial latente da pessoa – potencial que é uma parte de seu ser. A aceitação significativa de uma pessoa inclui o reconhecimento da experiência subjetiva e do comportamento do paciente, o respeito à dignidade essencial e potencial de crescimento da pessoa e a confirmação de como o psicoterapeuta é afetado pelo paciente. Todavia, reconhecer a subjetividade de uma pessoa sem também reconhecer o comportamento dela – comportamento disfuncional e prejudicial – resulta em uma falta de perspectiva. Além do mais, o reconhecimento da experiência e o comportamento da pessoa sem honrar sua humanidade básica é uma atividade incompleta. Finalmente, a aceitação da pessoa, sem validar como o psicoterapeuta é afetado, não é autêntico e não atende aos requisitos de uma terapia dialógica ou relacional.

A confirmação inclui não só a aceitação, como também uma *awareness* e fé no potencial do paciente, ele é capaz de crescer e ser mais inteiro. Um bom trabalho de gestalt-terapia baseia-se na crença de que o crescimento emerge naturalmente do contato dialógico e da *awareness* (marcada por aceitação e confirmação), e não advoga mudança com o "objetivo" de alcançar resultados predefinidos.

Quando eu (Talia) era uma jovem psicoterapeuta, tive uma paciente cansativa. Falava com um tipo de afeto embotado, não tinha paixão e parecia bastante entediada de si mesma. Costumava vir na hora do almoço, e comecei a acreditar que essa era a razão de ela ser embotada também do meu cansaço. Quando eu estava pronta para oferecer uma mudança de horário da sessão, decidi apenas ficar com a sua história e a minha experiência. Eventualmente, falei com ela sobre minha experiência do meu cansaço e a superficialidade dela. A partir dessa intervenção ela encontrou a possibilidade de compartilhar o seu próprio sentimento de cansaço e a impressão de que o mundo estava cansado dela. Então, enquanto ela falava daquele lugar cansado, aprendemos juntas que estar simplesmente era o que ela precisava e era tudo o que podia fazer naquele momento; isso foi o suficiente.

Muitos pacientes apresentam-se com uma história de sentir-se machucado em sua principal relação. Realmente precisam de um psicoterapeuta para entender esse sentimento de mágoa, medo, vergonha e raiva. O trabalho de inclusão é normalmente essencial para a construção de uma relação e para o desenvolvimento do paciente. Ele precisa experienciar o interesse e a atitude relacional, sem o julgamento do psicoterapeuta na relação deles. Isso indica a realidade de suas experiências e ajuda-os a intuir que fazem parte do mundo das pessoas. No entanto, para o trabalho atender plenamente as condições discutidas, para ser clinicamente efetivo, a exploração ao longo do tempo também precisa incluir a responsabilidade do comportamento da pessoa, que pode ter sido prejudicial ao responder à ferida e ao *awareness*, e perceber a validação do próprio paciente de como ele ou ela tomou parte na criação da sequência que o/a levou à dor. Naturalmente, a *awareness* total evolui de acordo com o trabalho; e essa *awareness* plena geralmente não é explicada na exploração inicial.

2) *Presença*: é uma característica-chave do diálogo na gestalt-terapia. O psicoterapeuta, como pessoa, está, na verdade, presente e relativamente transparente. Na psicanálise clássica, o analista tenta permanecer impessoal, totalmente neutro, abstém-se de qualquer gratificação do paciente. Na gestalt-terapia, o psicoterapeuta é abertamente afetado pelo paciente, o psicoterapeuta sente, o psicoterapeuta tem experiência de vida pertinente ao paciente, o psico-terapeuta tem conhecimento e criatividade, e tudo isso faz parte de sua presença e transparência. Esse princípio ajuda o psicoterapeuta a perceber a importância da sua comunicação interpessoal como uma parte poderosa da cura. Como faz parte do percurso terapêutico, o interesse do paciente é a figura em todos os momentos. Ao comunicar o efeito que o paciente tem sobre o psicoterapeuta e permitir que ele ou ela saiba onde o psicoterapeuta está em um dado momento, o profissional assume uma posição filosófica e uma ferramenta de apoio à exploração do paciente.

O interesse do psicoterapeuta e seu respeito para com o paciente transparecem a partir de uma linguagem verbal (o que ele diz e como diz) e não verbal (gestos, tons, afetos etc.). O psicoterapeuta pode informar como ele é afetado no momento, suas associações de experiências emocionais, as imagens desencadeadas pelo momento que o paciente está passando, e assim por diante.

A respeito da minha pessoa, por exemplo, Gary, minha presença e trabalho de inclusão por vezes apresentam-se como imagens metafóricas em minha mente ou em trechos de música. Acho esses meios altamente confiáveis para capturar o sentido subjetivo do paciente e mostrar a ele que o compreendi; essas atitudes aprofundam a relação psicoterapêutica e levam a novas intervenções fenomenológicas. Em outro exemplo, um paciente falou sobre sua dificuldade para se levantar de manhã, a falta de energia e interesse em sua vida comum, a falta de qualquer sentido de potencial para o prazer. O paciente parecia deprimido, e eu bem que poderia apenas fazer essa reflexão. Na verdade, falamos sobre isso, incluindo uma possível indicação dele a um médico para uma prescrição de um antidepressivo. Mas, enquanto estava sentada com ele, tive a imagem de um jovem em um quarto que não tinha luz, nem janelas, nem porta e não havia nenhum som. Relatei essa imagem para ele. De fato, isso era o que ele sentia, e a imagem visual capturou o sentido de sua experiência. Isso nos permitiu ir mais a fundo na experiência real. Pedi a ele para estar naquele quarto, agora expressar sua *awareness*, momento por momento. O resultado foi uma lembrança da infância e um sentimento em sua vida atual de abandono por parte de sua família, os ataques humilhantes que sofria quando expressava seus sentimentos e sua falta de potencial para a mudança. Isso foi verdade enquanto era uma criança, mas também se deu conta de que algumas coisas que não pôde fazer quando era uma criança agora tornavam-se possíveis.

Esse trabalho exigiu que eu estendesse a minha *awareness* para me aproximar da sua experiência, aprovada pelo paciente; e, assim, eu poderia permitir a influência sobre mim e relatar isso, fazer uma sugestão criativa de como trabalhar com a experiência mais profunda, e não apenas uma mera discussão de sintomatologia depressiva.

O princípio organizador nessa abordagem dialógica consiste em encontrar em vez de procurar. Ao estar na verdade presente e relativamente transparente, o psicoterapeuta trabalha para um encontro, para compreender e talvez ser compreendido pelo paciente. Assim, começam a aparecer a cura e o crescimento. Isso exige a terceira característica do diálogo.

3) Na relação dialógica em gestalt-terapia há um *compromisso com o entre*, um compromisso com o diálogo. Isso significa que, na sessão, o psicoterapeuta é necessariamente afetado e também passa por um processo de mudança; em uma psicoterapia dialógica reconhecemos que não é só o paciente que muda. A atitude dialógica consiste em estar presente sem um resultado preconcebido, pronto para incluir o outro e aberto para mudar e ser mudado (BAR-YOSEPH, 2005). A "verdade" emerge, mesmo sem ainda ser conhecida pelo psicoterapeuta. Um exemplo simples disso é que, em um bom trabalho de gestalt-terapia, quando o psicoterapeuta expressa um pensamento ou uma compreensão, está sempre pronto para ser corrigido, rejeitado ou negado. O que oferecemos para o paciente é, na melhor forma, uma conjetura, e é necessário que estejamos prontos para encarar o erro, para deixá-la, substituí-la, ou modificá-la.

O conhecimento do psicoterapeuta, incluindo o seu autoconhecimento, não é privilegiado. A experiência que o paciente tem do psicoterapeuta, bem como a experiência recíproca, é parte do diálogo.

Por exemplo:

> Um dia estava pintando um quadro triste da humanidade e, especialmente, de mim mesma. Senti que qualquer impulso ou ação "decente" era fraudulenta, uma mentira, porque eu também tinha sido "indecente" e isso traiu o meu verdadeiro eu. O meu terapeuta tentou me mostrar como o meu processo de pensamento/valorização foi infundido, "dupla-vinculação" ("*double-binding*") Eu finalmente disse: "Ei, só quero ser ouvida. Quero que você pratique a inclusão". (Ele também estava lendo Buber na época.) Eu estava frustrada e desesperada. Meu psicoterapeuta começou a escutar, mas de uma maneira indiferente. Reclamei que ele não estava me ouvindo realmente, e ele deixou escapar: "Não quero realmente trabalhar inclusão". Seus olhos se encheram de lágrimas quando disse: "É uma experiência muito triste e atormentada". Ver suas lágrimas e saber que ele tinha provado um pouco da minha existência presente causaram em mim uma mudança no sentido da experiência. Senti-me momentaneamente em paz e inteira, e fui capaz de deixar o quadro sombrio para trás e seguir em frente (JACOBS, 1995: 70).

Eu era a psicoterapeuta nesse exemplo. Fui levada realmente a uma experiência de inclusão no diálogo por meio da interação interpessoal. Recebi influência do paciente tanto no processo (desistindo do objetivo de fazer o paciente se sentir melhor, consequentemente, uma mudança por mim) como no afeto (praticar inclusão sentindo o desespero sombrio). Estávamos mudados pela interação, possível graças ao diálogo, à inclusão, à presença – emergentes efeitos do encontro existencial. É importante que no trabalho, por exemplo, com a vergonha, o cliente não seja, na sala, a única pessoa vulnerável, imperfeita, com sentimentos é mudada pela interação. É essencial que o psicoterapeuta não esteja acima de estar errado, triste, carente, e assim diante. É importante notar que esses princípios também guiam a prática geral da gestalt-terapia contemporânea.

Relação da gestalt-terapia com outras abordagens

Gestalt-terapia e abordagens comportamentais

A gestalt-terapia se parece com as abordagens comportamentais, por causa da ênfase à observação do comportamento, do uso de uma multiplicidade de técnicas ativas e a inclusão de intervenções focadas em determinados comportamentos ou sintomas, como parte do arsenal. Na gestalt-terapia, a observação comportamental é parte da observação do todo, incluindo corpo, movimento, expressão verbal, processos não verbais e, especialmente, processos interpessoais.

A gestalt-terapia se diferencia da terapia comportamental em três grandes aspectos: (1) a relação psicoterapêutica é considerada central, e nenhum relatório de uma interação ou um caso de gestalt-terapia é considerado completo, sem que a relação esteja incluída; (2) as técnicas são usadas para promover o encontro existencial e a experimentação fenomenológica, em vez de visar a um plano ou resultado predeterminado; (3) quando a *awareness* é focada em um determinado comportamento ou sintoma, há uma atenção especial para a totalidade da auto-organização do paciente, e com pleno reconhecimento dos aspectos dominantes e daqueles de menor importância.

Uma paciente, por exemplo, com transtorno de personalidade *borderline* apresentou raiva com o seu outro significativo. O trabalho necessitou do reconhecimento não só dos fatores contextuais, mas também da frequência das suas explosões de raiva, pois eram desencadeadas num estado mental traumático. Essa paciente exigiu um trabalho terapêutico psicoeducacional para o reconhecimento do pânico súbito, da perda de pensamento complexo, da excessiva emocionalidade, das técnicas de centragem e assim por diante. Sem esse trabalho, ela não poderia controlar sua raiva defensiva. Além disso, sua cisão tinha de ser mantida em mente. Ela gostaria de estar completamente sob os cuidados de seu namorado (seu herói), como se ela fosse uma criança; como isso não aconteceu, sentiu-se decepcionada, abandonada e/ou sufocada e, em sua mente, seu herói tornou-se um completo "bastardo", "idiota" e cada vez pior. Trabalhar em cada aspecto requereu também trabalhar com a sua personalidade/variáveis caracterológicas (YONTEF, 1993).

Na gestalt-terapia, prestamos atenção em como a parte se relaciona com a construção do todo. É dada atenção à integração do todo com as relações das partes, e a relação entre cada uma dessas partes nessa construção. O psicoterapeuta trabalha com o que é apresentado em determinado momento, seja isso explícito ou implícito. Acredita-se que qualquer componente do campo esteja interligado ao todo; portanto, qualquer um que seja afetado afeta o resto do campo. O passo seguinte é óbvio. Quando um determinado comportamento é saliente, chama a atenção, ou é expressado pelo paciente, o psicoterapeuta aborda e fica com isso. "Ficar com isso" significa continuar a focar nos fenômenos, conforme emergem naturalmente e desenvolvem com a *awareness*. Ao escutar, por exemplo, a expressão da raiva de um cliente é possível facilitar essa expressão (p. ex., sugerindo as possibilidades de expressar a raiva) e muitas vezes, espontaneamente, alcançar a transformação da raiva em tristeza e a liberação da amargura e tensão. Esse é um exemplo de "ficar com" o processo. Então, a partir da raiva desenvolve-se uma *awareness* mais profunda e mais ampla do processo inteiro de dor, raiva e cura.

Direcionar o foco para determinados comportamentos é uma parte do tratamento em gestalt-terapia, mas apenas com a consideração dos princípios holísticos, fenomenológicos e dialógicos. O foco específico, em qualquer momento na gestalt-terapia, é explicado para o psicoterapeuta como um aspecto do campo total e inclui observações do comportamento verbal, emocional, físico e interativo. A fenomenologia do psicoterapeuta "encontra" a do cliente. O principal interesse é apoiar a *awareness* em si e a *awareness* das possibilidades. Esse trabalho de contato direto e *awareness* auxilia, desafia e capacita os pacientes a explorar suas próprias fenomenologias e descobrir o caminho emergente que é bom para eles experimentarem. Nesse sentido, a filosofia da gestalt-terapia é diferente da abordagem comportamental clássica. Notamos isso quando o foco está em um comportamento particular, torna-se possível um encontro fenomenológico com o cliente, para que paciente e psicoterapeuta compreendam mais plenamente o que o paciente apresenta. Os aspectos relacionais e as implicações da relação paciente-terapeuta criaram um experimento que apresenta possibilidades de um novo desenvolvimento para o paciente.

Por exemplo, como uma consultora organizacional, eu (Talia), frequentemente, encontro uma pessoa que é um(a) líder de muito sucesso que atingiu um limite profissional, mas a quem falta *awareness* para saber o que está errado. Ele ou ela pode ter alcançado o potencial máximo ou pode haver outros obstáculos para o caminho a seguir ou para ascender. No caso de tal pessoa, depois de um período de exploração individual, um diretor, em um negócio internacional, sentiu-se apoiado o suficiente para verificar com sua equipe sobre o que, em seu estilo de liderança, limitava a sua relação com eles e, portanto, o seu trabalho como diretor. Embora tivesse uma alta capacidade verbal, sua educação e o contexto em que trabalhava não estavam abertos para ter uma interação pessoal autêntica e espontânea. Seu trabalho pessoal e individual continha longos segmentos de praticar, achar as palavras, aprender a respirar algum dever de casa que ele delineou para ele mesmo. Experimentou novo comportamento até estar realmente pronto para abordar a equipe, que também faz parte da mesma "limitação" no campo cultural. Então, foi com um sorriso que descobriu a percepção de seus colegas, acharam-no um homem fechado e tímido, e acreditavam que nunca poderia desenvolver-se ainda mais como um líder.

Gestalt-terapia e terapias psicanalítica e psicodinâmica

A gestalt-terapia é como as terapias psicanalítica e psicodinâmica na ênfase dada à relação terapêutica/transferência e na organização de explorar e compreender, em vez de visar diretamente a uma mudança de comportamento controlada.

Há pelo menos duas grandes diferenças entre a gestalt-terapia e a maioria das abordagens psicanalíticas. A sintonia do afeto, que surgiu recentemente como um aspecto fundamental da psicanálise moderna, apresenta uma metodologia bem desenvolvida na gestalt-terapia. O enfoque fenomenológico e a experimentação foram usados por muitos anos na gestalt-terapia para explorar o afeto.

Outra diferença é a grande importância dada à presença pessoal e transparente do psicoterapeuta em gestalt-terapia. Antes de tudo, isso significa que, nessa abordagem, o termo relação – relação terapêutica – é entendido de modo muito diferente do que em psicanálise clássica e difere também, mas em um grau menor, das modernas abordagens relacionais. Na psicanálise tradicional, a postura impessoal do psicoterapeuta retém informações pessoais para favorecer e manter pura a neurose de transferência. No entanto, na gestalt-terapia, a relação terapêutica é, por definição, entre os campos fenomenológicos do paciente e do psicoterapeuta. Um dos psicanalistas e psicoterapeutas formados com base em psicanálise que eu (Gary) tratei resumiu suas reações ao comentar que, por expressar o meu próprio afeto e minha própria experiência de vida, seria considerado um "charlatão" no sistema em que se formaram. No entanto, notaram o quanto foi útil para eles como pacientes.

Outra diferença entre a gestalt-terapia e as outras abordagens – comportamental e psicanalítica – é que, na primeira, o psicoterapeuta é estimulado a ser criativo e usar ou criar qualquer intervenção que seja ética, conforme a lei, útil e de acordo com o encontro existencial e o enfoque fenomenológico (ZINKER, 1977). Assim, uma abordagem "de manual" para a psicoterapia é contrária aos princípios básicos da gestalt-terapia.

Lembrem-se do exemplo anteriormente dado, daquele diretor. O que um gestalt-terapeuta/consultor quer dizer com a palavra "apoiado"? Se o mesmo diretor fosse a um psicoterapeuta comportamental pedindo ajuda para expressar seus pensamentos e sentimentos íntimos, alcançaria seu objetivo em apenas um aspecto de sua liderança. Assim, apenas um protocolo de pesquisa, com perguntas sobre aqueles aspectos, poderia ter confirmado a efetividade dessa terapia, porém os aspectos da situação total considerados pelo gestalt-terapeuta teriam passado imensuráveis.

Se essa pessoa fosse a um analista clássico, seus pensamentos e sentimentos íntimos teriam sido explorados; e, no final, daria o próximo passo comportamental por conta própria. Na sala de consultoria da gestalt, ele estava explorando, experimentando, analisando e aprendendo sobre as raízes de sua "limitação" (como disse uma vez). Dessa forma, entendeu o que era, decidiu seu plano estratégico e experimentou algumas táticas para chegar lá. Como sentiu que tratou de tudo o que precisava enfrentar, explorou tudo o que precisava explorar e encontrou a ação certa para tomar, partiu para a ação em seu ambiente de trabalho.

Quando se sentiu apoiado por dentro com o nosso trabalho conjunto, deu o próximo passo e enfrentou a consequência dessa escolha. Se essa não é a definição de um bom líder, então qual é?

Colocando o mundo da psicoterapia sob um *continuum*, a terapia comportamental de um lado e a psicanálise do outro, naturalmente colocam a abordagem gestáltica no meio. Gestalt-terapia é uma síntese dialética entre os polos da terapia comportamental e da psicanálise. A gestalt-terapia inclui o foco comportamental e as técnicas ativas das terapias comportamentais e, também, a exploração da compreensão e a centralidade da relação em psicanálise.

A relação da gestalt-terapia: O que é e o que não é

A relação dialógica é indispensável à gestalt-terapia como uma estrutura integradora, porque inclui o enfoque sobre corpo, mente, relações interpessoais e sistemas maiores (casais, famílias, grupos, organizações, culturas e sociedades).

Cada momento da gestalt-terapia é um evento relacional e técnico, mais bem-conceituado se esses dois aspectos estiverem em mente (YONTEF, 1993). É um evento relacional, porque, independentemente de qualquer intervenção particular, há sempre a predominância de fatores da relação. E é considerado um evento técnico, porque o psicoterapeuta sempre precisa considerar os fatos do contexto, a organização de caráter do paciente, seus pontos fortes, seus pontos fracos, a sequência de intervenções etc.

A relação terapêutica em gestalt-terapia trabalha com o afeto, o pensamento e o comportamento, e não está limitada a trabalhar apenas com um desses.

A relação terapêutica em gestalt-terapia contemporânea usa intervenções para ajudar a compreensão e o encontro, e não usa técnicas ou confrontação para mudar o paciente.

A relação em gestalt-terapia contemporânea é especialmente sensível à vergonha, à maneira como é acionada e também ao paciente ou ao psicoterapeuta. Isso inclui a vergonha trazida para a sessão terapêutica e aquela desencadeada na sessão (YONTEF, 1993).

Embora a relação terapêutica na gestalt-terapia contemporânea enfatize a inclusão/sintonização empática, o encontro existencial inclui lidar honestamente com diferenças, conflitos, confrontos, rupturas na ligação entre psicoterapeuta e paciente e assim por diante.

A relação precisa levar em conta o significado subjacente e as influências metateóricas por parte do psicoterapeuta. Essas influências – construtiva e não construtiva – não se restringem às palavras e às técnicas. As atitudes e os preconceitos do profissional são revelados através de todos os aspectos de ser, por exemplo, sons, tons, postura, gestos e assim por diante.

Diálogo é uma orientação do psicoterapeuta e, em gestalt-terapia, não há uma intenção de convencer o paciente a ser dialógico. *O psicoterapeuta mantém uma postura dialógica para que o paciente tenha a oportunidade de se beneficiar e conhecer essa relação, percebendo-a como uma possibilidade para que assim seja capaz de experimentar o que julgue certo ele mesmo.*

Requisitos de pesquisa

Uma pesquisa que realmente teste a efetividade da gestalt-terapia ou o suporte empírico para a teoria e a metodologia adotada precisa descrever e mensurar as intervenções ("técnicas") e a relação. Como técnicas, nesse caso, entendemos a adaptação criativa de meios de explorar a situação clínica com cada paciente e não a sua aplicação mecânica. Já os fatores da relação devem descrever e medir as características do diálogo.

A seguir estão algumas variáveis que a Teoria da Gestalt-terapia indica como necessárias para o suporte empírico:

• O grau em que o paciente experiencia o psicoterapeuta, como realmente compreende a sua experiência imediata, isto é, pensamento, sentimento, contexto e experiência de vida.

• À medida que o paciente experiencia o psicoterapeuta, em relação aos cuidados e ao respeito a ele.

• O momento em que o psicoterapeuta é capaz de estar presente, como pessoa, é afetado pelo paciente; possibilitar que o paciente saiba disso é relativamente transparente e não defensivo; assim, entende as questões do paciente e sabe como conduzir a focagem fenomenológica e a experimentação.

• A intensidade que o psicoterapeuta interfere no diálogo para deixar as preconcepções e metas, apoiar a cultura de incerteza (STAEMMLER, 1997) e permitir que algo emerja a partir do contato dialógico.

Referências

BAR-YOSEPH, T.L. (2005). *The Bridge*. Metrairie/Nova Orleans: Gestalt Institute Press.

ELKINS, D. (2007). "Empirically supported treatments: The deconstruction of a myth". *Journal of Humanistic Psychology*, 47 (4), p. 430-473.

JACOBS, L. (1995). "Dialogue in gestalt theory and therapy". In: HYCNER, R. & JACOBS, L. (orgs.). *The Healing Relationship in Gestalt Therapy*. Highland: The Gestalt Journal Press.

NORCROSS, J. (org.) (2002). *Psychotherapy relationships that work*: Therapist contributions and responsibilities to patient needs. Nova York: Oxford University Press.

_____ (2001). "Empirically supported therapy relationships: Summary report of the Division 29 Task Force". *Psychotherapy*, 38 (4).

PERLS, F.; HEFFERLINE, R. & GOODMAN, P. (1994). *Gestalt Therapy*: Excitement and growth in the human personality. Highland: The Gestalt Journal Press [Publicação original: Nova York: Julian Press, 1951 – No Brasil, traduzido sob o título: *Gestalt-terapia*. 2. ed. São Paulo: Summus, 1997].

STAEMMLER, F. (1997). "On cultivating uncertainty: An attitude for gestalt therapists". *British Gestalt Journal*, 6 (1), p. 40-48.

YONTEF, G. (1993). *Awareness, dialogue and process*: Essays on gestalt therapy. Highland: The Gestalt Journal Press.

ZINKER, J. (1977). *Creative process in gestalt therapy*. Nova York: Brunner/Mazel [No Brasil, traduzido sob o título: *Processo criativo em gestalt-terapia*. São Paulo: Summus, 2007].

10
Liberdade experimental

Jungkyu Kim
Victor Daniels

...a nossa posição é que a ação serve como
um momento particular de apreender – isto
é, de experienciar – a pessoa... *Para nós,
a ação revela a pessoa, e olhamos para a
pessoa através de sua ação.*
Karol Wojtyla

Na gestalt-terapia o termo "experimento" significa algo diferente do que atribuímos no discurso científico diário. A maioria das psicoterapias consiste principalmente no fato de o cliente discutir os seus problemas, as questões e os dilemas com o psicoterapeuta. Desenvolvendo-se a partir da experiência de Laura Perls em dança, da experiência de Fritz Perls em teatro e dos estudos com Wilhelm Reich, Otto Rank e Moreno Jacob, a gestalt-terapia apresentou uma dimensão nova e poderosa às variedades anteriores de "conversação" de trabalho psicoterapêutico.

Um "experimento" pode ser sugerido por um gestalt-terapeuta para guiar um cliente na descoberta do que é importante para o crescimento dele, quando participa de uma experiência direta. Há um convite para agir ou fazer alguma coisa, em vez de simplesmente falar sobre isso. Nesse processo de dramatização, a "história" sobre o problema torna-se um evento presente. A partir desse evento, surgem dimensões inesperadas de compreensão e descoberta. "Quando a psicanálise era a forma dominante de psicoterapia profunda", escreveu Joseph Melnick e Sonia Nevis (2005: 108), "a ação do cliente não recebeu nenhuma atenção. De fato, as ações da pessoa foram deliberadamente excluídas". O experimento, como é usado em gestalt-terapia, faz o contrário, consegue tornar as palavras do cliente vívidas, alcançando o cliente às dimensões de ação, emoção, sensação, imaginação e expressão verbal.

Quais são as funções atendidas pelo experimento?

A gestalt-terapia enfatiza a *awareness* como um de seus principais objetivos. A experimentação é, frequentemente, uma forma efetiva de alcançá-la – especialmente a *awareness* de um indivíduo desvia sua atenção da experiência em curso (YONTEF, 1993). A experimentação pode ser usada também para expandir o repertório do comportamento da pessoa, para completar situações inacabadas, descobrir polaridades, estimular uma integração de forças em conflito na personalidade, para desalojar e reintegrar introjeções, e, também, fortalecer a capacidade do cliente de sentir e agir de maneira mais intensa, funcionar mais como autoajuda e tornar-se mais ativamente responsável (ZINKER, 1977). Além disso, um experimento pode servir para ajudar o cliente ou o terapeuta a descobrir o que aquele que passa pelo processo de análise está pensando ou sentindo, ou também pode dirigir a atenção do cliente para algo que o terapeuta vê ou ouve claramente e imergir, mais profundamente, em um sentimento no qual o cliente "permanece na superfície".

Por exemplo, em vez de falar sobre um sentimento ambivalente em relação à mãe dele, um cliente é convidado a falar para a mãe dele, que está "sentada" em uma cadeira vazia, colocada na frente dele. Em seguida, o cliente pode ser solicitado a passar para a outra cadeira e fingir ser a mãe dele. "Sente-se como sua mãe sentaria. Assuma a postura dela, use os gestos e o tom de voz dela. Seja 'ela' tão completamente quanto possível." Enquanto o cliente "fala para" a mãe dele, as dimensões emocionais, físicas, cognitivas e de seu sentimento ambivalente tornam-se mais visíveis para ambos – o cliente e o terapeuta. Então, enquanto o cliente "torna-se a mãe dele" e responde, o terapeuta obtém uma imagem imediata e intensa da maneira como a mãe está no mundo e se relaciona com o filho, que nunca poderia emergir se o cliente só "falasse sobre" o relacionamento dele com ela.

Muitos clientes queixam-se de dificuldades em tomar decisões porque não conhecem seus verdadeiros sentimentos, necessidades e processos. Na tentativa de ajudá-los apenas por meios intelectuais, o que o cliente faz realmente pode permanecer inalterado, mesmo quando tem um *insight* considerável. Por outro lado, métodos comportamentais, orientados de acordo com uma programação, ou cognitivo-comportamentais, são frequentemente limitados na sua eficácia por causa da exploração insuficiente da experiência interior do cliente.

Em contraste, experimentação inclui a aprendizagem através da experiência, exploração, descoberta e ação de uma maneira que integra componentes intelectuais, emocionais, comportamentais e somáticos. Isso contribui para uma totalidade organísmica.

Experimentos e técnicas como metodologias da gestalt

Cada abordagem de psicoterapia e aconselhamento inclui uma série de metodologias ou manobras terapêuticas. Experimento e técnica destacam-se como procedimentos fundamentais na gestalt-terapia. Melnick e Nevis (2005: 108) esclarecem a diferença entre os dois: "A técnica é um experimento pré--formado com metas específicas de aprendizagem. É como um terno comprado na loja já pronto, em oposição a um feito por alfaiate e sob medida para o indivíduo". O que qualifica um experimento é o seu contexto situacional e a finalidade para a qual está sendo feito, em vez de um procedimento ou conteúdo específico. Na verdade, a maioria das técnicas de ampla utilização hoje começou em algum momento como experimentos que eram respostas únicas a situações únicas. Erving Polster (1999) refere-se ao conjunto das técnicas como "inventário procedimental", selecionado por um gestalt-terapeuta de acordo com a sua necessidade.

Em alguns setores, a gestalt-terapia tem sido criticada como "orientada demasiadamente por técnica". Essa não era a intenção de qualquer um de seus fundadores: Laura ou Fritz Perls.

Naranjo escreve:

> Perls... empregou e gerou técnicas (assim como usou canetas para escrever...), mas nos alertou sobre acessórios – procedimentos empregados com a crença de que vão fazer algo enquanto nos reclinamos.
>
> *O processo terapêutico consiste na transmissão de uma experiência*. Tornou-se um tema de bastante discussão a psicoterapia como técnica, quer dizer, do ponto de vista dos efeitos das ações ou interpretações do terapeuta sobre o cliente... O que é deixado de fora, no entanto, é... que... uma certa profundidade de experiência talvez possa ser causada apenas pela *presença* de um outro ser, tomando parte daquela profundidade e não por meio de manipulações.

Se a prática da gestalt-terapia é um *corpus* sintético de técnicas, é exatamente pelo fato de não ser orientada à técnica. A síntese existe apenas na medida em que várias partes podem cristalizar em torno de um centro unificador (1993: 5 e 17).

Experimentos tendem a ser mais emocionantes e, muitas vezes, mais informativos, quando realizados de maneira espontânea; quando o psicoterapeuta, conselheiro ou facilitador se sente intuitivamente inclinado a experimentar um manejo que nunca sugeriu ou tentou antes.

Orientação para o uso de experimento em gestalt-terapia

Durante uma orientação para o uso de experimento, grande parte da sessão de psicoterapia pode parecer, para um observador ingênuo, essencialmente um tipo especial de conversa entre cliente e psicoterapeuta que intervém às vezes para relatar explicitamente ideias experienciais. Com frequência, a intenção disso é trazer as mensagens não verbais do cliente para a *awareness* dele, e, assim, conseguir explorar um estilo característico de relato interpessoal ou, até mesmo, atingir algum outro objetivo especial.

Em uma forma alternativa de trabalho, situações estruturadas experiencialmente fazem parte integral do processo. A injunção de Fritz Perls (1973) para prestar atenção no óbvio significa que, muitas vezes, o comportamento não verbal, como a postura, os gestos, os movimentos e o tom de voz, revela mais informação do que o conteúdo verbal das palavras do cliente. Caso a exploração inicial na terapia já tenha sido realizada, a sua injunção paralela desse pesquisador para permanecer no diálogo refere-se a um diálogo exteriorizado entre as vozes ou os lados internos e conflitantes do cliente ou até mesmo a um diálogo projetivo entre o cliente e outros internalizados, como os pais, cônjuge, amante ou colega de trabalho.

Durante este capítulo, entenderemos que o termo "experimento" pode ser utilizado em uma ou em ambas formas descritas – como um complemento ao diálogo verbal entre o terapeuta e o cliente, ou, como Zinker (1977) descreveu tão bem, uma modalidade básica do trabalho psicoterapêutico. Na verdade, Peter Philippson minimiza a distinção entre essas duas abordagens, dizendo:

> Minhas afirmações são de que há um sentido especial na gestalt-terapia por ser dialógica, porque nesse tipo de diálogo *inclui* ex-

perimento; e, nesse sentido, Fritz Perls foi muitas vezes altamente dialógico. Um aspecto importante da abordagem dialógica da gestalt é ser essencialmente não verbal. Perls tirou de sua análise com Reich o último *insight* que afirma o que o cliente *faz* é bem mais confiável para o processo do que aquilo que o cliente diz (2001: 147 e 149).

Como os comentários de Philippson indicam, alguns terapeutas devem se mover fluidamente para a frente e para trás entre essas modalidades. Um terapeuta cuja orientação principal é experiencial, por exemplo, pode trabalhar exclusivamente com um modo de conversa, e o cliente se sentir desconfortável com uma situação da técnica da cadeira vazia. Um terapeuta que trabalha principalmente com o modo baseado na conversa ou de grupo pode introduzir trabalho de movimento ou um diálogo usando a técnica da cadeira vazia quando for apropriado.

Na terminologia fenomenológica e no campo teórico, um experimento é usado para descobrir o que é possível no campo e para explorar e obter *insight* sobre a estrutura desse campo e do processo da *awareness* da própria pessoa (YONTEF, 1993). Em um experimento, um cliente pode apresentar como resultado, por exemplo, um sentimento de solidão no grupo e descobrir que era ele próprio o responsável por interromper seu processo; por isso seus contatos com os outros foram bloqueados, ele entendeu como fez isso e que alternativas lhe estão abertas. Ao fazer isso torna-se um aprendiz ativo que faz suas próprias descobertas, em vez de ser "analisado" ou "modificado comportamentalmente" por especulações, interpretações ou reforços dos outros. Em outro exemplo, um cliente que está em tratamento por causa de depressão e se sente "entorpecido" depois de um divórcio está convidado a dizer adeus à sua esposa, que imagina estar sentada na cadeira vazia à sua frente. Ao participar do "experimento" de dizer adeus à sua esposa em uma cadeira vazia (componente comportamental), ele será capaz de experienciar e contactar seus sentimentos tristes (componente emocional) e, em seguida, perceber como bloqueou seus sentimentos de tristeza, o que fez se sentir entorpecido (componente cognitivo). Enquanto faz isso, descobre como prende a respiração (componente somático) para evitar os sentimentos que surgem quando tenta dizer adeus para a esposa. Só agora percebe e experiencia com todo o seu corpo como ele mesmo cria o entorpecimento que é um elemento de sua depressão.

O comportamento do terapeuta

Muitas vezes, o experimento apoia e facilita outros aspectos do trabalho unificado da gestalt-terapia que são alcançados de acordo com o comportamento do psicoterapeuta.

Princípios que regem o movimento dentro e fora do experimento

Um experimento deve resultar de algum tipo de contexto dialógico, para que o cliente possa entender também a lógica que norteia todo o processo. Da mesma forma, o término de um experimento deve entrar no fluxo natural de um diálogo para que o cliente não se sinta desconectado.

Na maioria dos casos, um terapeuta precisa saber algo sobre a fenomenologia do cliente para saber como é o seu problema, sua estrutura dinâmica, e conhecer o processo etiológico do campo antes de sugerir um experimento. Caso contrário, o resultado pode gerar um dano ou uma confusão contraproducente. Por exemplo, chamar a atenção para um sintoma ou uma postura do corpo sem ter desenvolvido uma sólida aliança psicoterapêutica poderia induzir uma reação de vergonha juntamente com raiva em um cliente vulnerável e narcisista, resultando em uma ruptura terapêutica (YONTEF, 1993).

Preparar a base para a realização de um experimento, o que inclui cuidar para que um relacionamento sólido entre o terapeuta e seu paciente seja desenvolvido, apresenta uma chance maior de sucesso na exploração em regiões mais profundas. Na maioria das vezes, é também uma boa ideia explicar o que é um experimento, por que ele quer que o cliente faça e como deve fazê-lo (ZINKER, 1973). A próxima etapa é muitas vezes a obtenção do consentimento do cliente para fazer uma experiência em conjunto e, assim, conseguir a participação ativa dele.

Nesse ponto, algumas questões podem surgir: Que tipo de experimento escolher, fazê-lo e onde parar? Como um aluno iniciante torna-se um formando e, em seguida, para ser um gestalt-terapeuta experiente, esse processo de movimento terapêutico passa a ser sempre mais intuitivo; assim, na maior parte do tempo – mas nem sempre –, as respostas a essas perguntas parecem óbvias, sem que tenham sido estruturadas. Se a própria escolha do terapeuta é mais racional ou mais intuitiva, deve evoluir naturalmente a partir do contexto terapêutico, desde a experiência até o comportamento do cliente (YONTEF, 1993).

Um problema pode surgir quando um terapeuta sugere um experimento, e o cliente concorda sem verdadeiramente aceitar ou "investir" na sua utilidade em potencial. Nesse caso, sua participação será mecanicamente sem interesse ou envolvimento, de uma maneira que não resultará em um aprofundamento da *awareness*. Zinker (1977) aborda essas questões em seu conceito de consenso, definido como "o processo de negociação com o cliente na elaboração de um experimento e a vontade do cliente para participar". Continua a dizer que

> [Esse é] um minicontrato com o cliente para executar uma deter-
> minada tarefa; em cada fase crítica do trabalho, o terapeuta deixa
> claro para o cliente que ele pode concordar em tentar algo novo ou
> concordar em não fazê-lo... A maneira como o consenso acontece
> é uma questão de estilo pessoal. Se eu tiver uma boa relação com
> a pessoa com quem trabalho, não sinto a necessidade de repetir
> solicitações verbais para acordo. Às vezes, essas transações po-
> dem desviar da fluidez do processo no encontro terapêutico... Ge-
> ralmente, o consenso é algo que suponho, a menos que o cliente
> proteste ou, de alguma outra forma não verbal, resista às minhas
> sugestões. Então tento inventar experimentos que vêm do conteú-
> do da resistência... O cliente deve ser avisado de um experimento
> para o outro que ele tem a opção de recusar e que só precisa expe-
> rimentar comportamentos os quais sejam congruentes, seguros e
> confortáveis para ele (ZINKER, 1977: 131-132).

Um cliente pode começar um experimento e, então, perguntar, de forma explícita ou não verbal, repetidamente o que é para fazer em seguida. Nesse caso, a melhor resposta é geralmente explícita: "Eu não vou lhe dizer o que fazer". O terapeuta pode transmitir a mesma mensagem de forma não verbal, examinando cuidadosamente o tapete ou o teto como resposta a esses pedidos.

O terapeuta também deve ser sensível em relação ao grau de dificuldade de um experimento para determinado cliente. Oferecer algo fácil no início, para que o cliente tenha uma experiência de sucesso e se familiarize com o conceito e com o processo de experimentos, é interessante. O grau de dificuldade de um experimento depende da vulnerabilidade do cliente, da sua experiência anterior com experimentos e, também, da força da ligação terapeuta-cliente.

Em alguns casos, o terapeuta deve explicar a razão e o procedimento do experimento e guiá-lo passo a passo de uma forma amigável. Em outros casos, a razão para fazer algo é tão óbvia que nenhuma explicação é necessária.

Em relação ao término do procedimento e o retorno para o diálogo original, geralmente, é aconselhável seguir o ritmo natural do processo e terminar quando estiver completo. Nesses casos, sabe-se intuitivamente quando o processo chega ao fim. Mas também há muitas situações em que um terapeuta não precisa trabalhar um experimento até o fim. Se um experimento ajudou um cliente a descobrir algo que não tinha sido reconhecido antes, então conseguiu atingir seu objetivo, e o terapeuta pode deixá-lo e voltar ao diálogo original. Por exemplo, em um grupo, uma mulher que passa ao redor da sala dizendo a cada pessoa: "Você poderia me assustar por..." já conseguiu descobrir algo crucial antes de chegar no meio do caminho. Assim, trabalhar diretamente com esse "algo" pode ser mais valioso do que continuar indo ao redor da sala. Miriam Polster (1982) enfatizou ficar com o *momentum* do trabalho. Ocasionalmente, destacou que um estagiário de psicologia clínica que estava obcecado por "completude" perdeu o contato com a direção para onde a energia do cliente estava se movendo.

Diálogo facilitado com as "regras de trânsito"

Desde o início, o terapeuta precisa ser sensível à forma como pode apoiar um determinado processo do cliente. No início, por exemplo, pode mencionar o quanto parece estranho falar de um evento passado no tempo presente, como se estivesse acontecendo agora, ou para falar com uma cadeira vazia.

Uma regra simples é essencial: "Não faça nada que possa resultar em danos físicos para você ou para qualquer outro participante do grupo". Outro princípio pode ser: "Não há maneira de 'fazer isso certo' ou 'fazer isso errado'". Em situações de grupo, muitas vezes acontece de alguns membros se sentirem ansiosos porque não "sabem" o que dizer ou como dizê-lo. Ficam preocupados em cometer um "erro" e sofrer deboche. Por isso, é ouvirem que não existe uma maneira "correta" para se comportar.

É importante destacar, também, o uso das "regras de linguagem". Por exemplo, Karen, uma paciente, estava reclamando sobre sua falta de comunicação com as irmãs, representadas, na sessão, por duas cadeiras vazias. Disse à sua irmã Evelyn: "Não posso falar para você". Então, ela virou-se para Annie: "E nem para você posso falar". Várias semanas mais tarde, comentou: "Quando me pediram para reformular 'Eu não posso' para 'Eu não vou', vi que sou a única pessoa que me impede de ter o amor e apoio que tanto anseio da minha família".

No trabalho com processo de grupo, baseado na gestalt-terapia, os membros são convidados a falar só eles próprios. Quando alguém faz um comentário, como: "Acho que a maioria das pessoas aqui se sente...", é inevitavelmente útil que o facilitador diga: "Vamos verificar isso. Vamos pedir que cada pessoa no grupo expresse, em não mais do que algumas frases, o que ele ou ela está sentindo agora". Há sempre reações variadas. Isso nos fornece uma grande demonstração do valor de falar apenas por si mesmos, em vez de presumir e falar pelos outros. Outra regra básica inclui "não fofocar"; para obtermos sucesso, é importante pedir a um membro do grupo que expresse os comentários sobre uma determinada pessoa diretamente para ela. Outros ainda podem pedir: "Seja o mais específico possível com seus comentários, em vez de falar generalidades ou abstrações", e pedir ao cliente para transformar uma pergunta em uma afirmação, quando percebe que essa pergunta é, na verdade, uma afirmação disfarçada.

Algumas regras, como "Não se fala para mais ninguém", precisam ser respeitadas religiosamente. Outras podem ser colocadas em evidência ou passar despercebidas, dependendo do que está acontecendo no trabalho naquele momento. Por exemplo, pedir para uma pessoa dizer "eu" em vez de "você" ou "alguém" é, com frequência, adequado e eficaz. Se, no entanto, o cliente está profundamente imerso em um processo de exploração de um tema ou de um evento carregado de emoções, esse pedido pode interromper o fluir do trabalho e transformar um momento profundo em algo menos valioso.

Parafrasear, questionar, sugerir e direcionar

Carl Rogers e gestalt-terapeutas usam a paráfrase e a repetição do que o cliente diz, para se assegurarem de que ele ouviu corretamente ou não, há uma chance para esclarecimentos. Além disso, serve também para articular os sentimentos mais profundos e os temas que parecem estar subjacentes aos comentários do cliente. O gestalt-terapeuta, geralmente, articula perguntas mais diretas do que o rogeriano, porém ambos são fenomenológicos – isto é, tentam compreender o que o cliente pensa e sente de acordo com os próprios termos usados por ele, e incentivam também a sua autonomia e a auto-orientação.

Um gestalt-terapeuta que usa experimento pode também assumir um papel análogo ao de um diretor de teatro ou de cinema, pois sugere que o cliente atue de determinadas maneiras e preste atenção a certos aspectos do seu comportamento. É importante apresentar essas sugestões, informar ao cliente que ele é livre para aceitá-la ou recusá-la e fazer ou dizer qualquer coisa que deseja em seu lugar. O terapeuta pode também oferecer explicitamente opções: "Nesse ponto, vejo três opções principais: você pode falar com o seu namorado ou com o seu pai sobre o comportamento dele quando você era uma criança, desde que esteja relacionado com o seu dilema atual, ou falar com os dois lados de você mesmo, que estão em conflito. Qual é a sua preferência?"

Ser um observador atento e descobrir o óbvio

"Prestar atenção no óbvio" é um princípio central na gestalt durante a condução da psicoterapia. É possível fazer uma associação com um velho ditado: toda vez que houver uma mensagem dupla, na qual as palavras e ações da pessoa se contradizem, acredite nas ações. Sempre observe a postura, os gestos, o tom de voz, a cadência de falar e outras características da paralinguagem da pessoa. A metáfora da personalidade referente a um *iceberg*, apresentada por Freud, significa que a ponta visível acima da água representa a consciência e a massa enorme abaixo da água, o inconsciente. Fritz Perls reinterpretou essa ideia e propôs uma metáfora de uma esfera flutuando na água com a borda superior visível acima da superfície. A esfera *gira* na água, de modo que a parte debaixo vem para a superfície; o que estava escondido – e pode permanecer oculto para o cliente – frequentemente torna-se claro para um observador astuto da paralinguagem do cliente.

Laurence J. Horowitz desenvolveu um exercício para aprimorar a atenção dos formandos de gestalt-terapia nessa paralinguagem (1984: 177). Os formandos dividem-se em grupos de três ou quatro. Dois formandos mantêm uma conversa, enquanto os outros observam. Os observadores são instruídos a tentar ignorar o máximo possível do conteúdo da conversa, e fingem ser câmeras de televisão. Para alcançar o objetivo, alternadamente "desligam o áudio" e focam apenas no que é visível, ou seja, na postura, nos gestos e no movimento; e "desligam o vídeo" por fechar os olhos e ouvir o tom de voz, a inflexão, o volume, a hesitação etc. Um terapeuta pode se tornar mais eficaz quando ouve o que está presente no conteúdo verbal das declarações de um cliente e também quando atenta para as mensagens da paralinguagem do cliente.

Um cliente comentou: "Tornar-se consciente do óbvio me ajudou a escutar com mais facilidade os outros. Estou ficando melhor em ouvir o que não estão dizendo. Meus amigos me dizem que me tornei um ouvinte melhor. Não deixo os meus pensamentos desviarem, foco o que estão fazendo, bem como dizendo quando interagimos. Assistir aos outros trabalharem com a técnica da cadeira vazia contribuiu muito para o desenvolvimento das minhas habilidades de observação. Eu era capaz de ver como o movimento, as vozes e as expressões faciais mudaram quando assumiram o papel da outra pessoa ou de outra parte de si mesmos".

Nesse sentido, a gestalt-terapia é uma abordagem da "superfície". No entanto, é uma abordagem de "profundidade", pois tem como raízes a Psicanálise e a Psicologia junguiana, que se baseiam na exploração e descoberta, em vez de um "programa para mudança".

Estar presente como parceiro de diálogo

Um gestalt-terapeuta pode afetar o cliente, assim como também pode sofrer influência dessa pessoa enquanto trabalham juntos. Por exemplo, uma terapeuta revelou seus sentimentos de medo e tristeza quando fez o papel de mãe e a cliente, enquanto atuava como filha, disse para ela: "Quero sair de casa". A terapeuta de repente assustou-se e ficou triste ao ouvir isso, porque ela estava tendo o mesmo problema com a própria filha. No entanto, sentiu-se surpresa com o fato de que ela foi capaz de apoiar a cliente, que está tornando-se independente como sua filha; assim, descobriu em si mesma uma força e vontade de partir. A cliente também sentiu-se aliviada de ver sua mãe, vividamente representada pela terapeuta, conseguir lidar com o processo difícil de separação e desapego.

Nesse cenário, a terapeuta não tinha nada preconcebido. Estava apenas presente e fazendo-se totalmente disponível.

Principais formas de experimento em gestalt-terapia

A classificação dos procedimentos mais utilizados na gestalt-terapia foi apresentada por escritores como Polster e Polster (1973), Zinker (1977) e Naranjo (1993). Neste livro há uma síntese contemporânea e útil. As limitações de espaço exigem que nossas descrições de alguns métodos sejam mais breves do que o ideal. Os métodos descritos não são necessariamente independentes uns dos outros, mas, em alguns casos, se sobrepõem. *Como já dissemos, os experimentos tornam-se técnicas quando são fixos e estilizados. Experimentos verdadeiros devem surgir do fluxo natural do processo entre terapeuta e cliente e formam uma expressão criativa que é singular para cada situação com as pessoas. Muitas vezes uma técnica pode também ser adaptada por um terapeuta experiente para atingir o* status *de um experimento verdadeiro.*

Ficar com

Atenção e descrição

"Distração" é um mecanismo de defesa difundido. Pensamentos e sentimentos dolorosos ou desconfortáveis podem permanecer fora da consciência ao mudar mentalmente para outro assunto. Muitas vezes isso está implícito; às vezes, explícito, como na frase "Vamos seguir em frente". Nessa situação, *não fazer* nada além de manter a atenção focada no momento presente pode ser muito produtivo. Por exemplo, "Por favor, observe o que você está experienciando agora e descreva isso" ou "Deixe quaisquer pensamentos ou sentimentos que estão em sua mente simplesmente saírem". Muitas vezes isso completa uma emoção inacabada que um cliente não tinha a oportunidade de enfrentar, como o medo de perder o controle. Uma mulher, por exemplo, que evitava seus sentimentos de tristeza desde o divórcio, há dois anos, sempre mudou o tópico quando o tema de seu ex-marido surgia. O terapeuta orientou que ela permanecesse no tema e enfrentasse os sentimentos encontrados. Começou a chorar muito, lamentando por seu "amor perdido".

Um terapeuta pode instruir um cliente, que tende a interromper ou evitar determinados sentimentos, a ficar com eles e enfrentá-los. Isso pode ser útil para encarar as situações inacabadas do passado e as preocupações do presente. Conseguimos mudar a nós mesmos pela aceitação da nossa existência como é, e não pela repressão, negação ou evasão da nossa experiência (BEISSER, 1970).

Presentificação

Isso significa trazer lembranças, antecipações ou situações de fora para experiências aqui e agora. Ajuda o cliente e o terapeuta a evitar ficarem presos no labirinto da temática, porque conseguem manter um evento "a distância" enquanto há uma discussão; é um modo de evitar que o processo de descoberta aconteça quando o evento é sentido como presente e imediato. O cliente é convidado para falar sobre um evento passado ou um dilema atual como se estivesse acontecendo agora (NARANJO, 1993). Isso faz com que os pensamentos, os sentimentos, as necessidades, as sensações e as ações dele sejam visíveis e acessíveis para o cliente e o terapeuta.

Elaboração

Aprofundamento

Isso vai mais além do que "atenção e descrição". Depois de, por exemplo, solicitar que o cliente "permaneça com esse sentimento", o terapeuta pode pedir a ele "ir mais fundo nesse sentimento. Talvez existam coisas acontecendo em você que estejam relacionadas àquela que você não tinha notado antes... (pausa) O que você acha enquanto você faz isso?"

Carl Rogers era especialista nisso. Intuía uma dimensão mais profunda do que o cliente disse e articulava isso, e depois esperar o cliente confirmar ou corrigir o que ele pensava que, realmente, estava acontecendo. A presença de um terapeuta atento e de membros generosos e que dão apoio ajuda o cliente a ir mais profundo em sua exploração.

Tornar afirmações abstratas em concretas

Quando um cliente permanece em um nível abstrato, o terapeuta pode pedir a ele para explicar concretamente o que quis dizer com isso. Um homem, por exemplo, diz que seu pai era uma "boa pessoa", a partir da intervenção, poderia responder: "Meu pai foi um homem que viveu uma vida de sacrifício. Trabalhava 70 horas por semana para a empresa sem descansar. E, quando chegava em casa, ainda fazia faxina, mas nunca cuidou de si mesmo".

Estendendo declarações mínimas

"Minimização" refere-se à linguagem que faz os problemas parecerem pequenos quando, na verdade, são grandes. "Acho que me sinto um pouco chateado sobre..." pode, mediante a exploração, transformar-se em (agitação e choro) "Estou tão injuriado que poderia estrangulá-lo!" No livro *A vida de cada pessoa vale uma novela*, Erving Polster (1987) descreve como as histórias notáveis podem ser retiradas de declarações que, à primeira vista, parecem ser inócuas.

Verbalizando as ações

Um dos métodos expressivos mais antigos e conhecidos é pedir a um cliente que está fazendo um gesto físico para traduzi-lo em palavras. Por exemplo, "Continue fazendo isso com sua cabeça, por favor. Agora dê voz a isso e deixe-o falar. O que diz?" Quando o cliente sacode a cabeça para a esquerda e para a direita com a testa franzida, pode dizer: "Não, não vou fazer isso! Não gosto disso".

Acentuando padrões verbais

Pedir a um cliente para repetir uma de suas próprias declarações mais de uma vez, da mesma forma como disse ou com terminações variadas, pode facilitar a capacidade de enfrentar os medos e expressar-se. O terapeuta também pode sugerir uma frase que parece apropriada ao momento e adicionar: "Se essa frase não se encaixa bem, mude-a da maneira como deseja". Algumas frases que são frequentemente úteis em diálogos projetivos são:

"Ressinto quando você..."

"Gostaria que você..."

"Não vou..."

"Amo o seu...

"Quero que você pare..." E assim por diante.

Esse trabalho, frequentemente, é catártico e fortalecedor para o cliente. No processo, muitas vezes ele torna-se consciente das coisas que eram despercebidas até então. Alguns padrões verbais descritivos também podem ajudar um cliente a entrar em contato com seus processos internos ou externos. Por exemplo, um cliente pergunta: "...e assumo a responsabilidade por isso?" porque renega sua parte em seu comportamento para tornar-se consciente de que está escondendo alguma coisa de si mesmo. Ou "...e eu não tenho qualquer parte nisso!" pode ser uma intervenção paradoxal que leva para o mesmo fim.

Qualquer uma dessas formas de abordagem pode torná-lo consciente de que evitava assumir a responsabilidade por sua percepção ou ação.

Atenção somática

A cliente diz: "Ter minha atenção direcionada para meu corpo e minha respiração fez-me não só estar mais atenta à minha linguagem corporal, como também sinto-me mais capaz de me sintonizar com meu corpo. Identifico mais facilmente o motivo e o local da minha dor em meu corpo, quando me sinto tensa, triste, perdida ou ansiosa. Uso as minhas sensações físicas como um guia para o que está ocorrendo comigo emocionalmente. Isso está revelando muitos dos meus sentimentos reprimidos".

Se um cliente está retrofletindo sua raiva contra a esposa que deseja separar-se dele e se sente deprimido, o terapeuta pode querer explorar o que o seu processo interno *é* e o que ele está *fazendo* com o seu corpo ao mesmo tempo.

O essencial de todo o processo é atentar para a respiração. O ato de segurar a respiração tende a suprimir a expressão total da emoção que, por sua vez, segundo Fritz Perls, manifesta-se como ansiedade.

"Que sensações você sente em seu corpo agora?", essa é a questão básica. Depois, pode-se questionar o cliente sobre os lábios comprimidos ou dentes cerrados ou o nó que sente no estômago. Além disso, pode-se pedir que exagere qualquer tensão ou aperto relatado, em seguida, então, depois de fazê-lo, pede-se que solte um som ou diga uma ou duas palavras que expressem o que ele sente.

Fritz Perls também apontou que *o que falta* em um relato de sensações do corpo da pessoa pode ser muito significativo. Alguém que relata não ter nenhuma sensação das próprias pernas pode ser deficiente em autoajuda. Alguém que relata não ter nenhuma sensação nos braços pode ter uma dificuldade em se comunicar com os outros. Pode ser muito útil pedir que um cliente preste atenção em todo o corpo e note a consciência – ou falta dessa – que ela associa a cada parte de seu corpo.

Exageração

"As técnicas de exageração", rotuladas por Naranjo como um corpo de métodos da gestalt, funcionam como uma "lupa", que torna o comportamento de um cliente, até então esquecido ou não identificado, em algo perceptível para ser claramente visível ou audível. Se um terapeuta, por exemplo, encontra uma ponta de raiva na expressão de um cliente, pode pedi-lo para exagerar esse sentimento. Ou se um cliente fala em voz muito baixa para suprimir a sua tristeza, o terapeuta pode solicitá-lo que fale com a voz ainda mais baixa (GARZETTA & HARMAN, 1990).

Repetição

A repetição é uma forma amplamente utilizada pela exageração. "Não gosto de ser visto pelos outros como sendo sempre uma pessoa boa", um cliente pode dizer em voz muito baixa.

"Por favor, diga isso de novo", o terapeuta pode sugerir – talvez duas ou três vezes sucessivas. Ao repetir a declaração de novo e de novo, muitas vezes o cliente realmente ouve o que diz e pode realizar o que aquilo significa para ele.

Uma estudante universitária, de 21 anos de idade, Yunhee, cresceu em uma família onde era tabu expressar qualquer sentimento depois que o seu irmão mais velho morreu afogado acidentalmente, aos 7 anos de idade. Estava basicamente bloqueada de suas emoções e tinha dificuldade em desenvolver uma relação íntima com o namorado, Hyunseok, porque nunca conseguiu expressar seus sentimentos afetuosos para ele. Um dia, em um grupo, passou a falar sobre o seu pai e descreveu-o como "Sempre ocupado... e não era próximo de mim..." O terapeuta pediu-a para dizer isso diretamente a seu pai, que estava "sentado" em uma cadeira vazia. Então, disse a seu pai: "Você está sempre ocupado e não perto de mim!" Em seguida, o terapeuta lhe pediu para repetir a parte da frase em que disse: "Você não está próximo de mim!" De novo e de novo, o que a levou a tornar-se consciente de seu forte desejo de estar próximo dele. De repente, entrou em contato com sentimentos de afeto e tristeza ao mesmo tempo e explodiu em lágrimas. Depois, disse: "Pela primeira vez senti emoções profundas, agora estou muito aliviada, porque posso expressá-las sem ter que me preocupar com o que os outros possam pensar. No passado, sempre tive medo dos meus sentimentos, porque temia a crítica e o desprezo dos outros comigo, caso eu os revelasse. Hoje, percebi que não tenho mais necessidade de ter medo deles. Acho que agora posso mostrar também meus sentimentos para Hyunseok".

Ênfase crescente

Uma forma de exageração que pode ser usada com a repetição, geralmente quando um cliente impotente precisa de ajuda para encontrar o seu poder de autoexpressão. O psicoterapeuta pode sugerir algumas vezes: "Diga isso de novo – mais alto", cada vez aumentando a própria voz para ajudar a "desinibir" a hesitação do cliente. Depois de várias repetições, uma cliente que estava sempre tímida agora pode começar a gritar e, assim, descobrir poder anteriormente renegado em sua voz.

Exageração e exploração do movimento

Uma atuação dramática pode acontecer inteiramente como um diálogo projetivo entre a própria pessoa e "o outro", ou entre dois lados de uma mesma pessoa, em forma de conversação. A maioria de nós, entretanto, não fica todo o tempo sentada e conversando. Estamos sempre nos movendo, caminhando. Expressamos nossos sentimentos, atitudes, hábitos e limitações em nossos movimentos. Frequentemente, podemos intensificar com a inclusão do movimento, que desempenha um papel importante em nossas vidas diárias.

Esse experimento pode ser tão simples como uma demonstração de sentimentos por meio de uma palavra ou um gesto, ou pode ser uma sequência complexa, estruturada e quase coreografada de eventos. Dizemos "quase" coreografada, porque a teoria que fundamenta o uso de experimentos sustenta o fato de que, quando for apropriado, há sempre a possibilidade para a modificação espontânea ou para a transformação do que está ocorrendo. Isso pode acontecer de acordo com uma sugestão do facilitador ou vir espontaneamente do cliente.

Quando o cliente estiver de pé em uma postura expressiva, uma sequência de sugestões pode aparecer: "Agora fique, por favor, com essa postura e comece a mover-se com ela. Ande em um círculo no centro da sala de maneira a expressar esse sentimento". Quando fizer isso, a próxima sugestão pode ser: "Agora *exagere* a maneira que você está andando". Então: "Agora faça um som ou fale apenas uma ou duas palavras que expressem como você se sente". Nesse ponto, o gesto ou a declaração simples com a qual a sequência começou pode se transformar em uma experiência intensa, cheia de energia e drama que leva a um avanço no nível da *awareness*.

Representação

A representação ajuda o cliente a aumentar sua *awareness*, completar "situações inacabadas", tratar as polaridades de personalidade, desenvolver novos comportamentos mais eficazes e eliminar aqueles que seguem padrões antigos e ineficazes (SMITH, 1990; HARMAN, 1989). Erving e Miriam Polster a descreveram como "a dramatização de alguns aspectos da existência do cliente dentro de uma cena terapêutica" (1973: 239). Ao se dedicar a uma encenação, um cliente pode explorar pensamentos, sentimentos, movimentos, comportamentos e padrões de relacionamento; assim, torna-se possível descobrir novos horizontes de seu repertório comportamental.

Um cliente que, por exemplo, demonstra raiva não resolvida do seu pai e apresenta dificuldade em expressar raiva pode *falar* com ele em uma cadeira vazia. Da mesma forma, um "diálogo interno" entre duas partes de nossa personalidade que são, muitas vezes, chamadas *dominador* (topdog) e *dominado* (underdog) pode clarificar como as introjeções nos fazem sentir impropriamente culpados por ações ou eventos que não foram causados por nossas ações. Em um contexto psicoterapêutico, quando o cliente externaliza o conflito interno por meio da representação, posiciona-se de uma forma melhor para lidar com isso (CLARKSON, 1989). A representação pode ser utilizada em combinação com outras técnicas experimentais, como o trabalho com sonhos, a fantasia, a cadeira vazia, a terapia corporal, a arteterapia etc.

Palavras em movimento e ação

Um cliente pode descrever um sentimento ou um evento de uma maneira intelectual e permanecer emocionalmente distante disso. Dessa forma, pode ser necessário solicitar a ele que gesticule, sente-se, fique em pé ou, até mesmo, ande pela sala numa postura que expresse a sua declaração. Alguém que esteja *dizendo*: "Eu me sinto impotente" pode ser convidado para sentar-se ou ficar em pé numa postura que expresse seu sentimento de desamparo. Outro cliente pode acabar deitado no chão em posição fetal. No entanto, outro pode se mover pela sala como um gorila cheio de energia.

Diálogos projetivos

Um dos problemas mais inquietantes da vida acontece quando uma pessoa está confusa, com sentimentos conflitantes, desejos ou medos que emanam das diferentes "vozes" internas ou lados do *self*. Às vezes, é uma representação interna de outra pessoa como, por exemplo, um parceiro ou cônjuge, ou pai/mãe ou chefe. Em outros momentos, essas "vozes" refletem diferentes desejos, motivos ou aversões dentro do *self*. Diálogos projetivos ajudam o cliente a obter uma imagem clara de cada uma das partes ou vozes em conflito. Em alguns casos, *não fazendo mais do que* ter essa clareza sobre o que cada "voz" quer, sente e teme é tudo que um cliente precisa fazer para seguir em frente com resolução criativa de problema. Em outros casos, esse esclarecimento é uma fase inicial na psicoterapia para "resolver o problema".

O uso da "cadeira vazia"

Uma cadeira vazia colocada de frente para o cliente pode realizar um diálogo projetivo com uma outra pessoa ou entre partes de si mesmo. Essa técnica é frequentemente usada para completar uma situação inacabada do passado; nesse caso, imagimam que a pessoa ausente está sentada na cadeira vazia. Às vezes, para tratar certas questões, essa técnica é melhor do que em um encontro real com a outra pessoa, porque os sentimentos podem ser expressos e representados com mais segurança nessa situação. Quando a expressão catártica de tristeza, raiva, ciúme ou outro comportamento emocional foi totalmente expressa à "pessoa na" cadeira vazia, o cliente pode encontrar uma maneira mais fácil de iniciar a comunicação com o outro.

O exemplo clássico de um diálogo com a técnica da cadeira vazia é representado entre "dominador" (o lado opressor introjetado da personalidade, expresso por Karen Horney como a "a tirania dos deverias") e "dominado" (o lado, aparentemente impotente e oprimido do *self*, o qual opera por dissimulação e manipulação) (NARANJO, 1993).

À medida que o diálogo prossegue e o dominado (*underdog*) é encorajado a expressar seus sentimentos para o dominador (*topdog*), frequentemente o dominado torna-se mais poderoso e o dominador perde poder, assim os dois lados podem coexistir em uma relação mais igual. Muitas vezes, durante o diálogo, as máscaras e ofuscações esvaem-se dos dois lados; o cliente fala com a "outra pessoa" ou o outro lado dele mesmo com muita franqueza e veracidade, até então ausentes. Nesse ponto, muitas vezes é útil para o psicoterapeuta sugerir: "Agora, enquanto você continua o diálogo, por favor, fale *apenas uma frase* de cada lado e, então, mude para o outro lado". Essa alternância rápida frequentemente deixa a essência da situação exposta, com uma notável clareza.

Em geral, torna-se útil que o terapeuta repita o que o cliente disse de um lado, apenas como um lembrete, para que não precise buscar na memória o que foi dito; dessa forma, é mais fácil para responder.

A técnica da cadeira vazia também pode ser usada para explorar e recuperar a parte de uma polaridade, que a pessoa renega sem perceber. Uma mulher, por exemplo, que projeta seu próprio julgamento moral na autoridade externa e reclama que seu círculo de contato social ou na igreja a controla demais. Depois do diálogo projetivo é fácil notar que é *ela* quem realmente tem critérios morais rígidos e controla a si mesma (ZINKER, 1977).

O trabalho da cadeira vazia pode ser expandido com cadeiras extras se uma situação envolve mais de uma pessoa.

Ao trabalhar com casais, Ann Teachworth (2004; 2006) descobriu que muitas vezes é produtivo para cada pessoa do casal estabelecer um diálogo *entre seus pais*, a fim de descobrir como é a relação entre eles. Muitas vezes isso mostra como o comportamento dos parceiros, um com o outro, assemelha-se aos padrões mal adaptados de seus pais. Esse método também pode ser útil em um trabalho individual. Em um momento adequado, por exemplo, o cliente é solicitado a virar as cadeiras da mãe e do pai de frente uma para a outra e representar uma interação entre eles. Geralmente, a informação muito valiosa emerge dessa interação. O momento certo para o uso dessa abordagem depende da intuição do terapeuta.

Inversão

Nesse momento o cliente é convidado a fazer o oposto do que normalmente faz ou do que acabou de fazer na sessão. Por exemplo, um terapeuta pode solicitar a um "bom menino" condescendente expressar raiva, ou o terapeuta pode dirigir-se a um tipo de super-homem para pedir ajuda, solicitar a um intelectual arrogante que repita: "Não sei". Isso pode ser aplicado também às posturas corporais, como a decisão de se abrir quando estava numa postura fechada ou de respirar profundamente como uma alternativa de conter a inalação ou exalação de ar (NARANJO, 1993). A inversão é, frequentemente, mais eficaz quando usada logo depois de uma exageração; por exemplo, pedir a alguém, cuja voz soa apertada e restrita, para usar os músculos da garganta para "se estrangular" ainda mais, e depois "inverter", ou seja, relaxar a garganta e deixar a voz fluir suavemente.

Os clientes muitas vezes não reconhecem o sentido de seu comportamento atual, porque não sabem o motivo de agirem da forma como acontece. De fato, não percebem que agem daquela maneira. Nesse caso, é útil primeiro criar um contexto no qual o cliente pode tornar-se consciente de seu comportamento atual e, então, entrar em contato com as emoções (talvez pensamentos e também impulsos) que são bloqueadas por esses comportamentos. Em geral, as emoções bloqueadas existem como uma polaridade "sombreada" que se mantém fora do contato e permanece subdesenvolvida.

O terapeuta pode, pelo uso da inversão, ajudar o cliente a tomar consciência dos sentimentos reprimidos e dos comportamentos inconscientes. Essa técnica é especialmente útil porque colabora para que os comportamentos autointerrompidos não possam se desenvolver. Um terapeuta, por exemplo, pode instruir um cliente que está retrofletindo sua raiva para com a esposa – isto é, voltando-a contra si mesmo – a exagerá-la mais ainda; ou seja, é convidado a culpar-se com mais força. O cliente será eventualmente capaz de perceber seu próprio processo e detê-lo. (Assim, poderá revertê-los e expressar sua raiva à sua mulher sentada na cadeira vazia.)

Alguém que tem o costume de reclamar pode ser solicitado a expressar gratidão por tudo que não dá valor para descobrir verdades, se houver, nas expressões de gratidão.

Um cliente que age "como um robô" é convidado a caminhar em círculo e "tornar-se um robô", ou seja, exagerar o andar e repetir uma palavra ou frase que seja apropriada a sua experiência. Finalmente, quando estiver tão rígido e "mecânico" quanto for possível, é convidado a: "Agora deixe de ser um robô e faça exatamente o oposto, qualquer coisa". De repente, o robô anterior pode romper em uma dança extremamente graciosa durante três ou quatro minutos e dizer: "Sempre quis mover-me assim, mas senti que isso era ridículo e 'afeminado'".

Também podemos ajudar um cliente a entrar em contato e desenvolver um potencial subdesenvolvido ou pouco utilizado com a técnica da inversão. Se alguém, por exemplo, permanece silencioso em um grupo, para não interromper os outros, ele pode ser solicitado a interromper os outros com o propósito de descobrir mais tarde o valor de iniciar um comportamento (POLSTER & POLSTER, 1973).

Representação: fazer contato com outros

Em um grupo, alguém com *problemas* para fazer um bom contato com os outros pode falar indiretamente, fazer declarações vagas e gerais, ou usar a linguagem corporal para evitar uma aproximação (como olhar para o chão com as mãos atrás das costas ou cruzadas na frente do peito). Nesse caso, o líder do grupo pode sugerir que a pessoa escolha alguém e fale com ele ou ela diretamente. Quando, por exemplo, um membro do grupo diz que teme ser ridicularizado caso revele a história dele, o líder pode pedi-lo para escolher alguém no grupo, aquele que provavelmente iria ridicularizá-lo, e contar a história para essa pessoa. Às vezes, deixar a pessoa mover sua cadeira para perto do outro membro do grupo e, em seguida, falar com essa pessoa olho no olho pode ser eficaz.

Quando alguém pensa que "a maioria das pessoas" tem uma opinião negativa dele ou dela, pode ser útil colocar "essas pessoas" na cadeira vazia e, então, falar para elas. Depois de trabalhar com esse diálogo projetivo, a pessoa pode então mover-se em comunicação direta com um ou mais membros do grupo.

O "ir ao redor" ou "fazer a ronda"

Nesse procedimento, aplicado a um grupo, a pessoa que está trabalhando move-se lentamente ao redor do círculo, para na frente de cada membro do grupo e diz ou faz algo sugerido pelo facilitador – ou qualquer outra atitude que deseje dizer ou fazer com aquele membro do grupo.

No início de uma sessão, esse método pode fornecer informações sobre os pensamentos habituais e sentimentos da pessoa em um contexto social. Para realizá-lo, uma resposta aberta tende a ser mais útil, como: "Por favor, vá até cada pessoa e diga: 'Com você estou receoso de que eu possa...'" (Instrução: "Diga o que vier espontaneamente em sua mente, mesmo que isso lhe pareça absurdo".)

Um "ir em volta" também pode facilitar a interação e animar a atmosfera do grupo, especialmente para aqueles que têm dificuldade em iniciar um contato com os outros. Suhyun era tímida e não dizia nada no grupo. Após ser indagada, revelou: "Estou com medo de cometer qualquer erro!" O líder do grupo sugeriu-a "fazer a ronda" com a declaração feita por ela mesma: "Tenho medo de cometer qualquer erro!" Os membros do grupo responderam com sorrisos e afirmaram que ela pode cometer erros em qualquer momento. Dessa forma, sentiu-se aceita pelos membros do grupo, relaxou e abriu um largo sorriso.

No meio de uma sessão, um "ir em volta" pode ser um veículo para *awareness* e transformação. Uma mulher que mostrou uma tendência forte para confluência no grupo foi convidada, pelo líder do grupo, para exagerar seu comportamento e abordar cada pessoa, dizendo a frase: "Não posso viver sem você. Sinto o mesmo que você em tudo o que diz!" Durante o processo tornou--se consciente de seu próprio comportamento habitual e, em seguida, gritou: "Não, não gosto disso! Não sou totalmente a mesma que você!" Nesse ponto, começou a entrar em contato com o outro lado da polaridade, ou seja, a estima por sua própria singularidade e capacidade de ser independente. Pediram a ela que falasse sobre esse sentimento de forma explícita com cada membro restante do grupo, repetindo a frase: "Tenho meus próprios pensamentos e meus próprios sentimentos, e posso fazer minhas próprias escolhas". Parecia trêmula quando iniciou a tarefa; no entanto, estava mais confiante e mais forte quando a completou.

Um "ir em volta" também pode servir para testar atribuições questionáveis. Alguém com baixa autoestima pode falar com uma pessoa de cada vez, dizendo, por exemplo: "Imagino que você esteja entediada com o que eu estou fazendo. Estou certa?"

No final, em uma sessão de trabalho, fazer as rondas pode enfatizar uma nova maneira de se relacionar: "Não tenho que ser uma vítima com você".

Imaginação e fantasia
Visualizações e cenários

Um cliente que tem evitado o luto por causa de sua mãe falecida pode ser solicitado para ir, em sua imaginação, ao leito de morte da mãe para falar com ela.

Uma mulher com medo de ser demitida sente uma enorme ansiedade por causa dessa possibilidade. Mesmo ela sendo capaz disso, pode ser solicitada a imaginar que acabou de ser demitida. O choque inicial e a tristeza podem levar à descoberta de uma força maior interior e um potencial que, até então, não "sabia ter".

Um homem com a sensação de que sua vida é "plana" pode ser solicitado para ir mentalmente a um lugar onde encontra o que falta em sua existência. Somente assim poderá pensar em uma maneira de trazer os elementos descobertos lá para sua vida diária.

Metáfora

Uma metáfora pode ser útil em um grupo para resumir e cristalizar uma dinâmica e trabalhar um tema para um experimento. A metáfora tem uma função importante, porque liga coisas que normalmente não estão conectadas. Assim pode aproximar os membros do grupo em um terreno comum, para operarem de forma criativa e gerar um significado novo às suas experiências (CLARKSON, 1989).

Esse método pode ajudar a iluminar e captar uma situação de grupo figurativamente, como também pode servir de base para um experimento. O líder ou os membros do grupo podem sugerir uma metáfora que mostra *onde* e *como* o grupo *está* existencialmente em sua jornada. Por exemplo, o líder do grupo questiona *como parece* a situação do grupo agora. Em resposta, um membro feminino do grupo pode compará-lo com a situação da família: todo mundo levanta a voz, porque o pai, o líder do grupo, não tem qualquer poder sobre eles e não apresenta direções – a maioria dos membros do grupo pode concordar.

Trabalho com sonhos

Um sonho pode servir para explorar e fazer contato com as partes alienadas da personalidade de uma pessoa. Todos os momentos de um sonho são considerados projeções do sonhador e podem ser reintegrados a partir de um trabalho. Por exemplo, um cliente atua alternadamente em diferentes papéis, de um homem perseguido, de um monstro que está correndo atrás dele e, também, de um penhasco que o impede de fugir. Essa pessoa pode assumir o controle de sua ansiedade se conseguir compreender, por meio desse experimento, que o monstro era a *sua* própria projeção; assim redescobre seu poder enquanto assume o papel do monstro.

O terapeuta pede ao cliente que relate o sonho no tempo presente, como se estivesse acontecendo aqui e agora, e, talvez, identifique os pontos com uma forte energia emocional. Depois de o cliente contar o sonho, há duas maneiras bem diferentes para continuar. Uma delas é passar a trabalhar diretamente com os pontos de energia emocional dominantes (como o monstro no exemplo). A outra consiste em identificar cada elemento do conteúdo dos sonhos, começando com detalhes aparentemente periféricos e de fundo, para, depois, passar para o primeiro plano. *Insights* fascinantes podem surgir a partir dos detalhes, mas podem ser facilmente negligenciados. Por exemplo, Jaqueline havia acabado de descrever um sonho, sobre uma interação com sua filha, que era a figura mais saliente. Começamos, no entanto, com a casa, porque esse local geralmente revela algo sobre o sonhador:

Terapeuta: "Por favor, imagine-se sendo a casa e descreva-se".

Jaqueline: "Sou nova e cara, e tudo parece perfeito. Todo mundo vai me admirar e ficar impressionado".

T: "Como você se *sente* sendo a casa?"

J: "Um pouco presunçosa. É uma tensão manter-se uma boa aparência".

T: "Seja sua filha e fale com a casa".

Filha: "Não há móveis aqui. Não tem nenhum lugar para sentar. Você não oferece muito às pessoas?"

T: "Repita isso".

F: "Você não oferece muito às pessoas. Você está sempre ocupada demais mantendo as aparências."

J: (A voz de Jaqueline treme. Lágrimas aparecem nos olhos.) "Ela parece estar falando comigo?"

T: "Então deixe-a falar com você".

F: "Você não me dá uma chance para eu ser eu mesma. Existo somente para você, para que todos possam ver que filha perfeita você tem! Como esta casa!"

J: "Como você pode dizer isso? Tenho feito tudo para você".

F: "Claro, contanto que eu seja exatamente do jeito que você quer que eu seja".

Com outra pessoa e um sonho diferente, mais detalhes do sonho podem ser explorados antes de passar para a questão central. Um sonho pode também servir como material para um grupo de teatro. Cada membro do grupo escolhe uma parte do sonho e atua interagindo um com outro (ZINKER, 1977).

Técnicas supressivas

A supressão dos padrões de comportamento contraproducentes é tão necessária quanto a expressão de sentimentos bloqueados ou de necessidades não satisfeitas, para ajudar os clientes a desenvolver, de forma mais efetiva, um equilíbrio das próprias emoções. As técnicas de supressão podem ajudar a aprender e praticar novos comportamentos adaptativos juntamente com a desaprender dos comportamentos contraprodutivos.

Supressão da perífrase ("*aboutism*")*

As tentativas do cliente para "descobrir por que" está fazendo algo consistem em intelectualizações que, frequentemente, interferem na experiência real, ou seja, aquela que pode trazer mudança genuína. Em sessões de grupo de *feedback*, depois do trabalho de um dos membros, uma regra contra a abordagem perifrásica ou *aboutism* é útil: nenhuma análise não serve para "dizer à pessoa o que parece estar acontecendo com ela". Pelo contrário, os membros do grupo são limitados a compartilhar as próprias experiências e sentimentos reais. "A regra simples de suprimir a expressão das ideias, opiniões sobre os sentimentos de outros membros, e assim por diante, por outro lado, é por si só uma garantia de que algo significativo vai acontecer", diz Naranjo (1993: 57).

Supressão do "deveria"

Refere-se às autodeclarações sobre como "deveríamos" ser, levando em conta nossa experiência, as opiniões dos outros ou as expectativas criadas por nós mesmos. No entanto, todas essas suposições não estão de acordo com nossa realidade; são comparações com algo ou alguém mais. Tudo o que você entra em contato interfere na sua experiência e na maneira de enxergar o que é importante, o que *É* este momento. Exagerar essas declarações avaliativas é uma

---

* Um termo criado por Perls, refere-se à tendência as pessoas apresentam por usar a intelectualização branda sobre a própria existência, em vez da aprendizagem direta pela experiência. Cf. tb. POLSTER & POLSTER. *Gestalt-terapia integrada*, 1979, p. 201 [N.T.].

estratégia para tornar-se mais consciente delas. Outra sugestão é "colocá-las entre parênteses" (*bracket*) e deixá-las de lado por um momento; só assim será possível atentar para algo que está atualmente mais urgente.

Supressão dos antigos padrões

Todo terapeuta provavelmente teve a experiência de perceber que alguma coisa, nas declarações do cliente, parecia inautêntica ou ensaiada demais. Isso é especialmente evidente em diálogos projetivos com um marido, esposa, parceiro ou amante, quando as palavras que são faladas parecem como uma velha gravação que foi colocada para tocar muitas vezes. Aquela gravação antiga precisa ser desligada ou, pelo menos, o volume precisa ser baixado, até que o cliente possa ouvir uma música diferente. Primeiro, o terapeuta traz a atenção do cliente ao velho padrão; solicita que pare de fazer isso e encontre uma maneira mais autêntica para responder.

"Tarefa para casa"

Uma tarefa para ser executada em casa proporciona ao cliente uma oportunidade maior de explorar e testar na vida real o que aprendeu durante a hora da terapia. Isso pode ampliar o envolvimento terapêutico do cliente, algo além do que poderia se permitir (POLSTER & POLSTER, 1973).

Os terapeutas costumam solicitar, como tarefa para casa, por exemplo, a um cliente que retém suas emoções para relacionar sua experiência do dia com a sua esposa, ou de instruir um cliente perfeccionista para escrever o que vier à mente sobre o assunto durante uma meia hora por dia, não importa o quanto inútil o material possa vir a ser (POLSTER & POLSTER, 1973).

A tarefa para casa também incorpora um elemento da autoterapia. Se a terapia for efetiva, essa análise pode ser feita pelo próprio cliente somente no final, como tarefa para casa, independentemente se é chamada dessa forma ou não. É provável que seja mais eficiente se for realizada, como trabalho de casa, por um terapeuta.

Estratégias para situações específicas

Embora algumas técnicas possam ser empregadas em muitas situações e, de modo mais geral, propiciem experimentos criativos; outras são selecionadas por causa da dinâmica específica que será usada.

Quando o cliente não tem clareza sobre o problema

Muitas vezes os clientes vêm para psicoterapia sem saber exatamente qual é o problema. Uma pessoa, por exemplo, pode saber que *isso* apresentado por ela é um problema, mas não significa que saiba *qual* é o problema e *por que* ou *como* isso acontece. Nesse caso, a tarefa do terapeuta é explorar o problema e trazê-lo para a luz do dia; assim, será possível analisá-lo juntamente com o cliente, de forma clara.

Várias técnicas – a metáfora, a fantasia, a exageração, o diálogo projetivo etc. –, juntamente com o diálogo exploratório e a compreensão empática, são úteis para essa situação.

Jinhee, uma estudante universitária de 22 anos de idade, veio para terapia e disse que estava muito infeliz em sua vida, mas não sabia o porquê. "Talvez", disse, "porque sou uma pessoa 'ruim'", e começou a chorar muito. Ao escutar isso, o terapeuta teve uma visão de uma madrasta que repreende a enteada, e compartilhou sua opinião. A cliente ficou muito surpresa ao ouvir isso e disse: "Como você sabe? Minha mãe é como uma madrasta para mim. Sempre encontra defeitos em mim, não importa o quanto seja bom um trabalho que tenho feito".

O terapeuta disse: "Você já pensou em se mudar?"

Jinhee respondeu: "Sim! Mas não posso abandonar a minha mãe, porque ela sofre muito na vida e também nos ama. Não sei o que posso fazer".

O terapeuta respondeu: "Então, por um lado, você quer fugir da sua mãe, que não é bondosa para você. Por outro lado, você não quer deixá-la, porque você a ama".

Jinhee gritou: "Sim, eu a amo. Não posso deixá-la sozinha!"

O terapeuta disse: "Você acha que ainda é uma pessoa má?"

Jinhee admitiu: "Talvez não".

Quando o cliente apresenta "resistência" e "bloqueio"

Existem duas estratégias distintas para essas situações. A primeira estratégia, Fritz Perls tomou emprestada do *insight* principal de Wilhelm Reich: *quando aparece uma resistência, a resistência em si torna-se o centro do trabalho*. Em vez de tentar "quebrar com isso", como alguns profissionais fizeram nos primeiros dias de psicoterapia, o terapeuta ajuda a cliente a tornar-se consciente das suas manobras psicológicas que mantêm esses itens fora de sua consciência. Ele pode ser surpreendido por descobertas inesperadas; e, em seguida, torna-se capaz de derrubar suas defesas, "um tijolo de cada vez", conforme sente-se pronto para fazê-lo.

Às vezes, isso pode até mesmo ser realizado desviando-se da regra usual da gestalt-terapia de: "Sem questões de por quê". Por exemplo, um terapeuta perguntou a uma mulher que, na técnica da cadeira vazia, recusou-se a falar com o falecido pai: "Por que você não quer falar com ele?" A moça respondeu: "Porque tenho muito sentimento de culpa por não ter cuidado dele o suficiente enquanto estava vivo". O terapeuta pediu-a para dizer *isso* a seu pai; ela fez e, então, começou a chorar; dessa forma, conseguiu resolver suas situações inacabadas com ele.

Uma técnica do psicodrama – técnica do duplo – foi adaptada à gestalt-terapia e chamada *"duplicando a você mesmo"*. É útil em diálogos, ou seja, quando um dos lados ou ambos sentem, obviamente, coisas que não podem dizer com exatidão. Por exemplo, Elaine fala como no papel de seu "dominador (*topdog*)" – mãe – e a conversa é muito educada e superficial. "Mãe", o terapeuta pode perguntar, "por favor, levante-se e vá para trás de sua cadeira". Quando cumpre a ordem então o psicoterapeuta diz: "Por trás da cadeira você pode falar de todos esses pensamentos e sentimentos internos que você não diz à sua filha, mas gostaria que ela ouvisse". "Você pode até usar esse enunciado: '*É claro que eu nunca iria realmente dizer isso a você, mas...*'"

Muitas vezes, uma torrente de sentimentos derrama o que estava retido pela resistência quando a mãe estava sentada na cadeira. Em seguida, a filha faz a mesma coisa com ela mesma: "Por favor, vá para trás da cadeira, para aquele lugar em você mesma, onde você tem acesso fácil a todas as coisas que nunca disse. Então diga à sua mãe o que você estava guardando".

Essa abordagem é especialmente útil quando a falta de comunicação de uma pessoa é uma tentativa de manter uma autoimagem com o outro.

Às vezes, um cliente, como um *underdog*, sente-se bloqueado e não diz nada em resposta ao dominador que criticou-a fortemente em um diálogo com duas cadeiras. Essa reação não acontece porque o *underdog* é resistente ou concorda com o dominador, mas sim porque se sente sobrecarregada e não sabe o que dizer. Em uma situação como essa, o terapeuta pode ajudar o dominado (*underdog*) a expressar o que sente ou quer, apoiando-o. Por exemplo, o terapeuta poderia dizer: "Eu ficaria irritado, se eu ouvisse isso!" "Parece que ele não lhe escuta." "Seu corpo se curvou. O que você sente ao ouvir isso? O que o seu corpo diz? Diga a ele!"

Quando o cliente está debilitado em sua função contato

Situações desse tipo acontecem quando, por exemplo, um cliente não escuta o que os outros dizem a ele ou não encara o terapeuta enquanto fala. Nesse caso, o terapeuta pode oferecer um experimento para aperfeiçoar as funções de contato do cliente, mas, por exemplo, fazer contato direto nos olhos pode ser algo muito difícil caso ele tenha evitado o contato visual por muito tempo. Uma opção seria oferecer primeiro um exercício mais fácil, como deixá-lo dizer o que vê na sala, em seguida, no rosto do terapeuta, para, somente agora, olhar os olhos do terapeuta. Outra opção é pedir ao cliente para exagerar o comportamento de esquiva, como olhando para as paredes quando falar ou falar em voz baixa demais para ser ouvido.

Já um cliente que não escuta o que os outros dizem pode ser solicitado a repetir ou resumir a fala da outra pessoa. Também pode ser produtivo perguntar ao cliente por que não escuta os outros. Poderia responder "Porque tenho coisas mais importantes a dizer" ou "Porque não quero ser influenciado por outros". No primeiro caso, o terapeuta pode imaginar uma pessoa arrogante e deixá-lo desempenhar esse papel para *explorar* o que isso significa para ele. No segundo caso, o terapeuta pode imaginar uma parede impermeável e deixa o cliente *representar* a parede.

Quando o cliente apresenta comportamento estereotipado e ineficaz

O comportamento estereotipado está ligado às situações do passado, porque naquele momento foi aprendido; porém, não se adapta de forma flexível às situações reais no presente. De fato, esta é uma definição de neurose: comportar-se no presente de maneira apropriada para o passado, em vez de agir de forma que se encaixe à situação presente.

Ao lidar com essas situações é importante que um cliente torne-se, primeiro, consciente de seu comportamento estereotipado e, então, compreenda a origem disso. O próximo passo é ele entender que isso colaborou para ajustar o passado, mas não o presente. Para ajudá-lo no momento atual, o terapeuta pode, então, oferecer um experimento, para que ele tente um novo comportamento mais efetivo em um ambiente seguro.

Por exemplo, um homem de negócios, de 35 anos de idade, é uma pessoa demasiadamente cuidadosa. Parece tenso e examina o rosto do terapeuta ao falar com ele. Sua postura corporal se assemelha ao de uma criança que está pronta para fugir a qualquer momento. Com essa imagem em mente, a pergunta do terapeuta para o cliente: "Que tipo de fantasia você tem a meu respeito enquanto fala comigo?" Esse poderia ser um começo bom de um experimento.

O cliente pode então responder: "Não sei, mas de alguma forma não me sinto confortável na sua frente".

O terapeuta poderia responder: "Exato! É isso que vejo em você. Você parece nervoso e desconfortável. Na frente de quem mais você se sente assim?"

O cliente pode responder: "Meu chefe e meu pai!"

O terapeuta pode então compartilhar com o cliente sua fantasia de "um menino pronto para fugir". Essa ideia pode lembrá-lo de sua infância, quando sempre tinha que estar alerta para escapar de seu pai, que gritava com ele inesperadamente, por causa de coisas pequenas. O terapeuta pode, nesse momento, oferecer-lhe um "jogo de diálogo de fantasia", no qual o cliente e o terapeuta atuam juntos como pai e filho em um relacionamento muito relaxado e amigável. Os dois poderiam contribuir com várias ideias criativas e divertirem-se muito nesse jogo de fantasia, que pode transferir para a relação terapêutica e, também, para as situações reais da vida, sensações boas para o presente.

Quando o cliente está alienado de um ou mais lados de si mesmo

Frequentemente acontece de um cliente estar alienado e não ter um acesso às partes de suas polaridades, gerando conflitos com ele mesmo ou com os outros. Por exemplo, um homem que não pode aceitar o seu aspecto agressivo e projeta-o para outros está desconexo de sua energia carinhosa e amorosa. Teme entrar em contato com essa atitude oposta e, como uma reação, comporta-se de forma agressiva com as pessoas das quais realmente gosta. A tarefa terapêutica consiste em propiciar ao cliente a um contato e integrar, na personalidade inteira, essas partes de suas polaridades que estão alienadas (ZINKER, 1977).

O primeiro passo é, geralmente, ajudá-lo a entrar em contato e identificar uma parte rejeitada de uma polaridade; para que, então, em um próximo passo, possa entrar em contato e integrá-la.

O princípio central em fazer isso está relacionado com a observação de Carl Jung de que a criatividade vem do progresso dos nossos lados subdesenvolvidos. Uma cliente que revela sua raiva com lágrimas histéricas pode encontrar um grande valor em um bastão de espuma ou um travesseiro para que, na cadeira vazia, possa "bater" em um pai ou uma mãe que a puniu severamente; assim, pode ter acesso à energia em sua própria raiva. O terapeuta poderia solicitá-la a ficar firmemente em pé, com o pé afastado um do outro na largura dos ombros, tomar uma respiração profunda entre cada golpe do bastão e falar uma frase como: "Eu deteto você por abusar de mim", toda vez que ela atinge a cadeira. Por outro lado, um homem que entra em brigas e facilmente grita precisa aprender a parar de agir com sua raiva e expressá-la verbalmente de forma adequada – precisa descobrir a dor ou os sentimentos feridos que se encontram por baixo da raiva para que possa expressá-los.

Uma ilustração pouco notada nesse princípio é o de uma jovem que nota o desinteresse dos homens por ela porque suas irmãs eram mais bonitas quando jovens. O psicoterapeuta pode sugerir que ela apenas se imagine, por fantasia, como uma coquete *sexy*. No passo seguinte, poderia desempenhar o papel com movimentos físicos. Em um grupo, poderia fazer uma ronda, instigando os homens do grupo com o seu lado provocante. Entretanto, se ela recusa a identificar-se com o seu lado atraente, o terapeuta pode sugerir um diálogo entre os seus dois lados – o atraente e o rejeitado –, usando duas cadeiras; isso pode ajudá-la a entrar em contato com o aspecto rejeitado e, então, integrá-lo. Nesse experimento, a cliente encontra os aspectos reprimidos de sua polaridade, não apenas no nível *intelectual*, mas também nos níveis *afetivo* e *motor*, o que significa que deve atravessar literalmente os movimentos de exibir sua atratividade tanto por fantasia como por meio de sua atuação.

Quando um cliente está confuso

"Confuso" normalmente refere-se a um estado de conflito interno, no qual uma pessoa tem impulsos, sentimentos e ideias ou crenças que estão em desacordo com algum assunto. O primeiro passo útil para lidar com a confusão é ganhar um sentido claro de cada um desses impulsos. A realização de um diálogo interno – com ou sem uma cadeira vazia – é frequentemente uma maneira excelente para trabalhar, porque o cliente identifica cada voz conflitante e, então, mantém uma conversa entre elas. Ao fazer mais do que desvendar essas vozes que refletem inclinações ou sentimentos diferentes, frequentemente pode trazer um senso extraordinário de alívio. Nesse ponto, o conflito ainda está lá, mas seus elementos são identificados claramente. Essa compreensão já começou a dissolver a confusão – o cliente passou para um estado de reconhecimento dos parâmetros de seu conflito interno. Em seguida, a continuidade do diálogo entre essas vozes conflitantes pode até levar a pessoa a se dar conta de como resolver o conflito.

Conclusão

Dentro da "grande tenda" da gestalt-terapia, não existe, nem deve existir, um consenso sobre o momento em que um psicoterapeuta deve usar alguns métodos, como aqueles descritos aqui, ou seguir um estilo puramente dialógico-relacional, um estilo gestáltico de processo de grupo ou um estilo que se baseia mais profundamente nos elementos psicodramáticos do que naqueles aqui descritos. Essa escolha depende da forma como o psicoterapeuta sente-se mais confortável em fazer e das suas inclinações pessoais. Com um determinado cliente em uma situação específica, isso vai também, é claro, depender do contato formado com aquele cliente e do que ele acredite ser produtivo no momento. O objetivo deste capítulo é deixar claro que o gestalt-terapeuta tem liberdade experimental – liberdade para experimentar. A pessoa do gestalt-terapeuta não está ligada às técnicas rígidas e fixas; está, na verdade, encorajada a extrapolar os limites.

Referências

BEISSER, A. (1970). "The paradoxal theory of change". In: FAGAN, J. & SHEPHERD, I. (orgs.). *Gestalt therapy now*. Palo Alto: Science and Behavior Books, p. 77-80 [No Brasil, traduzido sob o título: *Gestalt-terapia*. Rio de Janeiro: Zahar, 1980, p. 110-114].

CLARKSON, P. (1989). *Gestalt Counseling in Action*. Londres: Sage.

GARZETTA, L. & HARMAN, R., apud HARMAN, R. (org.) (1990). *Gestalt therapy discussions with the masters.* Springfield: Charles Thomas.

HARMAN, R. (1989). *Gestalt therapy with groups, couples, sexually dysfunctional men, and dreams.* Springfield: Charles Thomas.

HOROWITZ, L.J., apud DANIELS, V. & HOROWITZ, L. (1984/1999). *Being and Caring*: A Psychology for Living. 2. ed. Long Grove, ILL: Waveland.

MELNICK, J. & NEVIS, S., apud WOLDT, A. & TOMAN, S. (2005). *Gestalt therapy, history, theory, and practice.* Londres: Sage.

NARANJO, C. (1993). *Gestalt therapy*: The attitude and practice of an atheoretical experientialism. Nevada City: Gateways/IDHHB.

PERLS, F. (1973). *The gestalt approach/eyewitness to therapy.* Palo Alto: Science and Behavior Books [No Brasil, traduzido sob o título: *A abordagem gestáltica e testemunha ocular da terapia.* Rio de Janeiro: LTC, 1988].

PHILIPPSON, P. (2001). *Self in relation.* Highland: Gestalt Journal Press.

POLSTER, E. (1987). *Every person's life is worth a novel.* Nova York: Norton.

POLSTER, E. & POLSTER, M. (1999). *From the radical center*: The heart of gestalt therapy. Cambridge: GIC.

_____ (1973). *Gestalt therapy integrated*: Contours of theory and practice. Nova York: Random House [No Brasil, traduzido sob o título: *Gestalt-terapia integrada.* Belo Horizonte: Interlivros, 1979].

POLSTER, M. (1982). Personal communication in workshop at the San Diego Gestalt Institute.

SMITH, E., apud HARMAN, R.L. (org.) (1990). *Gestalt therapy discussions with the masters.* Springfield: Charles C. Thomas.

TEACHWORTH, A. (2004/2006). Presentations at Association for Advancement of Gestalt Therapy Conferences in St. Petersburg, Florida, and Vancouver, British Columbia.

WOJTYLA, K. (1979). *The acting person*: Analecta Husserliana the yearbook of phenomenological research. Vol. X. Dordrecht/Boston/Londres: D. Reidel.

YONTEF, G. (1993). *Awareness, dialogue and process*: Essays on gestalt therapy. Nova York: The Gestalt Journal Press.

ZINKER, J. (1977). *Creative process in gestalt therapy*. Nova York: Vintage Books [No Brasil, traduzido sob o título: *Processo criativo em gestalt-terapia*. São Paulo: Summus, 2007].

11
Estratégia de campo teórico

Brian O'Neill
Seán Gaffney

Existem conjuntos, cujo comportamento não é determinado pelos seus elementos individuais, mas os processos parciais são determinados pela natureza intrínseca do todo.
Max Wertheimer

Este capítulo fornece definições operacionais das teorias principais de campo e seus atributos comuns em gestalt-terapia, relacionando essas conceituações da Teoria de Campo à terapia, para descrever a maneira que se poderia aplicar na prática, a Filosofia e os princípios da Teoria de Campo, como uma metodologia com visão de campo. Além disso, fornece também material do caso, comparando e contrastando as duas principais abordagens de campo em gestalt-terapia. Por fim, há uma lista heurística de princípios conduzindo uma estratégia na prática comum a todas as abordagens campo-teóricas e adequadas para a aplicação em gestalt-terapia e pesquisa.

Existem numerosas influências em gestalt-terapia. Uma das principais é a Teoria de Campo, um suporte filosófico fundamental, cuja construção, no entanto, ainda não está bem-compreendida, discutida ou aplicada à prática (YONTEF, 1993; STAEMMLER, 2006; O'NEILL, 2008). Um fato que tem causado bastante confusão no construto e na aplicação da Teoria de Campo em particular e na gestalt-terapia em geral é a falta de distinção com uma concepção semelhante – a Teoria de Sistemas (LATNER, 1983; GAFFNEY, no prelo).

A gestalt-terapia assimila as ideias da física moderna. As observações influenciam a natureza e a identidade do observado, não só de forma metafórica ou fenomenológica, mas também ontologicamente (O'NEILL, 2008). Além disso, a ligação e a natureza paradoxal da realidade descrita pelo organismo--ambiente de campo (PERLS; HEFFERLINE & GOODMAN, 1951) e o campo da física quântica relativística são claramente consilientes – mas até mesmo do que as terapias construídas de acordo com modelos reducionistas do comportamento humano, que veem simples efeitos causais em objetos de terapia, semelhantes às formas que as Leis de Newton previram resultados.

Essa correlação de gestalt-terapia com a Teoria de Campo da física moderna permite aos terapeutas a ultrapassarem a natureza individual e reducionista da maior parte da Psicologia. Psicoterapia baseada nesses modelos limitados vê terapeuta e cliente como duas entidades distintas. A Teoria de Campo oferece uma base aos gestalt-terapeutas para estarem conscientes do *self* terapeuta-cliente, o *self* do casal, do grupo e da comunidade. Essa perspectiva nos permite ver, no trabalho, os padrões desses todos maiores, os padrões da homeostase, polarização e crescimento, bem como a dinâmica no limite de contato (GAFFNEY, 2006). Além disso, possibilita-nos a escolha entre aplicar o espaço vital de Lewin, o ciclo da experiência (Cleveland), a sequência de contato (Perls, Hefferline e Goodman) ou o episódio de contato (Polsters), como uma forma para mapear os padrões harmônicos subjacentes ao caos aparente desses agregados.

Estamos propondo, particularmente, uma visão convergente entre Teoria de Campo e gestalt-terapia, que denominamos uma *perspectiva de campo*, para abranger a variedade de teorias. Em parte, essa perspectiva serve para honrar e respeitar nossos colegas gestálticos que acham atraentes as abordagens da Teoria de Campo de Lewin ou as de Perls, Hefferline e Goodman (PHG), e também, para reconhecer que essa aparência unificada expressa o paradigma holístico que os gestalt-terapeutas – em nome e natureza – defendem. O coração de um de nós (Seán) ainda está com a perspectiva de campo de Lewin – ou, mais honestamente, a extrapolação de Lewin. O do outro (Brian) tem afinidade com a perspectiva de campo de Perls, Hefferline e Goodman (PHG), e Smuts.

Vamos agora tentar sintetizar essas abordagens citadas que foram antes concorrentes. Para isso iniciaremos com uma descrição de um terapeuta sobre a Teoria de Campo de Lewin e os princípios da aplicação; depois, passaremos para a maneira como a prática seria executada no estudo de caso. Vamos, subsequentemente, considerar este trabalho pela teoria e prática, a partir de uma perspectiva PHG, comparando e contrastando cada um. A convergência dessas teorias em maneiras de trabalhar será, então, abordada com o resultado de uma linguagem comum e de competências para o uso na formação, prática e pesquisa.

Da teoria à prática – Uma abordagem lewiniana

Kurt Lewin foi pioneiro na aplicação do pensamento de campo em física no trabalho inicial baseado em psicologia experimental, bem como contribuiu, de forma significativa, para o desenvolvimento da psicologia social e das dinâmicas de grupo (MARROW, 1969). Sua delineação da Teoria de Campo, eventualmente, tornou-se uma metodologia incorporada em uma metateoria (GOLD, 1990).

O pensamento de Lewin oferece uma base ao conceito de que o *campo* é, ao mesmo tempo, ontologicamente real e presente, e pode ser, em parte, fenomenologicamente experienciado. Distinguiu-o, também, como o *espaço vital*, embora tenha usado os dois termos – *campo* e *espaço vital* – como sinônimos (STAEMMLER, 2006).

Lewin é o autor da fórmula B = f (P, E)*. Na língua inglesa significa comportamento (*Behavior*) é uma função (*function*) da pessoa (*Person*) em um determinado ambiente (*Environment*). Exemplificou ao afirmar que o mesmo ambiente ontológico será percebido de modo único, por uma variedade de pessoas, dependendo de seus papéis, circunstâncias e necessidades. Dessa forma, um fazendeiro pode ver um amontoado de pedras e grossos arbustos, no meio de um pedaço de terra fértil, como uma obstrução para ser removida, porque se interessa em aumentar o terreno para facilitar a colheita; já um soldado pode vê-lo como um local de emboscada ou esconderijo; dois amantes passando poderiam acreditar que seria uma oportunidade para momentos privados. Assim, cada espaço vital traz seu próprio conjunto de características distinto como um subconjunto de qualquer totalidade que possa existir.

Se qualquer uma dessas pessoas mudasse os papéis e circunstâncias, a experiência da moita também mudaria. Se o soldado se tornasse um fazendeiro, aquilo que acreditou ser um bom esconderijo para se sentir seguro tornaria ou uma obstrução para remover ou uma lembrança para acalentar. Parafraseando o pensamento de Lewin, a necessidade organiza o espaço vital. O que vemos como nosso ambiente e a maneira como vemos e respondemos a isso está ligado às nossas necessidades. Naturalmente, quando o ambiente não é um amontoado de pedras e arbustos, mas sim composto por outras pessoas, então, necessidades

---

* No Brasil, a fórmula é representada como: C = f (P, A) [N.T.].

encontram necessidades, respostas evocam respostas e todas as imprevisibilidades de estar no mundo e ser do mundo entram em um jogo dinâmico.

Esse é também onde o espaço vital e de campo podem tornar-se difícil de separar; porém, defendemos a importância, na teoria e na prática, de os gestalt-terapeutas realizarem essa separação. Por uma questão de clareza, a seguir há uma descrição altamente simplificada e minimalista da Teoria de Campo Lewiniana. As extrapolações práticas dessa simplificação são ilustradas, posteriormente, em um minicaso.

Primeiro, a pessoa *tem* um espaço vital ao mesmo tempo em que a pessoa é *do* campo da pessoa/ambiente. Isso ficará mais claro e sua relevância mais óbvia à medida que procedermos. A pessoa terá uma ideia de poder observar e descrever o ambiente – essa ideia de observação e descrição, e todo o conteúdo, *é* seu espaço vital. Uma vez que não podemos observar o espaço, do qual nós mesmos somos uma parte, seremos incapazes de descrever o campo como um todo. A pessoa pode, contudo, descrever a experiência dela em ser influenciada – assim que conseguir distinguir o que ou quem a influencia, terá uma perspectiva do espaço vital.

O espaço vital é o ambiente observado por uma pessoa que está relacionada a ele; geralmente representada como uma curva de Jordan. Alguns dos candidatos de doutorado de Lewin gostavam de chamá-los de "banheiras" (PATNOE, 1988).

Figura 11.1

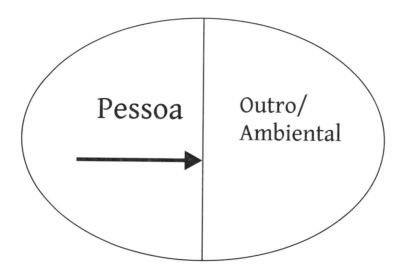

Enquanto o outro ou os outros ambientais constituem o espaço vital da pessoa, a totalidade dela e seu meio ambiente são o campo de pessoa/ambiente, onde cada elemento contribui de forma dinâmica para a auto-organização no momento e, assim, também ao longo do tempo. Dessa forma, uma pessoa pode experienciar um senso bem diferente de agenciamento, levando em conta mais o respeito ao seu espaço vital do que com relação ao campo, mesmo sendo uma força contribuinte.

Esse ponto torna-se mais evidente quando o ambiente do espaço vital é outra pessoa, sendo vista simultaneamente da perspectiva da outra:

Figura 11.2

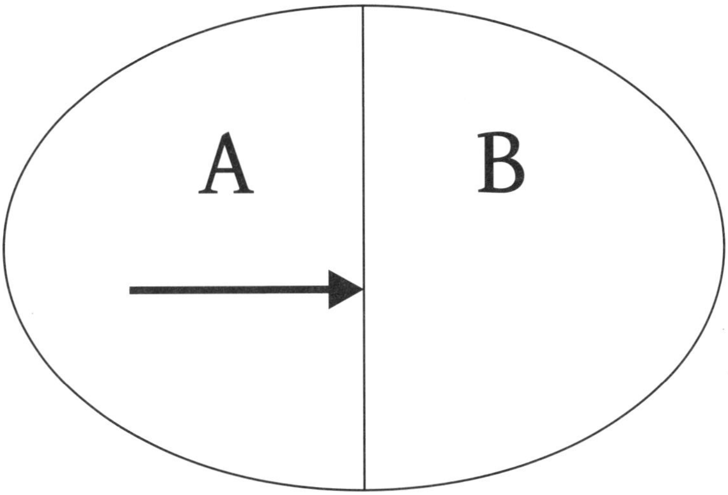

Figura 11.3

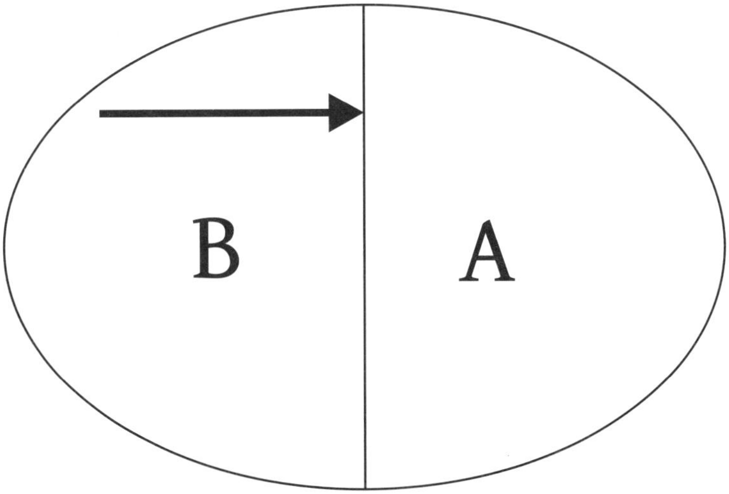

Figura 11.4

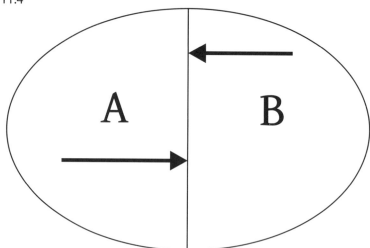

Nesse ponto, o espaço vital de A é A em relação a B (Figura 11.2). Ao mesmo tempo, o espaço vital de B é B em relação a A (Figura 11.3). Assim, fundidos e ligados intrinsecamente, os dois constituem o campo de AB (Figura 11.4), ao qual podem ser adicionados outros fatores ambientais. Assim, forma-se a totalidade dos fatos coexistentes, concebidos como mutuamente interdependentes (LEWIN, 1951), sendo que apenas um deles poderia estar em *awareness* antes de suas interações. Concretamente, cada um traz uma experiência do passado expressa no presente e algumas aspirações para o futuro escolhidas por meio de comportamentos.

Assumindo que A é o cliente, a presença do terapeuta agora adiciona um novo espaço vital para A e também um espaço vital para o próprio terapeuta.

Figura 11.5

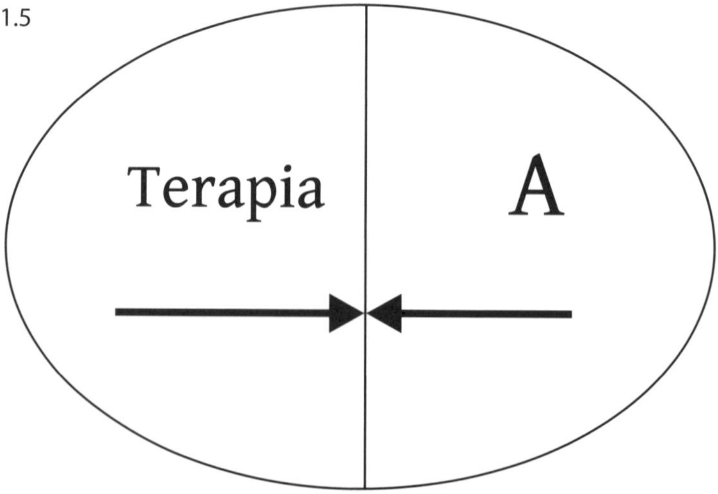

Concomitantemente, enquanto A traz seu espaço vital para a terapia, o terapeuta extrapola seu espaço vital que é formado por A – como o espaço de A 2 mais B. que representa o(s) outro(s) ambiental(is) e pode muito bem ser o tema da terapia, pois faz parte da vida de A.

Figura 11.6

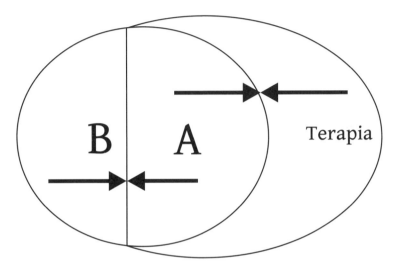

O terapeuta está conhecendo uma cliente, e o mundo dela como o experiencia. Juntos, os espaços vitais combinados constituem dinamicamente o campo terapeuta/cliente, onde cada um influencia e é influenciado por todas as outras forças desse campo. É precisamente esse aspecto do trabalho terapêutico que permite, com frequência, o surgimento de novos temas surpreendentes na fronteira de contato entre o terapeuta e o cliente.

Esse é um bom momento para adicionar um aspecto essencial da perspectiva que está sendo apresentada aqui: a barra (/) ou mesmo o hífen (-) no organismo construto/ambiente, normalmente usado para indicar a fronteira de contato na Teoria da Gestalt-terapia. O mesmo acontece com a linha na Curva de Jordan, que é usada para distinguir a pessoa do ambiente no trabalho original de Lewin. Assim, a curva de Jordan destaca as dinâmicas da pessoa-contato e fronteira-ambiente do organismo/meio, de forma mais explícita a partir de uma perspectiva psicológica (STAEMMLER, 2006).

Como um gestalt-terapeuta, não é útil mudar o comportamento da cliente *per se*, mas há interesse em explorar a percepção que aparenta ter de seu espaço vital[1], confiando plenamente que qualquer mudança em sua percepção emergirá como mudanças em seu espaço vital e, portanto, possibilitará escolhas em seu comportamento, percebidas como impossíveis. A agência é do cliente, assim como as escolhas e as ações. O processo terapêutico é o possível catalisador para a mudança.

Um minicaso ilustrativo

Anne[2] é uma nova cliente, veio a mim sob a indicação de um amigo próximo e formando em gestalt, que me conheceu no instituto de formação. Anne é uma profissional bem-sucedida, com quarenta anos de idade, começa a falar rapidamente do seu problema – a razão para vir à psicoterapia. Possui grandes dificuldades em estabelecer um relacionamento de longo prazo, embora atualmente não faltem possíveis candidatos: Bernard, Charlie e David. Bernard é o seu ex-marido. Charlie é o seu namorado atual. David é um ex-amante, agora de volta em sua esfera social, depois de uma curta ausência logo após a sua separação do marido feita por acordo mútuo.

De imediato, ficou claro que Anne está, nos últimos dias, encontrando-se com todos esses três, apesar de só ter relações sexuais regularmente com Charlie. Passou umas noites com David para recordar os velhos tempos e, ainda, sente-se atraída por Bernard. Sente que precisa realmente fazer "uma escolha final" entre eles e estabelecer um bom relacionamento de compromisso a longo prazo.

Enquanto escuto Anne, torno-me consciente de que existe uma disparidade que atrai a minha atenção. À medida que fala de qualquer um dos três, imagino os outros dois no fundo da imagem. Para Anne, a menção de qualquer um deles suscita instantaneamente os outros dois como figuras igualmente

---

1. Esse é um ponto em que a unidade de teoria e prática de gestalt-terapia pode ser usada para a exploração da percepção da(o) cliente. A sua experiência é realizada a partir de uma aplicação dialógica do método fenomenológico e do experimento. Cf. o capítulo 8 sobre o método fenomenológico, o capítulo 9 sobre diálogo, e no capítulo 10 deste livro, o experimento; também consultar o capítulo 7, de Sylvia Crocker, sobre a unidade da teoria; e o capítulo 12, de Gary Yontef e Peter Philippson, sobre a unidade da prática [N.E.].

2. A cliente original, nesse caso, deu permissão para que as descrições fossem usadas, leu o esboço e aprovou a versão apresentada aqui. Alguns dos comentários dessa cliente foram incorporados na redação final. Todos os nomes e quaisquer outros elementos que possam identificar a cliente foram substituídos.

energizadas. Em termos de espaço vital, seu meio não é Bernard e/ou Charlie e/ou David. Para mim, parece mais como BernardCharlieDavid, um trio como uma unidade.

Isso se torna explícito a qualquer momento que tento aumentar a sua *awareness* a respeito de seus sentimentos por cada um dos três – os outros dois vêm instantaneamente no trabalho. Então, inicio como o caso me pareceu ser. Vejo o trio como seu outro ambiental e começo a trabalhar de forma mais consistente com a experiência da Anne de todos os três como uma unidade. Assim, peço que descreva, em síntese, as características – tanto as atraentes como as não atraentes – que eles, em conjunto, incorporam. É nesse trabalho que Anne começa a fazer uma diferenciação entre eles. Por exemplo, nomeia o que é para ela uma característica atraente incorporada no trio e, então, começar a refletir, em voz alta, sobre qual deles tem "o mais", "o menos" ou "o mínimo" disso.

Ao mesmo tempo, quando um dos três parece emergir mais claramente, Anne se corrige imediatamente por ter omitido os outros dois, e leva-os a uma recém-energizada unidade de três-em-um ou até mesmo um-em-três.

À medida que Anne e eu avançamos nesse trabalho, tornei-me cada vez mais consciente de outra figura formada entre nós. Da mesma forma como um filho de um pai alcoólatra, que está frequentemente zangado e ocasionalmente violento, tenho um sistema de alerta precoce para a presença de raiva ou má intenção com relação a mim. Vejo isso como uma forma leve de paranoia, geralmente útil e às vezes mais projetiva do que eu esteja *aware* no momento. Anne tinha um jeito de olhar de lado para mim e isso acionou o alarme do meu sistema de alerta precoce. Depois de fazer uma reflexão, entre as sessões, em uma tentativa de aumentar minha *awareness* a respeito do quanto isso era meu em oposição ao dela, decidi falar com ela na próxima vez que isso acontecesse. Então, olhou de lado para mim, reagi como antes e compartilhei minha experiência com ela, perguntando se estava, de alguma forma, com raiva de mim. Anne assegurou-me de que não estava, de forma alguma, com raiva de mim – até eu sugerir que isso poderia ter acontecido! Perguntei se eu poderia chamar a sua atenção em qualquer momento em que sentisse um possível sentimento de raiva nela, e ela concordou. Agora, isso tornou-se parte de nossas interações, durante toda a terapia.

Havia, então, dois temas principais presentes em nosso trabalho. Um desses Anne tinha trazido com ela como um elemento de seu espaço vital existente (a necessidade de decidir entre três homens e sua dificuldade em fazê-lo), e o outro (a minha resposta corporal a um olhar especial dela), foi inserido por mim como uma característica do meu espaço vital. Como o meu tema não fazia parte do campo dela antes da terapia, claramente, até então, esse era o campo de Eu-Anne-o espaço vital da Anne. Minhas reflexões aqui exploravam a minha possível raiva de Anne ou, até mesmo, de qualquer um ou de todos os três homens da vida dela. Embora eu certamente gostasse dela, não notei qualquer sentimento de atração emocional ou física suficientemente forte para evocar a minha inveja e ressentimento. E, assim, o trabalho continuou.

A sessão doze marcou um ponto de virada em nosso trabalho e, provavelmente, na vida da Anne. Mais uma vez, enquanto exaltava as virtudes de todos os três homens, mostrando-se autocrítica na sua incapacidade de decidir entre eles, surgiu em minha mente uma imagem de um par de luvas. Coloquei entre parênteses essa imagem aparentemente inapropriada e voltei minha atenção total para Anne. A imagem retornou e, como hesitei lidar com isso, veio para mim em uma forma altamente energizada, tanto visualmente como verbalmente. Quando Anne fez uma pausa em sua narrativa, perguntei se poderia compartilhar uma experiência curiosa que tive enquanto estava sentado lá com ela. Concordou. Então disse a ela como tive claramente uma imagem visual de luvas e o pensamento "luvas", durante o momento que a escutava. Olhou diretamente nos meus olhos, recostou-se na cadeira, e vi seus olhos lacrimejarem. Suspirou e começou a chorar; falando em meio a lágrimas, contou-me que, quando criança, seus pais insistiam para que ela usasse luvas de lã, tão logo o tempo esfriasse. As luvas coçavam, e sentia-se desajeitada porque não podia usar seus dedos completamente. Quando chovia, as luvas ficavam encharcadas e frias. Às vezes, cobriam-se de gelo e ficavam pesadas e desconfortáveis. Até tentou "perdê-las", apenas para receber um novo par. Depois que saiu de casa e começou a viajar, encontrou-se colecionando luvas finas que eram, geralmente, de couro macio e sempre de um ajuste perfeito. Agora tinha uma gaveta especial em casa para sua coleção; às vezes classificava-as, embora nunca tenha usado nenhuma delas ao ar livre.

À medida que refletia sobre esse tema, começou a falar sobre sua vida e por que geralmente não gostava de fazer qualquer coisa caso se sentisse obrigada. Reconhecia que, às vezes, ficou em uma situação desconfortável mais do que precisava e teve dificuldade de fazer as próprias escolhas e agir dessa forma.

A sessão chegou ao fim quando a imagem que emergiu se transformou – e ainda estava se transformando – em uma metáfora com significado para Anne em sua vida. Isso agora se tornou o tema para as sessões seguintes, fazendo com que BernardCharlieDavid recuassem para o fundo devido às poucas referências, a não ser no contexto desse novo tema. O espaço vital da Anne havia mudado, e uma figura energizada surgiu do campo de possibilidades.

Em três meses, Anne inesperadamente reencontrou um amor da adolescência, Eric, houve uma nova conexão com ele, e eles tornaram-se amantes. Depois de mais de três meses eles organizaram uma casa juntos e se casaram. Depois do casamento Anne continuou em terapia comigo por um tempo curto e, eventualmente, concordamos em fechar nosso trabalho em conjunto.

Durante esse período, refleti ocasionalmente sobre o outro tema – a raiva e as possíveis ligações entre Anne, seus pais e eu. Às vezes, lembro-me daquele olhar de lado, que, para mim, era, agora, do campo, e, se tivesse qualquer energia figural para Anne, ela poderia escolher em falar comigo. Essa atitude ela nunca teve.

Da prática à teoria – Algumas reflexões

Mencionamos anteriormente que o trabalho não objetiva mudar o comportamento da cliente, mas sim explorar o espaço vital dela a partir de perspectivas diferentes, que possam permitir o surgimento de novos comportamentos. Desse modo, o terapeuta não influenciou Anne na busca de uma nova perspectiva. Em vez disso, o meio constituído por BernardCharlieDavid e as tentativas de fazer a distinção entre eles deram origem a um tema mais fundamental na vida de Anne.

A introdução da raiva notada pelo terapeuta emergiu do passado que trouxe consigo como parte do fundo de seu espaço vital, bem como da ressonância no aqui e agora com Anne. Essa foi uma figura energizada para ele, mas não para Anne.

A imagem das luvas e sua transformação em uma metáfora é claramente *do* campo do terapeuta/Anne. Mesmo surgindo no terapeuta, a imagem conectou-se diretamente a um evento significativo na infância da Anne. O pensamento de Lewin inclui a noção de vetores – energias ou forças que apresentam uma origem, uma magnitude e uma direção. A imagem das luvas teve sua origem na experiência de infância e nas lembranças fortes de Anne, além da sua coleção de luvas, mas o significado metafórico se desenvolveu a partir do momento que passou a ver sua vida através das lentes dessa metáfora. Ao mesmo tempo, a imagem teve a sua origem no terapeuta com magnitude suficiente para permanecer figural para ele e com uma direção clara: Anne. Um evento do passado de Anne surgiu como uma imagem no terapeuta e voltou para ela de acordo com a mágica e o mistério da abordagem de campo. Terapeuta e cliente fazem parte de um campo de sua história de vida: o presente; ambos – separadamente e juntos – são influenciados pelas dinâmicas de auto-organização, das quais são, também, partes influentes.

Não há dúvida de que o processo da imagem das luvas pode ser, ou logo será, aberto a uma explicação "científica" geralmente aceitável. Nosso interesse não está em uma explicação como essa; estamos mais interessados aqui com a experiência desse processo e seu valor em um ambiente terapêutico. Ao trabalhar com uma abordagem Lewiniana de campo, um gestalt-terapeuta pode passar do uso relevante das pragmáticas de uma perspectiva de espaço vital para um receptor de energia, ou canal no campo, que a distribui para os espaços vitais envolvidos, inclusive o terapeuta, que é uma parte cocriadora.

O campo de PHG

A gestalt-terapia tem oferecido um paradigma bastante distinto para observar a pessoa e a realidade. Embora os teóricos mais novos como Yontef (1993), Parlett (1991) e Wheeler (1991) citassem a Teoria de Campo (particularmente a de Kurt Lewin) como um pilar fundamental ou base filosófica da gestalt-terapia, o texto original de Perls, Hefferline e Goodman (1951) oferece uma descrição surpreendente, vibrante e facilmente perdida deste.

A partir da metade teórica do livro, os autores descrevem uma visão do *self* como uma parte intrínseca de um campo organismo-ambiente total. De uma forma que lembra a escrita mística, o *self* é visto como indistinguível e, *a priori*, em um com todo o contexto que é – não apenas em um sentido epistemológico, mas também ontológico:

Vamos chamar essa interação de organismo e ambiente em qualquer função o "campo organismo-ambiente"; não importa como teorizamos impulsos, instintos etc., vale lembrar que é sempre a esse campo de interação que nos referimos, e não a um animal isolado. Parece plausível falar de uma estrutura interna complicada, como um animal, localizada em um organismo móvel, um campo grande – como, por exemplo, a pele e o que está contido nela –, mas isso é simplesmente uma ilusão devido ao fato de que o movimento através do espaço e o detalhe interno chamam a atenção contra a estabilidade relativa e a simplicidade do fundo (PERLS; HEFFERLINE & GOODMAN, 1951: 228).

Seria fácil passar por cima dessa conceituação ou perder-se na língua. No entanto, a implicação desse aspecto completo.

Nosso senso de um *self* separado é uma ilusão.

A experiência de separação do *self* é ilusória ou, na melhor das hipóteses, construída sobre o funcionamento de um senso de ego do *self*, que se desenvolve mais tarde na vida infantil. Quando a criança começa a discriminar *self* e *não self*, essas funções do ego surgem e, à medida que a criança aprende a representar a realidade simbolicamente, o linguajar do *self* e do ego forma a personalidade. É a maneira como nos descrevemos em palavras e conceitos.

Uma das duas definições do *self* encontradas em PHG identifica-o como um sistema de contatos no campo do organismo-ambiente que fornece o escopo para ir além do sentido do ego separado do *self* com um potencial em muitos *selves* que possam vir a ser e, depois, desaparecer de volta para o fundo. Assim, quando duas ou mais pessoas tornam-se sistematizadas em seus contatos, constituem um *self*.

Princípio e prática na Teoria de Campo do PHG

O texto de gestalt-terapia – *Excitação e crescimento na personalidade humana* (PERLS; HEFFERLINE & GOODMAN, 1951) – é, em essência, formado por dois livros: teoria e prática. À primeira vista, o leitor é levado a acreditar que a parte prática flui a partir da teoria, pois explica os "meios pelos quais" a teoria pode ser aplicada na vida e na terapia. No entanto, em um exame mais minucioso, essa hipótese é parcialmente incorreta; os experimentos no segundo livro (original) não são tão estreitamente relacionados com a teoria quanto se poderia esperar. Esta avaliação baseia-se na compreensão de que faltava uma abordagem clara para a prática da Teoria de Campo, no momento em que o livro foi escrito; na verdade, a maioria dos experimentos é direcionada para o trabalho com os indivíduos na forma reducionista – característica da terapia na época (mesmo as aplicações da Teoria de Campo a grupos e casais estavam ainda em estágios iniciais).

Agora delinearemos os princípios fundamentais da Teoria de Campo, presentes no livro de teoria em PHG, que orientam o nosso trabalho como terapeutas.

Princípio um: o todo determina as partes

O princípio fundamental de uma perspectiva de campo "...reside na percepção de que o todo determina as partes" (PERLS; HEFFERLINE & GOODMAN, 1951: xi).

Isso incentiva os gestalt-terapeutas a escapar da natureza reducionista em alguns cantos da psicologia clínica que vê apenas o terapeuta e o cliente de forma separada. Para ir além desse ponto, é preciso desenvolver uma consciência do *self*, da díade terapeuta-cliente e da realidade de não independência[3]. Essa situação se estende também ao *self* do casal, ao *self* do grupo e da comunidade. Essa perspectiva auxilia os gestalt-terapeutas a observar os padrões desses todos maiores em pleno funcionamento, padrões de homeostase, polarização e crescimento.

Princípio dois: fronteiras de contato

O *self* é um sistema de contatos no campo do organismo-ambiente, por isso a pessoa não é contemplada como um indivíduo separado. O organismo

---

3. Uma apreciação referente a esses aspectos ganha respeito em áreas inesperadas. Por exemplo, ao escrever um livro rigoroso e descrever as análises difíceis e quantitativas em psicologia experimental; Kenny, Kashy e Cook declaram que "Muitos dos fenômenos estudados por cientistas sociais e comportamentais são interpessoais por definição e, como resultado, as observações não se referem a uma única pessoa, mas sim a múltiplas pessoas inseridas em um contexto social" (2006: 1). Seus termos para o constructo visto como uma relação entre, digamos, um terapeuta e um cliente é "não independência". No trabalho prévio, Cook e Kenny (2005) encontraram influências bidirecionais sobre o desenvolvimento com referência às dinâmicas do apego, já David Kenny (1995) previamente desenvolveu operações estatísticas para medir a influência observada entre pessoas em díades [N.E.].

entra em contato com o ambiente numa fronteira e incorpora somente o que precisa, mantendo fora o que não é necessário. Nesse contato, a identidade (ou forma) cria as suas próprias características; porém, os seus elementos básicos tomam forma e se dissolvem constantemente.

Princípio três: homeostase e crescimento

O organismo apresenta duas necessidades principais – equilíbrio e crescimento – e organiza o campo para atender a essas necessidades, por exemplo, se estou com fome, organizo o campo em alimento/não alimento. Com o tempo, o contato que o organismo estabelece com seu ambiente forma padrões, repetições, hábitos e ajustamentos criativos para novos estímulos, com um resíduo de experiência. Esses padrões de contato, muitas vezes estabelecidos na memória procedimental, são preservados ao longo do tempo e constituem uma parte do *self* conhecida por gestalt-terapeutas, como a função da personalidade. Essa é uma visão do *self* diferente dos modelos de personalidade, que o consideram uma entidade fixa "íntima". Em gestalt-terapia, os padrões permanentes da personalidade funcionam para orientar a constante experiência de formação do *self*.

Princípio quatro: sabedoria do organismo

A formação figura-fundo, quando autorizada a operar sem obstáculos, atende às necessidades imediatas do organismo. As pessoas costumam vir para terapia com esse processo reduzido e embotadas, de alguma maneira, por formas fixas e redundantes ajustamentos criativos.

Princípio cinco: agência paradoxal

Os gestalt-terapeutas estudam o funcionamento do limite de contato no campo do organismo-meio. Como dito antes, a gestalt-terapia trabalha com o todo, de uma forma geral. No início, os psicoterapeutas não orientados ao campo falaram sobre gestalt-terapia e a necessidade de o terapeuta "exercitar o controle" da situação terapêutica. Frequentemente, nesses momentos, "o terapeuta era capaz de convencer ou coagir o paciente a seguir os procedimentos estabelecidos por ele" (FAGAN & SHEPHERD, 1970: 91-92).

Os teóricos mais atuais, como Hycner (1993), descreveram esse processo de forma paradoxal em busca de equilíbrio entre a escolha e aceitação. No texto original do PHG, é descrito como o "modo médio" de ser, o espaço entre o funcionamento ativo e passivo, no qual a pessoa aceita, participa e cresce dentro da resolução, substituindo de prontidão (ou fé) a situação presente para a segurança de controle aparente (PERLS; HEFFERLINE & GOODMAN, 1984). Chamamos a esse processo de agência paradoxal.

Integração e aplicação em gestalt-terapia

Uma perspectiva de campo contemporânea pode ser estabelecida em gestalt-terapia, apresentando semelhanças fundamentais entre as conceituações de campo lewiniana e PHG, como a identificação de estratégias disponíveis a gestalt-terapeutas quando trabalham com dinâmicas do campo.

Considerando que a compreensão do PHG a respeito das dinâmicas do campo requer realismo crítico (o compromisso ontológico permite existir algum tipo de campo não visto, mas real, ou seja, semelhante aos campos sem fios que permitem computadores pegar a internet simplesmente por estarem presentes dentro das esferas de sua influência), a perspectiva lewiniana leva em conta um aspecto epistemológico, porque se concentra *no método*, pelo qual o cliente em espaço vital conhece e se deixa conhecer no espaço vital do terapeuta.

Agora vamos voltar para o estudo de caso apresentado anteriormente. É necessário acompanhar o processo do terapeuta e notar como cada perspectiva do campo é útil em certos pontos, não observar apenas como uma atitude, mas como um princípio orientador que direciona e capacita a gestalt-terapia nas sequências difíceis em terapia.

Uma comparação das abordagens da Teoria de Campo na prática

Terapeuta do estudo de caso: enquanto escuto Anne, torno-me *aware* de que existe uma disparidade que atrai a minha atenção. Conforme fala de qualquer um dos três, esse homem torna-se figural para mim enquanto os outros dois passam para o fundo. A menção de qualquer um deles suscita, para Anne, instantaneamente os outros dois como figuras energizadas da mesma forma. Em termos de espaço vital, seu meio não é Bernard e/ou Charlie e/ou David. A mim me parece mais como BernardCharlieDavid, um trio como uma unidade.

O terapeuta está *aware* dos padrões de campo de Anne-e-terapeuta e da diferença entre os dois. Um terapeuta tradicional, trabalhando com a abordagem psicanalítica, CBT ou rogeriana/modelo de Egan, provavelmente não imaginaria estar *aware* disso. A *awareness* de padrões em formação figura-fundo opera dentro de uma perspectiva de campo e usa termos como "figural", "fundo", "figuras energizadas" e "espaço vital". Esses padrões de cliente e terapeuta são desenvolvidos em torno da experiência clara – o que o cliente diz e como isso é recebido pelo terapeuta.

> Terapeuta de um estudo de caso: isso torna-se explícito a qualquer momento que tento aumentar a sua *awareness* a respeito de seus sentimentos por cada um dos três – os outros dois vêm instantaneamente no trabalho. Então vejo isso como é, o trio como seu outro ambiental, e começo a trabalhar de forma mais consistente com a experiência de Anne e de todos os três como uma unidade. Assim, peço a ela que sintetize características – tanto atraentes para ela como não atraentes – que eles, em conjunto, incorporam.

Agora, há um experimento direcionado pela perspectiva de campo de acordo com a abordagem de Lewin – uma descrição dos três como uma unidade, como um "ambiente". Essa observação é menos provável levando em conta a abordagem de campo apresentada por PHG, pois teria usado o termo "confluência de figuras" em vez de uma descrição dos três como um ambiente figural. Nenhuma dessas abordagens requer um campo real em operação, porque a reação do terapeuta baseia-se nos padrões observados na realidade explícita "como apresenta ser".

> Terapeuta de um estudo de caso: à medida que Anne e eu avançamos neste trabalho, tornei-me cada vez mais *aware* de outra figura que se formava entre nós. Da mesma forma como um filho de um pai alcoólatra, que está frequentemente zangado e ocasionalmente violento, tenho um sistema de alerta precoce para a presença de raiva ou má intenção com relação a mim. Vejo isso como uma forma de paranoia leve, geralmente útil e às vezes mais projetiva do que eu esteja *aware* no momento. Anne tinha um jeito de olhar de lado para mim, que isso acionou o alarme do meu sistema de alerta precoce.

A partir de uma visão de campo, qualquer coisa proveniente de uma figura é digna de atenção, seja para o cliente ou para o terapeuta, porque ambos estão em relação um com o outro e não acontece nada sem uma conexão. O desafio para o terapeuta que trabalha com a perspectiva de campo é dar sentido e saber o que fazer com isso, se houver algo para ser feito. Ambas as abordagens – a do Lewin e a do PHG – permitiriam a importância dessa *awareness* e da atenção para qualquer figura vibrante no campo, simplesmente porque está lá.

> Terapeuta de um estudo de caso: depois de fazer uma reflexão, entre as sessões, em uma tentativa de aumentar minha *awareness* a respeito do quanto isso era meu em oposição ao dela, decidi falar com ela na próxima vez que isso acontecesse. Então, olhou de lado para mim, reagi como antes e compartilhei minha experiência com ela, perguntando se estava, de alguma forma, com raiva de mim. Anne assegurou-me de que não estava, de forma nenhuma, com raiva de mim – até eu sugerir que isso poderia ter acontecido! Perguntei se eu poderia chamar a sua atenção em qualquer momento em que percebesse um possível sentimento de raiva nela, e ela concordou. Agora, isso tornou-se parte de nossas interações, durante toda a terapia.

Aqui vemos uma ação claramente intencional por parte do terapeuta, há um movimento dialógico para compartilhar a sua presença com uma *awareness*. Esse é um experimento de campo sobre a "ressonância" da cliente no campo, sendo que esse ambiente é a pessoa do terapeuta. O termo "ressonância" separa essa visão das outras teorias da prática clínica tradicional, pois descreve as conexões, entre cliente e terapeuta, como reflexão, empatia e transferência etc. – processos que acontecem *como se* estivessem em um vazio. Dessa forma, esse termo indica um processo físico definido de conexão, como a Teoria de Onda na Física. Esta ação pode ser igualmente explicada pelas abordagens de Lewin ou do PHG.

> Terapeuta de um estudo de caso: a sessão doze marcou um ponto de virada em nosso trabalho e, provavelmente, na vida da Anne. Mais uma vez, enquanto exaltava as virtudes de todos os três homens, mostrando-se mais autocrítica na sua incapacidade de decidir entre eles, surgiu em minha mente uma imagem de um par de luvas. Coloquei entre parênteses esta imagem aparentemente inapropriada

e, voltei minha atenção total para Anne. A imagem retornou e, como hesitei lidar com isso, veio para mim em uma forma altamente energizada, tanto visualmente como verbalmente. Quando Anne fez uma pausa em sua narrativa, perguntei-a se poderia compartilhar uma experiência curiosa que tive enquanto estava sentado lá com ela. Concordou. Então, disse a ela como tive claramente uma imagem visual de luvas e o pensamento "luvas", durante o momento que a escutava. Olhou diretamente nos meus olhos, recostou-se na cadeira, e vi seus olhos lacrimejarem. Suspirou e começou a chorar; falando em meio a lágrimas, contou-me que, quando criança, seus pais insistiam para que ela usasse luvas de lã, tão logo que o tempo esfriasse. As luvas coçavam, e sentia-se desajeitada porque não podia usar seus dedos completamente. Quando chovia, as luvas ficavam encharcadas e frias. Às vezes, cobriam-se de gelo e ficavam pesadas e desconfortáveis. Até tentou "perdê-las", apenas para receber um novo par. Depois que saiu de casa e começou a viajar, encontrou-se colecionando luvas finas que eram, geralmente, de couro macio e sempre de ajuste perfeito. Agora tinha uma gaveta especial em casa para sua coleção; às vezes as classificava, embora nunca tenha usado nenhuma delas ao ar livre.

Essa sessão desenvolve um aspecto muito particular da perspectiva de campo que ultrapassa claramente os limites dos paradigmas reducionistas da terapia tradicional. A figura insistente das luvas parece à primeira vista não ter qualquer ligação com o terapeuta ou com o cliente, e não parece ser algo inexplicável. A menos que haja outra informação, até então desconhecida, essa se destaca como um evento que não faz sentido dentro de uma perspectiva teórica que não seja a de campo. Uma abordagem lewiniana permite a equivalência ou relevância para cada figura que surge como se estivesse no campo e na inter-relação. Certamente, uma figura esperada ou experimentada com algo que pareça *apenas* relevante para o terapeuta seria defendida por ambas as abordagens de campo. Dessa forma, poderíamos argumentar que apenas uma abordagem de campo, que leve em conta uma figura nítida no campo do terapeuta-cliente e sem qualquer relevância aparente, seria presumida de ter uma possível relevância significativa para o cliente. Além disso, podemos afirmar que há uma referência às forças implícitas envolvidas e, nesse ponto, é possível encontrarmos uma bifurcação das abordagens lewiniana e PHG. Há um ponto de discriminação entre essas teorias ou abordagens: a figura da luva desenvolveu-se a partir da interação entre cliente e terapeuta (e, portanto, pertence ao espaço vital de cada um juntos) ou o terapeuta estava de alguma forma no "modo sem fio" e, na verdade, respondendo a uma ligação entre o cliente e o terapeuta a partir de uma conexão real, embora seja invisível, de acordo com o tipo descrito por Sheldrake, em Biologia e, Bohm, na Física (O'NEILL, 2008). Para o modo sem fio operar, supõe-se um campo ontológico, de qualquer natureza.

Da perspectiva lewiniana purista, a menção das luvas não seria considerada um princípio importante para guiar a prática; apesar de poder ser inserida ou explicada para igualar a relevância de todas as figuras em um campo e parecer ser *de alguma forma* figural para o terapeuta, por um processo de encontro entre cliente e terapeuta.

Da perspectiva do PHG, as crenças de que não existem fatos isolados e há apenas um *self* do terapeuta-cliente permitem que as luvas representem uma figura inteiramente desse *self*. No entanto, embora a contribuição de PHG à perspectiva de campo explique os *selves* em operação como um todo unificado, salientando que isso é "...a abordagem original, sem distorções e natural à vida" (PERLS; HEFFERLINE & GOODMAN, edição de 1984, viii), não explica as experiências separadas da realidade de cada indivíduo, assim como não elucida o fato de o evento da luva acontecer na fronteira de contato. Como assim há uma posição ontológica semelhante ao realismo crítico, não parece claro o poder explicativo para conectar a noção do *self* no campo como um todo, da mesma forma que Maxwell definiu o campo eletromagnético na Física.

Embora exista uma divergência entre os teóricos sobre a necessidade da existência de um campo real, na prática menos importância é dada para essas nuanças teóricas, atribuídas à escrita acadêmica. Os terapeutas focam sua atenção para os princípios que guiam a prática, as atitudes e as habilidades que podem ajudá-los enquanto estejam engajados em psicoterapia.

Estamos de acordo com Malcolm Parlett, que faz um alarde para uma Teoria da Prática quando escreve

> Mais atenção para as nossas teorias de prática ajudaria a instigar uma reconciliação entre a nossa metodologia prática e as descrições e justificativas teóricas que temos em nossa literatura. Evita-

ríamos, assim, a impressão crescente de que as discussões sobre as diferenças teóricas são jogadas fora em um espaço, enquanto o que as pessoas realmente fazem é expedido completamente para um outro espaço (PARLETT, 2008, manuscrito inédito).

Uma Teoria da Prática em uma perspectiva de campo

A seção seguinte descreve os preceitos ou princípios teóricos interligados, informando estratégias que os terapeutas podem empregar, bem como delineando as atitudes e práticas utilizadas em uma perspectiva de campo.

Princípio um: trabalho do todo às partes

Nada acontece sem uma conexão. Teoricamente, isso é visto por muitas pessoas como a *essência* do campo (PARLETT, 1991) e está evidente no texto original de Perls, Hefferline e Goodman. Essa ideia também influenciou teóricos como Smuts, Wertheimer e Lewin. Dessa perspectiva holística, *fenômenos são determinados pelo campo como um todo*, e o progresso do cliente e os resultados são funções desse campo, que não acontecem apenas por causa de fatores isolados, como a motivação do cliente, a habilidade do terapeuta ou técnicas e intervenções específicas.

Trabalhando a partir do todo, um terapeuta presta atenção no meio ambiente, na história e na cultura. Um terapeuta permanece aberto para "a rede de relações" (YONTEF, 1993) e qualquer coisa de "relevância possível" (PARLETT, 1997). As potencialidades na mistura, a princípio, podem não parecer conectadas, estimulam a vontade de mudar pontos de vista e consideram fenômenos de muitas perspectivas; assim, nada mais acontecerá, sabendo que coisa alguma jamais acontece desconexa. O terapeuta pode ainda não ver as conexões. Esse alerta faz com que o gestalt-terapeuta não considere nada como aleatório e permaneça atento de alguma forma a outra coisa numa ordem que é principalmente implícita, mas que pode tornar-se explícita através da *awareness*, do diálogo e do experimento.

Princípio dois: considere o self como processo

O *self* foi originalmente definido como o sistema de contatos em um campo organismo-ambiente (PHG) e sintetizado pela equação de Lewin – C = f

(P, A) – para descrever o estado da situação e de uma pessoa que corresponde ao seu comportamento (LEWIN, 1951). Esse é o contexto da experiência do *self.*

Como uma figura clara que emerge do fundo, o organismo integra um campo que o define. Além disso, os campos permanecem sempre em fluxo. Num certo sentido, tudo está sempre no processo de estar acontecendo. Assim, um terapeuta permanece aberto à mudança e está relutante a aceitar qualquer coisa que possa tolher as pessoas ou as situações. Essa postura do gestalt-terapeuta faz com que ele procure mudanças no processo e "evidências de diferença", para transformar mais categorizações fixas em linguagem que represente processos. Por exemplo, um terapeuta pode converter "Tenho depressão" em "Estou experienciando sentimentos deprimentes".

Princípio três: siga a organização do campo

Necessidades e interesses organizam o campo (e mais ainda o espaço da vida). A pessoa tem duas necessidades principais: equilíbrio e crescimento (PERLS; HEFFERLINE & GOODMAN, 1951), mas pode ter múltiplos interesses e curiosidades. A pessoa organiza o campo para atender a essas necessidades, para seguir o interesse e satisfazer a curiosidade. A maneira como isso faz sentido e como essa pessoa se engaja com a vida está relacionada com os objetos intencionais que formam a temática de suas figuras (a abordagem do espaço da vida). Com o tempo, o contato que o organismo tem forma padrões, repetições e hábitos; ou seja, os padrões de contato que se desenvolvem, em especial, quando o ambiente não satisfaz as necessidades e o organismo deve ajustar criativamente.

A estratégia de seguir a organização do campo pode ser realizada por um gestalt-terapeuta com uma sintonização fenomenológica, de acordo com os padrões de organização do cliente; assim, esse é outro ponto que merece ser observado pela unidade prática da gestalt. Isso ajuda os gestalt-terapeutas a encontrar formas para que a vida e as situações façam sentido para as pessoas, incluindo a maneira como fazem o que fazem, algum senso de necessidade que possa ser contemporâneo a padrões de tentativas prévias para conseguir ajustar criativamente.

É necessário confiar mais nas habilidades amplas da organização (ou sabedoria) de um organismo, em vez de levar em consideração a tendência, para que haja mais concentração nos traços da personalidade ou partes de um indivíduo (assim como cognições).

Princípio quatro: a rendição à atividade paradoxa

Na gestalt-terapia, ao contrário de outras escolas, não tentamos controlar o indivíduo; isto é, não intervimos no cliente para causar algum efeito predeterminado. A abordagem da Teoria de Campo mostra-se consciente do funcionamento e do limite de contato no campo organismo-ambiente, em vez de satisfazer a necessidade do terapeuta para exercer o controle da situação terapêutica.

Esse é um processo paradoxal à procura do equilíbrio entre a escolha e a aceitação em nome tanto do terapeuta como do cliente (como indicado antes, isso se refere ao "modo do meio").

Essa atividade paradoxa do terapeuta é uma habilidade de sentir-se "no controle" sabendo que está fora de controle. É uma questão de deixar as coisas acontecerem, em vez de fazer com que as coisas aconteçam. Alguns exemplos dessa atividade paradoxa são encontrados nas artes, música e esportes. Por exemplo, um canoísta é capaz de descer uma correnteza e ceder o controle ao rio para, com o fluxo do rio, efetivamente voltar a subir. Da mesma forma, um esquiador ao mudar de direção vai inicialmente acelerar e "perder" o controle para recuperá-lo por meio da manobra de Stem Christie. E um surfista das ondas sabe onde ficar de pé na prancha de surfe e como inclinar-se para estar no fluxo das ondas, da gravidade, do vento e do mar. Esses exemplos são metáforas simples a respeito do "controle" ou da atividade do terapeuta na Teoria de Campo. As tentativas do terapeuta de render o controle da pessoa ou da situação leva paradoxalmente a uma atuação dentro do campo que promove mudanças. Latner (2008) refere-se a isso como "destino", enquanto terapeutas dialógicos descrevem como "o entre", afeta a terapia de várias maneiras fora da ação direta do terapeuta sozinho.

Princípio cinco: atentar para as relações entre parte e todo

Essa estratégia parece idêntica à primeira citação nesta seção; na verdade, cada princípio, como um holograma, contém o todo e de alguma maneira as partes que o constituem. O que esse princípio enuncia é a importância dos elementos do todo, do todo em si e a relação entre a *awareness*, o diálogo e o movimento para o terapeuta. O foco é, portanto, *a relação entre* o todo e os elementos.

Essa relação de um-com-o-todo e do todo-com-um é um princípio fundamental da perspectiva do campo na gestalt-terapia. O todo que existe no campo, tal como uma díade ou um grupo de pessoas em contato sistematizado, influencia o comportamento e a natureza do indivíduo, descrito por Lewin na equação $C = f (P, A)$. Dessa forma, o estado de uma pessoa corresponde ao comportamento na situação (LEWIN, 1951).

Há momentos em que o terapeuta perceberá a importância da singularidade do indivíduo, enquanto em outros momentos irá notar a importância da relação dentro da díade terapeuta-cliente. Esse movimento entre o indivíduo e a díade terapeuta-cliente é, frequentemente, feito com alguma possibilidade de escolha pelo terapeuta ou pelo cliente, sendo direcionado pelas necessidades organísmicas de cada um, mas sempre priorizando a relação. Há momentos em que as necessidades do indivíduo superam as necessidades da díade, e outros em que as necessidades da díade superam as do indivíduo.

Princípio seis: preste atenção no campo em ação

Desenvolver a sensibilidade para o campo – para a maneira como a harmonia emerge do caos. A perspectiva de campo ajuda os gestalt-terapeutas a estarem, inicialmente, *aware* do *self* do campo. Essa perspectiva permite a *awareness* dos padrões de um todo maior funcionando, padrões de homeostase, polarização e crescimento. Como mencionado anteriormente, a explicação desses padrões estão de acordo com as dinâmicas nas fronteiras de contato (GAFFNEY, 2006), o espaço vital de Lewin, o ciclo de experiência (WOLDT & TOMAN, 2005), a sequência (PERLS; HEFFERLINE & GOODMAN, 1951) e, por fim, o episódio do contato (POLSTER & POLSTER, 1973). Basicamente, todos esses são mapas para revelar os harmônicos subjacentes ao caos aparente desses agregados.

Além disso, no fundo de um campo organismo-ambiente há uma ordem implicada, seja a de um indivíduo, de um casal, de um grupo ou de uma comunidade, que está disponível para tornar-se figural e ser revelada (BOHM & HILEY 1993; FRANCIS, 2005; O'NEILL, 2008). Os gestalt-terapeutas estão interessados nas duas ordens: a implicada e a explicada do campo. Em muitos aspectos, o trabalho do terapeuta é de estar *aware*, conectar-se e experimentar com o campo.

Princípio sete: dar lugar para a criação emergente

A criatividade tem recebido atenção em gestalt-terapia (ZINKER, 1994); no entanto, como acontece com outros conceitos, a definição de criatividade nem sempre se apresenta de forma consistente com a perspectiva de campo e, por vezes, assemelha-se mais a uma síntese com outras disciplinas e práticas. Esse fato resultou na noção de "cocriação" do campo ou da realidade, pelos indivíduos que a integram, isto é, uma díade ou um grupo.

Criatividade, no entanto, é uma característica emergente do campo, em vez de uma amálgama de suas partes. A criação não vem de cada indivíduo, nem da soma ou cocriação de indivíduos juntos. É uma propriedade emergente do campo em movimento e depende da sua forma de funcionamento, incluindo todas as suas partes. A criatividade é a natureza geradora do campo, que precisa de cada ato criativo para se expandir até um certo nível.

Gostaríamos de propor que a criação emergente representa a ação criativa do todo maior e, por isso, é diferente e merece mais destaque do que a soma das criações de cada parte. Um bom exemplo disso foi visto no estudo de caso, no aparecimento da figura das luvas.

A explicação mais parcimoniosa para essa figura das luvas requer um campo para estar em existência e que seja formado por terapeuta e cliente, ligados por sua operação em essência, uma ligação "sem fio", em vez de uma interação de contatos e formações de figuras separadas. Essa foi uma criação que emergiu do campo e sobreveio da ação individual de seus membros[4].

Uma figura mais cocriada foi a dos três amantes que se tornaram um. Poderíamos dizer que o terapeuta tinha sido "afetado" pela formação da figura da cliente enquanto falava a respeito de seus amantes. Por isso, a figura foi uma linguagem do terapeuta para descrever a sua própria experiência com o cliente.

Da mesma forma, o impacto das olhadas da cliente sobre o terapeuta pertencia à cliente (as olhadas) e ao terapeuta (a reação às olhadas); segundo por ligações explícitas e compartilhadas, que podem ser verbalizadas como "cocriação".

---

4. Cf. discussões de superveniência em outras partes deste volume [N.E.].

No entanto, o ato de partilhar a ideia da luva, que tornou-se repetitivamente figural para o terapeuta e recusou-se a ir embora, não tinha uma conexão explícita com a cliente, com a sua história ou com o significado de atribuição que surgiu. Evidentemente, não houve uma cocriação, no sentido em que os três amantes e as olhadas o foram. Essa foi uma figura que emergiu do campo da realidade implícita (ou ordem implicada) cliente-terapeuta e, assim, serve para discriminá-la das outras criações que são mais explicitamente cocriadas. Gostaríamos de chamá-la criação emergente, uma vez que é criada e emerge da ordem implicada do campo.

O trabalho do terapeuta

O trabalho do terapeuta consiste em atentar e estar *aware* da maneira como o cliente e a terapeuta lidam com essas realidades implícitas, perceber particularmente a forma como se manifestam internamente na experiência proprioceptiva, nas imagens e na formação figura-fundo que se desenvolvem para cada um deles. Quando uma pessoa começa a sentir o campo, uma identidade influencia a díade da terapia – *como um self*. Alguém pode ver, por exemplo, como as pessoas refletem sobre sua participação mútua, dizendo coisas como: "*Nós dois* estamos surpresos que uma imagem simples de uma luva possa significar tanto!" Essa sabedoria pode fazer alguém começar a entender que existem duas "realidades" em jogo – uma está muito evidente às capacidades perceptuais das duas pessoas em questão e outra realidade, a mais sutil, é o *self* da díade na terapia. Contemplando isso, começa-se a compreender que, embora o *self* da díade não seja uma realidade visível, no entanto, é real.

Uma consequência da adoção dessa perspectiva de campo revela que, para um método fenomenológico ser consistente, o terapeuta precisa observar a própria experiência no campo cliente-terapeuta e autorrevelá-la como um aspecto da experiência do *self* da díade. Para o terapeuta é preferível fazer isso do que apenas observar as ações do cliente.

A agulha da bússola de experiência proprioceptiva, imagens e formação figura-fundo externa pode ser o guia para o terapeuta nesse cenário mais íntimo de trabalho individual com a terapia de campo. O trabalho, portanto, precisa dessa capacidade de estar *aware*, atentar para algo e experimentar essas figuras ricas que se apresentam. Vimos isso com o estudo de caso, quando os três amantes tornaram-se um, quando o terapeuta compartilhou sua *awareness* das olhadas da cliente e o significado disso, quando compartilhou a intimidade da figura das luvas, que era tão forte para o terapeuta como apresentava uma ime-diação significativa e transformadora para a cliente.

Imaginamos quatro modos de ser, praticados por gestalt-terapeutas, que são indicadores de que estão operando a partir de uma perspectiva de campo.

Ser sensível ao campo

Ser sensível ao campo requer o desenvolvimento da sensibilidade con-textual, o que alguns podem denominar como uma capacidade poética de ver e ouvir, sentir, saborear e cheirar a essência de uma pessoa. Na prática, a abor-dagem sensível de campo é uma prática que o terapeuta atende a qualquer coi-sa que se torna um evento figural, embora possa não parecer à primeira vista organizada ou significativa. Esse aspecto difere do método fenomenológico, usado pelo terapeuta para colocar entre parênteses as suposições e teorias sobre o que é ou o que não é significante em qualquer coisa que surja entre o terapeuta e o cliente, em vez de apenas observar a experiência do cliente. O trabalho do terapeuta consiste em, portanto, confiar no processo, sabendo que os padrões vão emergir. Essa prática também é para aprender a não "forçar" um padrão ou significado, nem tentar resolvê-los analítica ou cognitivamente, mas deixar o sentido emergir do campo e dentro de um diálogo com um clien-te. O norteador desse trabalho é a formação figura-fundo do cliente, terapeuta e outros *selves*. No espaço da vida descobrimos um significado que orienta a pessoa a organizar seu mundo; assim, as necessidades implícitas e instintos tornam-se compreensíveis.

O terapeuta busca a elaboração do campo e as figuras que emergem, a partir de um processo de escolha de um significado em oposição a outro, para explorar a nossa *awareness* proprioceptiva e as imagens, e também identificar a *awareness* que emerge de um espaço individual ou diádico.

Ter compreensão do campo

Gestalt-terapeutas compreendem que na terapia é possível lidar com um campo amplo de influências e ligações; por isso mantêm uma receptividade fluente para possíveis redes de trabalho de pessoas, eventos e situações. Ter compreensão do campo significa dar relevância a cada evento, não aleatoriamente, mas de forma ordenada, bem como procurar tornar explícita essa ordem pela investigação e experimentação. Dessa maneira, o gestalt-terapeuta é um pesquisador constantemente em ação, descobrindo o significado e as conexões feitas pelo cliente.

A compreensão do campo também significa uma apreciação relativista da sua realidade; a pessoa terá sempre uma visão relativa disso porque é uma parte do campo. Desse modo, os gestalt-terapeutas aceitam que, mesmo a sua visão sendo a correta, há espaço para o outro ponto de vista como parte da compreensão de uma realidade mais ampla. Isso não significa que a pessoa deve abandonar seu ponto de vista, mas sim dar-se conta de que existem mais ou diferentes pontos de vista mantidos por outros. Como Parlett escreveu, há uma vontade de tratar (e investigar) a natureza organizada, interligada, interdependente e interativa dos fenômenos complexos dos seres humanos (PARLETT, 2005).

Ser influente no campo

Ser influente no campo significa apresentar intenções com o campo e saber como a mudança de elementos no campo o afeta. A prática desse processo deve estar presente na investigação dos gestalt-terapeutas sobre os contatos que a pessoa experiencia no momento presente, se estão em processo de autodefinição ou em plena mudança quando o contexto também muda. Ser influente no campo se encaixa perfeitamente com a liberdade experimental[5]; isso ajuda a experimentação e a investigação de detalhes, como: "O que aconteceria se o contexto fosse mudar, de que forma o *self* pode mudar?" Além disso, essa influência se manifesta na exploração de situações por questões do processo, por exemplo, "o quê" e "como", quais são as dimensões do processo, como fazer, sentir, querer, imaginar ou evitar. O terapeuta pode buscar o diálogo a partir de aspectos ou temas que apareçam no trabalho, como no estudo de caso, quando perguntou a respeito dos amantes serem semelhantes ou quando a imagem da luva foi compartilhada. Os princípios da exageração/inversão e repetição/reformulação, dos quais as figuras emergem, orientam esse princípio (bem como a exploração de polaridades aparentes).

---

5. Cf. a discussão sobre a liberdade de experimentação por Junkyu Kim e Victor Daniels no capítulo 10, neste volume.

Estar presente no campo

Em última análise, uma perspectiva de campo que está envolvida na prática da psicoterapia dialógica torna-se também uma prática, na perspectiva de campo. Quando o gestalt-terapeuta trabalha dialogicamente[6], sendo guiado por aspectos tradicionais de presença, inclusão e compromisso ao diálogo, existe a prática adicional de investigar e explorar o "nós" da díade terapeuta-cliente.

Na perspectiva de campo, o terapeuta e cliente podem explorar dialogicamente as experiências, nas quais um mais um é igual a três e o todo é mais do que a soma das partes, assim como na experiência com a luva. A prática de estar atento a um todo maior que existe e se manifesta em terapia é algo sutil, mas é a chave fundamental que define a perspectiva de campo na prática e acrescenta uma dimensão à abordagem gestáltica.

Conclusão

A apresentação da perspectiva do campo na gestalt-terapia proporciona um espaço conceitual significativo para começar a investigação. Como existem diferenças sutis e as não tão sutis, a perspectiva de campo da gestalt-terapia e os conceitos contextuais de outras abordagens auxiliam o trabalho do pesquisador para começar a delinear e testar vários tipos de hipótese. Existe, por exemplo, qualquer validade de construto associado a esse termo sugerido: "perspectiva de campo?" (ou ainda, com o construto do "o *self* da díade?"). Existem associações consilientes para serem feitas entre a perspectiva de campo em gestalt--terapia e o conceito do "coletivo" em sociologia, o campo de força da física, o sistema em dinâmica do grupo bem como a terapia familiar; há uma fundamentação suficiente que discrimine os termos "espaço vital", "campo organismo--ambiente" e "perspectiva de campo" para afirmar que são construtos distintos?

Enquanto não há muitos aspectos em comum entre gestalt-terapia e outras abordagens semelhantes, como a Teoria de Sistemas, as abordagens lewinianas de grupo e terapia dialógica, há também diferenças sutis que tentamos delinear neste capítulo. Quais são os efeitos para enfatizar a perspectiva de campo, em vez de uma abordagem de sistemas? O quanto os clientes estão

---

6. Cf. a discussão do Gary Yontef e da Talia Levine Bar-Yoseph sobre a relação dialógica no capítulo 9, neste volume [N.E.].

satisfeitos e, desse modo, o quanto a gestalt-terapia é eficaz quando vista como significativamente um campo teórico?

É importante que, nessa modalidade criativa como a gestalt-terapia, as diferenças estilísticas sejam apoiadas e acolhidas. Basicamente, esse é o princípio da citação famosa de Laura Perls: para cada gestalt-terapeuta há uma gestalt-terapia (PERLS, L., 1992). Ao mesmo tempo, para a ética da nossa prática na formação e em pesquisa, é necessário que os princípios fundamentais que nos guiam sejam enunciados. Dessa forma, nosso trabalho como gestalt-terapeutas, por mais que seja diferente em estilo, possui como guia uma clara Teoria de Prática.

Referências

BOHM, D. & HILEY, B.J. (1993). *The undivided universe*. Londres: Routledge.

COOK, W. & KENNY, D. (2005). "The actor-partner interdependence model: A model of bi-directional effects in developmental studies". *International Journal of Behavioral Development*, 29 (2), p. 101-109.

FAGAN, J. & SHEPHERD, I.L. (1970). "The tasks of the therapist". In: FAGAN, J. & SHEPHERD, E. (orgs.). *Gestalt-therapy*. Palo Alto: Science and Behavior Books [No Brasil, traduzido sob o título: *Gestalt-terapia*: teoria, técnicas e aplicações. Rio de Janeiro: Zahar, 1980].

FRANCIS, T. (2005). "Working with the field". *British Gestalt Journal*, 14 (1), p. 26-33.

GAFFNEY, S. (no prelo). "Gestalt group supervision in a divided society". *British Gestalt Journal*, [s.n.], [s.p.].

_____ (2006). "Gestalt with groups – a developmental perspective". *Gestalt Journal Australia and New Zealand*, 2/2.

GOLD, M. (1990). "Two 'field theories'". In: WHEELAN, S.; PEPITONE, E. & ABT, V. (orgs.). *Advances in field theory*. Londres: Sage.

HYCNER, R.H. (1993). *Between person and person*: Towards a dialogical psychotherapy. Highland: Gestalt Journal Press.

KENNY, D. (1995). "The effect of nonindependence on significance testing in dyadic research". *Personal Relationships*, 2 (1), p. 67-75.

KENNY, D.; KASHY, D. & COOK, W. (2006). *Dyadic data analysis*. Nova York/Londres: The Guilford Press.

LATNER, J. (2008). "Commentary I: Relativistic quantum field theory: Implications for gestalt therapy". *Gestalt Review*, 12 (1), p. 24-31.

_____ (1983). "This is the speed of light: Field and systems theory in gestalt therapy". *The Gestalt Journal*, 6 (2), p. 71-90.

LEWIN, K. (1964). *Field Theory in Social Science*: Selected Papers. Nova York: Dorwin Cartwright [Originalmente publicado em 1951 por Harper & Brothers – No Brasil, traduzido sob o título: *Teoria de Campo em Ciência Social*. São Paulo: Pioneira, 1965].

_____ (1951). *Field theory in Social Science*. Chicago: University of Chicago Press.

_____ (1936). *Principles of topological psychology*. Nova York: McGraw-Hill [No Brasil, traduzido sob o título: *Princípios de psicologia topológica*. São Paulo: Cultrix, 1973].

MARROW, A.J. (1969). *The practical theorist* – The life and work of Kurt Lewin. Nova York: Basic Books.

O'NEILL, B. (2008). "Relativistic quantum field theory: Implications for gestalt therapy". *Gestalt Review*, 12 (1), p. 7-23.

PARLETT, M. (2005). "Contemporary gestalt therapy: field theory". In: WOLDT, A. & TOMAN, S. (orgs.). *Gestalt therapy, history, theory, and practice*. Thousand Oaks/Londres/Nova Deli: Sage Publications, p. 41-63.

_____ (1997). "The unified field in practice". *Gestalt Review*, 1 (1), p. 16-33.

_____ (1993). "Towards a more Lewinian gestalt therapy". *British Gestalt Journal*, 2 (2), p. 115-121.

_____ (1991). "Reflections on Field Theory". *British Gestalt Journal*, 1 (2).

PATNOE, S. (1988). *A narrative history of experiential social psychology*. Berlim: Springer.

PERLS, F.; HEFFERLINE, R. & GOODMAN, P. (1984). *Gestalt-therapy*: Excitement and growth in the human personality. Londres: Souvenir Press [No Brasil, traduzido sob o título: *Gestalt-terapia*. 2. ed. São Paulo: Summus, 1997].

PERLS, L. (1992). *Living at the boundary*. Highland: Gestalt Journal Press.

POLSTER, E. & POLSTER, M. (1999). *From the radical center*: The heart of gestalt therapy. Cleveland: GIC.

_____ (1973). *Gestalt therapy integrated*: Contours of theory and practice. Nova York: Brunner-Mazel [No Brasil, traduzido sob o título: *Gestalt-terapia integrada*. Belo Horizonte: Interlivros, 1979].

SHELDRAKE, R. (2003). *The Sense of Being Stared At and other aspects of the Extended Mind*. Londres: Random House.

SMUTS, J. (1926) [Editado por HOLST, S. (1999)]. *Holism and Evolution*: The Original Source of the Holistic Approach to Life. [Calif.]: Sierra Sunrise Books.

STAEMMLER, F. (2006). "A Babylonian confusion? – The term 'field'". *British Gestalt Journal*, 15 (1).

WERTHEIMER, M. (1925). "Gestalt theory". In: ELLIS, W. (org.) (1938/1997). *A source book of gestalt psychology*. Highland: The Gestalt Journal Press.

WHEELER, G. (1991). *Gestalt reconsidered*: A new approach to contact and resistance. Cleveland: GIC.

WOLDT, A. & TOMAN, S. (orgs.). *Gestalt therapy, history, theory, and practice*. Thousand Oaks/Londres/Nova Deli: Sage.

YONTEF, G. (1993). *Awareness, dialogue and process*: Essays of gestalt therapy. Highland: The Gestalt Journal Press [No Brasil, traduzido sob o título: *Processo, diálogo e* awareness. São Paulo: Summus, 1998].

ZINKER, J. (1994). *In search of good form*: Gestalt therapy with couples and families. São Francisco: Jossey-Bass [No Brasil, traduzido sob o título: *A busca da elegância em psicoterapia*. São Paulo: Summus, 2001].

12
Uma prática unificada

Gary Yontef
Peter Philippson

*Primeiramente, um todo consiste em algo
formado por partes que possuem as características do todo; em segundo lugar, coisas
que, juntas, formam um outro elemento.
E esse é o caso de uma forma com duas
vertentes; é por isso ou de tal maneira que
cada uma delas pode ser apenas um, ou que
uma coisa pode surgir a partir das outras já
existentes.*
Aristóteles

A gestalt-terapia tem o objetivo de usar, de forma criativa, a experimentação fenomenológica em uma relação dialógica, que aborda os processos
relacionais duradouros ou repetitivos do cliente à medida que acontecem no
momento presente. Essas situações podem apoiar a pessoa em seus valores e
responsabilidades, bem como servir de defesa às limitações com base em experiências difíceis que não foram previamente apoiadas como deveriam.

Cada momento na gestalt-terapia é considerado um ato criativo de contato e focagem fenomenológica e experimentação, em que podem ser exploradas
as duas polaridades da pessoa autônoma que perduram por vários contextos e
da pessoa autoatualizada, que é recriada a cada momento. Como o objetivo é
chamar atenção para as áreas de fixidez defensiva, a terapia não pode aspirar a
um resultado fixo ou predefinido. Em vez disso, a gestalt-terapia se organiza em
torno da exploração e do diálogo no presente momento, sendo conduzida por
profissionais para identificar, apoiar e criar um sentido do que emerge espontaneamente desse trabalho fenomenológico e relacional. A cada momento, uma
nova figura emerge, possibilitando uma capacidade ampla e mais flexível de se
envolver com o mundo. A gestalt-terapia demonstra que a organização em torno
do que emerge espontaneamente do trabalho fenomenológico e dialógico, em

vez de um procedimento predefininido, resulta em um resultado mais positivo e robusto com benefícios que continuam após a terapia e conseguem afetar outras áreas além daquelas originalmente visadas (YONTEF & JACOBS, 2007).

Técnicas da gestalt-terapia

Em cada momento, a teoria exige um contato dialógico como parte do desenvolvimento do processo de uma relação terapêutica e à exploração da *awareness* (capítulo 9, neste livro). O modo de trabalhar juntos e o crescimento emergente são importantes na gestalt-terapia, mas a escolha de uma técnica em particular não é. Não há nenhum algoritmo definido, manual ou livro de receitas das técnicas indicadas nessa abordagem. Embora existam as chamadas "técnicas gestálticas" bem conhecidas, isso é enganoso. Experimentos (capítulo 10, neste livro) são criados na gestalt-terapia e depois compartilhados *com* outros terapeutas e outros sistemas; assim como os gestalt-terapeutas tomam emprestadas as ideias, as técnicas e o conhecimento *dos* outros sistemas (a técnica da "cadeira vazia", p. ex., dizem que foi importada do psicodrama). Qualquer técnica pode ser uma "técnica gestáltica", mas aquela que for identificada com a gestalt-terapia e utilizada de outra forma que não seja a da experimentação fenomenológica e do diálogo não é considerada uma "técnica de gestalt-terapia".

Essa abordagem fundamenta-se na pesquisa sobre evidência baseada nas relações (NORCROSS, 2001, 2002), mas é difícil conciliá-la com a pesquisa baseada na técnica de Ensaios Clínicos Randomizados (Random Controlled Trials – RCT) (YONTEF & JACOBS, 2007). Na gestalt-terapia são usadas quaisquer técnicas, desde que possam ser aplicadas no método fenomenológico para a situação clínica de forma relacional.

Enquanto a atenção é voltada para os efeitos do passado e das esperanças, para os planos do futuro e os receios do futuro, o gestalt-terapeuta organiza a sua exploração em torno do momento presente, quando essas lembranças, esperanças e medos são experienciados. Nos termos da Teoria de Campo, tudo o que tem efeito está presente no campo contemporâneo.

Diálogo e fenomenologia

Embora os sistemas de linguagem da fenomenologia (capítulos 1 e 8, neste livro), do existencialismo dialógico (capítulo 9, neste livro) e da Teoria de Campo (capítulo 11, neste livro; PARLETT, 1993, 1997; YONTEF, 1993) sejam diferentes, os princípios fundamentam-se em questões próximas. O ponto de vista integrativo, nesse sentido, não recebe o estudo necessário; por isso será um assunto deste capítulo.

A gestalt integra a focagem e a experimentação fenomenológicas em uma matriz de uma relação terapêutico-dialógica. Cada momento na terapia é uma unidade da relação e, também, é um procedimento técnico. O terapeuta começa por uma expansão de sua *awareness* para atender ao cliente. Isso significa que o terapeuta começa a estar *aware*, tanto quanto possível, do nível de *awareness* do cliente e, simultaneamente, observar e experienciar concretamente os fatos. Note que, na gestalt-terapia, distinguimos o que é concretamente observado ou experienciado do significado inferido ou da "interpretação". Essa distinção é fundamental para a teoria e a prática da gestalt-terapia. Na linguagem fenomenológica, isso começa com o primeiro dado da *awareness* do cliente. Nos termos dialógicos, essa é a prática da inclusão e da presença. Presença significa observar o impacto do contato terapêutico sobre si mesmo, bem como o impacto sobre o cliente, uma vez que a Teoria de Campo e as pesquisas neurológicas (cf. a seguir) dizem-nos que o impacto tanto de um como do outro não podem permanecer separados.

Embora as observações concretas sejam interpretadas como uma construção entre o observador e o observado, mesmo no sentido fenomenológico (SPINELLI, 2005), é possível verificá-las consensualmente por serem de experiência direta, isto é, em comparação com a teoria conduzida por imposições cognitivas. Por exemplo, pode-se observar um aumento súbito da tensão quando um determinado assunto surge, mas a explicação de que a tensão significa raiva, atribui uma interpretação do fato e não um significado proveniente apenas dos dados observados, da focagem fenomenológica ou do próprio relato do cliente.

Uma exploração fenomenológica tenta refinar a *awareness* do cliente e do terapeuta, isto é, ajuda-os a identificar, mais claramente e sem interferências, o sentir real da experiência para distingui-lo do "sedimento", por exemplo; assim, estabelecemos expectativas e suposições. O contato dialógico pode ser caracterizado como um encontro, no qual as perspectivas fenomenológicas de ambas as partes envolvidas são respeitadas e compartilhadas, esclarecendo a "realidade" vivida por ambas as partes. Esse diálogo resulta em uma compreensão mais profunda de si e do outro, e também da maneira como podemos bloqueá-la.

O método fenomenológico pressupõe que um cliente sinta-se mais compreendido pelo trabalho atento de focalização e experimentação, em vez de uma abordagem mais "objetiva". Pode-se dizer que "mais elementos são revelados". Mais são revelados (e criados) ficando continuamente com a figura da *awareness*. Esse pressuposto é similar ao do contato dialógico, ou seja, quando uma exploração mútua entre as partes resulta em alguma coisa emergente que não seja um "conhecimento" predefinido pelo cliente ou terapeuta, mas algo decorrente da entrega ao diálogo.

A gestalt-terapia segue as crenças de John Dewey de que a teoria está a serviço da ação. A Teoria da Gestalt-terapia fornece fundamentos essenciais para determinado tipo de ações na situação terapêutica. A ação a partir da teoria fenomenológica e dialógica, em gestalt-terapia, inclui psicoterapia e trabalho com sistemas maiores. No entanto, neste capítulo, vamos nos concentrar mais propriamente nas tarefas de psicoterapia, e não nas outras situações em que a filosofia da gestalt-terapia é aplicada.

Criatividade clínica e disciplina

Embora nessa abordagem unificada o terapeuta e o cliente sejam mais encorajados para usarem a criatividade no trabalho de terapia do que seguir um conjunto de algoritmo ou manual, as perspectivas fenomenológica e dialógica precisam focar as tarefas específicas que são relevantes para o cliente em particular. Isso inclui a disciplina apropriada ao contexto e às necessidades do cliente nesse contexto. O trabalho exato depende do cenário, a demanda que se apresenta, a quantidade de tempo disponível, a experiência de fundo do cliente etc. Na clínica privada, isso pode significar uma psicoterapia intensiva e a longo prazo. Em outros momentos, representa apenas seis sessões de terapia individual, uma terapia de grupo, uma terapia de casal ou de família, e assim por diante. O gestalt-terapeuta, em todos os contextos e modalidades de trabalho, leva em conta a ética, o conhecimento e a utilização da metodologia terapêutica básica, o conhecimento profissional, bem como os requisitos e as limitações contextuais; além disso, deve considerar a qualidade dos pontos fortes e fracos dos clientes, o apoio que eles têm em suas vidas e o nível de *awareness* dos temas relacionais que são centrais e contínuos.

Um modo adequado de testar a eficácia da gestalt-terapia leva em conta todos esses requisitos citados. Frequentemente, a pesquisa em psicoterapia focaliza a técnica e omite a matriz relacional. Essas pesquisas, isto é, as supostas "técnicas de gestalt-terapia", por se concentrarem na técnica e não na relação, interpretam mal o trabalho da gestalt-terapia, e os dados resultantes não confirmam nem invalidam a eficácia do trabalho como um todo. Assim, a maioria das pesquisas de RCT perde a ideia da gestalt-terapia. A teoria e a prática atual dessa abordagem são muito mais complexas do que a maioria das sinopses, descrições e pesquisas que sacrificam complexidade para precisão metodológica e controle[1]. Uma pesquisa sobre relações empiricamente validadas e uma pesquisa de resultados com base em mensurações de bem-estar ou sofrimento são mais pertinentes à Teoria da Gestalt-terapia.

Resumo

A unidade da prática da gestalt-terapia é frequentemente perdida, ignorada, simplificada demais ou muito distorcida, tanto por gestalt-terapeutas como por terapeutas não gestálticos (p. ex., escritores de livros didáticos, pesquisadores e professores). Não só existe uma integração de relação e técnica na metodologia, como também existe uma enorme gama de estilos e intervenções que, muitas vezes, não é incluída nas descrições simplificadas escritas por essas pessoas. Nesse caso, a gestalt-terapia pode ser interpretada como uma miscelânea de técnicas (YONTEF & JACOBS, 2007). No entanto, é evidente que a diversidade de intervenções é semelhante à prática da gestalt-terapia (cf. sobre criatividade).

A consiliência dos conceitos das diversas filosofias que fundamentam o sistema da gestalt-terapia é um assunto pouco discutido, mas será abordado neste capítulo. Os sistemas de linguagem da fenomenologia, existencialismo dialógico e Teoria de Campo, que subjazem a teoria e a prática da gestalt-terapia, possuem diferenças que podem obscurecer a unidade da prática da gestalt-terapia pela variação de estilos e intervenções.

---

1. Cf. a discussão em Yontef e Jacobs, 2007, p. 255-258.

Os princípios da gestalt-terapia formam uma unidade no processo do trabalho. É impossível reconhecer a eficácia da gestalt-terapia ao examinar ou medir qualquer uma das várias maneiras de trabalhar com essa abordagem ou observar um aspecto, por exemplo, a técnica, de forma isolada do todo.

Valores fundamentais para a prática integrada da gestalt-terapia

A gestalt-terapia baseia-se na apreciação dos valores da complexidade, contemporaneidade, emergência e criatividade.

Complexidade

A gestalt-terapia tenta capturar a complexidade da vida humana e ir além do reducionismo do positivismo simplista. Esse posicionamento está de acordo com a base filosófica pós-cartesiana, que deu origem à gestalt-terapia, bem como à Teoria de Campo, o existencialismo dialógico, a fenomenologia existencial, a psicologia gestáltica e o pragmatismo. A gestalt-terapia é uma abordagem pioneira com 60 anos de colaboração em psicoterapia, apresenta uma visão alternativa holística ao pensamento newtoniano, positivista e baseada na causalidade linear.

No modelo positivista, A precede B; A causa B. O motivo dessa causa era singular e unidirecional. Nesse modelo era "óbvio" o que veio antes e o que veio depois, e o anterior era considerado a causa do outro (PARLETT, 1993, 1997; YONTEF, 1993). Além disso, havia uma suposição de que as partes somavam-se para constituir o todo. O estímulo precedia a resposta, mas isso foi invalidado em 1896 por John Dewey (DEWEY, 1896).

Uma das áreas de complexidade do campo que a conceitualização linear e positivista não apreendeu é a conexão entre o organismo, o ambiente e o circundante ambiental do *self* e do outro. No ponto de vista tradicional, indivíduos separados e isolados juntam-se; dessa forma, as variáveis da relação são, então, contribuintes, como se as partes apenas se juntassem e formassem um todo. Na visão da gestalt-terapia, a pessoa ou o senso do *self* são aceitos apenas como parte de um campo fenomenológico e de um campo ontológico. Como Perls (1978) indicou, se não houvesse o outro, não haveria o *self*; como existem diferenças, a relação do *self*-outro pode ser configurada de muitas maneiras. A forma como experiencio a mim mesmo e como experiencio o outro não pode ser separada, sempre exploramos uma cocriação do *self*-outro.

O modelo clássico de causalidade linear é simples demais para suportar a complexidade inerente ao trabalho da gestalt-terapia sobre a integração das polaridades: terapeuta/cliente, relação/técnica, corpo/mente, complexidade/ simplicidade, repetição (cliente e terapeuta)/criatividade, passado (ou futuro)/ presente emergente.

A abordagem de campo na gestalt-terapia inclui uma gama ampla de variáveis, tanto na teoria como na ação; por exemplo, o afeto, a cognição, o corpo, os interesses espirituais/éticos, as interações sociais, as interações em grandes grupos, os sistemas e a sociedade/cultura como um todo. Todos esses níveis e dimensões são parte da complexidade da gestalt-terapia.

A gestalt-terapia acredita, desde o início, na natureza integrada e relacional da mente/corpo; no entanto, só agora pesquisas recentes da neuropsicologia confirmam essa teoria; confira, por exemplo, Damasio (1999), Stern (1985, 2004), Schore (2003), Ramachandran (1999) e Cozolino (2002). Segundo Stern (2004: 77-78), observamos:

> A ideia de uma psicologia da pessoa ou de fenômenos puramente intrapsíquicos não é mais sustentável sob essa luz... Costumávamos pensar a intersubjetividade como uma espécie de epifenômeno que surge ocasionalmente, quando duas mentes separadas e independentes interagem. Agora vemos a matriz intersubjetiva... como o crisol predominante, no qual as mentes em interação assumem suas formas atuais. Duas mentes criam a intersubjetividade. Todavia, igualmente, a intersubjetividade molda as duas mentes.

Na nova teoria e prática, a gestalt-terapia inclui também, na *awareness*, as variáveis contextuais e históricas – poderosas na organização do campo fenomenológico –, mas são previamente mantidas no fundo da *awareness*, não permanecem como figuras.

Na Teoria de Campo, que fundamenta a prática da gestalt, os fenômenos são sempre determinados por múltiplos fatores, e o todo do campo estudado representa algo superior à soma das partes. Assim, as "estruturas" são realmente relações ou processos, que sofrem mudanças ao longo do tempo. Não há uma massa simples e reificada, nem uma existência absoluta; tudo é relativo e muda ao longo do tempo. Nessa perspectiva, não tem sentido algum falar de qualquer pessoa ou evento como separado dos processos que acontecem no momento: os processos físicos, a situação social, política e cultural, as intenções da pessoa, tudo isso está em pleno processo de interação e cruzamento. As afirmações significativas devem incluir não só o comportamento, o sentimento ou o pensamento, mas também o tempo e o lugar em que acontecem esses processos. Esperamos, realmente, que o mesmo cliente seja visto de forma diferente por diferentes psicoterapeutas em contextos diferentes ou em tempos diferentes.

A capacidade e a insistência da Teoria da Gestalt-terapia em apoiar o pensamento complexo ajudam o gestalt-terapeuta a orientar-se para a complexidade do espaço vital do cliente e da situação terapêutica. Além disso, colabora com o cliente, pois o ajuda a adquirir ferramentas para compreender a complexidade de sua própria vida, inclusive os conflitos internos (inseparáveis daquela complexidade). Assim, na prática da gestalt-terapia o foco está na mente, no corpo e nas variáveis socioculturais. Não existem indivíduos isolados, há apenas a interação complexa de pessoas com interesse no que está emergindo – e há sempre algo emergindo.

A gestalt-terapia trata todos os fenômenos como se fossem organizados pela relação das forças múltiplas que mudam ao longo do tempo. Essa posição não é apenas consistente com a Teoria de Campo, mas também com o existencialismo dialógico. Na gestalt-terapia não nos orientamos pelas interpretações de uma pessoa, separada dos campos fenomenológico e ontológico em que vive a cada momento (e na passagem de vários momentos). O ponto de vista clássico de estudar indivíduos isolados, o pensamento de uma pessoa e, em seguida, incluir a interação ou as variáveis ambientais é simplista. O diálogo é rico, mas não é simples. O pensamento de campo teórico é a melhor base para a complexidade da vida humana; pesquisas neurológicas mais recentes deixam isso claro (RIZZOLATTI & CRAIGHERO, 2004).

Outra complicação é que não há correspondência simples entre uma apresentação clínica e uma técnica particular. A escolha da intervenção é determinada pela consideração de um conjunto complexo de fatores. Existem os fatores da organização caracterológica e as preferências pessoais do cliente, que incluem (mas não se limitam) a motivação do cliente, os temas permanentes, os pontos fortes e fracos, e assim por diante. Existem fatores culturais que se manifestam e devem ser considerados. Existem os fatores das preferências e do estilo do gestalt-terapeuta em particular. Existem fatores relativos ao contexto clínico, por exemplo, a limitação do número de sessões. Existem fatores de apoio a um trabalho mais intensivo ou à necessidade de limitar a intervenção. Existem fatores sobre a experiência passada em terapia, por exemplo, o que funcionou e não deu certo para um cliente em particular. Há também a complicação das intervenções organizadas em torno de uma abordagem criativa do terapeuta ou do cliente. Logo, as intervenções são uma função do contexto ou do campo complexo cliente-terapeuta.

O pensamento fenomenológico em si é exigente. Qualquer pessoa ao ler a literatura da fenomenologia observa sua complexidade. As questões epistemológicas e ontológicas são densas e multifacetadas. A crença em múltiplas realidades válidas, o movimento do pensamento sedimentado ao pensamento fenomenologicamente refinado e assim por diante são complexos. Alcançar o *insight* por meio da focagem fenomenológica é mais difícil do que simplesmente direcionar a mudança de comportamento ou o sistema de duas linguagens da psicanálise clássica. No entanto, oferece a possibilidade de deixar os clientes com uma sensação de que são ativos agentes nas mudanças que estão fazendo, em vez de se rotularem como recipientes de um procedimento.

Contemporaneidade

A prática da gestalt-terapia é organizada em torno da plenitude do momento presente. Mas como pode ser fiel a essa orientação do momento atual e, ainda, alegar ser holística e complexa? Como pode permanecer no momento e, ainda, apreender a complexidade das circunstâncias da vida, observar a história de desenvolvimento, trabalhar com o corpo, estudar o processo interpessoal, e assim por diante? Como a gestalt-terapia pode ficar no momento e ainda insistir que o conhecimento profissional informa a prática?

O princípio da contemporaneidade afirma que qualquer coisa que tenha efeito está presente no campo contemporâneo de alguma maneira (capítulo 11, deste livro; PARLETT, 1993, 1997; STERN, 2004; YONTEF, 1993). O impacto do passado sobre o presente não é uma "ação a distância", mas faz parte do processo do corpo (como corrigir postura, definir o ponto no processo cerebral, e as vias cerebrais bem-ensaiadas etc.), bem como está inserido na memória, em imagens do eu e do mundo etc. O impacto do futuro no presente encontra-se nas expectativas de uma pessoa, suas intenções e desejos, suas esperanças, seus medos etc. O momento presente é um holograma do todo.

O momento presente também é dinâmico, não é algo instantâneo. A *awareness* contemporânea se move de um momento, em que algo está surgindo, para outro momento em que algo está emergindo, e assim por diante. O passado está presente na memória, na memória corporal, nos padrões habituais de se relacionar, nas suposições sobre o eu, o outro e o mundo, bem como na renúncia por medo da repetição do passado, entro outros fatores. Assim, as questões centradas no presente podem incluir: "Por que essa memória agora? O que está sendo apoiado por esse padrão ou suposição?" A antecipação do futuro, seja por planejamento, sonho ou ruminação temerosa, acontece no presente. E esses eventos presentes são parte do que molda o momento seguinte. A ação é contemporânea, embora o foco e o conteúdo não sejam frequentemente sobre o presente.

Um princípio fundamental é a relação da parte com o todo. *Insight* é uma *awareness* nova de como as partes relacionam-se umas com as outras e com o todo (HEIDBREDER, 1933; YONTEF, 1993). Assim, cada momento não apenas liga o passado e o futuro, leva a uma nova *awareness*, mas é também um holograma dentro do padrão geral. Uma exploração a fundo de uma parte, por exemplo, um determinado momento, pode ilustrar um padrão mais global (STERN, 2004). O momento da interação entre cliente e terapeuta pode recapitular um padrão importante que marca a vida do cliente e, às vezes, causa problema em sua vida fora da sessão terapêutica. Assim, uma exploração profunda do momento dessa interação pode levar a um *insight* nos padrões fixos que se repetem na vida do cliente e a um significado claro para compreendermos por que o cliente se prende a esses padrões.

O foco em uma parte, isto é, a experiência em um momento no tempo, ganha significado a partir de sua relação com o todo. O aqui e agora da pessoa não é um momento isolado, mas sim uma figura formada de acordo com um fundo de um fluxo de processo muito mais amplo do que o indivíduo. O foco no momento refere-se a padrões de dimensões maiores. A interação no momento da terapia (incluindo, principalmente, a maneira como o cliente refere-se às ações do terapeuta) é, muitas vezes, uma repetição de temas fixos. O aqui e agora em um momento é uma janela para o todo, assim como outras partes ou momentos também fornecem uma janela para o todo. Em algumas sessões de grupo, o uso do princípio "agora", representando apenas as percepções mais imediatas, sem contar as memórias e os planos futuros, como uma compreensão mais simplista da contemporaneidade, não organizou a resposta do terapeuta como as intervenções aqui e agora conseguiram elucidar todo o processo.

O foco em um momento específico proporciona uma oportunidade de compreendê-lo no seu sentido mais amplo e de contrastar essa observação não só com uma compreensão superficial (STAEMMLER, 2002), mas também com interpretações prematuras e globalizadas. Os psicólogos da gestalt advertiram contra a possível formação do campo maior.

O alinhamento momentâneo das forças no campo, o momento de diálogo entre terapeuta e cliente, e o momento da focagem fenomenológica são essencialmente os mesmos, mas foram descritos de maneiras diferentes nos três sistemas de pensamento[2]. Os momentos de diálogo abordam a inclusão e a observação da experiência do cliente, a autêntica presença do terapeuta no momento e a entrega ao que emerge do diálogo contemporâneo. Isso requer a clareza da verdadeira experiência, daí a importância do método fenomenológico, que, na prática clínica, requer a interação dialógica e a *awareness* desse momento, do cliente e terapeuta. Tudo isso é possível com a visão dinâmica da Teoria de Campo e não com a causalidade linear dos positivistas lógicos.

Emergência

A ênfase na emergência decorre do princípio da contemporaneidade. Em uma terapia baseada na fenomenologia e no diálogo, que emerge do aqui e agora, se destaca por conta da fundamentação no contato/exploração. O resultado é considerado um sucesso quando a partir do diálogo e da exploração fenomenológica, é possível observar aspectos importantes (PHILIPPSON, 2001; PHILIPPSON, no prelo). Em contraste a esse posicionamento, as formas tradicionais de pensar a terapia, especialmente o modelo médico, estabelecem as metas no início e, em seguida, escolhem as intervenções para alcançar aquelas metas. Esse é o entendimento da maioria das pesquisas contemporâneas em

---

2. Refere-se aos comentários feitos no capítulo 1 a respeito da conciliação. A gestalt-terapia é uma unidade por causa da conciliação entre seus princípios teóricos principais: a Teoria de Campo, o diálogo, o método fenomenológico e o experimento [N.E.].

psicoterapia apoiadas pelo movimento para a prática baseada em evidências, especialmente o Ensaio Clínico Randomizado (RCT).

A mensuração de objetivos predefinidos em comparação com os resultados é inválida como um teste de eficácia da gestalt-terapia se não levar em conta a complexidade das mudanças que emergem da focagem fenomenológica e do diálogo. No caso de um cliente, o resultado pode ser positivo se ele vai trabalhar. Mas, para outro, o resultado positivo emergente consiste em deixar o trabalho para poder viajar e ficar longe de casa. Para diminuir os sintomas de depressão baseando-se na perspectiva holística da gestalt-terapia, seria necessário um aumento na qualidade de vida em geral, o aumento da *awareness* e uma redução tanto dos outros sintomas disfuncionais como dos sintomas depressivos que foram o alvo do trabalho. Normalmente, diminuindo a depressão pela gestalt-terapia, seria possível alcançar um efeito positivo sobre outros processos, como a ansiedade, a vergonha, a tristeza, a culpa, a relação com os outros significativos, bem como o desempenho no trabalho, a centragem espiritual, entre outros fatores tão importantes quanto. Por outro lado, a liberação da energia ligada a esses processos ajuda a aliviar a experiência da depressão. Medir a redução de sintomas depressivos numa lista fornece informação, mas não coloca o efeito holístico da gestalt-terapia como parte da pesquisa.

O foco no aqui e agora não é um foco em um momento estático, mas sim em algo emergindo da *awareness*, a cada momento, para todos participantes. O que emerge pode ser um comportamento novo ou a experiência de um afeto, um pensamento, uma associação, uma observação, um desejo ou um impulso criativo. O gestalt-terapeuta ajuda o cliente a reconhecer e focar no que está experienciando, orienta o cliente em como permanecer com a *awareness* enquanto acontece o seu desenvolvimento, orienta o cliente a explorar ou intensificar a *awareness* e até a expressão do que está emergindo, e explorar a ligação daquela experiência emergente para mudar com o que a precedeu. Além disso, é responsabilidade desse profissional também guiar como o cliente pode trabalhar com a questão entre as sessões e com os padrões recorrentes e significativos da *awareness* e/ou o seu comportamento.

Enquanto a *awareness* do cliente e/ou do terapeuta desenvolve, emerge e existe uma compreensão mais profunda ou mais ampla, há um processo constante de reformulação e reorganização dos aspectos observados em geral, para chegarmos ao próximo passo. Assim como os resultados da pesquisa levam a novas pesquisas, a *awareness* que emerge leva à mudança de foco para a exploração fenomenológica e ao contato dialógico.

Um cliente, por exemplo, apresentou uma queixa de perda de entusiasmo na vida, com foco especial em seu trabalho. A discussão na sessão inicial justificou claramente um diagnóstico de depressão, e a terapia poderia ter sido organizada em torno de sua cognização depressiva e as cognições de significados negadores. No entanto, como a experiência aqui e agora do cliente era o princípio organizador, e as sensações, sentimentos e pensamentos atuais entraram em consideração, as questões da vergonha tornaram-se mais centrais. Isso levou a trabalhar as crenças arraigadas sobre si mesmo, e os significados que o cliente fez automaticamente de questões, como o nível de sua renda. À medida que isso emergiu e o trabalho sobre vergonha desenvolveu-se, o foco deixou a questão anterior para a sua sensação de abandono por sua esposa e sua vergonha de não ser capaz de melhorar o seu relacionamento conjugal. Consequentemente, isso o levou para o trabalho com os pensamentos negativos e seu senso do *self* vergonhoso. A crescente compreensão do cliente sobre sua situação conjugal e seu papel de atuação levou à terapia conjunta de casal. O ressentimento, a insatisfação e a vergonha diminuíram com esse trabalho terapêutico. No processo, a depressão acabou, e conseguiu encontrar a vitalidade que havia perdido.

É necessário um protocolo de pesquisa que não focalize apenas os sintomas depressivos (não apreendem o alcance e a profundidade das mudanças que surgiram nesse trecho da gestalt-terapia – além da apresentação depressiva inicial), mas também coloque em evidência a complexidade do método fenomenológico e dialógico.

Criatividade

Joseph Zinker disse que gestalt-terapia é a permissão para ser criativo. De acordo com o trabalho terapêutico, isto é, a relação terapêutica dialógica, a focagem fenomenológica e a experimentação, é apropriado para o gestalt-terapeuta criar qualquer intervenção coerente com os requisitos legais, os princípios teóricos e éticos, e a segurança. Essa ênfase na criatividade é uma vantagem do modelo da gestalt-terapia. Algoritmos definidos e "livros de receitas" não são encorajados nessa abordagem, porque todo o foco está centrado na criação e no apoio ao jogo de novas possibilidades, longe de respostas fixas defensivas. Portanto, os métodos de investigação manualizados não cabem na teoria e prática da gestalt-terapia.

Diálogo e relação

De acordo com Martin Buber, toda vida humana significa encontro. Esse filósofo teve influência primordial para o ponto de vista da gestalt-terapia; a terapia representa um encontro na forma de diálogo. O diálogo é uma forma de contato. O contato é a unidade básica de relação e o contato dialógico é a forma que melhor apoia a ação eficaz na gestalt-terapia. A exploração fenomenológica das questões psicológicas, interpessoais e/ou sociais podem ser mais bem realizadas. Da mesma forma, a atitude experimental fenomenológica possibilita que o trabalho dialógico continue e, ao mesmo tempo, faça uso de técnicas ativas, como, por exemplo, trabalho corporal, movimento e expressões catárticas. Mais do que isso, o diálogo em si é sempre um experimento e um envolvimento com o mundo, sem quaisquer garantias do resultado. Lynne Jacobs descreveu o diálogo sucintamente.

> Na filosofia de Bubber, o diálogo Eu-Tu (ou genuíno) na terapia pode ser brevemente descrito de uma forma muito simplificada: o terapeuta tenta apreender, com a plenitude de sua reflexão e vivência, o mundo experiencial do cliente. Deve fazer isso sem julgamento. Tenta principalmente apreender como é para o cliente estar na relação com o terapeuta. O profissional também está aberto para ser "encontrado" como o "outro" do cliente. Além disso, permite-se ser afetado de tal forma que se entrega ao momento seguinte da conversa, sem saber o que vai emergir. Esse processo confirma a dignidade essencial e o valor do cliente. Como disse Buber: "O homem quer ser confirmado em seu ser pelas pessoas e deseja ter uma presença no ser do outro. A pessoa humana necessita de confirmação porque a pessoa, como pessoa, precisa do outro. Um animal não precisa ser confirmado, pois ele é o que é inquestionavelmente... De forma secreta e tímida [a pessoa] espera um 'Sim' que a permita ser e que possa vir a ela somente de uma pessoa humana para outra. É de uma pessoa para outra que o pão sagrado do Ser é transmitido" (JACOBS, 2005).

O terapeuta estende essa atitude não somente para sentir como é o profissional para o cliente, mas também o cliente para o resto de sua vida.

Como essa atitude relacional é manifestada na terapia? O que o terapeuta faz realmente e como se parece uma relação organizada pelo terapeuta em torno do diálogo?

Qualquer intervenção (mesmo o silêncio) propõe uma relação com um cliente. De forma mais simples, isso quer dizer: "Estou aqui". Meu tom de voz, a expressão do rosto, as minhas intervenções (sugestão, pergunta, silêncio) elucidam mais a proposta. Assim, uma sugestão, por exemplo, de um experimento apoia a ação proposta ou afirma uma recusa de cooperar; uma questão sustenta uma resposta, deixando-me como o iniciador e o cliente como aquele que responde; o silêncio ajuda o cliente a tomar uma iniciativa.

O cliente, por sua vez, também vai propor uma relação: uma pessoa que ajuda e outra que é ajudada; uma que fala e uma que escuta, uma que diz o que fazer e uma que obedece (ou rebela-se). Então, há o próximo momento. Como cada pessoa responde à outra – modificando ou abandonando a própria proposta, ou mantendo-se resoluto apesar da diferença da outra?

De acordo com a perspectiva de gestalt-terapia, todos esses são aspectos da mútua atualização do *self* e do outro. O conteúdo imediato é menos significativo terapeuticamente do que a flexibilidade de escolha, a fragilidade ou a sensação de estar preso nesse processo do *self*. Assim, se um cliente tem uma postura fixa de "rebeldia", o terapeuta pode sugerir um experimento usando duas cadeiras; assim a figura da autoridade conversa com a da rebeldia para promover a integração desses aspectos. No entanto, a sugestão desse experimento pode ser vista, por um cliente fixo, como uma atitude autoritária que precisa de resistência. Às vezes o cliente age de forma a virar o feitiço contra o feiticeiro e dizer: "Não me diga o que fazer!" Então, o terapeuta será confrontado com a sua própria decisão sobre como responder à autoridade do cliente.

No entanto, para um cliente fixamente concordante (confluente), a conduta desse experimento seria menos uma exploração e mais uma submissão ao terapeuta. Às vezes, até mesmo perguntas usadas para analisar melhor a experiência do cliente seriam vistas como demandas a serem obedecidas.

A perspectiva do terapeuta não é considerada uma "verdade" maior do que a do cliente. A "verdade" do terapeuta é colocada de lado para permitir a emergência do impacto da interação entre o observador e o observado. A chave principal de uma terapia eficaz não significa que o terapeuta tenha a "verdade", mas sim a capacidade para realmente entender a "verdade" do cliente e comunicar essa compreensão e respeito de acordo com a perspectiva do cliente. Essa etapa é a base para outro trabalho, por exemplo, trazer a *awareness* do que é evitado, sugerir a perspectiva do mundo consensual, lidar com os conflitos entre terapeuta e cliente e com os conflitos entre os participantes nos sistemas (p. ex., um casal).

Se um projeto de pesquisa segue a abordagem gestáltica, então deve ser capaz de se envolver com a unidade desses aspectos: não deve ser levado em conta apenas o que o terapeuta faz, mas também o significado relacional de fazê-lo com o cliente em determinado momento. Isso representaria uma redução da abordagem se aplicasse um simples procedimento algumas vezes, como um trabalho usando duas cadeiras a uma variedade de clientes. Também seria provável ter menos sucesso do que a abordagem multinível, que é inerente à gestalt-terapia.

A metodologia da mudança: a Teoria Paradoxal da Mudança

A gestalt-terapia é baseada no encontro e não no objetivo (como discutido anteriormente). O crescimento através de encontro e focalizações requer a Teoria Paradoxal da Mudança. O paradoxo está presente quando a pessoa nega ou renega quem ela é e tenta ser quem não é, permanece a mesma; mas se ela assume totalmente a responsabilidade e a propriedade de quem ela é, isso levará à mudança. Não reconhecer ou estar consciente de si mesma significa não se identificar consigo mesma. Reconhecer quem você é, mas não se identificar *com* isso por negar a escolha, é tentar ser quem você não é.

Aceitar significa tornar-se o todo; logo, rejeitar-se significa ficar dividido. Por outro lado, tentar lutar contra a mudança necessária e permanecer o mesmo em um mundo de mudança constante, combatendo as forças organísmicas de crescimento, significa ficar dividido, lutar contra si mesmo e contra o campo pessoa/ambiente, que está em constante mudança. Isso também significa que a pessoa não se identifica com quem ela é, porque está prendendo-se mais a um senso velho e fixo de si mesma, uma autoimagem, do que observando o presente contexto em que vive.

As pessoas, muitas vezes, precisam fazer esforços propositais para mudar. A gestalt-terapia oferece uma vasta gama de técnicas, experimentos, atuações, trabalho de corpo e assim por diante, que podem ser usados de forma consistente com a Teoria Paradoxal da Mudança, se forem considerados de caráter experimental ("experimente isso e veja o que você descobre"), em vez de postura impositiva ("viva dessa maneira"). Alguns clientes, especialmente aqueles com transtornos de personalidade, terão possibilidades de vida nunca experienciadas plenamente, incluindo o potencial de uma relação carinhosa e completamente leal, que estão sendo oferecidos pelo terapeuta. A experimentação, o trabalho psicoeducacional, o enfoque fenomenológico e a ênfase dialógica procedem do ponto de vista da pessoa ao reconhecer quem é, assumir as escolhas feitas, as potencialidades e limitações, ao tentar algo novo e estar consciente da experiência, bem como permanecer com esta *awareness* ao longo dos estágios de crescimento. O crescimento pode ser um resultado espontâneo da focalização, do contato íntimo na terapia e assim por diante, ou pode ser uma parte de um programa sistemático de instrução e experimentação. Mesmo nesse último caso, baseia-se no autorreconhecimento e na autoaceitação do cliente, à medida que se move na direção do crescimento, em vez de impor as escolhas de vida do terapeuta para o cliente – isso diminuiria a autoconfiança do cliente e aumentaria seu senso geral de vergonha para o mundo.

O autoconhecimento e a autoaceitação, aceitação de si mesmo como uma pessoa e não a aceitação de todos os traços e estados, é a melhor plataforma para a mudança. Em muitas situações clínicas, o trabalho pode focalizar a construção de um repertório de ferramentas psicológicas, obtendo o domínio sobre o comportamento destrutivo, reexaminando e mudando as crenças antigas etc. Essa aprendizagem pode ser feita visando a uma autoaceitação básica, ou seja, aceitando a responsabilidade das próprias escolhas e a *awareness* de traços que precisam mudar. Também pode ser feita tanto de um modo de autoaversão básica, ou seja, rejeição do núcleo do *self* ou da pessoa como um todo, como pela negação da responsabilidade pelas escolhas feitas. Qualquer técnica ou programa pode basear-se em autorreconhecimento e autoaceitação. A questão metodológica consiste em como isso é feito, por que é feito, qual o propósito de fazer isso e como tudo isso é comunicado ao cliente. Reconhecer algo que foi escolhido sem perceber a ação da escolha é o que Sartre chama de *mauvaise foire* (má-fé). Como se a pessoa "ao possuir" o comportamento dissesse: "Não sou isso. Estou acima disso, é outro *self*".

O propósito da experimentação em gestalt-terapia é "tente algo novo" e esteja consciente, perceba o que você experiencia. Desde a proposta de um experimento, a reação à sugestão, a possibilidade de fazê-lo até a reflexão sobre a experiência durante e após o processo caracterizam as fases que fornecem dados. A identificação do comportamento "mau" ou disfuncional e a necessidade de mudar acontecem de uma forma melhor se a pessoa identifica as escolhas más que foram feitas, assumindo-as com uma maior *awareness* e o desejo de apoiar outros aspectos ou potenciais de si mesma. A mudança é mais provável de acontecer e também mais provável de durar nessas circunstâncias do que numa promessa de reforma baseada em autoengano, autoaversão, conflito com o *self* etc.

Âmbito, tipo e propósito de intervenções

Todas as intervenções ativas que não são puramente dialógicas ficam na categoria de experiências fenomenológicas (cf. capítulo 10, neste livro). A tarefa é orientar o cliente a prestar atenção à sua experiência, ou seja, saber o que tem conhecimento e como esse processo de *awareness* acontece. Isso significa estar consciente do processo de *awareness* em si. O experimento mais simples é a focagem, como descrito por Eugene Gendlin (GENDLIN, 1996). Outros casos incluem experimentos mentais (imaginando isso ou aquilo), expressões de um pensamento ou sentimento (a alguém, presente ou ausente, ou apenas uma expressão), anotações em diário, desenho, uso de outro material visual artístico, entre outros. O experimento de expressão pode ser verbal, físico, com som, e assim por diante. Muitos dos experimentos envolvem um foco no corpo, mesmo em movimento (p. ex., na dança expressiva), na meditação, nas artes marciais, na percepção sensorial em um trabalho mais intenso com o corpo. A gestalt-terapia tem uma compreensão de trabalho corporal um pouco diferente, por exemplo, da terapia reichiana, na qual a ideia é remover a "armadura do corpo" de tensões pelas técnicas como a hiperventilação e massagem. Em uma abordagem gestáltica, as tensões são vistas como expressões simultâneas de dois impulsos diferentes – expressar e se retirar –, sendo que ambos precisam de um engajamento respeitoso. O diálogo com esses impulsos pode ser, principalmente, não verbal, pelo movimento, o toque aceito e respeitoso, e a atenção para a respiração completa, mas normal.

O que faz o gestalt-terapeuta?

O terapeuta observa e interage com o cliente em um modo de operação, no qual deixa de lado, ou "entre parênteses", as crenças sobre o que é real ou o que são dados. Assim, a percepção de "realidade" ou "atualidade" que emerge é possivelmente influenciada pelo campo corrente, e não pelo que era esperado, ou o que é explicado por teorias existentes. O princípio operacional consiste em descrever, isto é, apresentar detalhes em vez de explicar e interpretar (como uma intervenção simples). Desse modo, o cliente pode descobrir seu próprio e novo caminho para seguir em frente usando as ferramentas aprendidas na terapia.

O processo continua à medida que as figuras emergentes são observadas, descritas e comunicadas pelo cliente. O terapeuta indaga sobre a experiência do cliente enquanto é observado. Nesse sentido, a focagem continua verificando a perspectiva do terapeuta com aquela do cliente e, claro, vice-versa. Os dados, então, confirmam ou invalidam a interpretação do terapeuta.

Em cada momento nessa exploração, não é somente o trabalho da *awareness* sendo feito, mas também o desenvolvimento de uma relação. Quando houver impedimentos, rupturas ou interrupções nessa relação, o foco do trabalho da *awareness* estará centrado nisso.

A cada momento a relação desenvolve-se; a cada momento, a compreensão, a *awareness* e o processo da *awareness* crescem. A compreensão inicial, ou seja, o "primeiro dado" ou a primeira impressão motivam uma compreensão mais aprimorada. Isso se registra no pensar, sentir e comportar-se.

Como trabalhamos

Nosso trabalho de *awareness* se desenvolve a partir do diálogo, e o diálogo é em si um experimento. O relato autêntico de uma pessoa para outra e o que emerge dessa interação dão origem a uma nova compreensão. Isso é experimento: fazer algo diferente e observar os dados. Por definição, o diálogo está sempre fazendo algo novo, porque emerge (cf. anteriormente) de uma interação que não é controlada por qualquer um dos participantes.

Grande parte do encaminhamento da experimentação é organizada pela curiosidade de ambos: terapeuta e paciente. O que atrai a atenção da pessoa com o desejo de saber mais, compreender, relacionar com outros fenômenos?

Curiosidade é um exemplo de uma figura de interesse significativamente resultante de um fundo. Seguindo a figura de interesse por meio de uma sucessão contínua de figuras, muitas vezes chegamos a uma figura que engloba e gera sentido para os fenômenos que estão em estudo e sobre o qual a pessoa tem estado curiosa.

Trabalhamos com um assunto complexo, porque a gestalt-terapia enfatiza a criatividade e incentiva os terapeutas a desenvolver os seus próprios estilos de trabalhar em terapia, um estilo que se encaixe à sua personalidade, à sua compreensão, cultura, contexto de trabalho e clientela particular.

Modalidades

A gestalt-terapia é praticada de acordo com esses princípios da terapia individual ou terapia de casais, terapia de grupo, terapia de família e de uma variedade de formas de trabalho com sistemas maiores. Os princípios e a metodologia da gestalt-terapia têm sido aplicados e são úteis em outros campos, como, por exemplo, o ensino, *coaching*, a consultoria, o aconselhamento espiritual, o aconselhamento sobre alcoolismo e as drogas, como também no trabalho criativo (escrita, arte, movimento).

Resumo geral e implicações para pesquisa sobre a eficácia da gestalt-terapia

A gestalt-terapia, conforme concebida e praticada, é consistente com qualquer pesquisa que leva em conta a relação, a complexidade e o sentido emergente de um bom resultado, assim como a criatividade e a variedade de intervenções utilizadas; não está limitada a um determinado regime de técnica, no qual somente o comportamento estudado é medido (um resultado específico pode ser desejado – p. ex., melhores relações –, mas limita as intervenções e medidas do que é desejado, ignora uma vantagem enorme de gestalt-terapia). Os ensaios clínicos randomizados que visam uma faixa estreita de sintomas prescrevem um formulário rigoroso de técnicas e não medem os efeitos assinalados (positivos e negativos), não avaliam adequadamente a extensão da gestalt-terapia. Se a pesquisa apresenta um foco no comportamento em questão e um formulário fixo de técnicas, existirá uma tendência para corroborar apenas que foi concebida para confirmar, isto é, sob preconcepções e orientação dos pesquisadores[3].

Westen e seus colegas indagaram o que valida um conjunto de dados específicos como medida de uma terapia eficaz (WESTEN et al., 2004). Se a pesquisa questiona a focagem nos sintomas concretos, aquela investigação favorece, naturalmente, à terapia comportamental (STRUMPFEL, 2004, 2006). Elliott et al. reanalisaram os estudos comparando a eficácia de terapias humanísticas, incluindo a gestalt-terapia, com as terapias do comportamento. Descobriram que, quando controlaram os meios para fins de fidelidade com a escola terapêutica do grupo de pesquisa, não houve diferenças relevantes nos resultados (ELLIOTT et al., 2004). A fidelidade do investigador tem sido relacionada a predizer 92,5% do resultado (LUBORSKY, 1999, 2002, 2003; WESTEN et al., 2004).

As intervenções, essenciais na gestalt-terapia, exprimem mais do que apenas "falando-sobre" e intervenções interpretativas. A gestalt-terapia é planejada para o cliente aprender as ferramentas da *awareness*, as possibilidades e a escolha. A sua abordagem é projetada para promover a *awareness*, a responsabilidade, a escolha da situação geral da vida da pessoa – como os comportamentos desejados, mas definitivamente não se limita a esses comportamentos.

Finalmente, o crescimento acontece pelo contato. Isso inclui o contato em sessão e o contato na vida fora da sala de terapia. Pesquisas em psicoterapia demonstram que a relação terapêutica apresenta um papel predominante sobre a eficácia e os resultados da psicoterapia, é considerada uma parte do núcleo histórico da teoria e prática da gestalt-terapia, sendo a marca da gestalt-terapia contemporânea.

Referências

ARISTOTLE (1991). *The metaphysics*. Amherst: Prometheus Books [Trad. de John H. McMahon] [No Brasil, traduzido sob o título: *Metafísica de Aristóteles*. São Paulo: Loyola, 2002 (org. de G. Reale)].

---

3. Cf. a discussão em Yontef e Jacobs, 2007, p. 255-258.

COZOLINO, L. (2002). *The Neuroscience of Psychotherapy.* Nova York: W.W. Norton.

DAMASIO, A. (1999). *The feeling of what happens*: Body and emotion in the making of consciousness. Nova York: Harvest Book.

DEWEY, J. (1896). "The reflex arc concept in psychology". *Psychology Review*, 3, p. 357-370 [Reimpresso em DENNIS, W. (org.) (1948). *Readings in the history of psychology*. Nova York: Appleton-Century-Crofts, p. 355-365].

ELLIOTT, R.; GREENBERG, L. & LIETAER, G. (2004). "Research on experiential psychotherapies". In: LAMBERT, M. (org.). *Bergin & Garfieldi's handbook of psychotherapy and behavior change*. 5. ed. Nova York: Wiley & Sons, p. 493-540.

GENDLIN, E. (1996). *Focusing-oriented psychotherapy.* Nova York: Guilford Press.

HEIDBREDER, E. (1933). *Seven Psychologies*. Nova York: Century Company.

JACOBS, L. (2005). *Not-knowing, uncertainty, shame and defensiveness*: the plight of the analyst [Apresentação do painel *Who are we really? –* Psychoanalysis as a Human Endeavor.

LUBORSKY, L. et al. (2003). "Are some psychotherapies much more effective than others?" *Journal of Applied Psychoanalytic Studies*, 5 (4), p. 455-460.

_____ (2002). "The Dodo bird verdict is alive and well – mostly". *Clinical Psychology*: Science and Practice, 9 (1), p. 2-12.

_____ (1999). "The researchers own therapy allegiances: A 'wild card' in comparisons of treatment efficacy". *Clinical Psychology*: Science and Practice, 6 (1), p. 95-106.

NORCROSS, J. (org.) (2002). *Psychotherapy relationships that work*: Therapist contributions and responsibilities to patient needs. Nova York: Oxford University Press.

_____ (2001). "Empirically supported therapy relationships: Summary report of the Division 29 Task Force". *Psychotherapy*, 38 (4).

PARLETT, M. (1997). "The unified field in practice". *Gestalt Review*, 1 (1), p. 16-33.

_____ (1993). "Toward a more Lewinian Gestalt Theory". *British Gestalt Journal*, 2 (2), p. 115-120.

PERLS, F.S. (1978). "Finding self through gestalt therapy". *Gestalt Journal*, I (1), p. 54-73.

PHILIPPSON, P.A. (no prelo). *The Emergent Self.* Londres: Karnac/UKCP.

_____ (2001). *Self in Relation.* Highland: The Gestalt Journal Press.

RAMACHANDRAN, V.S. (1999). *Phantoms in the Brain.* Londres: Fourth Estate.

RIZZOLATTI, G. & CRAIGHERO, L. (2004). The Mirror-Neuron System. *Annual Review of Neuroscience*, 27, p. 169-192.

SCHORE, A.N. (2003). *Affect Regulation and the Repair of the Self.* Nova York: W.W. Norton.

SPINELLI, E. (2005). *The interpreted world*: An introduction to phenomeno-logical psychology. 2. ed. Londres: Sage.

STAEMMLER, F.-M. (2002). "The here-and-now: A critical analysis". *British Gestalt Journal*, 11 (1), p. 21-32.

STERN, D. (2004). *The present moment in psychotherapy and everyday life.* Nova York: Norton.

_____ (1985). *The interpersonal world of the infant.* Nova York: Basic Books.

STRÜMPFEL, U. (2006). *Therapie Der Gefühle*: Forschungsbefunde zur Gestalttherapie. Colônia: Humanistiche Psychologie [Tradução parcial] [Disponível em http://www.therapie-der-gefuehle.de].

_____ (2004). "Research on gestalt therapy". *International Gestalt Journal*, 27 (1), p. 9-54.

WESTEN, D.; NOVOTNY, C. & THOMPSON-BRENNER, H. (2004). "The empirical status of empirically supported psychotherapies: Assumptions, findings, and reporting in controlled clinical trials". *Psychological Bulletin*, 130 (4), p. 631-663.

YONTEF, G. (1993). *Awareness, dialogue and process*: Essays on gestalt therapy. Highland, NY: The Gestalt Journal Press [No Brasil, traduzido sob o título: *Processo, diálogo e awareness*: ensaios em gestalt-terapia. São Paulo: Summus, 1998].

YONTEF, G. & JACOBS, L. (2007). "Gestalt therapy". In: CORSINI, R. & WEDDING, D. (orgs.). *Current psychotherapies, eighth edition.* Belmont: Thompson Brooks/Cole, p. 328-367.

Parte III
Comunidades de pesquisa em gestalt-terapia

13
Comunidades de pesquisa em gestalt-terapia

Philip Brownell
Joseph Melnick

A evolução da comunidade é um fator importante na criação das condições que acreditamos ser fundamentais para o desenvolvimento profissional de cada formando. A comunidade mais ampla enriquece e diversifica a experiência de aprendizagem e, finalmente, constrói a fundação para amizades duradouras, contatos profissionais de apoio, projetos de serviço e possibilidade de movimentos sociais de larga escala. Nossa concepção do programa leva, intencionalmente, às oportunidades para a troca de novas ideias, o enriquecimento mútuo e a exposição à diferença.
Instituto Pacífico de Gestalt

A geração de prática baseada em evidência como apoio à gestalt-terapia depende do desenvolvimento de terapeutas suficientemente conhecedores e capazes o bastante para produzi-la. No entanto, as instituições acadêmicas são, muitas vezes, organizadas em torno de pesquisas tradicionais e de interesses específicos por serem financiadas em grande parte por solicitar verbas. Esses programas normalmente produzem acadêmicos que continuam as tradições de seus orientadores, conduzindo suas vidas profissionais da mesma forma, lecionando na faculdade e nos programas de pós-graduação associados às universidades, ou podem tornar-se clínicos, deixando totalmente para trás uma carreira acadêmica. Esses programas de pós-graduação que visam a produção de clínico-pesquisadores[1],

---

1. O modelo do "cientista-clínico" foi estabelecido durante a Conferência de Boulder (Colorado, EUA), sobre a Psicologia Clínica, realizada em 1949, na pós-graduação em Educação.

geralmente, não formam pessoas para conduzir pesquisa em nível de suas próprias práticas clínicas (GELSO, 2006). O grande alvo do modelo cientista-clínico "raramente tem sido alcançado entre os psicólogos individuais; apenas alguns procuram a carreira acadêmica ou de pesquisa, mas realmente poucos, apesar de somente falar, contribuem genuinamente para a pesquisa e também a prática clínica" (STRICKER & TRIERWEILER, 2006: 37).

Isso deixou a maioria das pesquisas para as universidades e faculdades, onde, nos dias de hoje, a gestalt-terapia está relativamente pouco representada. De forma irônica, o campo da gestalt-terapia está unicamente posicionado para adiantar a realização da visão do cientista-clínico, equipando e apoiando os gestalt-terapeutas a se tornarem *clínico-pesquisadores.*

A respeito da formação de clínico-pesquisadores (JONES & MEHR, 2007), três pressupostos revelam os propósitos que estão envolvidos nisso: 1) profissionais com conhecimento e habilidades relacionadas à pesquisa facilitam os serviços psicológicos eficazes; 2) pesquisas necessárias para o desenvolvimento de conhecimento científico contribuem para a evolução do campo; 3) o envolvimento direto na prática clínica, por parte dos pesquisadores, resulta em estudos sobre importantes questões sociais.

Gestalt-terapeutas se beneficiariam do conhecimento da literatura de pesquisa. Todavia, não é verdade que a pesquisa seja irrelevante para a prática da gestalt-terapia, bem como não deve ser aceita a ideia de que os gestalt-terapeutas possam assimilar os achados concretos de pesquisa, expandindo o escopo, a relevância e a eficácia do que fazemos. Um exemplo disso é a maneira como os teóricos e escritores da gestalt assimilam a literatura sobre o tema vergonha e a dinâmica baseada na vergonha (LEE & WHEELER, 1996), como a citação a abuso de substâncias (CLEMMENS, 2005) e discurso/comunicação humana (MORTOLA, 2006). Há uma riqueza de informações sobre pesquisa disponíveis na internet, no banco de dados da Associação Americana de Psicologia. Uma busca[2] no banco de dados PsycNet, por exemplo, pelo termo "intersubjetivo", apresentou 1.753 resultados. Uma busca por "propriocepção" apresentou 607 resultados. Agora, com o termo "contato" foram 31.438 entradas; claro, nem todas eram do modo como os gestalt-terapeutas entendem esse termo, mas *esse* é o ponto. A partir do ponto de vista de outros profissionais, a maneira

---

2. Realizada em 15 de março de 2008.

como compreendem um construto e utilizam-no, os gestalt-terapeutas podem distinguir e, também, expandir suas próprias habilidades e assimilar o que pode ser assimilado.

Isso está relacionado à segunda hipótese que está por trás da formação de clínicos-pesquisadores: a produção de pesquisa leva ao desenvolvimento e expansão do campo, e, nesse caso, nos referimos ao campo da gestalt-terapia. Como Eva Gold e Steve Zahm afirmaram no capítulo 2 deste livro, precisamos gerar nossas próprias pesquisas, mas não é simplesmente para que possamos ser "aprovados" pelos órgãos reguladores. Antes de tudo, é para que nossa teoria possa se expandir e apresentar mais nuanças, estar mais ligada aos modos como as coisas realmente funcionam, e permanecer aberta para a observação organizada, avaliação e possível falsificação. Esse tipo de pesquisa seria muito relevante se fosse estimulado por figuras com interesses clínicos, como aqueles que estão, de fato, trabalhando com clientes (ao contrário de acadêmicos separados, seguindo curiosidades estatísticas e deleites periféricos). Além disso, se a pesquisa fosse uma norma nos institutos de formação em gestalt, seria possível os formadores fazerem pesquisa de acordo com o modelo de seus estudos; logo, isso afetaria a qualidade da formação deles.

A terceira hipótese por trás do modelo clínico-pesquisador afirma que, se os psicólogos clínicos desenvolverem pesquisa, alcançarão um impacto social. Trata-se de uma extensão do último ponto. Com frequência, os psicoterapeutas se sentem traumatizados indiretamente (e os gestalt-terapeutas poderiam beneficiar-se com a leitura de pesquisas sobre esse assunto) por estarem com seus clientes e serem afetados pelos fragmentos, pelo que está quebrado, pela destruição e a tragédia que acontece hora após hora em seus consultórios, à medida que os clientes trazem uma situação após a outra. É como ver um fotograma da sociedade. Sem dúvida, é como ver a sociedade com um olhar distorcido, mas claro; essa é apenas uma parte. Consequentemente, os gestalt-terapeutas, da mesma forma que seus colegas, trabalham de acordo com outras orientações clínicas, sabem alguma coisa a respeito da condição social. Suas figuras de interesse para pesquisa certamente refletiriam as preocupações sociais que os gestalt-terapeutas sempre compartilharam.

Para as premissas originais referentes à formação de clínicos-pesquisadores, os psicólogos clínicos de hoje adicionaram vários compromissos: a) a liberdade relativa para a exploração criativa; b) a consideração da filosofia da ciência que oferece ao pesquisador uma visão mais ampla de curiosidade organizada, observação e aprendizagem; c) disciplina em pensamento crítico, contribuindo para os significados compartilhados que surgem no âmbito das comunidades de pesquisa; d) o conhecimento aplicado – a utilidade da pesquisa para a prática clínica e a consulta organizacional que contribui, entre outras coisas, tanto para a validade externa dos construtos teóricos de investigação como para o aperfeiçoamento da prática clínica em si (LANE & CORRIE, 2006).

Todos esses aspectos não são, provavelmente, a visão que os formandos tinham para si mesmos de gestalt-terapia quando decidiram ser gestalt-terapeutas ou consultores. Não poderiam estar desamparados. Uma das questões centrais na formação de clínicos-pesquisadores em geral é saber "se é viável formar alunos para serem cientistas em geral e psicólogos pesquisadores em particular, quando, no fundo, esses alunos entram na formação com o desejo de serem clínicos e não pesquisadores" (GELSO, 2006: 3).

Independentemente disso, no mundo em que a gestalt-terapia é praticada atualmente, terapeutas como indivíduos e o campo da gestalt-terapia em geral precisam demonstrar isto: o que é feito em nome dessa teoria é eficaz e o seu instituto de formação desempenha um papel significativo nisso.

O apoio que falta para o psicólogo clínico individual em um consultório particular no campo mais amplo da psicoterapia acontece nas comunidades de gestalt-terapeutas que cresceram em torno de vários institutos de formação em gestalt-terapia.

O instituto de formação em gestalt-terapia é uma "casa de recuperação" autônoma, entre a universidade e a prática clínica. Muitas vezes é concebida como uma organização de pós-graduação, mas está diretamente ligada à prática, com um foco no aperfeiçoamento das habilidades clínicas e/ou da consultoria. Assim sendo, os institutos de formação em gestalt-terapia, em todo o mundo, formam caminhos de desenvolvimento que apresentam o potencial para a evolução das novas comunidades de pesquisa em gestalt-terapia.

O desenvolvimento dos institutos de formação em gestalt-terapia

A abordagem gestáltica aprimorou-se não em instituições de Ensino Superior, mas em comunidades em pleno desenvolvimento, nos institutos de gestalt. O crescimento desses institutos foi influenciado por vários fatores, que uniram, de diferentes maneiras, os diversos institutos. Como resultado, cada instituto, ainda hoje, é ao mesmo tempo diferente e semelhante a outros institutos de gestalt. Diferem, por exemplo, em termos de formação (curto prazo *versus* longo prazo, estudantes iniciantes *versus* avançados), no âmbito da aplicação (psicoterapia individual *versus* desenvolvimento organizacional), na organização interna (hierarquia *versus* coletivo), na abordagem teórica (ortodoxa *versus* expansionista), também no processo de avaliação (testes e certificação *versus* sem avaliação) etc. Por outro lado, são semelhantes em termos de um grande número de valores básicos adotado, como a ênfase na auto*awareness* e na experiência pessoal, a experiência do aqui e agora, a cocriação do momento e uma abordagem fenomenológica para a experiência.

Nesta parte do capítulo, gostaríamos de traçar o desenvolvimento dos institutos de gestalt que são tão essenciais para a evolução dessa teoria. Vamos argumentar que os institutos, em todo o mundo, desenvolveram-se sistematicamente e, para fins didáticos, podem ser divididos em três períodos: do início dos anos de 1950 aos anos de 1960, das décadas de 1970 e 1980, e a fase contemporânea que começou nos anos de 1990.

Primeiro período: as décadas de 1950 e 1960

No início, durante a década de 1950, os institutos começaram a aparecer por todo o país dos Estados Unidos e não se espalharam pelo resto do mundo durante muitos anos. Em geral, podemos dar crédito aos próprios fundadores, pelo crescimento e desenvolvimento da gestalt-terapia. Nessa época viajaram para diferentes cidades, dando oficinas e treinamentos. Frequentemente, as mesmas pessoas voltavam às sessões de treinamento e desenvolveram relações entre si, sentiam-se motivadas por sua própria paixão pela abordagem gestáltica. Era natural que, com o tempo, essas pessoas se unissem em redes, primeiramente informais para tornarem-se, mais tarde, redes formais e darem origem oficialmente aos institutos. Essas pessoas, após receberem o treinamento com os fundadores, ensinariam a elas mesmas para, eventualmente, dar seminários públicos e, por fim, oferecer treinamento para profissionais.

Fritz Perls foi um dos fundadores que mais viajou e ajudou a criar e desenvolver a Teoria da Gestalt-terapia enquanto trabalhava. Como resultado, muitas vezes ensinou conceitos diferentes em momentos distintos em várias instituições. Assim, o modo como a gestalt-terapia era praticada dependia do tempo e do lugar. Como vários institutos de gestalt surgiram em épocas diferentes e foram criados por vários conjuntos de condições ambientais, muitas vezes eram significativamente diferentes.

Os primeiros institutos apresentam características únicas abundantes. Por exemplo, em Nova York, onde a gestalt-terapia foi desenvolvida pela primeira vez, o Instituto de Gestalt-Terapia de Nova York, fundado em 1952 e orientado por Isadore From e Laura Perls, permaneceu leal à teoria anarquista e a seus valores originais. Ainda hoje é um local para estudo, mas não para formação, e ainda mantém sua base anarquista. O instituto nunca possuiu um prédio próprio, e as regras para encontro e o diálogo não são hierárquicos. Os membros envolvem-se em discussões contínuas centradas na apresentação de trabalhos que buscam esclarecer e desenvolver a teoria.

Uma segunda forma de instituto foi desenvolvida na área de Los Angeles e, em grande parte, influenciada por Jim Simkin, que se mudou para a Califórnia, onde ajudou a fundar o Instituto de Gestalt-terapia de Los Angeles (Gtila) em 1969. Originalmente era uma associação de membros e também promoveu treinamento local e residencial. Até os dias de hoje continua a ser uma associação e se orgulha de seu rigor teórico.

Um terceiro exemplo é o Instituto de Gestalt de Cleveland (GIC), o maior instituto americano. Foi criado em 1954 com o objetivo de focar principalmente a formação e expansão da teoria. É menos ortodoxo do que o de Nova York, trouxe ideias novas e um tanto divergentes para a abordagem (BOWMAN & NEVIS, 2005). Destaca-se por ser um dos primeiros a criar programas sistemáticos e compreensivos, que foram formatados para que pessoas do mundo inteiro pudessem participar. Além disso, seu corpo docente estava disposto a viajar para cidades próximas e distantes, e treinar profissionais. Como resultado, os alunos do GIC ajudaram a fundar um grande número de institutos importantes, primeiro nos Estados Unidos e, mais tarde, pelo mundo afora, como, inclusive, Albânia, Nova York, Boston, Massachusetts, Chicago, Illinois e Indianápolis, Indiana.

O crescimento inicial desses institutos resultou de certo número de fatores. O mais importante foi a popularidade do movimento da psicologia humanista em geral. Paul Goodman e Fritz Perls em particular, por seus escritos e de competências pessoais, despertaram muito interesse para a abordagem gestáltica. A Segunda Guerra Mundial e a Guerra da Coreia aumentaram a necessidade de psicoterapeutas, especialmente psicólogos, para trabalhar dentro do sistema de Administração de Veteranos. A abordagem gestáltica pareceu uma boa opção para muitos dos jovens idealistas, psicólogos entrando no campo.

Segundo período: as décadas de 1970 e 1980

O segundo período aconteceu nos anos de 1970 e 1980, momento em que a abordagem da gestalt espalhou-se pelo mundo. Tomemos a Europa como exemplo. A forma e o desenvolvimento dos institutos europeus foram influenciados por muitos fatores além das características dos formadores, que, em geral, eram americanos enviados a outros países para ensinar. A cultura do país ou região onde a formação se deu influenciaram fortemente a estrutura e a identidade de cada instituto durante seu desenvolvimento. Por exemplo, na Suécia onde a assimilação é enfatizada, e a expressão de emoções fortes é desencorajada, desenvolveu-se uma gestalt-terapia com ênfase na expressão e ação.

O sentido de identidade profissional que cada aluno trouxe para a sua formação foi muito importante. Enquanto nos Estados Unidos a norma de afiliação determina a caracterização de um profissional de saúde, tais como psiquiatra, psicólogo ou assistente social; na Europa, os psicoterapeutas possuem, historicamente, uma identidade separada. Nos Estados Unidos, uma pessoa recebe uma formação básica na universidade; já na Europa, essa formação é realizada em institutos. Por fim, enquanto os profissionais de saúde mental nos Estados Unidos são altamente regulamentados, a psicoterapia na Europa foi apenas vagamente controlada.

Terceiro período: a década de 1990 e os dias de hoje

O terceiro período começou na década de 1990 e continua até hoje, com um controle maior da organização de institutos. Antes desse período, os institutos de gestalt, por privilegiarem o desenvolvimento e a aplicação da teoria, raramente incentivaram a escrita, particularmente a de natureza científica. Como consequência, essa falta de interesse e apoio gerou uma série de fatores, principalmente a tradição oral da abordagem gestáltica, baseada na crença de que a palavra escrita não pode transmitir adequadamente a multidimensionalidade dessa teoria referente ao processo aqui e agora. Mais um motivo é que, como os professores dos institutos não precisam publicar artigos, diferentemente dos seus colegas de universidades mais formais, o incentivo para a escrita era mínimo. Outra situação tão importante quanto é a abordagem gestáltica que destacava a fenomenologia e a singularidade do indivíduo; logo foi notada filosoficamente, em desacordo com as abordagens tradicionais de pesquisa quantitativa. Essas abordagens causais e "objetivas" eram vistas como demasiadamente simplórias e inadequadas para avaliar uma abordagem orientada para o processo, como a gestalt-terapia.

No entanto, os institutos de gestalt têm sido forçados a mudar com o tempo. Por exemplo, conforme o desenvolvimento da teoria, mais livros e jornais começaram a ser produzidos. Logo no início muitos foram o resultado, reconhecido ou não, de um esforço combinado de membros do instituto. Para confirmarmos isso só precisamos olhar para a seção de agradecimentos de livros clássicos, como o *Processo criativo em gestalt-terapia*, de Zinker (1977), e *Gestalt-terapia integrada*, de Polster e Polster (1974), para entender o esforço do grupo para escrevê-los.

Todavia, concomitantemente à atitude antiescrita da época, desenvolveram-se alguns grupos de escritores. O primeiro grupo foi iniciado em 1986 com o objetivo principal de discutir e gerar teoria. Isso resultou em um grande número de publicações e, eventualmente, se espalhou para outros países. Hoje existem grupos de escritores não só patrocinados pelos institutos em todo o mundo, mas também por organizações nacionais, como a Associação Europeia para Gestalt-terapia (Eagt), e da região sudoeste dos Estados Unidos – a Associação para o Avanço da Gestalt-terapia (Aagt). Mais recentemente, conferências de escritores começaram a se concentrar mais e mais em pesquisa. Por exemplo, o Centro Internacional de Estudo em Gestalt, o qual organizou a primeira conferência de escritores, recentemente dividiu sua conferência anual em duas partes, uma sobre teoria e prática e outra sobre pesquisa.

A segunda influência e, talvez, a mais importante foi o aumento da formalização de "psicoterapeutas" como profissionais da área na Europa e por todo o resto do mundo. Lentamente, os critérios para se tornar um terapeuta tornaram-se mais exigentes, como a inclusão do mestrado, que requer a defesa

342

de uma dissertação de pesquisa. Como muitos institutos não disponibilizam de infraestrutura nem recursos para atender às exigências do governo e desenvolver um programa à base de pesquisa, os institutos foram obrigados a firmar relações formais com universidades reconhecidas para oferecer supervisão, ministrar cursos de pesquisa e orientar teses e dissertações. Um exemplo disso é a Academia Gestalt da Escandinávia (GA) que oferece formação em duas linhas – organizacional (O) e terapêutica (T). O programa acontece em cinco semanas por ano, durante quatro anos. Entre essas reuniões, os estudantes reúnem-se em pequenos grupos para manter o diálogo com mentores pedagógicos, cujo trabalho é o de apoiar a turma. GA está afiliada à universidade Darby na Grã-Bretanha, que fornece supervisão. Esse instituto, sozinho, forma cerca de 30 alunos por ano; com isso, está produzindo um corpo substancial de pesquisa.

O potencial em comunidades de pesquisa da gestalt-terapia

A pesquisa não sai de um chapéu mágico ou brota como uma produção espontânea. E indivíduos que trabalham sozinhos não produzem pesquisa sobre os tipos de problemas e questões que compõem o enfoque deste livro; é necessário que a pesquisa seja realizada em grupos. Nesses grupos, o apoio de colegas e membros mais antigos da comunidade gestáltica facilita e ajuda a realização de pesquisas, incluindo a escrita que coloca os resultados dessa pesquisa nas mãos dos outros e contribui para o campo.

No entanto, como já foi mencionado, os institutos de formação em gestalt-terapia carecem de infraestruturas e recursos para desenvolver programas significativos de pesquisa. Embora uma mudança seja necessária no mundo da gestalt-terapia, para conseguirmos o apoio para nossa pesquisa e, realmente, refinar a nossa teoria e prática a partir dos resultados alcançados, não há necessidade de os programas de formação em gestalt-terapia sobrecarregarem-se para construir tradições de pesquisa no mesmo nível da universidade. Dessa forma, não é necessário que os institutos criem tradições autônomas de pesquisa semelhantes, em todos os aspectos, àquelas existentes nas universidades. Realmente, o que precisa ser estimulado é o incentivo e apoio dos institutos à orientação de competências em pesquisa, para estabelecerem relações com outros institutos e/ou programas de pesquisa orientados à gestalt existentes no Ensino Superior. Dessa forma, a comunidade gestáltica em geral poderá notar um aumento de colaboração mútua entre o instituto e a universidade, com a oportunidade de se desenvolverem em várias regiões, tanto no mundo real como no virtual.

Isso, no entanto, implica uma mudança nos requisitos para ser um gestalt-terapeuta (e formador) competente, bem como uma alteração concomitante nos programas de formação. Somente assim será possível desenvolver competências, incluindo filosofia da ciência e desenho de pesquisa, como aspectos padronizados dos programas de formação (se é que isso ainda não aconteceu).

Esse fato gera outra questão: ainda é suficiente somente aprender como trabalhar em gestalt-terapia ou agora é necessário para os psicólogos clínicos saberem como provar o que fazem e como conduzir as suas próprias pesquisas de resultados? Seria possível, por exemplo, definir uma documentação e um registro de informações sobre os clientes para que cada um se torne o seu próprio estudo de caso único, com medidas repetidas que podem vir a ser padronizadas para o terapeuta? Isso possibilitaria o fornecimento de dados de resultados sobre a prática do terapeuta, guiando seus processos, e também forneceria dados que podem ser úteis para alguns interesses maiores de pesquisa. No mais, mantendo o controle da terapia e acompanhando seus processos pela observação organizada e intencional, seria possível revelar, com tempo, os padrões e ciclos que o terapeuta estabelece inadvertidamente.

Talvez o estímulo à prática baseada em evidências deva provar uma força suficiente no campo para levar a uma evolução nos programas de formação em gestalt-terapia – uma quarta etapa nos caminhos do desenvolvimento dos institutos de gestalt. Os institutos de formação em gestalt podem continuar a parceria com tradições de pesquisa estabelecidas na universidade, mas também podem começar a desenvolver os próprios empreendimentos de pesquisa, de acordo com as figuras de interesse dos seus formadores, formandos e parceiros de consultoria. Podem cooperar em regiões, em muitos institutos participando de grupo de pesquisa, e formar associações e configurações *ad hoc* dos outros membros mais dispersos dessas comunidades de pesquisa da gestalt.

Finalmente, a influência sobre membros individuais dessas comunidades de pesquisa pode se estender, de forma holística, a áreas inesperadas de benefício. A gestalt-terapia é frequentemente concebida como um modo de vida; realmente alcançaria um patamar mais alto se os gestalt-terapeutas aprendessem maneiras organizadas de observar e avaliar (e aprendessem a distinguir, por exemplo, a aplicação clínica do método fenomenológico a partir de um enfoque filosófico ou de pesquisa)?

Orientação em equipes verticais de pesquisa

A orientação em competência de pesquisa se encaixa bem com o modelo da gestalt-terapia, porque se baseia numa relação pessoal, na qual um membro docente age como guia, papel de modelo, professor e "patrocinador" para um formando (WARD; JOHNSON & CAMPBELL, 2004). Assim, a prática clínica e os interesses de pesquisa de um formador, por exemplo, poderiam servir para atrair os formandos e, então, compor um grupo de um formador e formandos como uma equipe vertical de pesquisa. Ward, Johnson e Campbell descreveram a maneira como as equipes verticais de pesquisa, quando utilizadas em ambientes acadêmicos, facilitaram a competência em pesquisa, diminuindo a evasão do estudante e, por sua vez, aumentando a conclusão de dissertações em tempo hábil, e sendo necessária uma maior influência de professores na vida de seus alunos. Em outro estudo, Ploeg, de Witt e Hutchison et al. (2008) avaliaram um programa de orientação localizado em um centro comunitário de atendimento e concluíram que os orientandos ganharam domínio de nova avaliação e habilidades de pesquisa à medida que desfrutavam de relações positivas com orientadores e participavam em projetos relevantes de pesquisa. Apresentaram dificuldades para fazê-lo, quando defrontaram-se com os limites de recursos e a responsabilidade para fornecer tratamento centrado no cliente.

Esse último ponto não deve ser desperdiçado. Essa dificuldade de fazer pesquisa e oferecer "tratamento centrado no cliente" destaca, em grande parte, a resistência de gestalt-terapeutas que são contra a pesquisa porque acreditam que essa busca de informações interfere no processo terapêutico. Essa é também uma herança da revolução contra o Positivismo. É uma polaridade e uma falsa dicotomia para colocar a realização de pesquisas contra a realização da terapia. Essa polaridade certamente existe como uma força no campo de muitas pessoas (incluindo as percepções e construções daqueles estudantes), mas isso não é uma condição necessária; é um artefato acidental, que qual os gestalt-terapeutas sofisticados podem explorar e dissolver.

Embora o fomento de pesquisa tivesse o objetivo principal de orientar, como acontece em equipes verticais de pesquisa, as colaborações que se desenvolveram durante o processo resultaram em uma competência maior entre os estudantes com relação à prática profissional da psicologia clínica. Evans e Cokely (2008) destacaram o benefício da orientação junto às mulheres africano-americanas para superar as dificuldades psicossociais e afirmaram que seria possível, também, ajudá-las a superar os fatores relacionados à raça e ao sexo, para competir diretamente na ascensão da carreira profissional em Psicologia. O mesmo efeito foi estabelecido pelo exame de estudos quantitativos e qualitativos, por revisões integrativas e declarações de consenso nos grupos de especialistas sobre os efeitos da orientação para enfermeiras; orientadores aumentaram a autoconfiança de seus orientandos e forneceram os recursos e o apoio para as atividades deles (MELNYK, 2007).

Assim, se os gestalt-terapeutas aprenderem a fazer pesquisa e se vão superar os problemas vividos por muitos alunos que passaram antes deles – aqueles formados sob o modelo cientista-clínico –, precisam ter orientadores que vão iniciá-los a fazer pesquisa. Se os alunos não se tornarem clínico-pesquisadores, vão ficar apenas observando o exemplo de outros e desfrutando de relações com orientadores importantes em seus programas de formação em gestalt-terapia que fazem pesquisa por si mesmo. Além disso, seja por meio de equipes verticais de pesquisa ou alguma outra estrutura, o fazer e o ensinar pesquisa precisam ser realizados em grupos.

As equipes verticais podem ser organizadas em torno da pesquisa aplicada, das orientações teóricas, das populações-alvo ou de outras questões e interesses de pesquisa; provavelmente, de acordo com os interesses do orientador-formador em questão. No entanto, quando é desenvolvida sob a influência dos formadores estabelecidos e competentes em gestalt-terapia, a tensão entre a condução da pesquisa e a oferta de terapia poderia ser resolvida usando a Teoria da Gestalt-terapia; assim, os psicólogos clínicos da gestalt poderiam fazer contribuições significativas para o campo mais amplo no processo. Na verdade, o tema da pesquisa pode fornecer outra janela, outra metáfora para compreender as diversas dinâmicas da teoria e prática da gestalt-terapia.

Como começar

O que é necessário, em primeiro lugar, é a decisão *para* começar; essa atitude é muito importante. O corpo docente do instituto precisa considerar o que será selecionado, porque a decisão de incluir pesquisa no programa de formação criará várias demandas.

1) No corpo docente, alguém (pelo menos uma pessoa) precisa ser identificado como um orientador de pesquisa e defensor.

2) Essa pessoa do corpo docente precisa ser alguém experiente e competente para ensinar e conduzir, pelo menos, uma pesquisa rudimentar.

3) O programa do curso de formação deve ser alterado.

4) Seria uma vantagem para o instituto estabelecer redes de contato profissional e relações cordiais com outros institutos e com mais gestalt-terapeutas envolvidos em pesquisa (é possível realizar isso, cada vez mais, por meio da internet; um lugar para começar pode ser um grupo de discussão chamado Pesquisa em Gestalt (*Gestalt Research*), que pode ser encontrado em uma busca na internet).

5) Da mesma forma, seria vantajoso estabelecer relações de trabalho com professores e outros envolvidos com programas acadêmicos formais, para facilitar a realização de pesquisas sobre a gestalt-terapia.

Dedique-se a esses itens um pouco mais.

O que é preciso para exercer a função de orientador e defensor de pesquisa? Essa pessoa terá, sob sua responsabilidade, um número de formandos. Reunir-se de forma intermitente com eles não é o suficiente; isso significa estar disponível para ajudá-los e construir uma relação, que pode alcançar proporções muito significativas ao longo do tempo. Além disso, é necessário defender e estimular a expansão da pesquisa entre os colegas e professores do instituto.

Para fazer tudo isso, o próprio orientador pode precisar estudar novamente o tema da pesquisa e requerer algum aperfeiçoamento específico, sendo orientado para o aprendizado de desenho de pesquisa e para os métodos adequados à investigação, que podem ser razoavelmente apoiados pelo instituto ou em colaboração com a universidade.

O instituto pode ter de incluir seções de ensino, questões relevantes na filosofia da ciência, desenho de pesquisa e os métodos de avaliação. Podem incluir vários livros e artigos à leitura obrigatória.

Os recursos para a rede de contatos e a construção de comunidades que existem hoje por causa da internet fornecem uma base adequada para o funcionamento de institutos com a capacidade de colaborar com outras comunidades gestalt de pesquisa. Assim, em vez de um só instituto gerar pesquisa, vários institutos poderiam cooperar com uma intensa produção de pesquisa. Um exemplo disso é fornecido por Christine Stevens, no capítulo 14.

Finalmente, a aliança entre os institutos de formação em gestalt-terapia e os programas de pesquisa existentes no nível universitário sugere possíveis pontes para uma pesquisa processo-resultado mais envolvente e sofisticada, descrita por Leslie Greenberg em seu capítulo sobre métodos quantitativos. Muitos departamentos das universidades já têm um corpo docente, identificado de alguma forma com interesses de pesquisa mais humanista, fenomenológica, construtivista ou de acordo com sistemas contextuais; com eles, é bem possível haver uma reciprocidade imediata. Já os psicólogos sociais podem juntar-se com os institutos de gestalt-terapia para gerar pesquisa, estimulada em grande parte pelos interesses figurais da universidade, mas facilitada pelas relações entre eles e os orientadores de pesquisa em gestalt.

Sugerimos um movimento "de volta para o centro" agora que a Revolução Khuniana acabou, e uma mudança pode levar a gestalt-terapia para um diálogo vibrante com colegas de outras orientações nas comunidades maiores de psicologia clínica.

Conclusão

A revolução citada foi a que deu origem à gestalt-terapia e também a que contribuiu para as ênfases iconoclastas e anarquistas dos primeiros gestalt--terapeutas. Em uma inversão irônica da frase, pode-se dizer, como Bob Dylan (1964): *the times they are changin* (os tempos estão mudando).

Se a gestalt-terapia, como uma disciplina, não encontrar uma maneira de incentivar, apoiar, promover e gerar pesquisas sobre sua teoria e método, então é bem possível que desapareça ao longo do tempo. Sendo uma das primeiras a reunir uma síntese funcional e uma teoria unificada, que incorporou o contexto vivo de todos os fatores que têm influência, o campo relacional e a experiência individual juntamente com a compreensão pragmática de que viver é concretizado através da ação, a gestalt-terapia poderia tornar-se "a última" – a última de uma idade de ouro de mudança e de uma revolução que teve lugar no século passado. Os institutos de formação em gestalt-terapia são essenciais para que isso não aconteça, porque atraem e sustentam a comunidade que incentiva a formação de grupos capazes de fornecer ideias e energia compartilhadas. É essa partilha que fornece a base para a criação de comunidades de pesquisa da gestalt.

Referências

BOWMAN, C. & NEVIS, E. (2005). "The history and development of gestalt therapy". In: WOLDT, A. & TOMAN, S. (orgs.). *Gestalt therapy history, theory, and practice*. Thousand Oaks/Londres/Nova Deli: Sage, p. 3-20.

CLEMMENS, M. (2005). *Getting beyond sobriety*: Clinical approaches to long-term revovery. Mahwah: The Analytic Press.

EVANS, G. & COKELY, K. (2008). "African American women and the academy: Using career mentoring to increase research productivity". *Training and Education in Professional Psychology*, 2 (1), p. 50-57.

GELSO, C. (2006). "On the making of a scientist-practitioner: A theory of research training in professional psychology". *Training and Education in Professional Psychology*, 2 (1), p. 3-16.

JONES, J. & MEHR, S. (2007). "Foundations and assumptions of the scientist-practitioner model". *American Behavioral Scientist*, 50 (6), p. 766-771.

LANE, D. & CORRIE, S. (2006). *The modern scientist-practitioner*: A guide to practice in psychology. Nova York: Routledge.

LEE, R. & WHEELER, G. (orgs.) (1996). *Voice of shame*: Silence and connection in psychotherapy. Hoboken: John Wiley & Sons.

MELNYK, B. (2007). "The latest evidence on the outcomes of mentoring". *Worldviews on Evidence-Based Nursing*, 4 (3), p. 170-173.

MORTOLA, P. (2006). *Windowframes*: Learning the art of gestalt play therapy the Oaklander way. Mahwah: The Analytic Press.

PACIFIC GESTALT INSTITUTE (2008). *Gestalt learning community* [Disponível em http://www.gestalttherapy.org – Acesso em 14/03/2008].

PLOEG, J. et al. (2008). "Evaluation of a research mentorship program in community care". *Evaluation and Program Planning*, 31 (1), p. 22-33.

POLSTER, E. & POLSTER, M. (1974). *Gestalt therapy integrated*: Contours of theory and practice. Nova York: Vintage Books [No Brasil, traduzido sob o título: *Gestalt-terapia integrada*. Belo Horizonte: Interlivros, 1979].

STRICKER, G. & TRIERWEILER, S. (2006). "The local clinical scientist: A bridge between science and practice". *Training and Education in Professional Psychology*, 2 (1), p. 37-46.

WARD, Y.; JOHNSON, B. & CAMPBELL, C. (2004). "Practitioner research vertical teams: A model for mentoring in practitioner-focused doctoral programs". *Clinical Supervisor*, 23 (1), p. 179-190.

ZINKER, J. (1977). *Creative process in gestalt therapy*. Nova York: Brunner/ Mazel [No Brasil, traduzido sob o título: *Processo criativo em gestalt-terapia*. São Paulo: Summus, 2007].

14
Comunidades de pesquisa em ação: três exemplos

Sari Scheinberg
Anna Johansson
Christine Stevens
Siobhán Conway-Hicks

A gestalt-terapia, tendo como base para experimentar as relações humanas a sua ênfase na experiência e nos conceitos de contato e retirada, pode contribuir significativamente para o estudo das interações entre as pessoas.
Philip Lichtenberg

Este capítulo apresenta três exemplos de como a pesquisa passou a fazer parte da vida de gestalt-terapeutas em três níveis diferentes. No primeiro exemplo ("A Academia Gestalt da Escandinávia"), Sari Scheinberg e Anna Johansson descrevem uma comunidade de pesquisa em gestalt-terapia à altura de um instituto de formação em gestalt-terapia. No segundo exemplo ("O Core pode medir a eficácia da gestalt-terapia?"), Christine Stevens relata características de uma comunidade de pesquisa em gestalt-terapia de modo semelhante à participação que muitos gestalt-terapeutas realizam, ou seja, transcendendo as fronteiras que separam os institutos de formação de terapia em uma área geográfica na Grã-Bretanha. O terceiro exemplo ("Formação em gestalt-terapia com um Kit de Ferramentas do Pesquisador") é relatado, em primeira pessoa, por Siobhán Conway-Hicks, do instituto de formação em gestalt-terapia no Canadá, que veio para a comunidade com habilidades de pesquisadora influenciando sua experiência de formação.

A Academia Gestalt da Escandinávia

Esta é uma oportunidade maravilhosa para nós, Sari e Anna, compartilharmos nossas experiências na criação e no desenvolvimento do programa de pesquisa na Academia Gestalt da Escandinávia (AG). Esperamos que o nosso exemplo, a filosofia, os processos e as práticas específicas compartilhadas possam contribuir para a compreensão do que é preciso para integrar pesquisa em gestalt e gestalt em pesquisa. Ao escrever, tivemos a oportunidade de refletir, ora individualmente ora conjuntamente – a fim de aumentar a nossa *awareness* –, sobre o que temos feito, o que ainda precisa ser feito e o que tem levado a transformar a Academia Gestalt da Escandinávia em uma educação interessante, pioneira, com reconhecimento de instituto de pesquisa.

A seguir, apresentamos a transformação da AG em uma organização acadêmica e as precondições necessárias para auxiliar esse processo; apresentamos como os modelos e conceitos da gestalt-terapia têm sido utilizados e adaptados ao programa de pesquisa em educação; e refletimos pessoalmente sobre o que representou essa experiência para nós.

A academia gestalt torna-se acadêmica – Apresentando a formação acadêmica na academia gestalt

A AG pode ser considerada o instituto principal de formação em gestalt na Suécia e até mesmo na Escandinávia. Fundada em 1976, como uma instituição sem fins lucrativos, ofereceu no início, apenas, a formação e um diploma em Psicoterapia. Em 1991, incluiu a linha da Organização. Hoje, a Academia Gestalt oferece formação nas duas linhas – clínica e organizacional –, com aproximadamente 100 estudantes.

Uma série de valores essenciais constitui uma base para a AG, incluindo uma *awareness* da presença no agora, a autenticidade nos encontros e diálogos, e um trabalho que visa à totalidade e ao significado. O objetivo da AG é usar esses valores fundamentais para saturar cada parte de suas áreas de trabalho e fazer com que o instituto contribua para uma maior conscientização e desenvolvimento dos indivíduos, das organizações e da sociedade[1].

Desde os anos de 1996/1997, a AG oferta (à parte dos programas mais curtos, seminários etc.) um programa de Mestrado em Psicoterapia e Organi-

---

1. Cf. www.gestaltakademin.se

zação, com duração de quatro anos, associado à Faculdade de Enfermagem e Educação na Universidade de Derby, na Inglaterra. Até hoje, 90 alunos receberam o grau de mestre do programa conjunto entre a Universidade de Derby e a Gestalt Academia.

Inicialmente, o título de Mestrado foi oferecido apenas à linha de Psicoterapia em gestalt, como uma forma de receber o tipo de legitimidade e credibilidade que era considerado necessário para ser elegível para uma licença em Psicoterapia. No entanto, desde o ano 2000, o programa de Mestrado também oferece a linha em gestalt organizacional. Acredita-se que o aumento da legitimidade e credibilidade, em todos os contextos de trabalho, seja importante para o profissional da gestalt.

O programa de Mestrado

Quando o programa de Mestrado foi implementado, a AG já tinha uma história forte e sólida de educar os profissionais da gestalt por meio da aprendizagem baseada na experiência. A leitura e a escrita não foram integradas na formação inteira, e o programa de quatro anos de formação era, em muitos aspectos, uma concretização do velho imperativo de Perls: *solte* "sua mente e venha para seus sentidos". Com o programa de Mestrado, toda uma nova cultura foi introduzida com um regime acadêmico e estrutura rígidos. Ofertaram módulos como: "Filosofia e Teoria da Gestalt: origens e fundamentos", "Encontro dialógico", "A visão de grupo" e "Teoria da Ciência" e, além disso, especificaram os chamados resultados de aprendizagem, conteúdo indicativo e critérios de avaliação, incluindo-os num "Manual do aluno". Além dos três componentes (prática clínica, supervisão de formação clínica e desenvolvimento pessoal) considerados os pilares do programa de diploma, um novo componente foi adicionado – teoria e pesquisa. Os alunos foram, então, solicitados a entregar, em cada ano, dois ou três exemplos escritos do trabalho dos cursos na forma de ensaios e Perfis de Desenvolvimento Pessoal (PDP) e com a teoria incluída como figura (na forma de ensaios acadêmicos ou trabalhos analíticos) ou *background* (PDP).

A pesquisa é enfatizada especialmente durante o 3º e 4º anos, como diz o *PG Cams* – documento das regras da Universidade de Derby:

> Por ser um Mestrado, o aluno deverá avaliar com segurança e de forma crítica problemas relacionados ao assunto e demonstrar

um conhecimento profundo do assunto adquirido pelas modalidades independentes de formação. Os alunos deverão ser capazes de identificar questões para abordar e demonstrar uma inclinação para a pesquisa[2].

Os alunos devem realizar dois módulos de pesquisa: Teoria da Ciência e pesquisa avançada aplicada, sendo que esta será avaliada por um plano de pesquisa. Isso eleva o nível do mestrado. Os alunos são estimulados a escrever um estudo independente, sendo supervisionados por um supervisor interno ou externo, e apoiados por um tutor.

Os 90 alunos que receberam o título de mestre entregaram o chamado estudo independente na forma de uma dissertação ou um estudo baseado em ação. Os terapeutas realizaram trabalhos, incluindo exemplos de tópicos de estudos sobre a relação e o processo terapêuticos, com foco específico na aplicação da "filosofia do diálogo" de Buber e do desenvolvimento de contato feito por teóricos da gestalt como Yontef, Hycner e Jacobs, como também o desenvolvimento na pesquisa clínica realizado por pesquisadores como Daniel Stern. Aqui também há várias contribuições interessantes para o estudo da fenomenologia do corpo e do significado do corpo em Psicoterapia no tratamento do estresse, transtornos da alimentação etc. Em relação aos estudos organizacionais, muitos tratam dos vários aspectos de liderança, bem como dos processos de mudança e de aprendizagem em grandes organizações/sistemas. Vários estudos focalizam a supervisão e/ou *coaching* com uma abordagem gestáltica. Na maioria desses estudos, a Teoria de Campo de Lewin é uma referência inicial importante.

A maioria esmagadora dos estudos utiliza uma abordagem qualitativa e diferentes tipos de entrevista (grupos de foco e entrevistas individuais em profundidade). Também utilizam diferentes tipos de métodos fenomenológicos: Psicologia Empírica Fenomenológica e Análise Fenomenológica Interpretativa (AFI) de Colazzi e Karlsson, bem como Teoria Fundamentada nos Dados e Análise da Narrativa. Durante os últimos anos, temos visto um aumento em estudos inspirados na pesquisa-ação/pesquisa interpretativa, e o destaque de Kurt Lewin como uma influência importante.

---

2. Cf. PG Cams edição final, 2002.

Princípios orientadores para pesquisa em gestalt

Ao longo dos anos, tivemos um debate dentro da AG a respeito do tipo de pesquisa que nossos alunos deveriam apresentar. Uma plataforma de pesquisa (JOHANSSON, 2006) foi desenvolvida e apresentada ao grupo de formadores e professores da gestalt. A plataforma de pesquisa apresentou, entre outras coisas, o propósito do programa: treinar psicólogos clínicos criticamente reflexivos com eles mesmos, como o instrumento principal; além disso, tornarem visível, examinarem e documentarem o conhecimento silencioso/implícito da prática da gestalt, e refletirem de forma crítica e sistemática sobre essa dinâmica, com perspectivas/modelos teóricos e métodos coerentes à sua teoria, filosofia e prática.

Além disso, na plataforma de pesquisa proposta, certo número de conceitos foi considerado fundamental como princípio orientador na realização de pesquisa em gestalt. Os onze princípios orientadores são apresentados aos alunos em sua formação, que são encorajados a utilizá-los como base fundamental ao desenvolverem suas abordagens de pesquisa. Esses princípios incluem campo, holismo, interpretação, mundo de vida, narrativa, mudança, processo, diálogo, responsabilidade, reflexividade (como meta-*awareness*) e criatividade. Cada um deles é apresentado a seguir e definido de forma sucinta:

Orientação do campo: a pesquisa gestáltica pode ser guiada por um paradigma de campo, o que significa dizer que a realidade subjetiva e social é estudada como campos continuamente criados e dinâmicos, organizados e reorganizados por meio de figura e fundo como princípios de estrutura (WHEELER, 1996).

Orientação holística: uma orientação holística volta-se para a prática da pesquisa orientada pela tese de campo lewiniana, definido pela totalidade de fatos coexistentes. Para compreender a ação humana é preciso considerar todos os aspectos e as forças diferentes que possam ser significantes para um determinado campo – estão incluídas aquelas mutuamente dependentes (econômica, cultural, histórica, social, psicológica e ecológica) (cf., p. ex., WHEELER, 1996).

Orientação interpretativa: com base em uma orientação hermenêutica, a pesquisa em gestalt trata da interpretação do significado – para interpretar a maneira como as pessoas veem a si mesmas e o mundo, ideia defendida pelo sociólogo Anthony Giddens, chamada hermenêutica dupla (GIDDENS, 1984). Por isso, torna-se crucial estar ciente de como os pesquisadores sempre interpretam a realidade a partir de certa pré-compreensão (pressupostos subjacentes) – determinadas normas, valores e perspectivas.

Orientação da vida no mundo: a partir de uma perspectiva fenomenológica o pesquisador da gestalt precisa tentar manter uma mente aberta enquanto explora a realidade subjetivamente experienciada, a vida no mundo, ou seja, como percebem os fenômenos e acrescentam significados (HUSSERL, 1989). Exploramos a existência humana no mundo como um sujeito agregado (MERLEAU-PONTY, 1962).

Orientação da narrativa: a pesquisa em gestalt também pode ser guiada por uma orientação da narrativa, na qual o ser humano é entendido como um contador de histórias, e as narrativas são consideradas meios que dão estrutura e significado à experiência humana. Assim, o conhecimento científico pode ser entendido como socialmente construído pela narração, e os textos científicos, como narrativas (JOHANSSON, 2005).

Mudança social como orientação: como pesquisadores da gestalt, precisamos também ficar atentos e nos inspirar na tradição de pesquisa fundada por, entre outros, Kurt Lewin, para conduzir a pesquisa de ação ou participativa. Nessa tradição (com uma das linhas definida como pesquisa interativa), o objetivo da investigação não é só produzir resultados teóricos, mas também conhecimento para o uso prático e as intervenções. A busca do conhecimento é algo que os pesquisadores e profissionais/participantes da pesquisa fazem idealmente em conjunto, em um diálogo contínuo, para que problemas e perguntas possam ser formulados, os processos sejam avaliados e, no final, sejam conduzidos às intervenções práticas e aos resultados (SVENSSON, 2002).

Orientação do diálogo: a produção do conhecimento científico e o processo de pesquisa podem ser caracterizados de acordo com o caráter relacional. Como pesquisador, é importante criar precondições para reuniões e diálogos com os participantes de nossa pesquisa. A orientação dialógica necessita levar em conta o caráter dialógico e social da linguagem, criando textos em que muitas vozes diferentes são ouvidas – ou seja, caracterizados pela polifonia –, usando várias estratégias literárias para representar conversas, interação e diálogo (BAKHTIN, 1991).

Responsabilidade como orientação: como pesquisadores, temos responsabilidades pessoais e profissionais com os processos em desenvolvimento nos campos dos projetos de pesquisa, com os quais estamos envolvidos. Precisamos refletir a respeito de questões éticas, por exemplo, as possíveis consequências da pesquisa para as pessoas e de que maneira seguir conscientemente as diretrizes éticas e salvaguardar a integridade dos participantes na pesquisa (KVALE, 1997). Também precisamos refletir sobre as precondições econômicas, sociais e culturais que formam a base do estudo e considerar a parte que, como pesquisadores, desempenhamos ao reproduzir ou enfraquecer essas condições. Temos que considerar as consequências das nossas ações. Isso significa perguntar-nos, por exemplo: "De que maneira contribuo para a reprodução ou o enfraquecimento de ordens e de relações de poder referente a 'raça'/etnia, classe, orientação sexual e gênero?"

Orientação reflexiva (meta-awareness): mesmo como pesquisadores, precisamos nos usar como instrumentos (BROWN, 1997). O caráter reflexivo da pesquisa é definido pela maneira que nos colocamos sempre como parte do campo/contexto que estudamos. Também precisamos investigar sistematicamente a relação entre o conteúdo do conhecimento que produzimos (o quê) e a maneira como esse conhecimento é produzido (o como) (ALVESSON & SKÖLDBERG, 1994). Isso significa que, entre outras coisas, precisamos refletir criticamente sobre nossas posições e papéis dentro do campo (com relação a sexo, raça/etnia, orientação sexual, classe, *status* profissional, idade etc.) e como nossas atitudes influenciam as perguntas, respostas, interpretações e intervenções feitas.

Orientação criativa: como a prática da gestalt tenta integrar processos intelectuais e cognitivos com a intuição, o jogo e o fluxo criativo (ZINKER, 1977), outro objetivo para a pesquisa da gestalt é ver a pesquisa como um processo criativo. É necessário ousar e ultrapassar a separação – entre ciência e arte, entre ciência e prática clínica, entre pesquisador e psicólogo clínico, e também entre observador e participante. Além disso, precisa visar à criação de textos experimentais e representar muitas vozes diferentes, misturando diferentes gêneros (estilo acadêmico, notações de diário, poesia etc.) e diferentes mídias, além da palavra transmitida oralmente e do texto escrito – tanto na coleta de dados quanto na apresentação.

Modelos e conceitos da gestalt aplicados à abordagem de pesquisa

Como você pode ver a partir das descrições anteriores, tivemos de trabalhar em direções paralelas durante os últimos doze anos. Primeiro, empenhamo-nos muito para garantir que o quadro filosófico, a abordagem e a "alma" da Academia Gestalt fossem mantidos e integrados no novo programa "acadêmico" de Mestrado em gestalt. Ao mesmo tempo, precisamos revisar e adaptar a formação em gestalt e a abordagem pedagógica existente para respeitar e seguir as novas normas e os padrões acadêmicos. Como se pode imaginar, foram necessários o ajuste ou a criação de muitos processos, relações e estruturas na Academia para atender a essas demandas e desafios. Embora a maioria dessas mudanças não seja analisada neste capítulo, existem alguns processos e modelos-chave criados que foram especificamente fundamentais para apoiar a experiência da pesquisa. Nesse caso estão incluídos processos e modelos referentes à maneira como a abordagem e os conceitos gestálticos seriam integrados à própria formação em pesquisa e aos processos pedagógicos, bem como a forma que a pesquisa do aluno e a supervisão seriam alinhadas com a abordagem da gestalt.

Enquanto explorava o primeiro desafio – encontrar e aplicar conceitos e modelos gestálticos à abordagem de pesquisa –, um modelo importante na gestalt-terapia nos surpreendeu com uma aplicação profundamente natural para conduzir pesquisas. Foi muito emocionante descobrir por tentativa e erro como "o ciclo de experiência da gestalt" era quase um constructo perfeito que usamos para planejar, conduzir e analisar uma experiência de investigação científica (SCHEINBERG & ALANGE, 1997). Na primeira seção a seguir, apresentaremos como o ciclo de experiência foi adaptado e aplicado para apoiar e conduzir a experiência de pesquisa.

Em seguida, após o ciclo de experiências ser apresentado como um constructo, aplicaremos o ciclo de novo, mas dessa vez como um princípio de organização para descrever como as várias formações e abordagens pedagógicas criadas para melhorar o processo de pesquisa dos alunos são aplicadas nas várias fases da experiência de aprendizagem.

O ciclo de experiência da gestalt como modelo para a abordagem da pesquisa

É claro que há muitas maneiras para delinear uma abordagem de pesquisa. Ultimamente, muitos pesquisadores escrevem livros interessantes (KVALE,

1997; SMITH, 2003; BRYMAN, 2004), oferecendo várias sugestões de como estruturar e conduzir uma pesquisa. Assim, não era nossa intenção criar uma nova abordagem para pesquisa em gestalt, mas sim encontrar uma maneira melhor de "ver", "expressar" ou "definir" o processo de investigação por uma perspectiva gestáltica.

Como um resultado da revisão das publicações de pesquisadores e do exame de seus métodos, um padrão comum manifestou-se a partir das várias etapas e dos processos de pesquisa individuais. Após um exame mais profundo e o uso da técnica de tentativa e erro, tornou-se claro que essas etapas de exploração científica eram muito semelhantes às fases no Ciclo de Experiência da Gestalt.

Na Tabela 14.1, a seguir, é possível observar o primeiro passo de comparação entre as fases típicas de um programa de investigação científica e as fases do ciclo da experiência.

Tabela 14.1 Uma comparação entre as fases de pesquisa e o ciclo da experiência

Fases da pesquisa	Fases no ciclo da experiência da gestalt
Introdução	Sensação
Revisão da teoria e literatura Questões da pesquisa	Consciência
Desenho da pesquisa, estrutura Método, amostra e coleta de dados Definição do planejamento e limitações	Mobilização de energia
Coleta de dados	Ação
Ética, confiabilidade e validade	Contato
Método de análise e estratégia Descobertas da pesquisa	Avaliação e reflexão (olhando para trás)
Os resultados de pesquisa, discussão Contribuições	Integração e padronização[3] (olhando para frente)
Conclusões	Fechamento

Foi possível definir o processo de pesquisa a partir de um ciclo de experiência que pode ser resumido da seguinte forma (SCHEINBERG, 1998):

---

3. O ciclo de experiência da gestalt foi adaptado por Sari Scheinberg em 1996-1997 ao incluir a "integração" como uma etapa extra no ciclo.

os pesquisadores coletam *sensações* – de várias ideias para investigar (oportunidades a serem obtidas ou problemas a serem resolvidos) –, até que uma informação é priorizada (por leitura da literatura sobre o assunto, exploração dos fenômenos etc.) e, assim, define os seus próprios objetivos de investigação. Como estão conscientes do que são as questões de pesquisa, precisam definir a abordagem e o método da pesquisa, mobilizar energia (incluindo a definição da própria intenção, motivação e ambição) e identificar os recursos necessários para partir para a ação e conduzir a pesquisa planejada. No processo da condução da pesquisa, mantêm-se em contato com sua abordagem as relações e experiências, para que sejam alcançadas melhorias contínuas na pesquisa e em si mesmos. Quando o processo da coleta de dados termina, os envolvidos "olham para trás" para avaliar e refletir quais foram os achados, o que foi alcançado ou se destacou como mais significativo, incluindo quaisquer erros cometidos. Em seguida, usam os seus *insights* "olhando para frente" para difundir e integrar no trabalho (ou seja, nas rotinas pessoais ou organizacionais), na teoria e na pesquisa subsequente, as informações apreendidas e obtidas como resultado. Finalmente, quando o pesquisador tiver certeza de que esse processo foi concluído, ele ou ela pode conscientemente reconhecer os aspectos acabados e os inacabados para, logo a seguir, fechar sua experiência e atividades de pesquisa, comemorando ou lamentando o seu trabalho. Dependendo do resultado alcançado, os pesquisadores podem, então, decidir em continuar com um processo novo, usando sua experiência prévia de investigação, ou permanecer com a possibilidade de estar aberto e lidar construtivamente com experiências sugeridas por qualquer nova consciência.

Para os nossos alunos observarem com mais facilidade e seguirem o ciclo da gestalt, como um modelo prático de projetar e realizar seus processos de pesquisa, as etapas descritas anteriormente têm sido integradas no ciclo de uma forma ilustrativa (SCHEINBERG, 1998).

Na primeira figura a seguir (Figura 14.1), ilustramos como o processo da pesquisa pode ser observado como um todo.

Figura 14.1 Processo de pesquisa ilustrado de acordo com o Ciclo de Experiência (CE)

Como descrito anteriormente, a pesquisa é introduzida, para a maioria dos estudantes, no 3º ano da formação em gestalt. Como o processo de aprendizagem da pesquisa se estende ao longo de dois a três anos (na maioria dos casos), pensamos que seria pedagogicamente mais útil representá-lo não apenas como um processo completo, mas também como três fases subestratégicas e operacionais. Dessa forma, os alunos seriam capazes de delinear e conduzir as pesquisas de forma mais consciente, para que, assim, possam iniciar e concluir os três ciclos de pesquisa em unidades menores de trabalho.

Nas três figuras que seguem, ilustramos a forma como o ciclo tem sido definido e utilizado nas três etapas práticas de um processo de pesquisa.

Fase 1 – Desenvolver o tema da pesquisa (Figura 14.2):
• definir o fenômeno em que você está interessado;
• examinar por que você está motivado para explorar essa questão;
• explorar o campo;
• estudar a literatura e outros projetos;
• definir as teorias, os conceitos e as construções relevantes;
• definir o tema e os subtemas da pesquisa.

Figura 14.2 Fase 1 – Desenvolver a questão da pesquisa

Fase 2 – Delinear e coletar os dados (Figura 14.3):
- comprometer-se com as questões e os objetivos da pesquisa;
- reconhecer o seu próprio nível de ambição e motivação;
- definir um desenho e uma abordagem para a pesquisa;
- identificar a amostra, o método e as limitações da pesquisa;
- planejar;
- coletar os dados conforme planejado.

Figura 14.3 Fase 2 – Delinear e conduzir o processo de coleta de dados

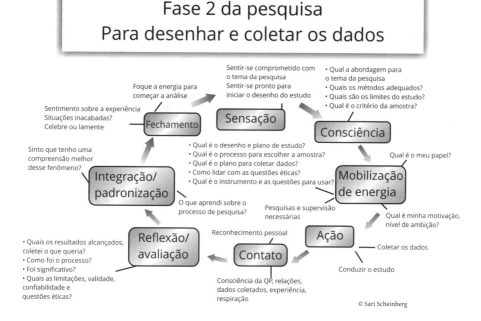

Fase 3 – Analisar e apresentar os resultados (Figura 14.4):
- criar e seguir uma estratégia de análise;
- revisar e refletir sobre os resultados obtidos;
- definir a contribuição para teoria, prática e pesquisa;
- integrar e difundir o aprendizado;
- estipular as reflexões finais, escrever e entregar o artigo – Celebração!

Figura 14.4 Fase 3 – Analisar e apresentar os resultados

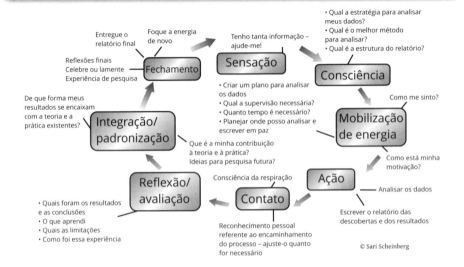

Como os conceitos e a pedagogia da gestalt-terapia são aplicados em várias fases do CE

Fase: Sensação – Consciência – Mobilização de energia
Exemplo: Curiosidade

Como mencionamos anteriormente, na formação em gestalt, a transição dos dois primeiros anos para o terceiro – quando o processo de pesquisa é incluído na aprendizagem de uma forma mais concreta e consciente –, não é um processo fácil para muitos dos alunos. Observamos que sentem medo dessa experiência e apresentam, de várias maneiras, resistência à aprendizagem. Por isso, era importante, para nós, apoiarmos os alunos a dar um passo atrás, respirar fundo, obter uma perspectiva e lembrá-los de que pesquisa é simplesmente uma maneira sistemática e consciente de ser curioso e explorar algo. Se pensávamos que sabíamos as respostas, então, naturalmente, pesquisa e exploração não seriam importantes. Entretanto, se formos observadores de nós mesmos, dos outros e do mundo ao redor, podemos, então, achar muitas áreas que naturalmente requerem nossa atenção e energia em nossas vidas pessoais, no nosso trabalho de terapia e em nossa associação ou trabalho de grupo.

Como resultado, em uma das primeiras reuniões sobre pesquisa, criamos uma meditação dirigida para os alunos observarem as próprias curiosidades – como acontece em diferentes estágios de suas vidas, como e para onde essa curiosidade está atraída no momento. Os alunos são guiados para lembrar e explorar as próprias experiências de ser curioso, bem como perceber se encontram quaisquer temas ou características de seu foco ou processo de curiosidade. Usamos esse exercício como uma forma de estimular e apoiar a curiosidade nata – para tornar-se mais consciente e, depois, usar essa *awareness* como um *input* para explorar os fenômenos que atraiam seus olhos, ouvidos, sentimentos, imaginação e observação.

Uma informação interessante a se destacar aqui é que, durante esses dez anos, observamos a "curiosidade" com uma característica especial na cultura escandinava. Descobrimos que muitos dos alunos não tinham "permissão" para serem curiosos quando eram jovens. Foram proibidos, nos ambientes onde cresceram, de fazer perguntas pessoais, principalmente sobre sentimentos, sexo e relacionamentos. Perguntas sobre "assuntos aleatórios" fossem permitidas; por exemplo: "O que tu estás aprendendo na escola?", "O que tu vais fazer mais tarde?" etc. No entanto não havia perguntas mais pessoais. Assim, quando os alunos tiveram que se preparar para definir a metodologia de pesquisa, houve uma necessidade maior de praticar maneiras de estruturar perguntas para expressar finalidade – e não apenas seguir o modo "educado", essa pode ser apenas uma saída fácil.

Exemplo: Análise do fenômeno escolhido pela perspectiva do campo

Enquanto alguns alunos sabem exatamente o que querem estudar, outros precisam de um tempo maior para encontrar os fenômenos que os motivem. No entanto, independentemente da velocidade ou da determinação de se encontrar o fenômeno de interesse, é evidente que encontrá-lo é apenas o primeiro passo. Precisávamos ajudar os alunos a moverem-se das figuras de interesse para a formação de questões da pesquisa.

Um método que tem sido utilizado é o de auxiliar os estudantes a fazerem uma "Análise do Campo" (SCHEINBERG, 1997) de seu fenômeno. O objetivo dessa análise é ajudar os alunos a explorar o fenômeno escolhido, a partir da perspectiva em que está posicionado no campo – onde se encaixa em um campo e como está ligado a outros campos. A intenção inicial é a de dar apoio aos alunos para estarem abertos e conscientes do "campo inteiro" dos ângulos, das disciplinas, dos níveis possíveis do sistema etc., para que, por fim, consigam localizar em qual momento sua pergunta se encaixa. Depois de conquistarem uma visão geral das possibilidades, será possível reduzir suas perspectivas, selecionar questões e dimensões específicas sobre as quais querem concentrar-se.

O processo para a realização dessa análise de campo segue algumas etapas:

• Primeiro, cada aluno é convidado a escrever a pergunta-chave que guia a sua curiosidade sobre o fenômeno que encontrou.

• Segundo, cada aluno tem "o lugar quente" por cerca de 30 minutos. Durante esse tempo, o professor ajuda o aluno, primeiramente, a tentar encontrar todos os vários conceitos e questões relacionados à sua pergunta. O professor, então, seleciona as teorias e conceitos identificados, e os coloca em um papel grande (cf. a Figura 14.5).

Figura 14.5 Análise de campo sobre a questão do fenômeno

• Terceiro, os outros alunos na sala são convidados para ajudar na identificação de outras questões ou temas que parecem estar ausentes, ou sugerir ideias adicionais ao que já está escrito no papel.

• Quarto, todo o grupo gera uma lista das especialistas, dos autores importantes ou da literatura essencial que está relacionada aos vários temas ou questões encontrados. Dessa forma, o estudante sabe por qual caminho começar.

• Quinto, o aluno é orientado a priorizar as questões listadas a respeito da análise de campo – a fim de direcionar sua revisão da literatura com mais foco.

• Sexto, na etapa final, o aluno é convidado a refletir sobre como foi esse processo, o que foi descoberto, o que ainda não está claro e como irão proceder nas próximas etapas.

Fase: Ação

Exemplo: Fazer entrevistas

A entrevista é uma das técnicas/métodos principais utilizados nas Ciências Sociais. A maioria dos alunos do programa de Mestrado está interessada em usar algum tipo de entrevista, grupo focal ou entrevista individual qualitativa em seu plano de pesquisa. Por isso, é importante que pratiquem modos eficientes de entrevistas durante o módulo de "Pesquisa Avançada Aplicada".

A prática mais comum é a de experienciar a situação e o processo da entrevista por meio de um exercício que envolve três atores em diferentes papéis: um entrevistado, um entrevistador e um observador. Para tornar isso mais realista foram usadas duas variações do exercício.

Em uma variante, o exercício é feito com um projeto de pesquisa criado em torno de questões bem conhecidas em gestalt: "Como o contato é definido e experienciado?" ou "Como uma 'boa' liderança é definida e experienciada?" Aqui, a entrevista pode ser vista como um estudo-piloto. O entrevistador, com algum apoio de outros membros do grupo, é solicitado a criar um guia simples para a entrevista antes de realizá-la.

Os observadores poderiam ser divididos em várias equipes, sendo que uma delas deve se concentrar no "como" e observar a linguagem corporal, o contato visual, os gestos, a postura corporal etc., e tenta responder à pergunta: "Como é a interação entre o entrevistado e o entrevistador, como é o contato criado?" Isto é o que Kvale (1997) chama de dimensão dinâmica. A equipe de dois centra-se em "o quê" e observa/ouve os tipos de perguntas as informações relacionadas por esses questionamentos – os temas emergentes. Assim, tentam responder à pergunta: "Sobre o que é a entrevista?" Isso é o que Kvale (1997) chama de dimensão temática.

Na segunda variante, o exercício é feito com os alunos entrevistando um ao outro para ajudar a desenvolver, com mais profundidade, a atual questão de pesquisa. O aluno que está entrevistando cria um guia a ser seguido, com perguntas exploratórias para ajudar o segundo aluno a conhecer melhor seu fenômeno da investigação, incluindo a sua relação com esse tema, onde ele se encontra em seu processo, o que é necessário fazer depois e como se sente nesse processo. Esperamos que o aluno a ser entrevistado seja capaz de desenvolver *insights* e uma compreensão melhor dessa fase inicial de seu processo de pesquisa. O(s) observador(es), por sua vez, observará(ão) tanto o entrevistador como o entrevistado e será(ão) capaz(es) de dar a eles *feedback* sobre suas observações do processo da entrevista, o conteúdo, o contato e outros pontos aprendidos sobre as regras de entrevista e considerações éticas.

Em ambas as variantes, diferentes atores têm a possibilidade de compartilhar a experiência deles. Como foi para ser entrevistado? Como foi para ser um entrevistador? O que os observadores viram ou ouviram? Como um entrevistador, é importante pensar sobre o quê? Quais são os obstáculos e riscos *versus* as possibilidades em uma entrevista?

Fase: Reflexão e integração

Exemplo: Escrita

Ao longo dos anos, a escrita emergiu como uma figura proeminente dentro do programa de Mestrado, tanto como uma prática importante e necessária (p. ex., os alunos na Linha de Psicoterapia escrevem vários Artigos de Desenvolvimento Pessoal – ADPs – e ensaios mais teóricos já no primeiro ano), mas também como uma prática carregada de muitas emoções. Muitos alunos da Academia Gestalt não estão habituados a escrever academicamente. Para abordar e trabalhar com as questões em torno da escrita, desde o início do treinamento na AG, começamos, então, a incluir trabalhos em torno da escrita. Os desafios incluem achar uma forma de ajudar os alunos a tornarem-se conscientes de seus entraves referentes à escrita; apoiá-los na busca de suas próprias vozes – que dão expressão à "voz do instinto" e à "voz do pensamento crítico" – e de como incentivá-los a escrever como um meio de autoexpressão e não apenas para o desempenho.

O treinamento da escrita normalmente tem a duração de meio-dia e abrange os aspectos citados a seguir:

1) Uma meditação dirigida, seguida por uma troca de experiência em duplas e, depois, reflexões com o grupo para listar os temas principais.

2) Uma introdução feita pelo professor para apresentar a compreensão do processo de escrita, a partir do ciclo de contato e dos estilos diferentes, em relação à escrita; em seguida são feitos trabalhos em pequenos grupos.

3) Uma introdução às formas diferentes de trabalho da parte escrita do curso está descrita no Manual da AG (PDP e Composições) e inclui diferenças/semelhanças entre as formas, exemplos de como escrever, sistemas de referência e assim por diante.

A seguir, vamos focar os dois primeiros pontos.

A meditação dirigida começa com uma percepção do corpo, seguida pela instrução:

> Imagine que você está numa situação, você está escrevendo. Onde você está? O que está escrevendo? Com qual instrumento você está escrevendo – um computador ou uma caneta? Você está sozinho ou há outras pessoas em volta? Observe as sensações corporais, pensamentos e sentimentos que você tem enquanto escreve. Quais são eles? Você, por exemplo, sente prazer, inspiração, ou sente medo e falta de energia?
> E assim por diante...

Três figuras geralmente emergem nos diferentes grupos. A primeira é a importância da forma de como a escrita é organizada em tempo e espaço. Muitos alunos percebem que precisam de períodos de tempo ininterruptos, alguns enfatizam a necessidade de um prazo final para partir da mobilização para a ação. Em relação ao espaço, muitos enfatizam a necessidade de privacidade – estar em um quarto sozinho, longe da família –, e o lugar precisa ser caracterizado pela beleza e pela serenidade. A segunda figura diz respeito à ansiedade em torno do desempenho – há muitas introjeções da escola, por exemplo, de a pessoa não ser suficientemente inteligente, de sentir medo por não ser capaz de entender as regras acadêmicas etc. Já a terceira figura diz a respeito à motivação. Questionam para que e para quem estão escrevendo, ou seja, escrevem para si mesmos ou para a Universidade de Derby?

Assim, o ciclo de contato e estilo é apresentado com relação ao processo da escrita.

Exemplos de estilos diferentes de contato são citados como no processo da escrita.

Exemplo 1: *Introjeção com* awareness – Leio livros de autores na área do assunto em que estou interessado; leio o Manual da AG e aprendo as regras da escrita acadêmica, mastigo e cuspo o que não acho relevante/significativo para mim. *Introjeção sem* awareness – "Não entendo nada disso, sou estúpido!"

Exemplo 2: *Projeção com* awareness – Coloco partes de mim no texto. *Projeção sem* awareness – "Dane-se aquela AG! A culpa por eu não poder escrever é deles; se não fossem todas as demandas e instruções acadêmicas, faria isso".

Exemplo 3: *Confluência com* awareness – O sentimento flui para tornar-se "um" com o texto. Confluência *sem* awareness – Não ser capaz de olhar o texto com olhos críticos, não ser capaz de terminar e deixar ir; vê o projeto como um "bebê" necessitando de proteção.

Exemplo 4: *Egoísmo com* awareness – Eu mesmo leio, escrevo e reflito sozinho, com prazer e autoconfiança, não preciso necessariamente de validação ou apoio de mais ninguém. *Egoísmo sem* awareness – Vejo-me como autossuficiente, mesmo quando preciso de apoio, quando a escrita é intensa e estou cheio de dúvidas. Não digo a ninguém sobre o que escrevo, nem deixo ninguém ler o meu texto durante todo o processo.

O grupo é dividido em grupos menores com as instruções para escrever o ciclo num papel grande. A cada membro do grupo é dado um tempo para tentar aplicar o modelo em seu próprio processo de escrita e identificar cada um dos estilos de contato que são seus "favoritos". Depois, são instruídos para refletir sobre as semelhanças e diferenças e, também, sobre quais os tipos de apoio cada membro do grupo precisa – da AG, dos professores, do grupo ou da família/amigos/colegas/autoajuda.

Reflexões finais: um diálogo sobre a história, o presente e o futuro

Ter a oportunidade de refletir e apresentar as várias maneiras que encontramos para pensar e trabalhar na AG foi muito emocionante e gratificante. Nós duas sentimos orgulho pela quantidade e qualidade de trabalho com que nós, os alunos e os professores da Academia, temos sido capazes de realizar. A experiência de fazer parte da transformação da AG tem sido estimulante e representa um desafio pessoal e profissional.

370

Todavia, antes de terminar a apresentação de acordo com o modo que a Academia Gestalt da Escandinávia integrou "a abordagem da gestalt" no processo de pesquisa e experiência, achamos que seria bom usar essa oportunidade para refletir mais *pessoalmente* sobre como essa experiência tem sido para cada uma de nós. Realizamos um diálogo e, a seguir, incluímos alguns trechos que refletem nossas experiências de criar e trabalhar dentro do programa de Mestrado.

As primeiras questões discutidas foram: O que nos atraiu para querer trabalhar com a criação desse programa de Mestrado em AG? O que vimos como oportunidades?

Sari: Desde o início, pensei que seria pessoal e organizacionalmente estimulante. Para mim seria possível combinar os meus dois mundos – meu amor e paixão para trabalhar com gestalt e ensinar gestalt, e meu amor para fazer pesquisa e manter a ética e a consciência necessárias. Desde o primeiro dia, apenas vi o programa de Mestrado como uma grande oportunidade para a Academia Gestalt. Na verdade, acredito que a maior parte do que dizemos, em relação à "abordagem da gestalt" para trabalhar como consultor ou terapeuta, é seguida e adotada no processo de pesquisa. Por exemplo, reconhecer com clareza nossa presença (objetivos, significado) e intenção ao definir claramente o trabalho que precisa ser feito ao seguir um caminho consciente e sistemático que exige contato, responsabilidade e reflexão constante, e estar conscientes de nossos limites, ética e contexto etc.

Houve, no entanto, outro atrativo para eu trabalhar nessa nova oportunidade, que está relacionado ao fato de eu gostar de manter uma perspectiva crítica sobre a nossa forma de trabalhar em gestalt. Pensei que seria bom examinar mais de perto o que fazemos, como uma comunidade, para obter *feedback* e fazer uma reflexão mais profunda ao colocar, em foco, nossos conceitos e práticas "sagrados" da gestalt para análise crítica. Pensei que isso iria ajudar-nos a ser mais honestos com nós mesmos e a ver como o trabalho que fazemos em gestalt se encaixa na comunidade científica maior.

Anna: Foi a mesma coisa para mim. Quando já estava na minha formação na AG para ser uma gestalt-terapeuta, estava trabalhando para integrar a prática clínica e teoria – mente e corpo – ao mesmo tempo em que fazia o meu doutorado. Enquanto trabalhava como gerente de qualidade e professora de pesquisa na AG, vi a possibilidade de elevar esse desafio a uma categoria superior para tentar integrar a reflexão crítica e a prática da gestalt no programa de Mestrado e em mim mesma. Tinha uma visão de que fôssemos capazes de articular, para nós e para os outros, o conhecimento silencioso e tácito que temos como gestaltistas, com o intuito de tornarmo-nos mais visíveis, refletir criticamente sobre as nossas próprias práticas e para fazer parte de um debate público sobre a mudança e o crescimento em indivíduos e organizações.

Outras perguntas que nos fizemos foram: Como tem sido a experiência para nós – introduzindo o mundo acadêmico para a AG? Quais foram as partes mais emocionantes? O que experienciamos como os maiores desafios e resistências?

Sari: No começo foi estimulante, pois fomos pioneiras na transformação de uma organização clínica para uma acadêmica. Também foi um desafio grande, porque só havia apenas outro exemplo no mundo de "como fazer isto"; assim, foi um processo muito criativo. Trabalhamos muito para achar o equilíbrio e descobrir como manter o "espírito gestáltico" dentro das estruturas, processos e demandas acadêmicas. Enfim, foi um desafio maravilhoso para mim. Senti-me bastante inspirada para criar novos modelos e formas de trabalho e para encontrar, juntamente com os alunos, a maneira de transformar os modos atuais de pensar, falar, relacionar-se e trabalhar em um modo mais academicamente suscetível. Estava muito otimista e esforcei-me para compartilhar minhas visões e ideias com todos os professores, para que pudéssemos ser uma equipe e promover juntos essa mudança.

Anna: Quando vim para esse quadro em 2005, apesar da estrutura já existente (organizada por você e pelos outros), ainda havia muito a contribuir. Foi um prazer criar uma estrutura mais sólida – e organizá-la – para tornar a pesquisa uma parte do programa inteiro, e não algo externo, isolado. Apoiar os professores e os alunos para "assumi-la" – e não ficar como um meio-irmão no processo de formação. Além disso, estimulá-los a encontrarem sua própria paixão e sentido na parte da pesquisa. Tenho sentido um grande orgulho por organizar seminários e criar formas de diálogo entre gestalt-terapeutas, alunos e professores de gestalt dentro da AG e, também, com pesquisadores do mundo acadêmico e outros profissionais que não trabalham com gestalt.

Sari: O maior desafio, no início, foi o fato de que eu era a única acadêmica no sistema AG. Entendi de maneira *lógica e intuitiva* que as exigências de qualidade, por parte da Universidade de Derby, para a criação de um programa de Mestrado e um componente de pesquisa, foi uma abordagem natural e um bom requisito para trabalhar em gestalt (e até mesmo para a criação de sistemas e processos mais transparentes na AG). Assim, sentia-me muito solitária no início e, de fato, estava sozinha a maior parte do tempo. Percebi que precisava explicar continuamente, ensinar e motivar outros professores sobre essa bela oportunidade. Acreditei que os professores estavam descontentes com a mudança e que projetaram seus medos e frustrações na minha pessoa como se a culpa de AG tornar-se um programa de Mestrado fosse minha. Senti que deveria defender e promover constantemente a visão e as oportunidades da pesquisa. Mas, enquanto os professores estavam céticos, os alunos estavam muito motivados e empolgados. Debatemos as demandas e os resultados da aprendizagem juntos, achamos e definimos maneiras de ensinar pesquisa pela aprendizagem baseada em experiência. Não tivemos que perder qualquer um dos nossos pilares filosóficos em nossa formação, visto que fomos capazes de manter o foco nos processos individuais e de grupo, relações, contato etc., na abordagem da pesquisa.

Anna: Realmente me senti da mesma forma que ela, tanto com a solidão como com o título de representante das regras e dos regulamentos da Universidade de Derby – tudo que envolve pesquisa e teoria. Às vezes me senti muito limitada profissionalmente e pessoalmente. Além disso, quis desafiar as muitas introjeções que reconheço na AG sobre o que a pesquisa é e deve ser. Uma coisa que era muito importante esclarecer naquele momento –, não era para ninguém se tornar um pesquisador –, mas para tornar-se um profissional criticamente reflexivo, com o seu próprio eu como o instrumento principal. Outra coisa foi achar formas de tornar a associação de pesquisa não gestalt – chata e um mal necessário – em algo significativo, lúdico e divertido.

Sari: Sim. Isso foi confuso para mim, porque havia uma suposição de que, por incluir teoria e aprofundar nossa compreensão de uma maneira sistemática (pesquisa), a leitura, a escrita e o uso da nossa mente seriam um caminho aberto para perder a essência da gestalt. Pessoalmente, sempre acreditei que esse processo de pensar mais criticamente e ser mais autorreflexivo nos levaria a aprofundar nossa alma. Poderíamos defender – com consciência e clareza – o que acreditamos e o que fizemos.

Anna: Estou feliz em dizer que acredito na mudança observada ao longo dos últimos anos. Penso que professores e alunos podem agora adotar a teoria e a reflexão crítica de maneira mais aberta. No entanto, apesar de eu ter sido muito dedicada ao trabalho de dissolver o pensamento dicotômico na cultura AG/gestalt, em que a teoria é vista como oposta à prática, a mente ao corpo, o sério ao lúdico, sempre fui ambivalente contando com a colaboração com a Universidade de Derby – ou mesmo com qualquer universidade. Para um pequeno instituto de gestalt, como AG, fazer parte de um aparato burocrático e rigoroso, como é uma universidade, exige-se um esforço constante – uma luta contra estruturas, regras e regulamentos que estão sempre de alguma forma reprimindo, uma luta para manter e desenvolver a pedagogia criativa baseada na experiência que consideramos estar no centro da formação em gestalt. Ainda não estou certa se vale a pena!

Agora é hora de concluir e acabar com as reflexões em torno da última pergunta: Então, e o futuro?

Sari: Essa foi certamente uma incrível experiência de rito de passagem durante esses dez anos, para todos nós no sistema da AG. Acredito que houve uma tremenda aprendizagem e reflexão crítica em todos os níveis do sistema (pessoalmente, escrevi muitas poesias e reflexões sobre meus relacionamentos e experiências na AG). E posso até ver a integração e a padronização de rotinas melhores, os papéis e as responsabilidades estabelecidos de forma mais clara, as abordagens e formas de trabalho flexíveis, mostrando-se mais cooperativas e abertas. Estou feliz por sentir e perceber essas mudanças. No entanto, em relação ao futuro, posso dizer que é difícil para mim refletir sobre o futuro da AG como uma organização, porque houve e continuam acontecendo muitas mudanças recentemente. Todavia, sinto-me confiante e orgulhosa dos alunos com os quais trabalhamos. Acredito que, nos seus esforços para gerenciar todas as dimensões e aspectos do programa de Mestrado, desenvolveram mais *insight*, mais profundidade e mostraram-se mais conscientes de suas mentes e seus corações. Foi muito emocionante supervisionar e instruir tantos alunos, que encontram tantas maneiras criativas e desafiadoras para explorar e integrar a gestalt nos contextos de seus trabalhos existentes. Portanto, acredito que criamos uma base boa de recursos humanos como uma comunidade para continuar a integrar e compartilhar o que aprendemos em todas as reuniões pessoais e profissionais que temos – no presente e no futuro.

Anna: Dez anos após o início do Programa de Mestrado, acredito que um dos desafios mais cruciais ainda é a integração da teoria/pesquisa no programa, desenvolver maneiras de incentivar e apoiar os professores e alunos a ler artigos e livros internacionais de gestalt possibilita o reconhecimento de formas para integrar a reflexão crítica em torno da teoria e prática dentro da formação. Ao mesmo tempo, precisamos ter orgulho do que criamos até agora, temos produzido até noventa dissertações e estudos baseado em ação, e assim realmente contribuímos para a Psicoterapia e pesquisa organizacional, na Suécia e na Escandinávia. Já publicamos nosso primeiro livro com cinco artigos das diversas dissertações. Os gestalt-terapeutas estão sendo publicamente visíveis e escutados! Isso é realmente emocionante!

O Core pode medir a eficácia da gestalt-terapia?

A seguir há um breve relato da iniciação de um projeto de pesquisa na comunidade da gestalt-terapia, no Reino Unido, baseando-se principalmente em um método de avaliação quantitativa para medição do resultado. O projeto está atualmente (enquanto escrevemos este livro) em andamento. Mesmo sem os resultados, porque ainda não estão disponíveis, a iniciativa é notável pelo apoio amplo e pela energia que tem atraído, refletindo um grau significativo do interesse em pesquisa entre os gestalt-terapeutas britânicos.

Os gestalt-terapeutas treinados no Reino Unido trabalham tanto em serviços de psicoterapia e de aconselhamento psicológico no âmbito do Serviço Nacional de Saúde (*National Health Service* – NHS) como nos setores privado e de voluntariado. Aqueles que encontram emprego no NHS já têm uma experiência de trabalho em enfermaria psiquiátrica; esse é o requisito básico para que sejam empregados, sendo descartada a sua formação em gestalt-terapia. Geralmente, os anúncios de emprego especificam a formação em Terapia Cognitivo-Comportamental (TCC), porque essa abordagem parece atender mais facilmente aos critérios do Instituto Nacional de Evidência Clínica (Nice) para uma base de evidências.

Os gestalt-terapeutas capacitados que desejam trabalhar nos serviços públicos precisam vencer o desafio da prática baseada em evidências eficazes para atender as demandas dos prestadores de serviços e dos responsáveis pelos orçamentos. A maior parte da formação em gestalt, no Reino Unido, acontece em institutos privados longe de recursos universitários para pesquisa, apesar de alguns institutos terem parcerias com universidades para validar seus cursos. Esse modelo de formação para gestalt-terapeutas apoia uma ênfase a métodos clínicos e habilidades práticas, mas dá menos atenção à pesquisa empírica. Quando a pesquisa é realizada, tende a ser de pequena escala e específica para o psicoterapeuta, resultando em uma aplicação limitada no campo maior.

A provisão para a saúde mental como um todo, no entanto, está atualmente no centro das atenções. Segundo o Relatório Layard (2006), o governo assumiu o compromisso de implementar as diretrizes Nice para depressão e transtornos de ansiedade; afirmando que todos os que precisam devem ter acesso à Psicoterapia. O Secretário de Saúde, Alan Johnson, anunciou:

> Vamos construir um serviço de psicoterapia inovador na Grã-Bretanha com o dinheiro adequado... Isso significa uma grande equipe de terapeutas em cada área, capazes de fornecer terapia de apoio, um serviço de qualidade que pode transformar vidas (LAYARD, 2007).

Até 2011, o governo planeja que 3.500 picoterapeutas estejam empregados no NHS, principalmente oferecendo psicoterapia breve na TCC. Essa suposição baseia-se no fato de que essa abordagem está sendo mais sujeitada aos ensaios clínicos. Até lá, o Ministério da Saúde pretende implementar um estatuto para conselheiros e psicoterapeutas. Devido a essa mudança no campo, a comunidade da gestalt-terapia não pode ser complacente em relação a questões de responsabilidade pública e de eficácia comprovada, nem ingênua a respeito da mecânica e da política de pesquisa empírica. Se não levarmos a sério o desafio de articular e avaliar as nossas alegações terapêuticas, podem nos deixar falando somente entre nós mesmos e permaneceremos limitados a trabalhar apenas com os clientes que podem pagar consulta particular.

Durante 2007, algumas dessas preocupações foram manifestadas em uma lista de discussão na internet do Instituto de formação em psicoterapia gestalt (GPTI)[4]. Alguns terapeutas comunicaram usar o sistema de Avaliação dos Resultados Clínicos Rotineiros (*Clinical Outcomes in Routine Evaluation*

---

4. O GPTI é um membro da Associação de Psicoterapia do Reino Unido. Promove a formação e a prática em gestalt-terapia e realiza exames para conceder um diploma em gestalt-terapia. O diretório de 2007 listou 227 membros.

ou Core)[5] em seus locais de trabalho e pensaram se isso poderia ter algum mérito para avaliar a gestalt-terapia como uma modalidade terapêutica. Um deles, Jane Stringfellow, iniciou um estudo-piloto, enviando alguns dos formulários de avaliação do Core mais um questionário para registrar as reações para 100 gestalt-terapeutas. Assim, surgiu um projeto de pesquisa entre gestalt-terapeutas com o objetivo de verificar se o sistema do Core poderia avaliar, satisfatoriamente, a eficácia da gestalt-terapia para começarem a construir uma base de evidências para a gestalt-terapia no Reino Unido.

O sistema de Core é, agora, a abordagem mais amplamente usada para auditar a avaliação e as medidas de resultado para serviços em psicoterapia e aconselhamento psicológico no Reino Unido. Esse sistema foi desenvolvido entre os anos de 1995 e 1998, no Centro de Pesquisa em Psicoterapia da Universidade de Leeds, por uma equipe multidisciplinar de pesquisadores e psicoterapeutas, e tornou-se uma iniciativa autossustentável em 1998. Até 2005, o Banco de Dados Nacional do Core para psicoterapia, no setor de serviço da atenção básica, continha dados dos resultados de 35.000 pacientes tratados em práticas clínicas de rotina, ao longo de 34 serviços de cerca de 600 terapeutas (CORE, 2007). O sistema tem sido bem documentado e registrado[6], mas, basicamente, os dados são coletados por meio de um questionário de 34 itens, preenchido pelo cliente no início e no final da terapia; mas os formulários da avaliação e do final da terapia são completados pelo terapeuta. Cada conjunto de dados, portanto, inclui quatro formulários, que podem ser carregados em um banco de dados interativo usando o software PC Core.

O sistema foi desenvolvido para ser preenchido por cada psicoterapeuta em serviço. Para cada cliente há um questionário que fornece um perfil; assim, é possível ter uma mostra abrangente da clientela, em vez de selecionar apenas clientes prováveis de serem bem-sucedidos em terapia. Os dados sobre os problemas apresentados e emergentes são coletados por meio de uma classificação que inclui o uso das categorias do ICD10. A própria medida do resultado trata o sofrimento global do cliente, a partir de uma perspectiva panteórica, utiliza as dimensões subjetivas de bem-estar, os problemas ou sintomas, a vida e o seu

---

5. Informações sobre o Core podem ser encontradas em www.coreims.co.uk

6. A edição do *Counselling and Psychotherapy Research*, vol. 6, n. 1, publicado em março de 2006 pela Bacp, é uma edição especial sobre Core, apresentando uma introdução abrangente da história e do uso do sistema.

papel social, e os níveis de risco para si mesmo ou para os outros. Além de os dados serem coletados especificamente de uma pessoa, as mensurações podem ser marcadas pelo psicólogo clínico e comparadas com dados normativos de populações clínicas e não clínicas. O escore de risco pode ser particularmente útil para o terapeuta que tenha o objetivo de avaliar.

A mensuração feita pelo Core é projetada principalmente para fornecer aos administradores e psicólogos clínicos as provas de qualidade e eficácia do serviço. Contudo, esse método não é especificamente orientado à gestalt; na verdade, a partir dos tipos de terapia que estão listados no formulário preenchido pelo profissional ao final da terapia, não há alternativa para especificar a gestalt-terapia a não ser como "outro". No entanto, decidimos usar esse sistema porque é o mais nacionalmente utilizado nos serviços de psicoterapia. Muitos gestalt-terapeutas trabalhando em equipes do NHS já contribuem com dados dessa maneira, mas suas identidades gestálticas são absorvidas como um todo, nessas situações. O diferencial desse projeto de pesquisa é a maneira de coletar os dados. Os gestalt-terapeutas os selecionam em contextos de trabalho, de modo a incluir o setor público, o consultório privado e o trabalho voluntário.

Um dos desafios desse projeto foi planejar e coordenar uma iniciativa de pesquisa de média escala, pelo esforço voluntário, contando com o interesse profissional e a motivação dos membros da comunidade gestáltica. Um grupo de coordenação constituído por seis pessoas foi formado, e as informações foram divulgadas na lista GPTI online. John Mellor-Clark, um dos planejadores do sistema Core, participou da conferência GPTI em junho de 2007, com uma apresentação aos delegados, e, em novembro, em Birmingham, realizou um dia de treinamento, com a presença de mais de trinta terapeutas interessados em participar do projeto de pesquisa. Uma rede de pesquisa sobre a prática da gestalt foi formada para apoiar o projeto, e um grupo online para compartilhar informações entre os participantes. Para começar o projeto, o comitê executivo do GPTI concordou em financiar, no primeiro ano, o software e os custos de treinamento de pessoas responsáveis por inserir os dados. Por ocasião da inscrição, no início de 2008, o número de gestalt-terapeutas que iriam participar era muito além dos membros da GPTI, e cerca de quarenta coletaram dados para o projeto. A codificação para a coleta de dados sobre o contexto de trabalho e nível de experiência dos terapeutas foi feita, e o software foi instalado e ativado. Os primeiros conjuntos de dados estão sendo enviados ao funcionário voluntário para registrar no sistema. O plano é conduzir o projeto por um ano, em primeira instância, e, em seguida, avaliar a experiência.

Como acontece em todo verdadeiro experimento, não sabemos qual será exatamente o resultado. Ao longo dos anos que vem sendo conduzido, o Core tendeu a apresentar diferenças insignificantes entre as modalidades para as quais foi codificado (as abordagens centradas na pessoa, Terapia Cognitivo-comportamental e Psicodinâmica), porém apresentou diferenças significativas, de até 10 vezes no resultado, entre os terapeutas estudados. No resultado pode ser, então, que não seja capaz de responder à pergunta: "O Core pode avaliar satisfatoriamente a eficácia da gestalt-terapia?" Podemos perguntar: "Como posso ser um gestalt-terapeuta mais eficiente?" É ainda incerto afirmar se o Core vai nos ajudar a ganhar algum entendimento do tipo de processo de mudança de acordo com o que Greenberg escreve no capítulo 4; até mesmo porque não foi realmente projetado para isso. Alguns argumentam que o Core não pode capturar a profundidade e a extensão do trabalho que fazemos, e ainda afirmam que os clientes podem fazer um trabalho de *awareness*, que é significativo e acentua a vida, mas sentem-se pior durante a última semana de terapia do que quando começaram. Podemos ficar decepcionados com o resultado e sentir que houve um ganho pequeno para a quantidade de esforço. Talvez outros projetos de pesquisa sejam gerados como resultado do interesse e da energia depositados nesse projeto.

No entanto, até agora só podemos afirmar que é uma tentativa inovadora e pioneira dos membros da comunidade gestalt no Reino Unido para enfrentar o desafio de ser curioso sobre a eficácia do que fazemos e encontrar maneiras de fazê-lo melhor, para que assim possam ganhar experiência e dar uma contribuição para o campo maior de pesquisa em psicoterapia.

Formação em gestalt-terapia com um *kit* de ferramentas do pesquisador

Antes da minha formação como uma gestalt-terapeuta, fui aluna de graduação – uma universitária nas Artes e parte da onda de teoria pós-moderna, dos estudos culturais pós-colonialismo e particularmente os feminismos diversos. Minha atividade acadêmica era dentro do campo dos estudos sobre as mulheres, e isso significa que meus temas de interesse foram em torno do gênero e de outras desigualdades baseadas em identidade que afetam homens e mulheres (como raça, classe, habilidade e todas as outras maneiras que separamos e discriminamos). A metodologia para estudar esses tópicos veio de um crescente e antigo discurso da pesquisa equitativa. Pesquisadoras feministas contribuem para paradigmas de pesquisa por um tempo. É possível observar que as contribuições feministas, frequentemente, concentram-se em fazer o processo de pesquisa em si mais equitativo e mais orientado à criação de mudança social em prol de mais igualdade. A pesquisa feminista não domina o mercado; o que as feministas escolheriam como metodologia de pesquisa e práxis (a combinação de teoria e prática), muitas vezes, são tipos muito semelhantes a métodos defendidos por teorias que apresentam objetivos próximos, ou seja, pesquisadores que estão promovendo as teorias e práxis humanistas, antirracistas, teorias descolonizadoras ou homossexual.

Ao me formar como pesquisadora qualitativa, recebi um *kit* de ferramentas de pesquisador que trouxe para a minha formação como terapeuta. Isso influenciou a minha abordagem na formação e meus treinadores começaram a me chamar de "gestaltista". Quando perguntei o que aquilo significava, disseram que "incorporei" a gestalt em minha vida e, por causa disso, era uma "gestaltista" em vez de ser apenas alguém aprendendo um pouco de técnica. Fiquei orgulhosa. O que me qualificou como uma "gestaltista" foi a minha formação como pesquisadora qualitativa feminista.

Os estudos sobre mulheres há muito tempo exigiam que seus alunos examinassem as próprias vidas e suas comunidades para promoverem o trabalho social da equidade pela autorreflexão, consciência, coragem para mudar e vontade de serem desafiados. Assim, ensinaram-nos como os sistemas de opressão funcionam dentro de nós, como reinscrevemos, vivemos e respiramos cada modo. Fomos, então, ensinados a questionar a nós mesmos e a mudar. Quando a formação em gestalt exigiu esse tipo de coragem e desafio para mudar, eu estava pronta, disposta e capaz de fazê-lo. As habilidades de pesquisa qualitativa que aprendi se misturaram a alguns métodos particulares. Meu projeto principal de pesquisa no Mestrado se baseou na Teoria de Ação Social e em alguma Teoria Fenomenológica proveniente da Antropologia. Já tinha treinado por um bom tempo, aprendendo como aprender da imersão em outra cultura. Isso me preparou bem para a formação experiencial de gestalt. Senti-me bem-preparada pelo meu treinamento para entender, valorizar e confiar nesse método de ensino e aprendizagem, e sabia como abrir-me à aprendizagem e à mudança pela experiência.

Senti-me privilegiada para a tarefa de aprender a ser uma terapeuta com uma mochila imaginária, cheia até a borda de habilidades e ferramentas para ser uma pesquisadora qualitativa feminista. Uso esse conceito "privilégio" de uma maneira específica; peguei emprestado esse conceito de uma "mochila de privilégio", citado em um artigo feminista famoso chamado "White privilege: unpacking the invisible backpack" ("Privilégio branco: desfazendo a mochila invisível"), de Peggy McIntosh (1995). Nesse artigo, a autora reflete sobre como é difícil para os homens, em sua sala de aula, aceitarem que possuem privilégios somente por serem homens em nossa sociedade, mesmo que seja fácil perceber que as mulheres estão em desvantagem. Essa autora é uma mulher branca e, assim, para compreender melhor essa questão, tentou examinar o privilégio branco e chegou a notá-lo como um pacote invisível de posses não ganhas que ela poderia contar em receber a cada dia, mas sobre o qual deveria permanecer alheia. O privilégio branco é similar a uma mochila invisível e sem peso, com provisões e recursos especiais.

Ao me referir a essa mochila de McIntosh, aludi a duas coisas. A primeira é uma descrição do quanto foi importante ter essas ferramentas – realmente pareceram como um privilégio extra de provisões especiais, mapas, passaportes, ferramentas e cheques em branco para ter na minha viagem de mudança pessoal, de descoberta, aprendizagem e transformação em uma gestalt-terapeuta. Além disso, você pode notar que me identifico com uma referência ao privilégio branco não conquistado, algo que muitos se recusariam, pois é um conceito feio e que me torna (porque sou branca) uma opressora. Estava disposta a enfrentar o meu lado escuro e mudar, porque vim deste mundo valente dos estudos feministas, onde fomos convidadas a conhecer os nossos privilégios, bem como nossas opressões, fomos solicitadas para conhecê-los pessoalmente antes de trabalhar como teóricas e contribuir para nossa comunidade com a práxis da teoria e ação, enquanto pesquisava maneiras de saber, diminuir e tentar acabar com esses problemas e vantagens. Até o final de um programa de formação em gestalt-terapia, esperamos ser mais capazes de enfrentar os nossos lados escuros, nossa opressão. Sinto que tenho um começo importante, saber como cumprir esse desafio a partir dos instrumentos da pesquisa qualitativa feminista de autorreflexão, reconhecendo emoção, reatividade, como nos sentimos quando achamos novas ideias, procuramos constantemente ter um ciclo para investigar o mundo e perceber em nós mesmos quais os preconceitos ou ideias rígidas podemos enfrentar; depois voltar para a investigação e retomar esse movimento de vai e vem como uma de nossas ferramentas.

Era uma pesquisadora qualitativa e feminista. Vim com a vantagem de ter sido treinada como uma pesquisadora em minha formação de gestalt-terapia. Fui treinada a gravar o meu processo, a ficar aberta para a descoberta, para o que se revelaria e para perceber as maneiras como eu criava meu próprio ponto de vista. Havia sido treinada para entrevistar sem nenhuma orientação e perguntar a muitas pessoas sobre suas visões de mundo; isso me ajudou a reunir a cultura comum do que era um modo "gestalt" de pensar ou fazer algo (isso se tornou útil para fazer minhas apresentações nas noites dedicadas à teoria, porque a comunidade de gestalt-terapia é uma cultura, uma cultura oral ainda em grande escala; muitos em nossas várias comunidades de gestalt prezam continuar essa tradição).

Desembalar o kit de ferramentas

Já mencionei que trouxe a habilidade de me incluir no processo. Esse foi um ponto fundamental para a investigação qualitativa feminista. Ensinaram-me a iniciar um projeto de pesquisa, fazendo uma parte escrita sobre os tipos de julgamento preconcebidos que trouxe para o trabalho. Esse exercício foi uma forma de declarar e tornar-me consciente do que afetava a pesquisa. Esse ponto encontrou ressonância com o conceito de *awareness* na gestalt – o que trazemos à consciência nos possibilita fazer uma escolha de manter isso ou não. Ensinaram-me a me perceber regularmente para ver que tipos de ideia fixa eu mantinha. Esse exercício de consciência, agora que conheço a partir da Teoria da Gestalt, ajudaria a dissolver esses tipos de rigidez, permitindo que o trabalho fosse mais orientado pelo campo maior (isto é, a comunidade com a qual eu poderia trabalhar à época). Ao fazer uma formação em terapia, achei que fosse mais provável ter a chance de chegar à frente do grupo, ter menos medo de ser contestada ou de mudar, porque já tinha sido desafiada e encorajada a mudar na minha formação acadêmica, sabendo o que significa ser uma pesquisadora feminista.

Aprendi técnicas, fundamentadas na Antropologia, para a compreensão de uma cultura, utilizei-as para uma pesquisa baseada em comunidade dentro de uma comunidade transexual, em Toronto. Nesse estudo anterior, com meu trabalho observei a apresentação e a divulgação dos objetivos da comunidade. Consegui conquistar um desenvolvimento prévio das habilidades de ouvir, ver e usar todos os meus sentidos para perceber e coletar os dados. Aprendi essa maneira fenomenológica de aprender, de pesquisar. Na minha formação em pesquisa, incluímos a escrita em diários como parte dessa experiência. O que escrevemos foi chamado de notas de campo, que deveriam ser feitas no momento, ou seja, nenhuma agenda, nenhum assunto, apenas um tempo para registrar o que acontecia, conforme o que vinha à nossa consciência, e fomos lembrados, muitas vezes, para incluir todos os nossos sentidos. Na verdade, quando nos foi ensinada essa técnica, investigamos o que poderia nos ajudar em uma "boa"escrita – para mostrar, não para dizer, para favorecer os nossos sentidos. Frequentemente, entrávamos em experimentos com a ideia de nos concentrar no que emergisse, dando espaço para isso, liberando a agenda. Desejei ter mais tempo para tomar notas regularmente. É claro, o perigo é que eu poderia separar-me da experiência, ficando com a postura "neutra", isto é, distanciada de "observador".

Há escolas de pensamento que apoiariam um caminho diferente a partir do distanciamento. Por exemplo, os antropólogos pós-coloniais recentes, que estudam suas próprias culturas, e as antropólogas feministas, que insistem na ideia de que a práxis feminista exige a inserção do pesquisador na comunidade pesquisada e, ao mesmo tempo, reconhece o poder inerente ao papel de "pesquisador" e a separação inevitável do "pesquisado". Portanto, a minha escolaridade ajudou-me a fazer um registro escrito de notas de campo durante minhas experiências, e a vantagem disso era que eu seria capaz de rever esses documentos primários para saber qual tipo de tema surgiu – chamado "teoria fundamentada em dados".

A teoria fundamentada em dados representa as ideias avançadas do que significa ter educação experiencial de gestalt e do que é parte da educação experiencial, e assim por diante. Essa seria uma teoria proveniente da experiência pesquisada, traduzida, de uma cultura de formação vívida. O que quero dizer com isso é que a experiência de pesquisa teria um impacto sobre uma cultura em que foi inserida enquanto era estruturada e pesquisava, e um bom pesquisador trabalharia para manter essa consciência e ficar atento a isso. Em outras palavras, uma pessoa que se casa em uma determinada cultura tem uma visão e gera um impacto diferente de uma pessoa que viaja para trabalhar lá por uma década ou de uma pessoa que vai para pesquisar e aprender a cultura e, em seguida, publicar o que é essa cultura. O poder da pesquisa para definir e, em seguida, afetar o desenvolvimento futuro da cultura é grande e não deve ser empreendido sem o entendimento, o respeito e o cuidado com esse impacto.

Na minha formação em gestalt, quando chegava a hora de preparar minhas apresentações para a noite da teoria, muitas vezes, utilizei técnicas qualitativas para me preparar. Sabia que estava aprendendo a ser uma terapeuta em uma atmosfera que valorizava o conhecimento vivido, comunicado pela experiência, isto é, um tipo de conhecimento cultural. Portanto, não quis depender apenas de livros; queria investigar a teoria de uma forma que conseguisse relacionar o conhecimento cultural com a minha comunidade local da gestalt. Até mesmo a identificação desse fato vem de uma experiência em teoria qualitativa a partir da Antropologia.

Elaborei uma pequena metodologia, que incluiu algumas breves notas de campo e algumas entrevistas com uma ampla gama de pessoas – pessoas que estavam no mesmo ano que eu, as pessoas dos outros quatro anos, os membros do corpo docente, bem como pessoas que se formaram há muito tempo. Se uma pessoa identificasse outra com interesse particular nessa área, eu seguiria aquela – o que é chamado de "técnica metodológica da Bola de Neve" – um termo real! Descreve a criação de uma amostragem por indicação de entrevistados. É muitas vezes uma maneira de acessar comunidades "quietas", como a comunidade LBGT (lésbica/bissexual/*gay*/travesti e transexual), em um lugar que tem um monte de homofobia, por exemplo. Lembro-me de que estava sempre surpresa no processo de estabelecer relações; para isso, obtive informações que contradizem totalmente as minhas noções até então fixas que escrevi no início. Minhas noites teóricas eram frequentemente descritas como completas, detalhadas e sofisticadas. Acredito que isso acontecia porque possuía técnicas qualitativas na minha mochila e poderia usá-las para romper com as minhas ideias gestálticas fixas, conforme aprendia outras possibilidades. Além disso, apresentava o conhecimento cultural e a teoria fundamentada em dados – os aspectos da teoria que estavam sendo vividos e documentados. Esse estilo de pesquisa é importante para a comunidade da gestalt que, há um tempo, apresenta dados escritos, mas também conserva uma cultura forte, que é experiencial e oral. Se estamos escrevendo mais sobre gestalt-terapia, as técnicas qualitativas que estão lá fora podem ser usadas para chegarmos ao mesmo conhecimento oral e experiencial de uma forma respeitosa, fundamentada e conhecedora do impacto e do poder que a pesquisa tem para definir e moldar o futuro de uma cultura.

Durante minha formação em gestalt-terapia, fazia parte de uma comissão de alunos e professores, e desenvolvemos uma proposta de pesquisa com o objetivo de iniciar uma pesquisa local e apoiar a pesquisa de base comunitária. O conhecimento que eu tinha em minha mochila ajudou-nos e fomos capazes de elaborar uma proposta que recebeu uma pontuação elevada. Não ganhamos o financiamento – uma organização local, que havia se unido com um hospital de saúde mental muito grande, recebeu o financiamento. O retorno que recebemos foi saber que nossa proposta pareceu mais provável para estabelecer ligações duradouras entre as agências pequenas e aqueles que poderiam fornecer financiamento. No entanto, nossa capacidade de conceber um projeto que estivesse dentro do domínio de "pesquisa de base comunitária" reuniu ideias informadas pela Teoria da Gestalt e ideias de pesquisa qualitativa feminista, para formar uma proposta de alto nível para a práxis da pesquisa de base comunitária.

No passado, muitos antropólogos qualitativos tentaram descrever o tipo de aprendizagem e a criação de conhecimento que acontece quando um profissional dessa área traz maneiras de atendimento e de aprendizagem especializadas para o tema de uma cultura. No passado, o aprender fazendo e vivendo foi representado pela palavra alemã *verstehen* (entender). *Verstehen* é o tipo de conhecimento que se adquire quando se faz algo. É o tipo de conhecimento que os antropólogos utilizam de uma forma ampla e combinam com técnicas de gravação e de revisão. Esse tipo de aprendizagem-pela-vivência frequentemente se torna uma história de "virar nativo" – termo usado pelos antropólogos quando a aprendizagem-pela-vivência foi considerada possivelmente como comprometedora da objetividade do trabalho. Ao mesmo tempo, os pesquisadores pós-coloniais e antropólogos *new-wave* (a nova geração), trabalhando nas próprias comunidades, consideram o que estão dispostos a mudar durante o estudo. Esse conceito estava muito em minha mente durante meu trabalho de pesquisa qualitativa e passou para a formação da gestalt-terapia, porque esta é uma viagem de desafio e mudança durante a aprendizagem.

Assim como fui beneficiada por começar uma formação em gestalt-terapia, como pesquisadora qualitativa e feminista, os formandos podem ser beneficiados pela participação em pesquisa qualitativa como um gestalt-terapeuta. A teoria qualitativa ajudaria a experimentação, a partir do uso de métodos, para alcançar a *awareness*. O que emerge para você quando escreve uma nota de campo? Que resistência você tem quando escreve notas de caso? O que acontece quando você escreve sem ter ideias preconcebidas do que gostaria de registrar? Essas são maneiras de reforçar o pesquisador qualitativo em uma pessoa. No vai e volta de estudar e agir, os formandos em gestalt e os pesquisadores estão em uma jornada.

Para mim, a pesquisa qualitativa significou prestar atenção à jornada e valorizar o estudo, a reflexão e o desafio como parte do processo. A pesquisa qualitativa apresenta algumas vantagens, como ajudá-lo a criar projetos triangulados, com mais possibilidade de serem financiados; promover a cultura oral e experiencial da gestalt-terapia; estabelecer diálogo com muitos movimentos humanistas e equidades que querem abordar a humanidade em crise nesse momento em nosso mundo ambientalmente frágil; ter um método que ressoa as técnicas da gestalt-terapia e, portanto, seja adequado para a capacitação de habilidades de pesquisa; e ter métodos de pesquisa que nos mantêm como parte responsável em nossa margem de crescimento.

Referências

ALVESSON, M. & SKÖLDBERG, K. (1994). *Tolkning och reflection – Vetenskapsfilosofi och kvalitativ metod*. Lund: Student Litteratur.

BAKHTIN, M.M. (1991). *Det Dialogiska ordet*. Göteborg: Bokförlaget Anthropos.

BROWN, J. (1997). *The I in science*: Training to utilize subjectivity in research. Oslo: Scandinavian University Press.

BRUNNER, M. & MC KEWN, J. (1997). *Developing Gestalt Counselling.* Londres/Nova York: Sage.

BRYMAN, A. (2004). *Social research methods.* Oxford: Oxford University Press.

CORE (2007). "Assessing the effectiveness of a psychological therapy service". *Core Partnership Occasional Paper*, n. 2, jul.

DONN, W. (org.) (1999). *The essential Husserl*: Basic writings in transcendental phenomenology (studies in continental thought). Indianápolis: Indiana University Press.

EHN, B. & KLEIN, B. (1994). *Från erfarenhet till text* – Om kulturvetenskaplig reflexivitet. Estocolmo: Carlssons.

GIDDENS, A. (1984). *The constitution of society.* Cambridge: Polity Press.

HUSSERL, E. (1989). *Fenomenologins idé.* Göteborg: Daidalos.

JOHANSSON, A. (2006). *Research Platform* 2006.

_____ (2005). *Narrativ teori och metod* – Med livsberättelse i fokus. Lund: Studentlitteratur [HOLME, I.M. & SOLVANG, B.K. (1997)].

KVALE, S. (1997). *Den Kvalitativa forskningsintervjun.* Studentlitteratur Lund Sweden.

LAYARD, R. (2007). "Quoted in article in Sunday". *Observer*, 14/10/2007.

_____ (2006). *The depression report* – A new deal for depression and anxiety disorders. Londres: The Centre for Economic Performance Mental Health Study Group/London School of Economics.

LEE, R. & WHEELER, G. (org.) (1996). *Voice of shame* – Silence and connection in psychotherapy. São Francisco: Jossey-Bass.

McINTOSH, P. (1995). "White privilege: Unpacking the invisible backpack". In: KASSELMAN, A.; McNAIR, L.D. & SCHEIDERWIND, N. (orgs.). *Women, images, and realities*: A multicultural anthology. Mountain View: Mayfield, p. 5-8.

MERLEAU-PONTY, M. (1962/1945). *Phenomenology of Perception.* Londres/Nova York: Routledge [No Brasil, traduzido sob o título: *Fenomenologia da percepção.* 5. ed. São Paulo: Martins Fontes, 2006].

ROBINE, J.-M. (1999). "Will gestalt therapy dare to enter a post-modern way". *Gestalt Therapy Studies*, 8, p. 92-94.

SCHEINBERG, S. (1998). *The research process according to the gestalt cycle of experience* – Training Materials Gestalt Academy of Scandinavia.

_____ (1997). *Training materials for field analysis training in the Gestalt Academy of Scandinavia.*

SCHEINBERG, S. & ALÄNGE, S. (1997). *The evolution of the gestalt cycle of experience*. Gothenburg: Chalmers University of Technology [Working Papers Series].

SMITH, J.A. (2003). *Qualitative psychology*: A practical guide to research methods. Londres: Sage.

WHEELER, G. (1996). "Self and shame: A new paradigm for psychotherapy". In: LEE, R. & WHEELER, G. (orgs.) (1996). *Voice of shame*: Silence and connection in psychotherapy. São Francisco: Jossey-Bass.

_____. (1991). *Gestalt reconsidered*: A new approach to contact and resistance. Cleveland: The Gestalt Institute of Cleveland Press.

ZINKER, J. (1977). *Creative process in gestalt therapy*. Nova York: Brunner/ Mazel [No Brasil, traduzido sob o título: *Processo criativo em gestalt-terapia*. São Paulo: Summus, 2007].

15
Conclusão

Philip Brownell

*A diferença entre apenas dizer algo a alguém
e revelá-lo é que dizer torna-se uma revelação quando, em algum grau e de algum
modo, isso revela o secreto.*
Nicholas Wolterstorff

A leitura dos vários capítulos deste livro foi reveladora para mim. Tenho conhecimento em pesquisa, e há muito tempo que acredito que a gestalt-terapia, como um campo e como uma visão clínica, precisava estar sujeita ao exame minucioso de pesquisa rigorosa. Isso beneficiaria o campo e os profissionais da gestalt-terapia, e ajudaria a reforçar as suas credenciais como uma abordagem atual, viável e "baseada em evidências". Por conseguinte, apoiaria também o trabalho, que é um meio de vida para muitos gestalt-terapeutas. O que estava obscuro para mim, mas agora está claro, é que a gestalt-terapia, especialmen-te na forma como é descrita neste livro, permanece como um símbolo para o campo maior; essa é uma abordagem complexa que desafia táticas atomistas, tanto na prática como na pesquisa em psicoterapia – tentativas que dissecariam o todo da atividade psicoterápica, seja a abordagem gestalt, a cognitivo-com-portamental, a psicodinâmica ou a centrada no cliente; bem como tentariam certificar as várias técnicas ou componentes de intervenção como tratamen-tos independentes. Suspeito que a descrição da prática da gestalt-terapia, em conjunto com os nossos interesses sobre a condução da pesquisa, deixou, pelo menos, implícita a ideia de que a gestalt-terapia (e a psicoterapia em geral) não pode ser assim dissecada.

Uma revelação um pouco diferente surgiu enquanto lia o artigo do Alan Kazdin (2008), no *American Psychologist*. O autor descreveu as pontes entre a pesquisa de "laboratório" e a prática clínica. Por isso, foi encorajador vê-lo incluir muitos dos interesses sobre os tratamentos baseados em evidências, que foram apresentados pelos autores deste livro: Os resultados da pesquisa de tratamento baseado em evidência (*EBTR*) podem ser generalizados? É útil que a EBTR foque os sintomas e a redução dos sintomas, quando

> grande parte da psicoterapia não se destina tanto a chegar a um destino (eliminação de sintomas) como se atém ao percurso (o processo de lidar com a vida). A pesquisa em psicoterapia raramente aborda com um foco mais amplo a maneira de lidar com os múltiplos estressores e atravessar os obstáculos da vida, que são facilitados ao se falar com um profissional treinado (KAZDIN, 2008: 147).

Declarou ainda que a significância estatística não quer dizer, necessariamente, que os clientes melhoram de forma evidente no dia a dia. As mudanças nas escalas de avaliação "objetivas", como o Inventário de Depressão de Beck ou o Inventário Multifásico de Personalidade de Minnesota, são difíceis de serem relacionados às mudanças do modo de viver da pessoa. Por outro lado, existe uma preocupação com a tomada de decisão clínica, o julgamento individual e a perícia como um guia para a prática. Uma das necessidades na prática clínica é ajustar ou personalizar o tratamento para atender às necessidades de clientes individuais, mas os pesquisadores ainda precisam fornecer uma resposta útil e "aceitável" para que possam agir assim. O progresso do cliente na prática clínica é, frequentemente, avaliado com base nas impressões clínicas, em vez de observação sistemática, manutenção de registros, análise e outras, que até então mostraram-se incertas.

Kazdin sugeriu três mudanças no modo de trabalhar a pesquisa para que os profissionais possam melhorar o atendimento ao cliente: estudar mais os mecanismos de mudança terapêutica, estudar os moderadores de mudança nas formas que se relacionam à prática clínica e saber conduzir uma pesquisa qualitativa. Sugeriu, além disso, dois caminhos paralelos para fazer o trabalho clínico alcançar objetivos semelhantes: o uso de medidas sistemáticas para avaliar o progresso do cliente e a contribuição dessas medidas para a base do conhecimento científico.

> Nosso campo se beneficiaria enormemente da codificação das experiências dos profissionais clínicos em prática, de modo que a informação poderia ser acumulada e serviria de base para gerar e testar hipóteses. Não é necessário que os clínicos se tornem pes-

quisadores e façam análises complexas de dados. Pesquisadores eles já são; no entanto, precisam formar hipóteses de que uma combinação específica de tratamento terá efeitos específicos e devem testar essas hipóteses com o caso individual (KAZDIN, 2008: 155).

O autor termina o artigo com um convite para colaborações diretas daqueles que se identificam como pesquisadores ou como psicólogos clínicos.

Ao resumir Kazdin – presidente da Associação Americana de Psicologia –, é notável, nesse momento em que escrevo, que ele aborda diretamente a questão do aval epistêmico para a prática da psicoterapia (e sua base de pesquisa) e propõe com precisão o ponto principal deste livro (evidência baseada na prática e os métodos múltiplos ou mistos de pesquisa).

Afirmamos que os gestalt-terapeutas/formadores estão especialmente preparados, pelos institutos de formação em pós-graduação, para compreenderem os benefícios dos métodos qualitativos e quantitativos, e tratarem dos mecanismos de mudança dentro da gestalt-terapia; além disso, são formados para estudar os moderadores de mudança e realizar a pesquisa qualitativa. Os institutos de formação em gestalt-terapia podem ajustar os currículos para incluir um treinamento que modelaria e aperfeiçoaria a competência de avaliação dos formandos, para que os gestalt-terapeutas possam começar a medir sistematicamente os processos de seus trabalhos e, então, contribuir com os dados obtidos para projetos de pesquisa maiores e mais complexos. Por exemplo, a Academia de Gestalt da Escandinávia ilustra como as comunidades de pesquisa em gestalt podem colaborar com os programas já existentes de pesquisa acadêmica. Gestalt-terapeutas, então, têm uma grande oportunidade de estar à frente e estabelecer as ligações entre pesquisa e prática clínica; e isso não é um exagero.

O que poderia impedir que isso acontecesse? Sari Scheinberg e Anna Johannson se referiram às resistências que encontraram entre os próprios colegas. Em alguns casos, formadores estabelecidos e respeitados podem não ter competência em pesquisa e sentem-se intimidados com a situação de mudança no campo e a necessidade de produzirem algo além de suas capacidades. Outros podem rejeitar toda a iniciativa científica, rotulando-a como positivista e "delirante". Outros ainda poderiam optar por não terem nada a ver com a atividade de pesquisa – uma preferência simples.

De acordo com a descrição de Siobhán Conway-Hicks, sentiu-se privilegiada por ser capaz de chegar à formação em gestalt-terapia com conhecimento de um ponto de vista de pesquisa. A partir disso torna-se claro que os dois campos são complementares. Os estagiários poderão beneficiar-se do rigor de aprender a fazer observação sistemática. Formandos e formadores, igualmente, poderão se beneficiar do uso de ferramentas de pesquisa para medir e avaliar o processo de treinamento propriamente dito.

Além disso, abordamos questões relacionadas à filosofia da ciência como fundamento para pesquisas específicas em gestalt. Muito mais poderia ser dito sobre isso e, provavelmente, deve ser dito. Oferecemos também uma perspectiva dos métodos – quantitativos e qualitativos –, e afirmamos que ambos são necessários. De fato, as formas de suporte à prática baseada em evidências, que são identificadas pela Associação Americana de Psicologia (APA), abrem a porta e sugerem que entremos por ela, utilizando múltiplos meios, métodos mistos ou de "triangulação"; como alguns de nossos autores de capítulo sugeriram para gerar a evidência necessária.

> ...os problemas discutidos por pesquisadores em ciência social e saúde são complexos, e a utilização de métodos quantitativos ou qualitativos, por si só, é insuficiente para lidar com essa complexidade. A natureza interdisciplinar da pesquisa, assim, contribui para a formação de equipes de pesquisa com indivíduos de abordagens e interesses metodológicos diversos. Finalmente, há mais conhecimento a ser adquirido pela combinação de ambas pesquisas – qualitativas e quantitativas – do que o uso de apenas uma dessas formas. A utilização das duas formas combinadas proporciona uma compreensão ampliada de problemas de pesquisa (CRESWELL, 2009: 203).

Defendemos também firmemente a permanência de uma tradição de pesquisa específica em gestalt, contando com a contribuição de pessoas da gestalt do mundo inteiro; afirmamos francamente que outras perspectivas "roubam" nossas descobertas, e já pesquisam ideias e práticas relacionadas. Poderíamos apenas "roubar" de volta e utilizar a relação estabelecida como forma adicional de apoio para o que estamos fazendo.

Neste livro fornecemos uma seção de métodos para descrever de forma clara o que as pessoas fazem quando praticam a gestalt-terapia. Fizemos isso para que aqueles, que podem conduzir uma pesquisa na abordagem gestáltica, possam usar a seção de métodos como descrição operacional da gestalt-terapia. Evitamos o termo "manual" por causa de sua associação com a (RCTs) e EBTs. Não acreditamos que as pessoas possam ser treinadas para funcionar como gestalt-terapeutas a curto prazo (ou seja, apenas com a leitura de um manual e trabalhar a partir disso), porque as complexidades de fazer escolhas clínicas são exigentes e devem ser experiencialmente aprendidas. Além disso, acreditamos que ambas – teoria e prática da gestalt-terapia – formam uma unidade, juntamente com todos os quatro fundamentos principais descritos na seção de métodos (e seus respectivos subpontos). Todavia, a seção de métodos é fornecida para que pesquisadores possam ser capazes de comparar o que pesquisam com aquele processo conhecido e descrito como gestalt-terapia por esses "avaliadores especialistas".

Estou pessoalmente interessado em saber para qual direção as pessoas vão levar essas questões a partir daqui. Refletindo sobre o tema deste livro, Edwin Nevis disse que era um

> ...livro há muito tardio. É uma tentativa hercúlea de fornecer um plano para demonstrar que o valor desse poderoso modelo psicoterapêutico pode ser mostrado por meio de pesquisa qualitativa e quantitativa, e pode tomar o seu lugar no mundo da ciência normal... Como um psicólogo formado em pesquisa clássica e, em seguida, uma das primeiras pessoas formadas pelos fundadores da gestalt-terapia, lendo este livro me senti como que voltando para casa. A "revolução" à qual aderi em 1956 não está concluída, mas, neste volume, foi-nos dado um guia de como, então, fazê-lo. Recomendo este livro para qualquer pessoa que realmente queira aperfeiçoar a prática de seu trabalho, apoiando-o com uma base mais ampla, que demonstre a ideia de que a aliança entre a fenomenologia existencial com o behaviorismo fenomenológico pode produzir resultados verificáveis, replicáveis para o que é, essencialmente, uma ocupação ideográfica (NEVIS, 2008).

Agora, veremos o que será possível ver. Estarão os institutos à altura do desafio? Será que as comunidades de pesquisa em gestalt se unirão, formarão redes concretas de pesquisa baseadas na prática e prosseguirão coordenando a pesquisa contínua? Será que a utilização da Core e de outras medidas aumentarão? O que poderão fornecer em termos de resultados mensuráveis? Será que os programas de pesquisas acadêmicas já estabelecidos formarão parceria com os profissionais da gestalt, de várias maneiras, para investigar fatores de mudança da gestalt-terapia? Será que a gestalt-terapia participará do campo mais amplo da psicologia experimental, trazendo sua sofisticação e compreensão diferenciada de "o quê" e "como" as pessoas crescem e mudam?

Este livro *esteve* atrasado, mas agora está aqui. O que já está atrasada é a vontade de investigar a validade do que temos feito como gestalt-terapeutas.

A primeira parte está feita.

Referências

CRESWELL, J. (2009). *Research design*: Qualitative, quantitative, and mixed methods approaches. Los Angeles/Londres/Nova Deli/Singapura: Sage.

KAZDIN, A. (2008). "Evidence-based treatment and practice: New opportunities to bridge clinical research and practice enhance the knowledge base, and improve patient care". *American Psychologist*, 63 (3), p. 146-159.

NEVIS, E. *Comunicação pessoal*, 17/03/2008.

Os colaboradores

Talia Levine Bar Yoseph: Bacharel, mestre, psicóloga clínica (honorária na Inglaterra); psicoterapeuta, consultora em organizações, supervisora e formadora com trinta anos de experiência profissional em Israel, na Europa e nos Estados Unidos. É coordenadora-assistente do Instituto de Gestalt em Jerusalém e diretora administrativa da *Choice Consultant and Psychotherapy*. Faz parte do corpo docente no Instituto de Formação em Gestalt da Bermuda (www. gtib.org). Formou-se em Gestalt-terapia sob orientação de Erving e Miriam Polster, e pelo Instituto de Gestalt-terapia de Los Angeles. Coordenou durante oito anos o Departamento de Gestalt, do Instituto Metanoia em Londres, Inglaterra (www.metanoia.ac.uk), e, durante seis anos, serviu como delegada no Conselho de Psicoterapia do Reino Unido; foi membro do Executivo por dois anos e gestora de educação profissional continuada. Entre os anos 1979 e 1981, exerceu o cargo de chefe do Curso de Pós-graduação em Gestalt-terapia, na Universidade Hebraica em Israel. É um membro do Conselho de Psicoterapia do Reino Unido (UKCP) (www.psychotherapy.org.uk) e da Associação Israelita de Psicoterapia (IPA). Além disso, publicou os livros: *The Bridge: Dialogues across cultures* (Gestalt Institute Press, 2005), e *Gestalt Therapy: Advances in theory and practice (Advancing theory in therapy)* (Routledge, 2011).

Paul Barber: Mestre em Ciências, Ph.D., é professor de Gestalt, em Pesquisa e Organizações na Universidade Middlesex; é colaborador do Instituto Roffley Park (www.roffeypark.com), e um associado do Instituto Europeu de Estudos Psicoterapêuticos (www.euroips.com). Como ex-diretor do Projeto de Pesquisa Sobre o Potencial Humano, na Universidade de Surrey, delineou o Mestrado em Ciências com concentração em Consultoria de Gestão e Mudança. É autor do livro: *Becoming a practitioner researcher: A gestalt approach to holistic inquiry* (Middlesex University Press) e de numerosos artigos sobre facilitação de grupos, investigação qualitativa, formação de equipes e desenvolvimento organizacional. Começou sua carreira na área da saúde mental, desenvolvendo comunidades terapêuticas. Atualmente leciona Facilitação de Grupos e Consultoria Organizacional para mestrandos no Instituto Roffey Park, e pesquisa no Programa de Doutorado em Psicoterapia no Instituto Metanoia (www.metanoia.ac.uk).

Dan Bloom: Advogado e terapeuta licenciado em serviço social, trabalha como gestalt-terapeuta em consultório particular na cidade de Nova York. Estudou com Laura Perls, Isadore From, Richard Kitzler e Patrick Kelley. É associado do Instituto de Gestalt-terapia de Nova York, onde foi presidente durante dois mandatos. Faz parte do corpo docente no Instituto Gestalt das Bermuda. Atualmente é o presidente da Associação para o Avanço da Gestalt-terapia, uma comunidade internacional (www.aagt.org). Leciona e faz apresentações em diversos países, inclusive no Brasil. Os seus artigos têm sido publicados em jornais científicos em vários idiomas. É o editor-chefe do jornal *Studies-in-Gestalt Therapy-Dialogical Bridges*, e também faz parte do grupo editorial do jornal *Gestalt Review* (www.gestaltreview.com).

Philip Brownell: Mestre em Divindade e doutor em Psicologia Clínica, é um psicólogo clínico licenciado, consultor organizacional e *coach*, em consultório particular em Bermuda com Bento Associates (www.benedict.bm). É o diretor e instrutor do Instituto de Treinamento em Gestalt da Bermuda; onde mantém sua prática em psicologia clínica e faz consultoria organizacional. Também é um psicólogo clínico licenciado, nos estados de Oregon e Carolina do Norte, Estados Unidos. É editor de *Gestalt!* (www.g-gej.org) e editor-consultor para o *Jornal Europeu de Pesquisa Qualitativa em Psicoterapia* (www.europeanresearchjournal.com). Exerce o cargo de diretor do Instituto de Formação em Gestalt de Bermuda (www.gtib.org); é autor-colaborador do livro *Gestalt Therapy: history, theory and practice, the professional counselor's desk reference*, e autor do livro *Gestalt Therapy: A guidebook for mental health professionals*. Escreve e publica artigos em jornais na Austrália, Inglaterra e Estados Unidos. É o fundador e facilitador da lista de discussão Gstalt-L, uma comunidade virtual que começou em 1996 para gestalt-terapeutas, formadores, alunos, teóricos e escritores. É coordenador dos recursos de pesquisa de GestaltResearch (com o seu servidor de listas, redes sociais e interfaces na Rede – www.gestaltresearch.ning.com, www.gestaltresearch.org). Pela internet coordena o *Gestalt-Research*. É membro da American Psychological Association (www.apa.org), *da Bermuda Psychological Association*, e da Christian Association for Psychological Studies.

Todd Burley: Ph.D., ABPP, é professor do Curso de Pós-graduação em Psicologia, na Loma Linda University, onde leciona Gestalt-terapia, diagnóstico neuropsicológico, tratamento e pesquisa sobre esquizofrenia, e também faz parte do grupo que leciona psicologia cognitiva e funções corticais. Atualmente serve no grupo editorial do jornal *Gestalt Review* (www.gestaltreview.com). Suas publicações e apresentações (assim como suas publicações em neuropsicologia) têm incluído questões como *insight* e *awareness* em gestalt-terapia, julgamento clínico em teste de interpretação, implicações da atual pesquisa psicológica para a prática da gestalt-terapia, gestalt, teoria contemporânea da personalidade, o desenvolvimento da estrutura de caráter sob a perspectiva da gestalt cognitiva (juntamente com Kiti Freier), Teoria de Campo e a análise de vários transtornos de personalidade baseados na ruptura do processo de formação/destruição da gestalt. É um dos principais docentes no *Gestalt Associates Training*, em Los Angeles (www.gatla.org), e em Santa Mônica, Califórnia, onde forma gestalt-terapeutas dos Estados Unidos e internacionalmente. Conduz treinamento na França, Alemanha, Dinamarca, Itália, Espanha, Inglaterra, Finlândia, Bélgica, Grécia, Suíça e República Tcheca. Em Moscou, na Rússia, tem um contrato de dois anos para formar líderes psicólogos e psiquiatras de toda a Rússia, Ucrânia, Bielorrússia, Sibéria e na Letônia. Independente desse programa, leciona por convite no Reino Unido, Israel, Dinamarca, Austrália, República Tcheca e, o que é hoje, a República Eslovaca. Também atuou como presidente do Instituto de Gestalt-Terapia de Los Angeles.

Siobhán Conway-Hicks: Bacharel, mestre em Ciências, mestre em Psicoterapia com consultório particular na cidade de Toronto, Ontário, no Canadá. Formada como gestalt-terapeuta pelo Instituto de Gestalt de Toronto, trabalhou no setor da juventude, em serviços de emergência desde 2002. Incentiva várias formas de pesquisa, ensino e facilitação de grupo sobre feminismo, pós-estruturalismo, pós-colonialismo, teoria de *queer*, pesquisa-ação, pesquisa em comunidade, pesquisa feminista e vários estilos qualitativos adquiridos dentro desses campos. É membro da Associação de Consultores, Conselheiros e

Psicoterapeutas em Ontário (www.oaccpp.ca) e da Associação para o Avanço da Gestalt-terapia, uma comunidade internacional (www.aagt.org). Além disso, estuda medicina.

Sylvia Fleming Crocker: Mestre, é gestalt-terapeuta e formadora em consultório particular na cidade de Laramie, Wyoming, EUA. Formou-se em Gestalt com Miriam e Erving Polster e, também, no Instituto de Gestalt de Los Angeles e na Europa. Fez doutorado em Filosofia e mestrado em História Comparada das Religiões, também mestrado em Aconselhamento Psicológico. Antes de tornar-se uma gestalt-terapeuta, ensinou Filosofia em diversas faculdades e universidades. Mais recentemente, apresentou oficinas de formação nos Estados Unidos e em outros países. É considerada como uma das fundadoras e membro da Associação para o Avanço da Gestalt-terapia, uma comunidade internacional (www.aagt.org), onde presidiu o comitê de desenvolvimento da teoria por seis anos. Além disso, escreve e publica artigos sobre gestalt-terapia em jornais acadêmicos e é autora do livro *A Well-Lived Life, Essays in Gestalt Therapy*, e também do capítulo "Phenomenology, Existentialism, and Eastern Thought in Gestalt Therapy," no livro *Gestalt Therapy: History, Theory and Practice*, de Ansel Woldt e Sarah Toman (organizadores). Atualmente, escreve um livro sobre uma abordagem dramática para o trabalho com sonhos em gestalt.

Victor Daniels: Ph.D., professor na Universidade Estadual Sonoma, Rohnert Park, na Califórnia, EUA, onde leciona Gestalt-terapia, Psicologia Humanística e Existencial, Psicologia Transpessoal, Psicologias Asiáticas, Psicologia Social, História da Psicologia, Psicologia do Comportamento e Cognitivo-comportamental. Formou-se em Gestalt-terapia nos institutos de Gestalt de São Francisco, Esalen, Ananda de Santa Rosa, Gestalt de São Diego e, individualmente, com Robert K. Hall. Faz parte do grupo editorial do Jornal *Gestalt!* (www.ggej.org) e, em 2005, serviu como o presidente do Programa para a Conferência Regional da Associação Europeia para o Avanço da Gestalt-terapia, em Amsterdam, e, também, em 2006, da Conferência Internacional para a Gestalt-terapia da Associação para o Avanço da Gestalt-terapia, uma comunidade internacional (www.aagt.org) em Vancouver, British Columbia, Canadá.

Seán Gaffney: É irlandês de nascimento, cultura e por convicção, mas reside na Suécia desde 1975. É um gestalt-terapeuta e consultor organizacional, professor do Centro de Organização e Desenvolvimento de Sistemas no Instituto de Gestalt em Cleveland (www.gestaltcleveland.org), um dos membros do Centro Internacional de Estudos em Gestalt, e tem sido um formador, ao longo dos anos, nos institutos e associações de Gestalt na Suécia, Dinamarca, Noruega, Rússia, Itália, Irlanda e Israel. Leciona gestão intercultural em universidade. Seu trabalho, em todas as áreas, é bilíngue, multicultural e internacional. É professor-visitante na Academia Gestalt, na Escandinávia; na *Gestalt Trust* na Escócia/Irlanda do Norte; no Instituto de Negociações Internacionais, em Estocolmo, Suécia; no Departamento de Mestrado da Universidade Bocconi, em Milão, Itália; e faz parte do grupo de professores no Instituto de Gestalt de Bermuda. Também dá palestras em Programas de Mestrados nas Universidades da Letônia e Irã. Tem artigos publicados no *Nordic Gestalt Journal* (editor-fundador) e no *Gestalt Review* e é um entrevistado no capítulo de Gestalt-Terapia: história, teoria e prática, de Ansel Woldt e Sarah Toman, (orgs.). Está concluindo um doutorado em Gestalt com grupos multiculturais.

Eva Gold: Mestre em Serviço Social, psicóloga doutora, é professora-assistente na Escola Profissional de Psicologia, da Universidade do Pacífico, em Forest Grove, Oregon, EUA; psicóloga em consultório particular desde 1978, autora e coautora de inúmeros artigos e capítulos sobre a teoria e a prática da gestalt-terapia, é uma autora-colaboradora para o Manual de Psicologia Clínica e está, atualmente, trabalhando em um livro sobre psicologia budista e gestalt-terapia. Trabalha também como formadora e faz apresentações nos Estados Unidos, Austrália, Canadá e Israel.

Leslie S. Greenberg: Ph.D., é professor de psicologia na Universidade de York, em Toronto, Ontário, Canadá, onde é também o diretor da Clínica de Psicoterapia e Pesquisa, uma das maiores autoridades sobre trabalho com as emoções em psicoterapia, é o fundador da terapia focada na emoção. Juntamente com colegas, é autor dos principais artigos sobre abordagens focada na emoção para o tratamento de indivíduos e casais, a partir do trabalho original intitulado *Emotion in Psychotherapy and Emotionally Focused Couples The-*

rapy, na década de 1980 até seus trabalhos mais recentes sobre terapia focada na emoção: *Couching Clients to Work Through Emotion and Emotion-Focused Therapy of Depression*. Dr. Greenberg é um membro fundador da *Society of the Exploration of Psychotherapy Integration (Sepi)* e ex-presidente da *Society for Psychotherapy Research (SPR)*. Em 2004, recebeu o prêmio de *Distinguished Research Career*, da *SPR*. Participa do conselho editorial de diversos jornais em Psicoterapia, incluindo o *Journal of Psychotherapy Integration* e o *Journal of Marital and Family Therapy*. Profissionais de diversos campos, incluindo cognitivo-comportamental, interpessoal, psicodinâmica e terapia focada na solução, reconhecem o trabalho integrativo do Dr. Greenberg. Trabalha como psicoterapeuta em consultório particular com indivíduos e casais, e também forma estudantes na abordagem experiencial e terapia focada na emoção.

Anna Johansson: Ph.D. em Sociologia; é gestalt-terapeuta formada pela Academia Gestalt da Escandinávia (GA), um programa de quatro anos de duração. Trabalha em consultório particular em Gothenburg, na Suécia. Publica artigos e livros sobre as áreas de teoria cultural, psicologia social, estudos de gêneros, teoria e método da narrativa. Desde 2004, Anna tem trabalhado como professora de pesquisa, supervisora, examinadora e orientadora de trabalhos independentes na GA, onde também foi gerente de qualidade (2005-2008).

Jungkyu Kim: Ph.D., é gestalt-terapeuta em Seul, Coreia do Sul. É professor na Universidade Sungshin para mulheres, desde 1988, onde leciona Psicologia Clínica, Psicologia do Anormal, Gestalt-terapia, Terapia de Grupo e Arteterapia. Foi presidente da Associação Coreana de Psicologia Clínica (1999-2000). Estudou Filosofia na Universidade da Coreia, em Seul, e cursou Psicologia Clínica na Universidade Wilhelms, em Bonn, Alemanha. Ele fez sua formação em Gestalt-terapia no Instituto Fritz Perls, na Alemanha; com Miriam e Erving Polster em São Diego, e com Gary Yontef e Lynne Jacobs em Los Angeles, EUA. É presidente da Associação Coreana de Gestalt-Terapia e Pesquisa, e membro do conselho editorial do *International Gestalt Journal*. Leciona e trabalha com Gestalt-terapia (dentro e fora do ambiente universitário) durante 18 anos e está interessado em integrar a *mindfulness* na Gestalt-terapia.

Alan Meara: Bacharel em Ciências, é um dos docentes na Formação em Gestalt, em Sidney, Austrália, (www.gestaltpractitioners.com.au); formador-visitante na Associação de Gestalt em Queensland e formador-assistente durante cursos intensivos de verão no Associados da Formação em Gestalt de Los Angeles (www.gatla.org). Trabalha como gestalt-terapeuta em consultório privado e tem lecionado Gestalt desde 1992. Tem experiência em consultoria de desenvolvimento e processo organizacional. Está particularmente interessado em trabalhos com grupos, aplicação de conceitos de dinâmicas não lineares no trabalho em terapia individual e em grupo. Apresenta *workshops* em conferências e publica artigos em diversos jornais na Austrália e em outros países. É o presidente da Associação Gestalt da Austrália e Nova Zelândia (www.ganz.org.au), uma associação profissional que credencia gestalt-terapeutas naquela região. E também é membro do grupo editorial da *Gestalt Review* (www.gestaltreview.com).

Joseph Melnick: Ph.D., é psicólogo clínico e organizacional, que reside em Portland, Maine, Estados Unidos, onde mantém um consultório particular. Tem uma paixão por formação e ensino no mundo inteiro. É membro da equipe profissional do Centro Internacional de Estudos em Gestalt (www.gisc.org), onde leciona em ambas as áreas clínica e organizacional. Além disso, é coeditor da Revista *Gestalt* (www.gestaltreview.com) e gosta de escrever. Atualmente, encontra-se concluindo manuscritos sobre supervisão de grupo, amor e compromisso, o mito do fechamento e do conceito de desprezo.

Brian O'Neill: Bacharel, Maps, é codiretor do Centro de Gestalt de Illawarra, em Illawarra, Austrália, e professor-visitante em programas de formação em Gestalt na Austrália, nos Estados Unidos e na Europa. Foi presidente da Associação para o Avanço da Gestalt-terapia (AAGT), editor-fundador do fórum de Gestalt-terapia (Nova York). Um dos formadores do Programa de Formação no Instituto de Gestalt em Bermuda. Faz parte do conselho editorial da *Gestalt Review* (www.gestaltreview.com) e do *Studies-in-Gestalt Therapy-Dialogical Bridges* (www.studies-em-gestalt.org). É psicólogo licenciado com mais de 27 anos de experiência, colaborador sênior Saúde Mental (Universidade de Wollongong) e membro da Sociedade de Psicólogos de Aconselhamento (Sociedade Australiana de Psicologia). Atua na área de adicção a drogas e álcool, serviços de saúde mental e Aids e, ultimamente, tem trabalhado como diretor-adjunto do Departamento de Assuntos dos Veteranos, trabalhando com casais no contexto de guerra e TEPT. Recebeu medalha de ouro do governador-geral pela realização de pesquisa, ensino e prática em 1996. Atualmente, é o gestor regional de Relações na Austrália.

Anton Polák: Ph.D., é psicólogo clínico e psicoterapeuta em tempo integral em consultório privado, em Brno, República Tcheca. Como gestalt-terapeuta fez sua formação com instrutores do GPTI (Talia Levine Bar-Yoseph, Caro Kelly, Jay Levin) e Gatla (Robert e Rita Resnick, Todd Burley). Ele é cofundador e ex-diretor do *Dialogue* – Instituto Tcheco de Formação em Gestalt-terapia e, atualmente, é professor e supervisor neste instituto. Dr. Polák é, também, um professor visitante na universidade de Masaryk, em Brno, onde leciona e publica artigos sobre psicologia fenomenológica, avaliação psicológica, neuropsicologia e o teste de Rorschach. É casado e tem três filhos e uma neta adorável.

Peter Philippson: Bacharel em Ciências (Matemática e Filosofia), mestre em Ciências (Gestalt-terapia), é um gestalt-terapeuta registrado no Conselho de Psicologia do Reino Unido; professor e supervisor do Instituto de formação em Gestalt-terapia, no Reino Unido (www.gpti.org.uk); fundador do Centro de Gestalt de Manchester (www.mgc.org.uk), e membro do Instituto de Gestalt-terapia de Nova York (www.newyorkgestalt.org). É autor do livro *Self in Relation,* (Gestalt Journal Press) traduzido e publicado também em espanhol; coautor do *Contact and Relationship in a Field Perspective* (l'Exprimerie); entrevistado no capítulo do livro *Gestalt Therapy: History, Theory and Practice,* de Ansel Woldt e Sarah Toman (orgs.) (Sage); editor de *Nature of Pain*; juntamente com John Harris, é coautor do livro *Gestalt: Working with Groups*; e coeditor do *Topics in Gestalt Therapy* – todos publicados pelo Centro de Gestalt de Manchester. Além disso, escreve artigos sobre gestalt-terapia em jornais britânicos, franceses, americanos, australianos, canadenses e espanhóis. É um dos membros do conselho editorial do *International Gestalt Journal* e do *British Gestalt Journal.* Foi presidente da Associação para o Avanço da Gestalt-terapia, uma comunidade internacional (www.aagt.org). Peter é também um instrutor e aluno de Aikido.

Sari Scheinberg: Fez sua formação em Gestalt no Instituto Gestalt de Cleveland, e seu doutorado no Instituto Fielding. É afiliada à Academia Gestalt da Escandinávia, desde 1992, onde trabalha como coordenadora pedagógica, professora, examinadora, supervisora e orientadora. Tomou parte do grupo responsável pela apresentação e integração de pesquisa no currículo da gestalt, e criou vários modelos de pesquisa nessa abordagem. Desde o começo do programa de Mestrado em Gestalt, Sari surpervisionou 25 projetos de pesquisas de alunos do Mestrado. Também é professora e surpervisora na Universidade de Tecnologia de Chalmers, no Programa Internacional de Mestrado. Criou e liderou, por mais de 20 anos, projetos de consultoria baseados em pesquisa para a Agência Sueca de Desenvolvimento Internacional (Sida) na África, Rússia e América Latina. Também criou e coordenou projetos durante 15 anos, na Suécia, na área de emprego, discriminação e integração de refugiados e imigrantes, chamado From Inner to Outer Integration. Coordena um programa chamado Relationship based Supervision; leciona para médicos suecos mais experientes sobre como supervisionar estagiários em Medicina. Recentemente, Sari publicou dois livros: *Breaking Down the Potemkin Façade – The Case of Russian Organizations Moving to World Class Management* e *Competition through Cooperation – Relationship Based Innovation in Developing Countries*. Também publicou uma Monografia Poética, *CoCriation* (uma luta pessoal com a eterna questão de como cada um nós somos responsáveis por criar um mundo melhor). Sua atual paixão de pesquisa é o desenvolvimento de um quadro conceitual, a metodologia e a base de dados sobre o "bem-estar energético".

Christine Stevens: Ph.D., é gestalt-terapeuta residindo e trabalhando em Nottingham, Reino Unido, onde oferece serviços particulares e por convênio de saúde nacional. Administra uma unidade clínica de formação para psicoterapia em cuidados primários de saúde, e coordena o programa de pós-graduação de gestalt em aconselhamento pastoral na Faculdade de St. Johns, em Nottingham. É orientadora acadêmica no Doutorado em Psicoterapia, nos estudos profissionais do Instituto Metanoia, em Londres, e é uma professora e formadora internacional, sendo parte do corpo docente no Instituto de Gestalt de Bermuda. É editora do *British Gestalt Journal* e tem publicado diversos artigos; é autora colaboradora do *What is Psychotherapeutic Research*, D. Loewenthal e D. Winter, editores (Karnac).

Gary Yontef: Ph.D., ABPP, F.A. Clin.P., é colaborador da Academia de Psicologia Clínica, diplomado em psicologia clínica, e atua como gestalt-terapeuta desde que completou sua formação com Frederick Perls and James Simkin em 1965. Foi professor no departamento de Psicologia na Universidade da Califórnia, em Los Angeles (Ucla), e presidente do Comitê de Conduta Profissional da Associação Regional de Psicologia de Los Angeles. Trabalha em consultório particular em Santa Mônica, Califórnia. Foi presidente do Instituto de Gestalt-terapia de Los Angeles (GTILA), onde também foi presidente do grupo docente durante muitos anos. Faz parte do conselho editorial do *International Gestalt Journal* (www.gestalt.org), do *Gestalt Review* (www.gestaltreview. com) e assessor editorial do *British Gestalt Journal* (www.britishgestaltjournal. com). É cofundador e docente do Instituto Gestalt do Pacífico (www.gestalttherapy.org). Escreve e colaborou com mais de 40 artigos e capítulos sobre a teoria, prática e supervisão da gestalt-terapia, incluindo "Change in Gestalt Therapy Theory" no livro *Gestalt Therapy: History, Theory and Practice* (Ansel Woldt e Sarah Toman (orgs.)) e "Gestalt Therapy" no livro *Current Psychotherapies* (7. ed. R. Corsini, e D. Weddings (orgs.)), sendo autor do livro *Awareness, dialogue and process: Essays on Gestalt Therapy* (Gestalt Journal Press).

Stephen Zahm: Ph.D., é codiretor do Centro de Formação em Gestalt-terapia – Noroeste Portland, Oregon, EUA. É psicólogo clínico licenciado e trabalha em consultório privado. Stephen é graduado pelo Centro de Formação em Gestalt, São Diego. É um formador desde meados dos anos de 1970, sendo um dos primeiros a oferecer formação contínua em gestalt-terapia, na região de Portland e Vancouver. Escreve numerosos artigos e capítulos de livros sobre a teoria e prática da gestalt-terapia, como as contribuições recentes da gestalt-terapia para o livro *Handbook of Clinical Psychology*. Demonstra um interesse especial em incluir gestalt-terapia no ambiente acadêmico. É professor na Universidade Pacific School of Professional Psychology, onde leciona Gestalt-terapia desde 1980. Atualmente, leciona e supervisiona disciplinas de terapia para casais e terapia em grupo.

Índice analítico

Abordagem à prática 309

Atitude
fenomenológica 19, 191-193, 322
natural 19, 30, 80, 188, 191-197

Autorregulação 48, 52, 140

Aval epistêmico ou aval 15-17, 22, 25, 115-119, 123, 126, 146s., 391
coerentismo 118
evidencialismo 118s.
fundacionalismo 118

Awareness 30, 44, 47, 52, 61, 69, 72, 76, 96, 98, 132, 141, 143, 145, 162, 164, 166, 172, 176, 197, 203, 207s., 211s., 214, 216, 218, 220, 236, 241, 243, 245s., 259, 264, 276, 282, 285, 292s., 297, 299s., 303, 311, 315, 318-321, 324-327, 329, 352, 355, 357, 365, 370, 379, 382, 386

Ciclo de experiência 166, 169, 278, 301, 358-360

Comunidades de pesquisa 338, 343s., 347-349, 391, 393

Consciência 21, 30s., 34, 62, 77s., 141, 189s., 193, 197-199, 202, 218, 251, 371

Consiliência 23s., 126, 218, 305, 311, 313, 319

Contato 31, 57, 91, 94, 98, 126, 144s., 161, 164-176, 178s., 197, 199, 212, 218, 226s., 229, 231, 236, 240, 246, 255, 257, 261-265, 267, 271-274, 278, 283, 289-291, 296, 299-301, 309-312, 319, 321s., 325, 329, 336, 351, 354, 359s., 367-371, 373

Core 91, 122, 127, 351, 375, 377-379, 387, 393

Corpo vivido 188, 190, 193-196, 213s.

Desenho de pesquisa
análise dos dados 66s., 69, 98, 114, 122
controlada aleatoriamente 51
idiográfico 42, 56, 65
manual 44s., 86s., 92, 107, 238, 322
métodos quantitativos 95s.
nomotético 56
proposta de pesquisa 63-67, 84, 385
quantitativo
  caso único, medidas repetidas 90, 122
quase experimental 85, 91, 95, 107
questão da pesquisa 58-61, 63-68, 70-74, 78, 149, 329, 346, 358-362, 365, 368

Diálogo 16, 23, 32, 36, 44, 47, 51, 59, 61, 71, 89, 94, 107, 118, 125, 138, 140, 144-149, 164, 168, 176, 189, 196, 203, 206s., 212, 214, 218, 225-229, 232-240, 243, 245-247, 258-261, 272, 284s., 290, 297, 299, 309-316, 319-328, 343, 347s., 356, 367s.
compromisso 233
inclusão 145, 229s.
presença 35, 78, 96, 99, 125, 133, 145, 176, 178, 215, 232, 234, 237, 244, 254, 282, 285, 293s., 305, 311, 319, 322, 352, 371
relação dialógica 16, 24, 36, 47, 51s., 58, 125, 144, 148, 176-178, 228s., 233, 239, 284, 305, 309, 315, 336s.

Dualismo 160, 198, 226

Emergência 29, 40, 69, 104, 166s., 196, 200, 314, 319, 324

Epistemologia 16, 26, 36, 116, 126, 192, 195, 288, 292, 317

Eu-isso 180, 198, 227

Eu-Tu 145, 180, 227, 322

Existencialismo 30, 38, 141, 143, 220, 310, 313s., 316

Experimento
  atuação 102, 137, 242, 245, 258s., 263, 273
  elaboração 159, 254, 303
  exageração 256-258, 261, 269, 304
  ficar com 236, 249, 253, 354
  função 247
  técnicas supressivas 267
  trabalho com sonhos 265s.

Fatores comuns 52, 93, 115, 121, 123-126
  expectativa 52, 123-126
  método 30, 125
  relação 16, 32, 45, 51, 58, 61s., 70s., 77, 88, 91, 93, 107, 110, 121, 123, 125, 137s., 141, 146, 148, 157, 168, 178s., 189, 201, 203, 207, 212, 214s., 225, 227-231, 234-240, 243, 257, 260s., 272, 285, 290, 299s., 310s., 313-316, 318, 320-323, 325, 327s., 345-347, 357, 368
  terapeuta 123-125

Fenomenologia 30-32, 37, 41, 62, 77s., 83, 134, 141, 143, 145, 187-190, 195s., 198, 203, 208, 219-224, 227, 236, 247, 310, 313s., 317, 319, 342, 354, 387, 393
  consciência 30

Filosofia da ciência 18-21, 39, 338, 344, 347, 392
  análise conceitual 18
  observação 18

Figura de interesse 52, 76, 78, 114, 141, 161, 166s., 169s., 177, 195, 197s., 202-206, 212, 215, 218, 229, 232, 265-267, 280-284, 286-288, 292, 294-296, 298s., 302s., 309, 311s., 318s., 328, 353, 355s., 362-365, 368s., 372

Figura/fundo 141, 195

Força-tarefa da APA 122

Formação de psicólogos clínico-cientistas
  pressupostos 336-338

Formador da gestalt-terapia
    definição da Eagt 133
    preparação 132
    requerimentos 131

Gestalt 197s., 208, 211

Indução 20, 62, 116

Intencionalidade 32-36, 78s., 171, 188s., 197-199, 203, 210, 294, 298s.

Intersubjetividade 193s., 315

Memória
    de trabalho 200s.
    episódica 201-203
    procedimental 203, 212s., 216, 291
    semântica 201s.
Método científico 17s., 23, 39s., 79
    abdução 23s.
    indução 17s., 39s., 80, 116
Método fenomenológico 30, 79s., 125s., 134, 140, 143, 176-178, 187-189,
    191-194, 196-198, 203, 207s., 210s., 214, 216-219, 284-303, 310-312,
    319s., 345, 354
    eidético 188, 192-196
    regra da descrição 192, 210
    regra da *epoché* 192s.
    regra da horizontalização 192
    transcendental 80, 192-196
Metodologia da gestalt-terapia 44
Metodologia de pesquisa 22s., 25, 28, 30, 61, 71, 187, 222s., 322, 380, 386s.
    baseada em caso, séries temporais 89s.
    estratégias consequencialistas 23

estratégias generativas 23

multimétodo 25

múltiplos métodos 61, 73, 90, 391

qualitativa 55s., 58-61, 67s., 79, 97, 115, 120, 123, 221, 380-382, 386s., 390-392

  etnografia 62, 74-76

  inquérito apreciativo 62

  inquérito holístico 61, 78

  pesquisa-ação 18, 62, 75, 150, 354s.

  pesquisa fenomenológica 62, 178

  pesquisa naturalística 62, 73-75, 90

  teoria fundamentada nos dados 63, 75, 78, 90, 383

quantitativa 45, 58, 85-89, 91, 95, 97, 107, 342, 392s.

resistência à 391

Metodologias de formação

  aprendizagem pela prática 139

  coaching 139

  didática 135s., 138, 146

  experiencial 138

  orientação 132s., 138s., 343-346, 348s.

Modelos de formação 131, 133, 136s.

Monismo

  emergente 198

  fisicalismo 198

  fisicalismo não redutivo 198

Mudança

  processos ou mecanismos de 87, 90, 92, 97s., 107, 109s.

Naturalismo 19-21, 25s., 30, 32, 189

Noema 33, 190, 193

  categórico 190

  perceptuais 190

Noesis 33, 189, 193

Ontologia 157, 277, 279, 288

Pesquisa
   dos resultados em psicoterapia 45, 52, 56, 91s., 120
   e atendimento ao cliente 390

Prática
   baseada em evidência 120s., 126, 137, 335, 391
   baseada em redes de pesquisa 121, 393
   baseada na evidência 44-47, 50-52, 86, 110s., 115, 118-120, 126s., 148, 320, 330-332, 344, 392

Prática integrada 311
   complexidade 314
   contemporaneidade 317, 319
   criatividade 321
   emergência 319

Programa de formação
   avaliação 147
   competência 140-143
      pessoal 143
      prática 144
      teoria 143
   conteúdo 140

Psicólogo clínico-cientista 134, 137, 335-338, 346, 348s.

Realismo crítico 25-28, 116, 157s., 292, 296

Redução fenomenológica 30, 80, 188, 195, 209

Relação terapêutica 51s., 93, 123, 137, 144, 176-179, 228s., 232-235, 237-239, 272, 310, 321, 329

Superveniência 200, 219, 221s., 301

Supervisão 131, 133, 136-140, 144, 146s., 149s., 306, 353s., 358

Tamanho da amostra 87s.

Teoria
função da 156
pressupostos da gestalt-terapia 47, 103, 156s., 160s., 164-172, 177s., 181, 197, 199s., 205s., 215-217, 219, 258-260, 277, 280s., 288-292, 298-304, 309, 315, 355, 373s.

Teoria da Complexidade 25, 27

Teoria de Campo 24, 37, 62, 65, 73, 76s., 125s., 140, 144, 161, 169, 197, 199s., 204s., 207, 225s., 228-230, 277, 280s., 282-301, 303-305, 307, 310s., 313-316, 319, 324s., 354
organismo-ambiente 288-290, 297, 299s., 305

Teoria do Caos 28s., 39, 42

Teoria Paradoxal de Mudança 49, 126, 135, 140, 184, 274, 324

Terapia
Centrada no Cliente 24, 88s., 115, 345, 389
Cognitivo-comportamental 89
Comportamental Dialética 48
do Processo Experiencial 88, 112s., 224
focada na emoção 88s., 93s., 105, 109s.

Validade 44-47, 49s., 86s., 100-102, 111, 118-120, 330s.
externa 18, 26, 50, 56, 88, 95, 107, 117, 121, 338, 389s.
interna 56, 88
social 117

Índice onomástico

Abt, V. 77, 81, 84, 306

Adams, K. 106, 108

Addison, R. 75

Adler, J. 16, 37, 117, 126

Ahn, H. 130

Alimohamed, S. 93, 108

Alvesson, M. 357, 386

Anderson, T. 98, 139, 151

Arbib, M. 198, 222

Archer, M. 28, 37

Aristóteles 20, 157, 159, 184, 309, 329

Asay, T. 123, 126

Audin, K. 127

Bakhtin, M. 356, 386

Bacon, F. 20, 112

Bailie, A. 27, 37

Barber, P. 55, 81, 115, 218, 395

Barkham, M. 122, 127

Barley, D. 52

Bar-Yoseph, T. 131, 225, 227s., 233, 402

Beisser, A. 175, 184, 253, 274

Beitman, B. 123, 127

Berman, J. 86, 113

Berntson, G. 22, 30, 38

Beutler, L. 93, 108

Bhaskar, R. 26-30, 35

Bhati, K. 39, 121, 129

Bickman, L. 123, 127

Black, T. 77, 82

Bloom, D. 187, 198, 219, 396

Blow, A. 123, 129

Bohart, A. 93

Bohm, D. 296, 300, 306

Borckardt, J. 90, 108, 127

Bowman, C. 19, 37, 340, 349

Breakwell, G. 18, 38

Brentano, F. 32, 187, 189

Breshgold, E. 47, 53

Brown, J. 357, 386

Brown, W. 198, 219

Brownell, P. 15, 55, 115, 126, 131, 136, 150, 190, 200, 205, 210, 219, 335, 389, 396

Bryman, A. 359, 387

Buber, M. 145, 180, 185, 227, 234, 322, 354

Burley, T. 187, 202, 211, 218s., 397, 402

Cacioppo, J. 22, 30, 38

Camic, P. 41, 82, 220

Campbell, C. 350

Campbell, D. 91, 108, 345

Capaldi, E. 19s., 23, 41, 156, 186

Carr, W. 76, 82

Chenail, R. 123, 129

Chrysikou, E. 22, 30, 41

Clarkson, P. 259, 265, 274

Clemmens, M. 336, 349

Cohen, L. 76s., 82

Cokely, K. 139, 150, 346, 349

Colazzi, P. 354

Collins, A. 200, 216, 220

Connell, J. 122

Cook, W. 290, 306

Corrie, S. 27, 338, 349

Cozolino, L. 315, 330

Craighero, L. 316, 331

Creswell, J. 19, 25, 115, 392, 394

Crocker, S. 155s., 170, 173, 185, 198, 208, 220, 284, 398

Damasio, A. 19, 197, 200, 203, 220, 315, 330

Daniels, V. 198, 275, 304, 398

Dewey, J. 16, 22, 38, 312, 314, 330

Diener, E. 25, 38

Dolan, S. 56, 83

Douglas, B. 78, 82

415

Douglass, B. 208, 220

Doumas, L. 36, 38

Dreyfus, H. 31, 38

Drisko, J. 123, 127

Duberley, J. 26-28, 39

Duncan, B. 46, 53, 99, 111, 115, 124, 127, 129, 215

Dupree, J. 121, 128

Ehn, B. 387

Eid, M. 25, 38

Eisenhardt, K. 28, 38

Eisler, R. 27, 40

Eisner, E. 55, 82

Elkins, D. 228, 240

Elliott, R. 86, 93, 98, 108s., 329s.

Ellison, J. 89, 109

Evans, C. 121, 128, 139, 150, 346, 349

Evered, R. 73, 84

Fagan, J. 184, 274, 291, 306

Fife-Shaw, C. 18

Finocchiaro, M. 20, 38

Forgues, B. 27, 42

Forrest, P. 16, 38, 118, 128

Francis, B. 30, 300, 306

Freier, K. 202, 219, 397

Freud, S. 19, 169, 187, 251

From, I. 340, 396, 403

Gaffney, S. 31, 39, 277s., 300, 306, 399

Galilei, G. 20

Gallo, E. 123, 128

Garzetta, L. 257, 275

Gazzanika, M. 223

Gelso, C. 137, 150, 336, 338, 349

Gendlin, E. 106, 190, 220, 326, 330

Giddens, A. 355, 387

Giorgi, A. 82, 195s., 218, 220

Giorgi, B. 82, 195s., 218, 220

Glaser, B. 75, 82

Gleick, J. 28, 39

Godfrey-Smith, P. 15, 19, 22, 39

Gold, E. 43, 135, 279, 306, 337, 399

Goldberg, E. 187, 221

Goldman, R. 88, 93, 98, 105, 109

Goldstein, K. 109, 220

Goodheart, C. 115, 128

Goodman, P. 19, 31, 41, 49, 124, 160, 162, 166-173, 185, 197s., 223, 226, 241, 277s., 288-290, 292, 296-298, 300, 308, 341

Gorrell, J. 29, 40

Green, B. 159, 185

Green, L. 121, 128

Greenberg, L. 88-90, 92-94, 97s., 102, 104-106, 109-113, 151, 330, 348, 379, 399

Gregersen, H. 29, 39

Gregersen, N. 200, 221

Gresham, F. 117, 128

Guba, E. 73, 83

Hagan-Burke, S. 90, 112

Haig, B. 22s., 26, 39

Hall, I. 89, 94, 112

Hall, P. 398

Halling, S. 32, 34, 42

Hammond, S. 18, 38

Hardy, G. 110

Harman, R. 257, 259, 275

Harre, R. 27, 39

Harwood, T. 93

Hayes, S. 47s., 53

Heidbreder, E. 318, 330

Heidegger, M. 31s., 35, 39, 180, 185, 191, 195

Hendricks, M. 93, 111

Heron, J. 76, 82

Hiley, B. 300, 306

Holford, J. 77, 82

Honos-Webb, L. 87, 98

Horney, K. 206

Horowitz, L. 151, 251, 275

Horvath, A. 93, 111

Howard, K. 93, 112, 124, 128

Hoyt, W. 21, 39, 56, 82

Huberman, A. 74, 83

Hummel, J. 36

Hunter, J. 90, 111

Husserl, E. 19, 31-33, 36, 39, 79, 187-196, 213, 221, 224, 356, 387

Hutchison, B. 345

Hycner, R. 240, 291, 306, 354

Ihde, D. 196s., 208s., 221

Isaacson, W. 221

Jacobs, L. 195, 224, 234, 240, 310, 313, 322, 329s., 330, 354, 400, 404

James, W. 189, 192, 221

Jellis, J. 89

Johansson, A. 351, 355s., 387, 400

John, E. 197, 221

Johnson, P. 25-28, 39

Johnson, S. 48, 53

Johnson, W.B. 139, 146, 150, 217, 221

Jones, J. 113, 139, 336, 349

Joyce, A. 99, 111

Jung, C.G. 273

Kalogerakos, F. 89

Kant, I. 157, 185, 188

Kashy, D. 290, 307

Kazdin, A. 18, 39, 82, 90s., 111, 115, 128, 389-391, 394

Kemmis, S. 76, 82

Kenny, D. 290, 306s.

Kidd, S. 76, 83

Kiel, D. 28, 39

Kierkegaard, S. 39

Kiesler, D. 106, 111

Klein, M. 106, 111, 387

Knockelmanns, J. 77, 83

Koestenbaum, P. 35, 40

Korb, M. 29, 40

Korman, L. 93, 106, 110

Kuenzli, F. 221

Kuhn, T. 19-22, 37, 40

Kvale, S. 356, 358, 367, 387

Kvanvig, J. 16, 40, 118, 128

Lakatos, I. 20, 22

Lambert, M. 52s., 109, 123, 126, 151, 217

Lane, D. 338, 349

Latner, J. 211, 222, 277, 299, 307

Laudan, L. 19s., 22, 38, 40

Laurent, C. 112

Layard, R. 376, 387

Lee, R. 336, 349, 387

Lewin, K. 75, 83, 156, 161, 185, 222, 278-280, 282s., 288, 293s., 296-298, 300, 307, 354-356

Lezak, M. 199, 222

Lichtenstein, B. 27, 40

Lietaer, G. 86, 109, 330

Lincoln, Y.S. 73, 83

Llewelyn, S. 113

Loftus, E. 200, 216. 220

Long, R. 26, 40

Lucock, M. 121, 128

Machado, A. 18, 40

MacKewn, J. 211, 222

Malcolm, W. 90, 92, 94, 104, 110, 296

Malik, M. 93

Manicas, P. 27, 29, 40

Manion, L. 76s., 82

Marcel, G. 31

Margison, F. 122

Marrow, A. 279

Mathews, M. 26, 40

Mathieu-Coughlan, P. 111

Maturana, H. 27, 40

Maxwell, J. 60s., 222, 296

McGrath, J. 25, 41

McIntosh, P. 387

Mehr, S. 336, 349

Meione, P. 129

Mellor-Clark, J. 122, 129, 378

Melnick, J. 167, 185, 197, 222, 242, 244, 275, 335, 401

Melnyk, B. 139, 150, 346, 349

Merleau-Ponty, M. 31, 79, 188, 191, 195, 222, 356, 387

Mertens, D. 222

Meshot, C. 98

Meyering, T. 198

Miles, M. 74, 83

Miller, S. 46, 53, 115, 127, 215, 221

Mohanty, J. 193, 213, 222

Mook, D. 56, 83

Moran, D. 188, 191, 193, 222

Moreno, J. 242

Mortola, P. 336, 349

Moustakas, C. 78, 83, 208, 218, 220, 222

Murphy, N. 90, 198, 200, 219, 222

Naranjo, C. 244, 252-254, 256, 260s., 267, 275

Nash, M. 90

Nathan, P. 56, 83

Neimeyer, R. 86, 113

Neuman, K. 121, 129

Nevis, E. 19, 37, 139, 150, 167, 185, 197, 242, 244, 275, 340

Nevis, S.M. 185, 222

Newton, R. 62, 84, 278

Nezu, A. 115, 129

Nezu, C. 115, 129

Nieuwenhuis, J. 89s., 92, 112

Nonaka, I. 27, 41

Norcross, J. 93, 108, 110, 228, 240, 310, 330

Novotny, C. 331

Orlinsk, D. 51, 53, 93, 112

Parker, R. 81, 90, 112

Parlett, M. 76s., 83, 288, 296s., 304, 307, 311, 314, 317, 330

Patnoe, S. 280, 307

Patton, M. 59, 74, 83, 209, 223

Pedhazur, E. 18, 41

Pepitone, E. 77, 84, 306

Perls, F. 49, 52s., 124, 143, 242, 244-246, 251, 256, 269, 339s.

Perls, L. 49, 223, 242, 244, 308, 340, 396

Philippson, P. 131, 169, 185, 200, 208, 220, 245, 275, 284, 309, 319, 331, 402

Pinker, S. 198, 223

Piper, W. 99, 111

Plantinga, A. 15s., 41

Platão 156, 185

Ploeg, J. 345, 349

Polster, E. 43, 53, 244, 249, 252, 255, 259, 263, 267s., 275, 278, 300, 308, 342, 350, 395, 398, 400

Polster, M. 43, 53, 244, 249, 252, 255, 259, 263, 267s., 275, 278, 300, 308, 342, 350, 395, 398, 400

Ponterotto, J. 56, 83

Popper, K. 20, 85

Pos, A. 93s., 105, 109, 112

Proctor, R. 19s., 23, 41, 156, 186

Ram, N. 90, 111

Ramachandran, V. 315, 331

Ramey, C. 22, 30, 41

Randall, J.H. 159, 186

Rank, O. 242

Rapoport, R. 75, 83

Reason, P. 84

Reed, B. 16, 41, 115, 129

Reich, W. 242, 246, 269

Reichenbach, H. 100, 112

Rennie, D. 98, 113

Rhodes, J. 41, 82, 220

Rice, L. 97, 100, 112

Rizzolatti, G. 316, 331

Robine, J.-M. 388

Robinson, L. 86, 113

Robson, C. 19, 42, 74, 84

Rogers, C. 250, 254

Ronnestad, M. 51, 53

Rosenzweig, S. 124s., 127

Rowen, J. 72, 84

Rudestam, K. 62, 84

Russell, R. 198, 222s.

Ryback, R. 90, 111

Sandhofer, C. 36, 38

Sarkar, H. 155, 186

Sartre, J.-P. 31, 325

Schacter, D. 203, 223

Scheinberg, S. 167, 351, 358-360, 365, 388, 391, 403

Schmelkin, L. 18, 41

Schore, A. 315, 331

Seale, C. 70s., 73, 84

Secord, P. 40

Seligman, M. 50, 54, 90, 113, 223

Semin, G. 22, 30, 38

Shaw, D. 90

Sheldrake, R. 296, 308

Shepherd, I. 184, 274, 291, 306

Shotter, J. 27, 42

Simkin, J. 220, 340, 404

Sköldberg, K. 357, 386

Sloan, W. 98

Smith, E. 192, 217, 222, 259, 275

Smith, J. 192, 222, 359, 388

Smuts, J. 278, 297, 308

Sócrates 156

Sokolowski, R. 19, 42, 191s., 194, 223

Spagnuolo-Lobb, M. 197, 219

Spinelli, E. 31-33, 42, 188, 190, 192, 195, 208, 210, 223, 311, 331

Spradley, J. 67, 84

Sprenkle, D. 127, 129

Squire, L. 203, 218, 223

Staemmler, F. 240s., 277, 279, 283, 308, 319, 331

Stanley, J. 91, 108

Steckley, P. 89

Stermac, L. 89

Sterman, J. 28, 42

Stern, D. 207, 224, 315, 317s., 331, 354

Sternberg, R. 115, 128

Stiles, W. 87, 95, 98, 113, 122, 129

Stoehr, T. 171, 186

Stolorow, R. 195, 224

Strauss, A. 75, 82, 84

Stricker, G. 336, 350

Strümpfel, U. 329, 331

Stuart, S. 56, 83

Surko, M. 87, 113

Susman, C. 73, 84

Taylor, D. 16, 42, 115

Teachworth, A. 261, 275

Thietart, R. 27s., 42

Thompson-Brenner, H. 331

Toman, S. 37, 167, 185s., 197, 220, 222-224, 275, 300, 307s., 349, 398s., 402, 404

Tran, N. 89

Trierweiler, S. 336, 350

Tsoukas, H. 27, 42

Valle, R. 32, 34, 42, 82

Van de Riet, V. 29, 40

VandenBos, G. 224

Verplanck, W. 218, 224

Wade, K. 121, 129

Wampold, B. 16, 42, 45, 54, 121, 124, 127, 129s.

Ward, Y. 345, 350

Warwar, N. 90, 93, 110, 113

Warwar, S. 113

Watson, J. 86, 89, 93, 98, 102, 105, 110, 113, 217, 224

Weick, K. 27, 42

Welton, D. 221, 387

Werner, N. 44, 54

Wertheimer, M. 277, 297, 308

Westen, D. 329, 331

Wester, F. 39

Wheelan, S. 77, 84, 306

Wheeler, G. 288, 308, 336, 349, 355, 387s.

Whetten, D. 29, 42

White, M. 26, 40, 381

Wilson, W. 218, 224

Wojtyla, K. 173, 186, 242, 275

Woldt, A. 37, 167, 185s., 197, 220, 222-224, 275, 300, 307s., 349, 398s., 402, 404

Wong, P. 64, 84

Wundt, W. 187

Yardley, L. 41, 82, 220

Yontef, G. 200, 215, 220, 224s., 227, 230, 235, 239, 241, 243, 246s., 276s., 284, 288, 297, 305, 308-311, 313s., 317s., 329, 331s., 354, 400, 404

Zahavi, D. 190, 192-196, 224

Zahm, S. 43, 47, 53, 135, 337, 404

Zeigarnick, B. 224

Zinker, J. 166, 186, 238, 241, 243, 245, 247s., 261, 267, 272, 276, 301, 308, 321, 342, 350, 357, 388

EDITORA VOZES

Editorial

CULTURAL
Administração
Antropologia
Biografias
Comunicação
Dinâmicas e jogos
Ecologia e Meio Ambiente
Educação e Pedagogia
Filosofia
História
Letras e Literatura
Obras de referência
Política
Psicologia
Saúde e Nutrição
Serviço Social e Trabalho
Sociologia

CATEQUÉTICO PASTORAL
Catequese
Geral
Crisma
Primeira Eucaristia

Pastoral
Geral
Sacramental
Familiar
Social
Ensino Religioso Escolar

TEOLÓGICO ESPIRITUAL
Biografias
Devocionários
Espiritualidade e Mística
Espiritualidade Mariana
Franciscanismo
Autoconhecimento
Liturgia
Obras de referência
Sagrada Escritura e Livros Apócrifos

Teologia
Bíblica
Histórica
Prática
Sistemática

VOZES NOBILIS
Uma linha editorial especial, com importantes autores, alto valor agregado e qualidade superior.

REVISTAS
Concilium
Estudos Bíblicos
Grande Sinal
REB (Revista Eclesiástica Brasileira)
SEDOC (Serviço de Documentação)

PRODUTOS SAZONAIS
Folhinha do Sagrado Coração de Jesus
Calendário de Mesa do Sagrado Coração de Jesus
Agenda do Sagrado Coração de Jesus
Almanaque Santo Antônio
Agendinha
Diário Vozes
Meditações para o dia a dia
Guia Litúrgico

VOZES DE BOLSO
Obras clássicas de Ciências Humanas em formato de bolso.

CADASTRE-SE
www.vozes.com.br

EDITORA VOZES LTDA.
Rua Frei Luís, 100 – Centro – Cep 25689-900 – Petrópolis, RJ
Tel.: (24) 2233-9000 – Fax: (24) 2231-4676 – E-mail: vendas@vozes.com.br

UNIDADES NO BRASIL: Belo Horizonte, MG – Brasília, DF – Campinas, SP – Cuiabá, MT
Curitiba, PR – Florianópolis, SC – Fortaleza, CE – Goiânia, GO – Juiz de Fora, MG
Manaus, AM – Petrópolis, RJ – Porto Alegre, RS – Recife, PE – Rio de Janeiro, RJ
Salvador, BA – São Paulo, SP